Beltz Taschenbuch 879

Über dieses Buch:
Destruktives Verhalten, tagtägliche Konflikte, zermürbende Machtkämpfe mit schwierigen Kindern – für viele Lehrer und auch schon Erzieherinnen, aber auch für viele Eltern eine große pädagogische Herausforderung. Doch Ungehorsam und Disziplinlosigkeit haben, so die Autoren, vor allem eine Ursache: einen tiefgreifenden Beziehungskonflikt zwischen Erwachsenen und Kindern. Denn Kinder wollen lernen, wollen kooperieren, wenn im respektvollen Umgang, in wirklich gleichberechtigtem Dialog ihre persönliche Integrität und Individualität anerkannt und gewahrt werden. Anschaulich zeigen die Autoren aufgrund ihrer jahrzehntelangen Erfahrung, wie Beziehungskompetenz – der zentrale Begriff für die neue pädagogische Kultur – sich für Lehrerinnen, Erzieherinnen und Eltern gestaltet. Zahlreiche Fallbeispiele belegen, dass die alte Gehorsamskultur in Schulen und Familien längst ausgedient hat und wie wirkliche Alternativen, etwa ein auf Empathie und festen Regeln basierender Erziehungsstil, aussehen.

Die Autoren:
*Jesper Juul*, geboren 1948, ist Familientherapeut, Lehrer, Konfliktberater und Leiter des »Kempler Institute of Scandinavia«. Auch in Deutschland ist er durch zahlreiche Bücher bekannt. Als Beltz Taschenbuch erschien 2005 »Was gibt's heute? Gemeinsam Essen macht Familie stark.«

*Helle Jensen* ist Diplompsychologin, Familientherapeutin und seit 1992 als Konfliktberaterin am Kempler Institute tätig.

Jesper Juul · Helle Jensen

# Vom Gehorsam zur Verantwortung

Für eine neue Erziehungskultur

Aus dem Dänischen von Dagmar Mißfeldt

Titel der dänischen Originalausgabe:
Pœdagogisk relations-kompetence – fra lydighed til ansvarlighed
© 2002, Jesper Juul, Helle Jensen
Udgivet af Forlaget Apostrof, København

Besuchen Sie uns im Internet:
www.beltz.de

Beltz Taschenbuch 879
2005 Beltz Verlag, Weinheim und Basel

2. Auflage

Alle Rechte der deutschsprachigen Ausgabe:
© 2004 Patmos Verlag GmbH & Co.KG
Walter Verlag, Düsseldorf und Zürich
Umschlaggestaltung: Federico Luci, Odenthal
Umschlagabbildung: © David Ausserhofer/Joker, Bonn
Druck und Bindung: Druck Partner Rübelmann, Hemsbach
Printed in Germany

ISBN 978-3-407-22879-6

*Die einzige Alternative zur Bevormundung ist die Möglichkeit zum Gespräch.*

Villy Sørensen

# Inhalt

## Dritter Teil: Rahmenbedingungen von Beziehungen

**Vierter Teil: Die Beziehungen**

# Einleitung

Mit diesem Buch wollen wir versuchen, die Beziehungen und ihre Prozesse einzukreisen, die Lehrerinnen und Erzieher mit Kindern und Jugendlichen in der gemeinsamen Arbeitszeit durchlaufen. Es mag vielleicht merkwürdig erscheinen, die interpersonalen Prozesse im Allgemeinen von den pädagogischen im Besonderen zu trennen. Aber wir tun es ganz bewusst. Nach unserer Erfahrung haben die pädagogischen Institutionen ganz allgemein die fach- und aktivitätsbezogene Pädagogik und Didaktik sehr professionell im Griff. Dagegen stehen viele den Prinzipien und der Praxis unsicher und skeptisch gegenüber, die eine Voraussetzung dafür sind, dass pädagogische Beziehungen und Gemeinschaften optimal gelingen.

Sogar der Standpunkt, die interpersonalen Vorgänge seien tatsächlich das wichtigste Fundament für die pädagogische Arbeit, ist nach wie vor umstritten. Nicht selten treffen wir bei Schulpersonal auf die Meinung, zuerst müsse das Berufliche funktionieren, ehe wir uns mit dem »anderen« beschäftigen können. Das spricht vermutlich vor allem für ein hohes Maß an Verantwortung für die vielen gesetzlich vorgeschriebenen Aufgaben, aber auch für einige zählebige Reste von Institutionalisierung in der Schulkultur. Tagesstätten und Schulen haben viele verschiedene Aufgaben. Gemeinsam ist ihnen aber eine große Verantwortung für die persönliche, intellektuelle und soziale Entwicklung der Kinder. Traditionell tendieren die beiden Institutionsformen in der Praxis dazu, die Aufgaben unter sich aufzuteilen, etwa wenn die Ganztagesstätten den Schwerpunkt auf das Persönliche und Kreative legen und die Schule auf den geistigen und sozialen Bereich. Vieles spricht für einen Ausgleich dieser unterschiedlichen Verteilung. Die Beziehungen und ihre notwendigen Prozesse zwischen Kindern und Erwachsenen sind doch auch die gleichen, obwohl Rahmenbedingungen, Ziele und Inhalte andere sind.

Nach unserer festen Überzeugung und Erfahrung sind die Ziele der pädagogischen Institutionen am besten und am konstruktivsten für alle Seiten zu erreichen, wenn die Betreuung der Beziehungen durch die Lehrer und Erzieherinnen die Grundlage bildet und dies in alle Aktivitäten einfließt.»Beziehungskompetenz«, der zentrale Begriff dieses Buches, ist in den pädagogischen Institutionen häufig das»missing link« zwischen Betreuung, Aufmerksamkeit und Respekt, auf die alle Seiten einen Anspruch haben.

In den letzten Jahren hat man den Begriff»soziale Kompetenz« eingeführt. Obwohl die Definitionen stark voneinander abweichen, bezieht sich die Verwendung des Wortes»sozial« primär auf die Fähigkeit der Kinder zu kooperieren, Rücksicht zu nehmen, Freundschaften zu schließen usw. – also ein konstruktives Mitglied der Arbeitsgemeinschaft zu sein. Das mag wichtig und gut gemeint sein. Aber aufgrund unserer Erfahrung als von außen hinzugezogene Konfliktberater meinen wir, dass die Beziehungskompetenz der Erwachsenen langfristig eine notwendige Voraussetzung dafür ist, dass Kinder die sozialen Kompetenzen internalisieren können, die wir für sinnvoll und angemessen halten. In der Praxis ist die Trennlinie zwischen Beziehungskompetenz und sozialer Kompetenz nicht so klar zu ziehen. Die Erwachsenen entwickeln ihre Beziehungskompetenz in Interaktion mit den Kindern, während die Kinder auch ihre soziale Kompetenz entwickeln.

Dieser wechselseitige, gleichwertige Lernprozess nimmt eine ganz zentrale Stellung in unserem Verständnis von Beziehungskompetenz ein. Bei einem Junglehrer oder Erzieher kann man keine vollkommen entwickelte Beziehungskompetenz erwarten. Ebensowenig bringen Kinder vollentwickelte soziale Kompetenz mit. Man kann geteilter Meinung sein, wie gut die Seminare die Studierenden in Beziehungskompetenz ausbilden oder wie gut die Eltern ihre Kinder darauf vorbereiten. Aber beide Seiten verfügen nun einmal über die Kompetenz, die sie haben, und müssen das Beste aus ihrer Ausgangsposition und der der anderen machen – und das gemeinsam!

Das Buch ist auch das Angebot für einen Weg aus der Gehorsamskultur, die früher die Gesellschaft und die pädagogischen Institutionen geprägt hat. Außerdem wird die Gehorsamskultur immer wieder als das einzige wirkungsvolle Mittel gegen den zunehmenden, unsozialen und chaotischen so genannten Individualismus dargestellt.

Man kann mit Recht behaupten, dass die postmoderne Gesellschaft mit ihren Veränderungen, unvorhersehbaren Schwierigkeiten und einer historisch einzigartigen Wertepolarisierung es erforderlich macht, dass Menschen als Halt ein entwickeltes Selbstbewusstsein und persönliche Integrität brauchen. Aber das ist eigentlich nicht unser Beweggrund, uns auf einen pädagogischen Paradigmenwechsel einzulassen, wo Gehorsam durch Verantwortungsbewusstsein ersetzt wird. Unser Motiv ist sowohl psychologisch-existenziell als auch pädagogisch begründet. Wir halten das für den nächsten logischen und notwendigen Schritt in der individuellen psychischen und sozialen Entwicklung des Menschen und für eine qualitative Verbesserung in der Bewältigung von sozialen und privaten Gemeinschaften auf einer vertretbaren ethischen Grundlage. Diese Ethik ist nach unserer Ansicht eine Voraussetzung dafür, dass die professionellen pädagogischen Beziehungen für die vier involvierten Parteien – Erzieher/ Lehrer, Kind, Eltern und Gesellschaft – zufriedenstellend ablaufen können.

Dieses Buch basiert überwiegend auf Erfahrung. Es ist aus unserem Wunsch heraus geschrieben, diese Erfahrungen weiter zu geben, die wir unabhängig voneinander und auch gemeinsam im Lauf von 20 Jahren praktischer Pädagogik, psychologischer und psychotherapeutischer Arbeit mit interpersonalen Beziehungen in Familien, pädagogischen Institutionen, Therapieeinrichtungen, privaten und öffentlichen Trägern gesammelt haben.

Die Quellenbezüge des Buches umfassen die Literatur, auf die wir bei unserem Versuch gestoßen sind, uns beruflich auf dem Laufenden zu halten, und sind somit nicht das Ergebnis von systematischen Studien. Wir sehen uns selbst als Praktiker und wollen diese Praxis untermauern und anderen Praktikern gern vermitteln.

Das Buch ist um einige Maßnahmen, Werte und Begriffe herum aufgebaut, die wir für entscheidend in der pädagogischen Arbeit halten, sei man nun Studentin, frisch ausgebildeter Lehrer oder Erzieher oder eine Gruppe von pädagogischen Leiterinnen oder Mitarbeitern, die das Qualitätsniveau einer Institution evaluieren wollen. Wir haben bei der Schreibweise und Verwendung der Begriffe Wert auf die Lesbarkeit und Verwendbarkeit in der Praxis gelegt und deshalb auf einige Begriffe verzichtet, die zwar wissenschaftlich konzis, aber in den täglichen pädagogischen Gesprächen und Diskussionen kaum brauchbar sind.

Wir wissen aus Erfahrung, dass wir hin und wieder als Personen auf der Seite des Kindes verstanden werden, und wollen deshalb gern klarstellen, dass wir uns so nicht sehen. Unser Interesse und Schwerpunkt gilt eben gerade nicht der einen oder anderen Seite in der pädagogischen Beziehung, sondern der Beziehung an sich. Wir stehen also auf der Seite der Beziehung und wissen, dass nur intakte Beziehungen beide Seiten richtig vertreten.

Üblicherweise spricht man von bestimmten Altersgruppen, wenn von Kindern die Rede ist: von den 0- bis 3-Jährigen, vom Vorschulkind, Schulkind, Mittelstufenkind usw. Aber in diesem Buch haben wir beschlossen, die Karten neu zu mischen. Deshalb haben wir keine gesonderten Kapitel für Kinderkrippen, Kindergärten, Schule und Vorschule geschrieben. Wichtigster Grund dafür ist, dass die konstruktiven Qualitäten in beruflichen Beziehungen im Großen und Ganzen von der Wiege bis zum Grab die gleichen bleiben. Wir verwenden die Bezeichnung »Tagesstätten« als Sammelbegriff für Kinderkrippen, Kindergärten und Ganztagsschulen, die sowohl die Volksschulen, Privatschulen, Sonderschulen als auch Volkshochschulen umfassen. Mitunter benutzen wir die Bezeichnung »die pädagogischen Institutionen« als Sammelbegriff.

Aus dem gleichen Grund beschäftigen wir uns nicht ausführlich mit pädagogischen Institutionen, die von einer besonderen pädagogischen oder philosophischen Ideologie geprägt sind. Die tragenden Werte und Begriffe in diesem Buch unterscheiden sich nicht wesentlich von denen, die wir für das Gymnasium, die Seminare, Krankenhäuser, die Altenpflege usw. als wertvoll erachten. Die notwendigen Qualitäten der professionellen, interpersonalen Prozesse sind die gleichen, ungeachtet der unterschiedlichen Zielsetzungen, Inhalte, Rahmenbedingungen und Strukturen der Institutionen. Gleiches gilt für die ethnische, religiöse und kulturelle Zugehörigkeit der Kinder, Erzieher und Lehrer. Unsere Arbeit überall auf der Welt hat uns vor allem gelehrt, dass die Wertvorstellungen und interpersonalen Prinzipien, von denen in diesem Buch die Rede ist, in sehr hohem Maß transkulturell sind. Sie werden überall erkannt und geschätzt, obwohl man zugleich Normen und Gewohnheiten feststellen kann, die eine Umsetzung erschweren.

Vermutlich ist es besonders wichtig, sich die Grenzen des geschriebenen Wortes klar zu machen, wenn man ein Buch dieser Art liest, wo es in einigen der wichtigsten Botschaften um interpersonale Prozesse geht, die sich »zwischen den Zeilen« abspielen. Das gilt vor allem für die vielen Beispiele in dem Buch, die alle auf wahren Begebenheiten beruhen. Was wir die persönliche Sprache nennen, ist eben persönlich und nicht zum Kopieren geeignet. Der sprachliche Anteil an der Beziehung ist einzigartig für die jeweilige Situation und ihre Akteure.

Von den vielen Beispielen des Buches halten wir einige für vorbildlich und andere für das genaue Gegenteil. Dass wir professionelles Verhalten wiedergeben, das wir für unangemessen halten, bedeutet nicht, dass wir den Akteuren unterstellen, sie hätten in böser Absicht gehandelt, sondern dies geschieht in dem Wunsch, die Unterschiede von zwei radikal verschiedene Wertvorstellungen deutlich zu machen und die zahlreichen Beispiele dafür, dass Werte und Handeln nicht immer deckungsgleich übereinstimmen.

Das Buch ist in vier Teile untergliedert. Der erste Teil zeigt mehrere Phänomene aus der Realität, in der die Arbeit in pädagogischen Institutionen stattfindet. Das Hauptgewicht liegt hier auf den veränderten Erwachsenen-Kind-Beziehungen und der Bedeutung der Familie. Der zweite Abschnitt beschäftigt sich mit den persönlichen Aspekten, die Kindern und Erwachsenen gemeinsam sind und die eine wichtige Rolle bei der Entwicklung von professioneller Beziehungskompetenz spielen. Der dritte Teil des Buches beschreibt die interpersonalen Beziehungen, die Aspekte in der beruflichen Entwicklung und enthält auch unser Angebot einer Definition von Beziehungskompetenz. Im vierten und letzten Teil des Buches schauen wir uns die konkreten Beziehungen von Kindern und Eltern genauer an. Das Buch schließt mit einem Kapitel über herausfordernde Kinder und Jugendliche. An dieser Stelle setzen wir uns für einen neuen Ansatz in der pädagogischen Betreuung ein.

Während unserer Zusammenarbeit haben wir laufend Erfahrungen, Beispiele und Gedanken ausgetauscht, wobei Jesper Juul federführend gewesen ist. Wir schulden unseren Freunden und Kollegen vom »Kempler Institute of Scandinavia« großen Dank für ihren substanziellen Beitrag zur kollektiven Summe an Erfahrungen, die das Institut seit seiner Gründung im Jahr 1979 aufgebaut hat und auf denen wir weiter aufgebaut haben. Gleiches gilt für die pädagogischen Institutionen, die uns im Lauf der Zeit Offenheit und Vertrauen entgegenbrachten. Auch bei der Lektorin Elsebeth Jensen vom Århuser Tages- und Abendseminar und Dr. phil. Ole Varming möchten wir uns für sein Interesse an dem Projekt und ihrer beider wertvolles Input und Feedback bedanken.

# Erster Teil
# Allgemeines

## 1. Kapitel: Die pädagogische Landschaft

### Ein buntes Bild

Wenn wir einen Blick zurück auf die pädagogischen Institutionen werfen, mit denen wir im Lauf der Zeit zusammengearbeitet haben, bietet die pädagogische Landschaft alles andere als ein einheitliches Bild. Die nationalen, politischen und kulturellen Eigenarten haben natürlich mitgewirkt, die Rahmenbedingungen festzulegen. Doch die Unterschiede innerhalb der einzelnen Länder sind häufig größer gewesen als die Unterschiede zwischen den Ländern. Wir haben vollkommen leblose Wüstenlandschaften, kleine nüchterne Nutzgärten und ertragreiche, wild wuchernde Treibhäuser angetroffen. Uns sind dynamische, private Institutionen, hervorragende öffentliche – und selbstzufriedene und undynamische Institutionen diesseits und jenseits der Grenze begegnet; Institutionen, die sich ungeachtet der politischen und wirtschaftlichen Umstände in permanenter Entwicklung befanden, und Nachbarinstitutionen, wo Stillstand mit Hinweis auf genau diese Umstände herrschte. Es gibt Kindergärten und Schulen, die ihre Ehre daran setzen, als Träger und Vermittler der Kultur des Landes zu fungieren, wogegen andere mehr in Opposition zu den in der Gesellschaft vorherrschenden Wertvorstellungen stehen. Genauso gibt es Leitende, Lehrerinnen und Erzieher, deren berufliche Ehre und Identität professionell ausgerichtet sind, und andere, die sich in erster Linie als Beamte verstehen. Schließlich sind da noch solche, die mit wechselndem Erfolg versuchen, beide Identitäten unter einen Hut zu bringen.

Auf der zwischenmenschlichen Ebene hatten wir es mit Institutionen zu tun, wo die Erwachsenen einen geschlossenen, lebenden Organismus bildeten, in dem man sich gegenüber den anderen aktiv und engagiert verhält, und manche, die von eiskalter Passivität oder vom verbissenen, selbstgerechten Machtkampf, aber mehrheitlich wohl von der Hoffnung geprägt sind, dass alles gut gehen wird, und einer Tendenz, Sündenböcke zu benennen, wenn es dann doch nicht gut geht. Die Erkenntnis, wie diese Verhaltensweisen die Beziehungen zu Kindern und Eltern beeinflussen, variiert und ist vielleicht in Institutionen für Kleinkinder am größten, auch weil sie räumlich kleiner und übersichtlicher sind.

Bezüglich des Hauptthemas dieses Buches – der Qualität interpersonaler Beziehungen zwischen Kindern und Erwachsenen – haben sich im Verlauf einer einzigen Generation mehrere bedeutende Veränderungen außerhalb der Institutionen ergeben, mit denen diese schwer um die Gewinnung eines neuen Standpunkts gerungen haben. Unserer Ansicht nach sind in diesem Bereich die wichtigsten Veränderungen folgende:

- die Auseinandersetzung mit den offiziellen Autoritäten in den 60er-Jahren,
- der Kampf der Frauen um größere politische und soziale Gleichstellung, veränderte Geschlechterrollen und größere Gleichberechtigung,
- die Betonung der allgemeinen Menschenrechte und nicht zuletzt die UN-Kinderrechtskonvention (1989), die die politischen Versionen einer wachsenden Erkenntnis der Integrität des einzelnen Menschen überhaupt darstellte,
- die moderne Säuglings- und Beziehungsforschung und die klinische Arbeit mit interpersonalen Beziehungen in Familien, Institutionen und auf dem Arbeitsmarkt.

Die stark politisch motivierte Auseinandersetzung mit fast jeder Form von offizieller Autorität war auch der Anfang vom Ende des »Rollenspiels«, das den Bereich Erwachsenen-Kind-Beziehung wie ein roter Faden durchzieht: das Spiel zwischen der Lehrer*rolle* und der Schüler*rolle*, das vor allem auf dem Respekt, auf der Angst oder dem mit Angst vermischten Respekt des Schülers vor der *rollenbedingten* Autorität des

Lehrers basierte. In den pädagogischen Institutionen vollzog sich dies nicht als eine bewusste Auseinandersetzung, sondern fand wie selbstverständlich statt. Dabei erschienen die Kinder fast von einem Tag auf den anderen mit ihrem *ganzen* Ich und waren nicht mehr darauf gedrillt, auf eine Rolle im Drehbuch der Erwachsenen reduziert zu werden. Fast zur gleichen Zeit wurde das Recht der Lehrerinnen und Erzieher abgeschafft, körperliche Gewalt als pädagogisches Mittel einzusetzen. Als Folge fingen Kinder und Jugendliche bald an, ihr Unbehagen und den Schmerz, die sie sozial und existenziell in ihrer Beziehung zu Erwachsenen empfanden, und ihren Schaffensdrang, ihre Spontaneität und Unmittelbarkeit auszudrücken, wie sie immer untrennbar mit der Situation verbunden waren, Kind zu sein. Erzieherinnen und Lehrer, die nicht selbst mit diesem Privileg aufgewachsen waren, versuchten an ihren Rollen festzuhalten und sind jetzt – fast eine Generation später – im Begriff zu erkennen, dass die rollenbedingte Autorität der Vergangenheit angehört und von einer *persönlichen* Autorität abgelöst werden muss, wenn beide Seiten vernünftige Arbeits- und Entwicklungsbedingungen haben sollen.

Der Kampf der Frauen war in diesem Kontext von besonderer Bedeutung, weil er die sogenannten »weichen« Werte in den Familien, in den Institutionen und in der Gesellschaft als Ganzes auf die Tagesordnung setzte. Parallel zum politischen Kampf um Gleichheit und Macht bestand ein eindeutig zwischenmenschliches Streben danach, ernst genommen zu werden, ein Bestreben, das sehr schnell auch von Männern und von Kindern annektiert wurde. Außer ernst genommen zu werden gehören zu den »weichen« Werten auch Nähe, Kontakt, Betreuung und Empathie, die üblicherweise die männliche Wirklichkeit nicht dominierten, von denen man aber kaum behaupten kann, sie seien spezifisch weiblich. Sie sind wohl eher allgemein menschlich. Dass ihre Bedeutung in den Vordergrund rückte, ist zweifellos unserem Wissen über interpersonale Beziehungen allgemein zugute gekommen und hat die alten, individuumsdominierten psychologischen und pädagogischen Begriffe perspektivisch erweitert.

Gleichzeitig wurden wir um einiges klüger durch das, was man Psychologie der Unterdrückung und der Verletzung nennen könnte. Den

Unterdrückten und Verletzten bot sich die Möglichkeit, sich relativ frei und ungezwungen auszudrücken. Dabei kam es zu vielen Aussagen, über die manche aus gutem Grund überrascht und schockiert waren, weil sie die Gegenseite vertraten.

Schon gegen Ende der 50er-Jahre vollzog sich in den nordischen Ländern ein lautloser, aber revolutionärer Wandel in der Einstellung zu Kindern. Dieser Wandel wurde von einer Gruppe von Forschern aus der Kleinkinderpsychologie wie zum Beispiel Åse Gruda Skard, Aase Hauch, Jens Sigsgaard, Thomas Sigsgaard und Nic Waal in Gang gesetzt. Man verschob die Zielsetzung in den pädagogischen Institutionen von der Betonung des Begriffs »Anpassung« hin zur »Entwicklung«. Es war nicht mehr Ziel, gehorsame, gut angepasste »Massenmenschen« im Sinne von David Riesman[1] hervorzubringen, sondern bei jedem einzelnen Kind die Entwicklung von Motorik, Sprache, Intelligenz und Kreativität unter Berücksichtigung seines *individuellen* Potentials zu stimulieren. Zweifellos ging man dabei von einem ganz sachlichen Grund aus und mit dem Zweck, eine breitere Grundlage z. B. für die Arbeit in den Schulen und somit für die *Funktion* der Kinder als Schüler zu schaffen. In Wechselwirkung mit den politischen, sozialen und psychologischen Tendenzen der folgenden Jahrzehnte und – vielleicht nicht zuletzt – mit dem vermehrten wirtschaftlichen Wohlstand stellte sich heraus, dass die Kinder nicht nur ihre gemeinnützige Individualität für sich in Anspruch nahmen, sondern ganz einfach das Recht, sie selbst zu sein.

Der Kampf um die politischen und sozialen Rechte der Kinder manifestierte sich in der Regel in der UN-Kinderrechtskonvention[2] und entsprach somit einer langjährigen Entwicklung in der westlichen Welt, wo das Wohl der Kinder kein privates Anliegen der Eltern mehr war, sondern auch ein Anliegen der Gesellschaft. Dieser politische Stellenwert der äußeren Lebensumstände der Kinder glich dem wachsenden Interesse an den inneren Existenzbedingungen von Kindern in der Psychologie. Das entsprach folglich der im letzten Jahrhundert stattgefundenen Entwicklung der äußeren Bedingungen (Arbeitszeit, Sicherheit, Mitspracherecht, Lohn) erwachsener Arbeiter und Funktionäre dahingehend, etwa auch das »psychische

Arbeitsmilieu«, das »Burn-out-Syndrom« und dergleichen mehr einzuschließen. Vergleicht man die äußeren Arbeitsbedingungen der Erwachsenen mit denen der Kinder, entsteht ein keineswegs schmeichelhaftes Bild. In Dänemark hatten wir z. b. um die Jahrtausendwende die Wahl, uns zu bemühen, das Arbeitsumfeld der Kinder zu verbessern (Möbel, Anzahl der Quadratmeter pro Kind, Belüftung) und ein regelrechtes Arbeitsumfeldgesetz für Kinder zu beschließen oder gegen ein provozierendes soziales Symptom einzuschreiten – in diesem Fall eine landesweite Kampagne gegen Mobbing unter Kindern. Man entschied sich für die Kampagne gegen Mobbing. Die Sache geriet zu einem klassischen Beispiel, wie Erwachsene hin und wieder ihre Macht über Kinder missbrauchen und zugleich ihr gutes Image als verantwortliche, besorgte und kinderfreundliche Mitmenschen pflegen können. An anderer Stelle in diesem Buch werden wir auf dieses Beispiel zurückkommen und zeigen, dass diese Art von Entscheidungen auch im pädagogischen Alltag weit verbreitet ist.

Die neue Säuglings- und Beziehungsforschung, die im Begriff ist, allmählich Teile der bisherigen Entwicklungspsychologie abzulösen, repräsentiert einen Paradigmenwechsel und hat die älteren Erkenntnisse und die bisher gültigen Meinungen weitestgehend auf den Kopf gestellt. Diese Forschung ist kaum zwei Jahrzehnte alt und hat erst gut zwei Jahre lang die Erwachsenen-Kind-Beziehung anhand von Kindern untersuchen können und hat sich durchweg in der Hauptsache auf die Mutter-Kind-Beziehung konzentriert. Trotz des geringen Alters der Forschung und der Kinder stimmt ein sehr großer Teil ihres Befundes und ihrer Untersuchungen vollkommen mit den Erfahrungen überein, die wir in den letzten rund vier Jahren im klinischen und therapeutischen Bereich mit der Erwachsenen-Kind-Beziehung innerhalb des phänomenologisch orientierten Teils der Familientherapie gewonnen haben. Bisher hat ihnen keine wissenschaftliche Beobachtung widersprochen.

Ziehen wir zudem die Befunde aus der Hirnforschung heran, dass das Bewusstsein des Kindes *keiner* leeren Fläche gleicht, wie die Entwicklungspsychologie lange behauptete; dass die Fähigkeit des Kindes,

Fremdsprachen zu erlernen, auffällig mit dem Beginn der Schulzeit zusammenfällt usw., wird deutlich, dass wir in fast allen Bereichen unsere Sicht auf Kinder und unser pädagogisches und erzieherisches Verhalten gegenüber Kindern revidieren müssen.

Die Bereitschaft und die Möglichkeiten, neues Wissen zu integrieren, ist aus gutem Grund im Bereich der Kleinkinderpädagogik am größten, die sich im besten Fall eine sozial- und entwicklungspsychologische Aufgabe zum Ziel gesetzt hat (im schlimmsten Fall eine reine Aufsichtsaufgabe). Die Schule ist mit ihrer sehr viel konkreteren und erfüllbareren Aufgabe und ihrer soliden Tradition dafür verantwortlich, dass man die intellektuellen Fähigkeiten der Kinder von ihrem existenziellen und psychischen Dasein trennt. Nach unserer Erfahrung darf man dennoch nicht übersehen, dass Vorschulkinder normalerweise bedeutend leichter zu manipulieren sind als Schulkinder und dass dies zum Teil die Erklärung dafür sein kann, dass es den Erzieherinnen leichter fällt, das pädagogische Universum gegenüber den Kindern so zu definieren, wie sie selbst es sehen.

In Übereinstimmung mit dieser Entwicklung haben die pädagogischen Disziplinen kontinuierlich ihre Spezialgebiete entwickelt; alte Aktivitäten und Schulfächer werden verdrängt und neue eingeführt; Sprachunterricht hat seine Form wie seine Methoden verändert ebenso wie die kreativen Fächer. In Kindergärten überlegt man, ob man sich von alten Dogmen verabschieden und vielleicht mehr auf Vorbereitung auf die Schule hin arbeiten soll. Dabei wird der Begriff »Qualität« in allen pädagogischen Institutionen sehr ernst genommen, obwohl es an zufriedenstellenden Definitionen fehlt, wie »Qualität« in pädagogischem Sinn zu verstehen sei. All das ist ein selbstverständlicher Bestandteil in der Entwicklung einer jeden Gesellschaft und der Wünsche und Forderungen, die man zu jeder Zeit an die pädagogischen Fachgruppen stellt und die diese an sich selbst stellen. Die Seele der pädagogischen Institutionen sind zu allen Zeiten wesentlich Gruppen und Einzelpersonen, die ihre Energie und ihren Enthusiasmus investieren, um bestimmte Dinge zu verändern und zu verbessern. Es grenzt in manchen Fällen schon an Fanatismus, wie sehr sich einige in das versenken, was sie für richtig erkannt haben. Ihr

Einsatz findet nicht immer und überall den gleichen Anklang und ist vielleicht auch nicht immer vom gleichen Erfolg gekrönt, aber ohne sie werden die wichtigen Fragen nie gestellt oder die Antworten darauf gefunden. Entsprechendes gilt für die pädagogische Forschung, die mit ihrem Reichtum an Themen und grundlegenden Prinzipien für einen Praktiker kaum noch zu überblicken ist.

Zur gleichen Zeit ist es leider vorgekommen, dass viele Kinder als außerhalb der Norm stehend marginalisiert und definiert oder diagnostiziert wurden. Wir schreiben hier »leider« aufgrund unserer Erfahrung, dass die Begründung nicht immer genauso sachlich fundiert ist wie die Tatsache, dass Kinder, die früher einfach keine Hilfe und überhaupt keine Unterstützung bekamen, sie nun erhalten.

In einer Untersuchung zu Beginn der 1950er Jahre befragte BULP (der dänische Landesverband für Kinder- und Jugendpädagogik) einen Teil seiner Mitglieder, ob ihnen ihre Arbeit gefiel. Ein überraschend hoher Prozentsatz antwortete, sie würden den Beruf wechseln, wenn sie könnten. Im gleichen Atemzug könnte man sagen, dass viele relativ gut und frisch ausgebildete dänische Lehrer aufgeben und in anderen Branchen Arbeit suchen mit Verweis auf das Benehmen der Kinder und der mangelnden Erziehung durch die Eltern und dass es normalerweise in den europäischen Ländern immer schwieriger wird, junge Menschen für eine Lehrerausbildung zu finden.

Pädagogisch wie politisch ergibt sich also alles andere als ein einheitliches Bild, wie es so oft in den Medien dargestellt wird. Die dringendsten Probleme sind ganz und gar nicht die quantitativen Probleme, die nach dem Willen der Politik ins Blickfeld gerückt werden müssen. Ließen wir uns zu einer Verallgemeinerung hinreißen, dann zu der, dass sich die pädagogischen Institutionen der nordischen Länder auf einem sehr hohen professionellen und sozialen Niveau befinden im Vergleich zu vielen anderen Ländern auf der ganzen Welt. Wenn das nicht nur der nationalen Selbstzufriedenheit dienen soll, dann gibt es nach unserer Auffassung mehrere Umstände, die einen entscheidenden Schritt nach vorn unumgänglich machen.

### Erwachsene in der Defensive

Der auffälligste Unterschied zwischen Kindern von heute und Kindern von vor 50 Jahren lässt sich wahrscheinlich wie folgt auf eine kurze Formel bringen: Kinder von heute gehen durch die Welt, als hätten sie das Recht, hier zu sein. Mit großer Selbstverständlichkeit drücken sie ihre Meinungen und Gefühle aus, stellen sie ihre Fragen, argumentieren und erwarten, dass man sie ernst nimmt. Ihr Selbstbewusstsein ist beträchtlich gewachsen. Aber womöglich ist von noch größerer Bedeutung, dass immer mehr Kinder aufwachsen, ohne von der generellen Angst vor Erwachsenen geprägt zu sein, wie sie noch vor einer Generation weit verbreitet war. Die ersten Jahrgänge dieser Kinder sind inzwischen selbst erwachsen und Eltern geworden, und einige haben eine Ausbildung zur Lehrerin und zum Erzieher abgeschlossen.

Ein Vierteljahrhundert ist ein langer Zeitraum. Heute kann man sich kaum noch vorstellen, welche Provokation es damals für die Erwachsenen war, als diese Entwicklung ernsthaft ihren Lauf nahm. Auf der einen Seite standen wir Erwachsenen, die auf persönlicher Ebene zu übermäßiger Bescheidenheit und Zurückhaltung bis hin zur Selbstverleugnung erzogen waren. Auf der anderen Seite befanden sich die Kinder, denen schließlich ihr Platz in dem Entwicklungsprozess nicht bewusst war und für die ihre frisch gewonnenen Privilegien die natürlichste Sache von der Welt waren. Die Erwachsenen, die mit um die Verbesserung der Rechte und Lebensbedingungen der Kinder gekämpft hatten – und vielleicht zwischendurch ein gewisses Wohlgefallen dabei empfunden hatten, den Kindern ihre Freiheit *geben* zu können –, sahen sich plötzlich konfrontiert mit Kindern, die nicht besonders dankbar dafür waren und sich die Freiheit ganz selbstverständlich *nahmen*.

Anfangs versuchte man der Ratlosigkeit zu begegnen, indem man neue Methoden zur Kategorisierung von Kindern entwickelte. Der Begriff »der neue Kindercharakter« war einer der frühesten Erklärungsversuche, warum es plötzlich so schwierig war, als Erwachsener mit Kindern zusammen zu sein. Seitdem ist die pädagogische Debatte leider hauptsächlich mit der Klärungen der Frage beschäftigt, *warum* es so schwierig ist, mit Kindern zu arbeiten und zusammen zu sein, anstatt herauszufinden, *wie* man eine fruchtbarere und befriedigendere Zusammenarbeit mit ihnen und ihren Eltern erreicht.

Das heißt nicht, dass die Schwierigkeiten der Erwachsenen nicht real genug waren oder sind. Gleiches gilt für die Probleme der Kinder. Es verunsichert und verwirrt, wenn beim Zusammensein die Personen, die die Führung haben, nicht genau wissen, was sie damit anfangen sollen, und sich überwiegend reaktiv verhalten. Früher wurden Konflikte zwischen Kindern und Erwachsenen allerdings als mehr oder minder maskierte Machtkämpfe ausgetragen. Aus diesem Grund schätzte man die Situation vieler Kinder falsch ein und sah in ihnen die »Sieger« dieses alten Machtkampfes. In Wahrheit handelt es sich hier um einen ganz neuen Typus von Beziehung, in der beide Seiten die Verlierer sind, wenn in ihrer wechselseitigen Beziehung wesentliche Qualitäten fehlen.

Interessant war es, zu beobachten, wie sich die Ratlosigkeit und die festgefahrene defensive Haltung bei einem Teil der Erwachsenen sehr schnell zu einem internationalen Phänomen entwickelte, obwohl sich die pädagogische Haltung, die Wertgrundlagen in der Kindererziehung, die demokratische Tradition und die wirtschaftliche Entwicklung in der Gesellschaft in den einzelnen Ländern stark unterscheiden. Die Defensive hat auch die Politiker erfasst, die im Großen und Ganzen nicht mehr tun können, als Vorschläge zu Restriktionen zu machen, Strafen und Anti-Kampagnen vorzuschlagen. Der Leiter einer dänischen Heimvolkshochschule illustrierte die gesamte Problematik in einem Interview. Sichtlich verärgert schilderte er, wie man an seiner Schule den Aufforderungen des Unterrichtsministeriums nachgekommen war und dort das Rauchverbot für Schüler eingeführt hatte. Ein Teil der Schüler ignorierte das Verbot und rauchte trotzdem. Mit berechtigter Empörung in der Stimme erzählte er, er sei sogar so weit gegangen, im Ministerium anzurufen mit der Bitte, man möge ihm eine vom Ministerium abgesegnete Handhabe zum Eingreifen geben – und er habe keine bekommen!

Diese kleine Episode gibt die Probleme hervorragend wieder. In Skandinavien sagt man, den Kindern von heute fehle »soziale Kompetenz«. In Deutschland spricht man von einer weit reichenden »Disziplinkrise«. So hat jedes Land seine eigene Version der Problematik. Allen gemeinsam jedoch ist die Suche nach Möglichkeiten, das Verhalten der *Kinder* zu verändern – der einzige Weg, der mit großer Sicherheit nicht gangbar ist.

Das bedeutet nicht, dass es keine Kinder mit destruktivem, selbstzerstörerischem und sozial unannehmbarem Verhalten gäbe oder dass es keine Lehrer und Erzieherinnen gäbe, die täglich Verletzungen in einem Ausmaß aushalten, das hinzunehmen niemand gezwungen sein sollte. Obwohl Erwachsene unterschiedliche Toleranzgrenzen haben und in unterschiedlichem Maß zu persönlicher Großzügigkeit in der Lage sind, darf kein Zweifel aufkommen, dass auch den Autoren dieses Buches klar ist, dass es in pädagogischen Institutionen unzählige Erwachsenen-Kind-Beziehungen gibt, die für beide Seiten schädlich sind. Deshalb muss dem ein Ende gesetzt werden. Wir sind dagegen ganz und gar nicht der Meinung, dass Restriktionen, Kampagnen, Verhaltenssteuerung, Regeln, Verbote und Strafen der Weg in die Zukunft sind. Ganz gleich, welche begrifflichen Mode- und Markenkleider wir diesen altbekannten Methoden anziehen, ihr wahrer Inhalt läuft auf den alten Erwachsenenausspruch hinaus: »Wer nicht hören will, muss fühlen!« Das ist ein wertebezogener Ausgangspunkt, der sowohl die eigentliche Verantwortung der Erwachsenen als auch die Bedeutung der Beziehung ignoriert und Kinder und Jugendliche auf Objekte für Manipulation und Machtausübung der Erwachsenen reduziert. Außerdem ist es eine defensive Strategie – eine Gegenreaktion auf das Verhalten der Kinder. In interpersonalen Beziehungen hat bisher noch niemand mit einer defensiven Strategie ein konstruktives Ergebnis erzielt. In Erwachsenen-Kind-Beziehungen spielen sich drei Dinge ab, wenn die Erwachsenen in die Defensive geraten: Die Erwachsenen verlieren die Initiative und den Überblick, und die Zusammenarbeit mit den Kindern wird auf einen zermürbenden Kampf ums Siegen reduziert; die Kinder werden unsicher und verlieren das Vertrauen in die Führung durch die Erwachsenen, und beide Seiten verlieren den Glauben an sich selbst.

Das ist bei weitem nicht nur eine Momentaufnahme der pädagogischen Wirklichkeit. Gleiches gilt in genauso hohem Maß für viele

Familien und ist womöglich viel mehr ein Bild der in der Gesellschaft herrschenden Ratlosigkeit angesichts des freien, individuellen Menschen. Der Konflikt tritt mit der gleichen Deutlichkeit auf, wenn eine Familie mit Kleinkindern am Mittagstisch sitzt, der Kindergarten einen Ausflug plant, die 6. Klasse keine Lust zur Gruppenarbeit hat, Gymnasiasten mit dem Rücken zum Lehrer sitzen und sich gegenseitig SMS schicken, Studierende einer pädagogischen Hochschule den Unterricht und die Betreuung durch die Lehrenden versäumen und verlangen, man solle alles wiederholen, sobald sie auftauchen, und wenn die Kommunalbehörden versuchen, einer kleinen Gruppe von verzweifelten Einwanderern der zweiten Generation die Türen zu verschließen.

Im Alltag der pädagogischen Arbeit bleibt es häufig einem einzelnen Lehrer oder Erzieher überlassen, auf diese defensive Ratlosigkeit zu reagieren. Zugleich soll der oder die Einzelne, wie Birthe in dem folgenden Beispiel, eine Vielzahl von neuen Anregungen auf didaktischem und pädagogischem Gebiet berücksichtigen, während außerdem viele Schulen mit vollkommen neuen Strukturen und Anforderungen an die Kooperationsfähigkeit des Lehrers, wie zum Beispiel Teamwork, arbeiten.

Diese Individualisierung eines kollektiven Problems ist grundsätzlich nicht angebracht, weil sie einen einzelnen Lehrer oder Erzieher als »unfähig«, »problematisch«, »psychisch nicht belastbar« und dergleichen hinstellt. Der oder die Einzelne ist häufig darauf angewiesen, sich außerhalb des Arbeitsplatzes Hilfe zu suchen. Andererseits können wir nicht darüber hinwegsehen, dass gerade die berufliche Entwicklung der/des Einzelnen im Grunde einen vollkommen neuen Stellenwert bekommen hat.

**Beispiel:**
Birthe ist Lehrerin einer 1. Klasse. Sie hat schon länger keine Erstklässler mehr unterrichtet. Sie ist eine sehr gute Dänisch-Lehrerin mit hohem beruflichen Ehrgeiz, der sich vom Beginn des Schuljahres an klar abgezeichnet hat: Man muss sich in Geduld üben und kann in einer 1. Klasse nicht das gleiche Lerntempo erwarten, wie man es von den höheren Klassen gewohnt ist.

Nach den Winterferien wird ihr langsam klar, dass die Kinder ihrer Meinung nach das Ziel nicht erreichen, das sie sich gesteckt hat. Sie gibt sich im Unterricht viel Mühe mit der Binnendifferenzierung; doch das hilft nur wenig. Für sie ist ihr beruflicher Wert untrennbar damit verbunden, dass die Kinder etwas lernen. Aus diesem Grund beginnt sie allmählich an ihrem eigenen Wert zu zweifeln, mit der Folge, dass sie wie wir alle reagiert, wenn uns die Wahrnehmung fehlt, für andere von Wert zu sein: Entweder ziehen wir uns frustriert in uns selbst zurück und werden selbstkritisch, depressiv und verlieren an Vitalität, oder wir kehren es in Form von Verärgerung und Aggression nach außen und gegen andere. Birthe tut von beidem etwas. Sie überlegt, ob sie vielleicht zu alt für Erstklässler geworden ist, womöglich unter dem Burn-out-Syndrom leidet, zieht aber auch »den neuen Kindercharakter« als Ursache in Betracht, ebenso wie die gestressten Eltern, die sich nicht richtig um die Erziehung ihrer Kinder kümmern usw. Doch sie kommt zu keinem brauchbaren Ergebnis.

In gleichem Maß, wie Birthe die Wahrnehmung abhanden kommt, als Lehrerin von Wert zu sein, ist sie sich immer weniger über ihre eigenen Grenzen und Bedürfnisse im Klaren und lässt sehr viel mehr durchgehen, als sie eigentlich vor sich verantworten kann. Das wirkt sich auf ihre berufliche Integrität hinaus. Die Kinder ihrerseits merken, dass Birthe sich nicht sicher ist und eine undeutliche Vorstellung hat, wer sie ist, was sie will und was nicht. Darauf reagieren sie mit Verunsicherung, Unruhe und fühlen sich von Birthes kritischen, vorwurfsvollen Äußerungen und Beschwerden verletzt.

Birthe ist eine fähige und erfahrene Lehrerin mit einer grundsätzlich positiven und liebevollen Einstellung zu den Kindern, mit denen sie zusammenarbeitet. Deshalb ist sie ein gutes Beispiel dafür, dass man weder psychisch nicht belastbar noch ein Problemfall zu sein braucht, um in der Begegnung mit modernen Kindern Niederlagen zu erleiden. Sie ist viele Jahre lang mit ihrer beruflichen Kompetenz und ihrer rollenbedingten Autorität problemlos zurechtgekommen, wird aber jetzt auf ganz andere Weise gefordert.

Eine entsprechende »Krise« hätte in ihrer Ehe, mit ihren halbwüchsigen Kindern, ihrer Schwiegermutter oder in anderen wichtigen Beziehungen auftreten können, wo sie mit ihrer erlernten Einsatzbereitschaft nicht mehr weitergekommen wäre. In dieser Hinsicht ist der Konflikt persönlich. Auf persönlicher Ebene braucht Birthe Hilfe von außen, um ihre Sicherheit wiederzugewinnen und zugleich eine persönlichere Autorität zu entwickeln, die ihren Part in der Beziehung zu den Kindern besser vertritt. Diese Sicherheit kann sie nur in sich selbst finden – nicht in Einstellungen oder Meinungen. Ihr hilft weder die Kritik weiter, sie sei eine schlechte Lehrerin, die keine 1. Klasse führen könne, noch die »solidarische« kollegiale Unterstützung, die die Kinder von heute und deren Eltern verurteilt und kritisiert.

In diesem konkreten Fall fand Birthe an ihrem Arbeitsplatz nicht viel nennenswerte Unterstützung und war auf die Hilfe eines niedergelassenen Psychologen angewiesen. Wie so oft stellte sich heraus, dass ihre Problematik bezüglich der Kinder in der 1. Klasse ihre Parallelen in anderen wichtigen Beziehungen hatte – sowohl in privaten als auch beruflichen – und dass ihre vorübergehende Krise deshalb viel mehr ein Glied in einem persönlichen Entwicklungsprozess war als ein »pädagogisches Problem« oder ein Zeichen von persönlicher Schwäche. Sie erlebte schnell, dass sich die Zusammenarbeit mit den Kindern in dem Maß verbesserte, wie sie lernte, wann und wie sie sich selbst ernst nehmen konnte.

Birthe ist als Kind und als Lehrerin in einer Schulkultur aufgewachsen, in der man versucht, entsprechende Probleme mit Maßnahmen zu lösen, die einseitig auf Veränderung im Verhalten der Kinder abzielen. Man lädt zum Elternabend ein, bei dem die Lehrerin von den Eltern fordert, sie sollen ihre Kinder dazu bewegen, sich in der Schule anständig zu benehmen; man beruft einen sogenannten »Vertrauenslehrer«, wenn auch von den Kindern Einsatz verlangt wird, oder bittet eine Schulpsychologin, die Klasse darauf hin zu untersuchen und zu analysieren, was die Lehrerin mit den Kindern tun kann. Aus diesem Grund kostet es sie Überwindung, die Qualität ihres eigenen Parts in der Beziehung zu den Kindern daraufhin zu überprüfen, wie sie ihre Beziehungskompetenz entwickeln kann, damit sie in die Lage versetzt wird, das Arbeitsklima in der Klasse *mit* den Kindern zu verändern. In einer Kultur mit der Tradition, *Schuld* zuzuweisen, kann es sich schwierig gestalten, sich mit *Verantwortung* zu beschäftigen, ohne dass beide Begriffe zu Synonymen werden.

**Beispiel:**

Karen ist seit 20 Jahren Erzieherin in einer Kinderkrippe. Sie ist ein anderes Beispiel dafür, wie eine professionelle Beziehung eine ähnliche existenzielle Reaktion auslöst.

Karen hat mehrere Gewohnheiten in ihre tägliche Arbeit integriert – Dinge, die sie mit den Kindern jeden Tag und bei jeder passenden Gelegenheit macht. Sie greift verschiedene Anlässe im Jahr auf – z. B. in Verbindung mit Feiertagen, Jahreszeiten und dergleichen. Sie denkt nicht mehr weiter darüber nach, was sie tut, verläßt sich aber auf ihre Erfahrung, dass es seine Wirkung nicht verfehlt, und auf die Wahrnehmung, dass die Kinder sich in ihrer Gegenwart wohl fühlen. Nachdem sie viele Jahre lang ein und dieselbe Kollegin als Partnerin in der Krippe gehabt hat, bekommt sie nun eine junge, frisch ausgebildete Kollegin, die gern besprechen möchte, was sie mit den Kindern unternehmen und warum.

Als Folge zieht Karen im Großen und Ganzen alles in Zweifel, was sie tut. Sie ist es nicht gewohnt, ihr pädagogisches Handeln in Worte zu fassen, fühlt sich angegriffen und sieht ihre Arbeit und ihre Erfahrung kritisiert. Sie verteidigt sich so gut sie kann. Das nimmt ihre neue Kollegin verständlicherweise als mangelnde Bereitschaft wahr, berufliche Themen zu diskutieren. Ihre Zusammenarbeit wird schnell problematisch. Karen bekommt Schlafstörungen, verliert die Lust an der Arbeit und spricht viel mit ihrer Familie darüber, dass die Chemie zwischen ihr und der neue Kollegin nicht stimmt. Das Geborgenheitsgefühl der Kinder in der Krippe leidet darunter, und in Kürze ist Karens schwindendes Selbstvertrauen im Begriff, zu einer sich selbst erfüllenden Prophezeiung zu werden.

Beide Beispiele sind auch deshalb interessant, weil sie die Vielfalt von individuellen psychischen und existenziellen Phänomenen illustrieren, die ein moderner pädagogischer Arbeitsplatz zulassen und einräumen muss, ganz gleich, ob sich das im Verhalten und im Wohl der Erwachsenen oder der Kinder äußert. Persönliches ist über Generationen hinweg *privat* gewesen und/oder hat Krankheiten verursacht; aus gesundheitlicher Sicht besteht aller Grund zur Freude, dass die Individualisierung und die Tabuisierung von Reaktionen auf die Gemeinschaft bald der Vergangenheit angehören werden.

Aus dieser Sicht veranschaulichen diese Beispiele auch die veränderten Anforderungen, die pädagogische Arbeit an Arbeitgeber hinsichtlich der Personalbetreuung und beruflichen Entwicklung des Personals, an Institutionsleitende hinsichtlich der Personalführung und an Mitarbeiter hinsichtlich der Qualität der kollegialen Zusammenarbeit stellen. Persönliches, Berufliches und Soziales verschmelzen zu einer Einheit. In den Institutionen fehlt es an einer Tradition, intern auf diese Verschmelzung zu einer Einheit zu reagieren, ganz gleich, ob das Wohl der Mitarbeiter oder das der Kinder auf dem Spiel steht. Gleiches gilt für andere Formen von Einrichtungen oder Firmen. Aber aus gutem Grund macht es sich erst am Arbeitsplatz bemerkbar, dass die Bereiche Lernen, Betreuung, Behandlung und Pflege alle Beteiligten miteinander verbinden.

## 2. Kapitel: Die Familie

*Eltern als Kooperationspartner*
In den letzten Jahrzehnten haben sich die Eltern zu ganz anderen Kooperationspartnern entwickelt, mit denen es Lehrern und Erziehern vielerorts schwer fällt umzugehen. Das beinahe alle Facetten umfassende Spektrum reicht von selbstbewussten, ichbezogenen Eltern, die auftauchen und Ansprüche an die Lehrer und Erzieher stellen, und sich oft hinter angstbesetzter, arroganter Besserwisserei bei gut vorbereiteten Treffen verstecken, bei denen die Parteien trotzdem aneinander vorbeireden, bis hin zu Beziehungen mit sehr fruchtbarer Zusammenarbeit, die von der Bereitschaft und der Fähigkeit zum Dialog und von Flexibilität geprägt sind.

Zu den am häufigsten diskutierten Themen gehört die Behauptung, Eltern erzögen ihre Kinder nicht mehr und die Institutionen müssten sich deshalb notgedrungen auch dieser Aufgaben annehmen. Man kann auch sagen, sie hatten schon immer eine erzieherische Aufgabe, der ins Auge zu sehen und die aktiv zu bewältigen sie aber jetzt gezwungen sind, weil die Kinder, die in die Institutionen kommen, nicht mehr so einheitlich sozialisiert sind wie noch vor einiger Zeit. Sie stellen viel höhere Ansprüche, dass man ihnen mit Respekt begegnet und dass man sie als Individuen ernst nimmt, *bevor* sie bereit sind, sich konform zu verhalten. Eltern erziehen ihre Kinder im gleichen Umfang, wie sie es immer taten, legen aber keinen besonderen Wert mehr darauf, sie z. B. für den Schulbesuch zu erziehen. Kinder von heute sollen in ganz unterschiedlichen Wirklichkeiten einschließlich Cyberspace lernen, leben und funktionieren können, sodass es für die Eltern ein hoffnungsloses Unterfangen wäre, sie für einen einzelnen Bereich zu sozialisieren. In Zusammenarbeit mit den pädagogischen Institutionen muss den Kindern beigebracht werden, ihre persönliche Integrität und innere Verantwortlichkeit zu entwickeln und zu vertreten, damit sie sich in einer Wirklichkeit bewegen und agieren können, wo man die freie Auswahl in alle Richtungen hat und wo Rauschgift und harte Pornografie in offene Konkurrenz zu Sport, Literatur und Kunst treten.

Wir finden es bedenklich und bedauerlich, dass die pädagogische Welt in den letzten Jahrzehnten ganz unkritisch die unbewiesene »Wahrheit« annektiert hat, dass für die abnehmende (und andere) soziale Kompetenz der Kinder der Zeitmangel (und die Abneigung!) der Eltern verantwortlich ist, ihre Kinder zu erziehen. Wir bestreiten nicht, dass Familien von heute mit Kindern und ihr Lebensstil generell schwierige Voraussetzungen für *alle* privaten Beziehungen schaffen, die eine Familie rein psychologisch konstituieren. Wir möchten dennoch gern auf die dominante Rolle der Tagesstätten im Leben eines Vorschulkindes als einen Faktor hinweisen, für den man sich interessieren sollte, und auf den Umstand, dass Kinder vor nur zwei Generationen die soziale Kompetenz in sehr hohem Maß bei gemeinsamen Spielen entwickelt haben, wenn sie unter sich waren. Das heutige Kinderleben wird von fast ununterbrochener Überwachung und Anleitung durch Erwachsene ernsthaft strapaziert. Diese Erwachsenen sind durchweg konfliktscheu und abgeneigt, die Konflikte der Kinder untereinander sich so weit entwickeln zu lassen, bis die Kinder (sozial und persönlich) daraus lernen.

Die Mehrheit der Eltern von heute hat zwei Eigenschaften, die für die Zusammenarbeit mit den pädagogischen Institutionen eine wichtige Rolle spielen. Sie haben sich von der patriarchalen Familienstruktur und der autoritären Kindererziehung abgewandt und befinden sich in einem Experimentierstadium, wo jeder für sich ganz buchstäblich das Paarverhalten und die Elternschaft von Anfang an neu erfinden muss. Während man sich in vielen anderen Ländern in Diskussionen über gute altmodische und konsequente Erziehung contra so genannte »freie« Erziehung festgefahren hat, sind skandinavische Eltern vollauf damit beschäftigt, einen dritten Weg zu finden. Sie gehören zu den internationalen Pionieren der Kindererziehung und müssen einstweilen ohne Vorbilder und Rollenmodelle auskommen. Zugleich haben sie zum Teil den Perfektionismus und die Schuldgefühle abgelegt, durch die sich Generationen von Eltern in schamhafter Demut der Umwelt verschlossen, wenn ihre Kinder nicht »richtig funktionierten« oder Hilfe brauchten. Wie alle Eltern haben sie ständig die natürliche Neigung, ihr Kind über alle Vernunft hinaus zu beschützen, sind aber andererseits in der Regel in ihrer Elternrolle auf kompetentere Weise unsicher und hilfesuchend und vertrauen darauf, dass Erzieherinnen und Lehrerinnen über brauchbares Wissen verfügen und willens sind, es zu teilen. Doch auch die Eltern fordern einen gleichberechtigten Dialog und erwarten mit Recht, dass die Fachleute in der Zusammenarbeit den Ton angeben. Der letzte Punkt ist nicht neu, wird aber vielleicht etwas deutlicher zum Ausdruck gebracht als früher.

In den skandinavischen Ländern ist es lange Zeit üblich gewesen, dass Kinder einen großen Teil ihrer frühen Jahre in pädagogischen Institutionen verbringen. Das hat u. a. dazu geführt, dass der Strom der Werte seine Richtung geändert hat, sodass er jetzt von den Institutionen zu den Familien verläuft – die pädagogischen Werte dienen den Eltern als Inspirationsquelle und die Erzieher als Vorbilder. Einer der Vorteile dabei ist, dass die private Kindererziehung ihre sachliche Basis hat ausbauen dürfen und nicht mehr auf Moralvorstellungen und Gewohnheiten beruht. Einer der Nachteile ist, dass Fachleute sich vielleicht über die sehr wesentlichen Unterschiede zuwenig im Klaren waren, die in der Erwachsenen-Kind-Beziehung bestehen, die auf pädagogischen Theorien und Methoden fußen, und der Erwachsenen-Kind-Beziehungen, die auf Liebe aufbauen.

Man kann sagen, dass die Mitarbeiter in den Institutionen als Folge dieser Entwicklung durch ihre Vorbildfunktion für die Eltern eine große Verantwortung übernommen haben und dass sie allein durch die Zeit, die die meisten Kinder in den Institutionen verbringen, eine entsprechend große Mitverantwortung für das Wohl und die Entwicklung der Kinder tragen. Diese gesellschaftlich bestimmende Aufteilung im Leben der Kinder, bei der eigentlich nicht im Vordergrund steht, was gut für die Kinder, sondern für den Arbeitsmarkt und das Bruttosozialprodukt ist, hat selbstverständlich notgedrungen zu einer näheren Betrachtung geführt, welche entscheidenden Funktionen Eltern beziehungsweise Fachleute im Leben der Kinder haben.[1]

### Von sozialer Notwendigkeit zu existenzieller Entscheidung

Während früher eine hinreichend definierte und gut etablierte Macht-struktur herrschte, setzte in den 1950er Jahren in der Familie ein Wandlungsprozess ein, der so dramatisch und rasant verlief, dass viele Leute der Familie einen raschen Tod voraussagten. Die Geschlechter-rollen standen plötzlich zur Diskussion, das Verhältnis zu den Kindern wurde demokratisiert, den Frauen wurde eine Ausbildung, Arbeit und ein eigenes Bankkonto ermöglicht, und sie ließen sich scheiden, wenn sie sich nicht wohl fühlten in der Ehe oder der Partnerschaft, wie das neue Wort für das Zusammenleben ohne Trauschein hieß. Die Män-ner mussten ihre relativ isolierte Position als Versorger aufgeben und aktiv an der betreuungsorientierten Infrastruktur der Familie mit-arbeiten. Ehe und Familienleben wandelten sich innerhalb eines hek-tischen Jahrzehnts von einer ursprünglich sozialen Notwendigkeit zu einer emotionalen und existenziellen Entscheidung.

Die Familie starb nicht.[2] Sie lebt gesund und munter weiter und hat in mancher Hinsicht die gleiche existenzielle Bedeutung für ihre Mit-glieder, obwohl sich die Rahmenbedingungen und der Inhalt wesent-lich verändert haben – nicht in dem Ausmaß, wie es sich viele ge-wünscht hätten, und dennoch mit mehr und größerer Durchschlags-kraft als in anderen historischen Epochen vor nur 25 Jahren. Die um-gebende Gesellschaft war mit sich selbst uneins. Einerseits war man auf den Beitrag der Frauen zur nationalen Wirtschaft angewiesen, und andererseits trauerte man um den Verlust der zuverlässigen, am hei-mischen Herd arbeitenden und ewig treu sorgenden Hausfrau. Dieser Teil des Bildes blieb unverändert, nachdem die Panik abgeklungen war. Der amtierende Finanzminister will (wenigstens bis vor einiger Zeit) so viele Beschäftigte wie möglich und so lange wie möglich auf dem Arbeitsmarkt sehen, und der Sozialminister will, dass Eltern mehr Zeit mit ihren Kindern verbringen.

Das alles geschieht, während eine verantwortliche und seriöse Ent-wicklungsarbeit in den einzelnen Familien abläuft, wo Männer und

Frauen versuchen, annähernd gleichberechtigte Formen des Zusammenlebens in einer erwachsenen Liebesbeziehung zu finden, und wo sie mindestens genauso zielbewusst daran arbeiten, sich ordentlich um ihre Kinder zu kümmern. Durch Experimentieren versucht man, ein vernünftiges Gleichgewicht zwischen Arbeitsleben, individuellem Leben und Familienleben zu finden, ohne dass bisher jemand den Stein der Weisen gefunden hätte. Einige opfern das Familienleben zugunsten des Arbeitslebens und müssen oft einen hohen Preis bezahlen. Andere machen es genau umgekehrt und opfern sich zugunsten des Familienlebens auf und müssen sich oft eingestehen, dass die erwartete Belohnung ausbleibt. Die meisten versuchen, das Beste aus der Situation zu machen, und fahren eigentlich recht gut damit. Kritiker an der Familie mit Kindern von heute haben selten etwas zu sagen, das uns weiterbringt. Sie äußern entweder nur Kritik oder Verärgerung oder ergehen sich in romantischen Erinnerungen an Familien aus der guten alten Zeit, die in der Regel mit der Realität nur wenig zu tun hat.

Auf die Kinder sind wahrscheinlich die meisten neuen Aufgaben und die meiste neue Verantwortung übertragen worden. Wahrscheinlich ist es ein großer Vorteil, dass keine historische Erinnerung sie belastet. Die meisten Kinder müssen schon im Alter von einem Jahr wie ihre Eltern jeden Tag Arbeit annehmen und zudem an Arbeitsplätzen, wo das physische und psychische Arbeitsklima bedeutend schlechter ist, als es die Eltern bei ihrer Arbeit akzeptieren würden: Im Alter von drei Jahren müssen sie die Möglichkeit der Scheidung der Eltern in ihr Bewusstsein aufnehmen – wenn es nicht schon zur Realität geworden ist –, und eine Mehrheit von ihnen muss kooperationsbereit sein als Scheidungskind, Kind in einer Patchwork-Familie, Stiefkind, Stiefgeschwister und Halbgeschwister, wo die Mühe hinzukommt, den Ansprüchen der unterschiedlichen Gruppen von Großeltern zu genügen, Enttäuschungen und Trennungen zu bewältigen.

Als Gegenleistung hat man sie davon befreit, legales Objekt von physischer Gewalt der Erwachsenen zu werden, haben sie größeres Mitspracherecht bekommen, haben mehr Geld in Händen, und ihre Kindheit ist zu einem selbstständigen Forschungszweig geworden.

## Von Erziehung zur Einbeziehung

Die Wertgrundlage, das Ziel und die Mittel der Kindererziehung haben sich ebenfalls ab der Mitte des letzten Jahrhunderts stark verändert. Damals gab es grob gesagt nur eine Methode der Kindererziehung und heute ist das Feld vollkommen offen. In vielen Generationen bestand große Übereinstimmung zwischen den Werten der pädagogischen Institutionen und den Werten der Familie. Und beide Seiten waren sich im Großen und Ganzen einig, wann sich Kinder ordentlich benahmen und wann nicht, d. h. wie gut sie die Kunst beherrschten, gehorsam zu sein. Ursprünglich sah man in Kindern unfertiges Rohmaterial. Man meinte, es sei die Aufgabe der Eltern und Lehrer, dies zu formen in Übereinstimmung mit dem herrschenden moralischen, sozialen und kulturellen Konsens in der Gesellschaft und den Anforderungen des Arbeitsmarktes an das Wissen, Können und die persönlichen Fähigkeiten der Arbeitnehmer. Die Kindheit wurde fast ausschließlich als Vorstadium und Vorbereitung auf das Erwachsenenleben betrachtet. In der Familie, in der Schule und am Arbeitsplatz herrschten autoritäre, hierarchische Machtstrukturen. Und Schlüsselbegriffe der Kindererziehung waren *Gehorsam* und *Anpassung*. Auch damals unterschieden sich Eltern, Lehrer und Schulen. Mancherorts wurde die Forderung nach Anpassung flexibel gehandhabt, wogegen andere vollkommene Identifikation oder regelrechte Unterwerfung forderten. Das tatsächliche Wissen über Kinder, die Entwicklung der Kinder und die Beschaffenheit ihres inneren Universums war verglichen mit unserem heutigen Wissensstand begrenzt. Und Erziehung beruhte in erster Linie auf moralischen Wertvorstellungen. Eltern, Erzieherinnen, Lehrerinnen und Psychologen interessierte ihrer Zeit gemäß weniger die Frage, *wer* die Kinder waren als vielmehr, was einmal aus ihnen wird und wie man sie zu diesem Ziel führt. Aus dem gleichen Grund konzentrierte sich das professionelle Interesse mehr auf die pädagogische Psychologie als auf die Entwicklungspsychologie. Ärzte und Mitarbeiter der Gesundheitsbehörde beschäftigten sich mit der physischen Entwicklung und erst im Lauf der Zeit auch mit dem Zusammenhang, der zwischen ihnen und den sozialen Verhältnissen in den Familien besteht.

Die Entwicklung seit etwa 1980 bis heute ist in weitaus komplexeren Bahnen verlaufen, u. a. weil als Inspirationsquellen zwei so unterschiedliche Wertesysteme wie das politische und psychologischexistenzielle herangezogen wurden. Die beiden Systeme weisen auf einigen Gebieten Parallelen auf, befinden sich aber in anderen Bereichen auf Kollisionskurs. Bis in die Mitte der 90er-Jahre hatten sich Forscher und Kliniker einen Überblick über drei markante Stile in der privaten Kindererziehung verschafft, die hier von der norwegischen Forscherin Kari Killén zusammengefasst werden:

»Der Erziehungsstil der Eltern hat Kliniker wie Forscher interessiert. Wir haben uns vor allem mit den Unterschieden zwischen autoritativem, autoritärem und freiem Erziehungsstil beschäftigt und mit deren Einfluss auf die Kinder (Darling & Steinberg, 1993). Der autoritative Erziehungsstil zeichnet sich durch Warmherzigkeit, Engagement, feste, rationale Regeln und offene Zweiwegekommunikation aus. Es hat sich herausgestellt, dass er zur Entwicklung von emotional ausgeglichenen, sicheren und sozial hinreichend funktionierenden Menschen beiträgt (Baumrind, 1989). Der autoritäre Erziehungsstil ist durch emotionale Distanz, rigide Regeln und den Mangel an Anpassung an die individuellen Bedürfnisse des Kindes gekennzeichnet. Er ist verbunden mit Angst, negativen sozialen Fertigkeiten und einem Aggressionspotential, das weit über dem Durchschnitt liegt (Baumrind 1978; Patterson, 1982). Den freien Erziehungsstil prägen minimale Ansprüche an das Kind, was das Einhalten von Regeln und Erfüllen von Normen der Eltern betrifft. Dem Kind wird nicht viel Hilfestellung gegeben, um das Leben zu strukturieren und Grenzen zu setzen. Der freie Erziehungsstil führt beim Kind zu Unreife, was die Impulskontrolle, soziale Verantwortung, Unabhängigkeit und kognitive Fähigkeiten anbelangt (Baumrind, 1978). Sowohl bei Eltern, die Anhänger der freien Erziehung sind, als auch bei Eltern, die autoritär erziehen, hat sich herausgestellt, dass sie Schwierigkeiten haben, gut mit den Kindern zu kommunizieren.«[3]

Seit Veröffentlichung dieser Forschungsergebnisse haben die meisten Elterngenerationen jeder auf seine Weise deshalb gekämpft, die autoritative Erziehung neu zu formulieren und ein neues Gleichgewicht zwischen der notwendigen Autorität der Eltern und der Rücksicht auf die Verwundbarkeit und die Kompetenzen des Kindes zu finden, also genau die gleiche »Forschung«, für die sich professionelle Erzieherinnen engagieren.

Der Wechsel von dem von oben gesteuerten Anspruch der Familie nach Gehorsam hin zu einer Familienstruktur mit mehr Gleichberechtigung und Demokratie hat verschiedene mutige Versuche der Eltern zur Erneuerung der Kindererziehung erfordert. Viele Eltern hatten Schwierigkeiten, das Gleichgewicht aufrechtzuerhalten, u. a. weil ihre Vorstellung von »dem Neuen« unklarer war als ihre Erfahrung mit dem Alten und ihre Abneigung dagegen.

Interessanterweise scheinen Eltern in den meisten Bereichen das klare Ziel vor Augen zu haben: Ihre Kinder sollen es einmal besser haben als sie selbst, mit der häufigen Folge, dass sie großen Wert legen darauf und viel Energie investieren, um genau das Gegenteil von ihren eigenen Eltern zu tun, ohne notwendigerweise in größeren Zusammenhängen darüber nachzudenken, welche Kindheit sie ihrem Kind wünschen. In einigen Ländern, wo die Bevölkerung über Generationen hinweg unter extremer Armut zu leiden hatte und Eltern deshalb fast alle materiellen Wünsche der Kinder ablehnen mussten, beobachten wir heute Eltern, die bis zum Äußersten gehen, um ihren Kindern alles zu geben, worauf sie auf materieller Ebene Lust haben. Die Bemühungen der Eltern führen oft zu großer Enttäuschung und schweren Konflikten, weil die Kinder – denen schließlich die persönliche historische Erfahrung fehlt – nicht besonders glücklich oder zufrieden, sondern im Gegenteil anspruchsvoll und unzufrieden werden.

In den nordischen Ländern, wo die materielle Armut weiter zurückliegt, können wir ein paralleles Phänomen beobachten. Eltern, die in ihrer eigenen Kindheit und Jugend gehorsam sein mussten und keinen Einfluss hatten oder sich nicht ernst genommen fühlten, schaffen jetzt Beziehungen zu ihrem Kind, in denen die mehr oder weniger zufälligen Gelüste des Kindes den Tagesablauf der ganzen Familie bestimmen. Die Folgen sind ein ununterbrochen frustriertes, forderndes und sozial schlecht angepasstes Kind und ratlose Eltern.

Nach unserer Einschätzung ist dieses holzschnittartige Verfahren der privaten Kindererziehung auf dem Rückzug und im Begriff abgelöst zu werden von der seriösen, persönlichen Stellungnahme der Eltern zu den Werten, durch die sie das Familienleben und das Heranwachsen der Kinder prägen wollen. Die kommenden Jahre werden zeigen, in welchem Umfang die pädagogischen Institutionen in der Lage sind, die Rolle eines loyalen und inspirierenden Kooperationspartners zu erfüllen.

# Zweiter Teil

# Das Persönliche

## 3. Kapitel: Integrität

### Einleitung

Wir halten das Reifen einer persönlichen Integrität beim einzelnen Menschen für das natürliche Ziel in der Kindererziehung und der Pädagogik des 21. Jahrhunderts. Die persönliche Integrität eines Neugeborenen beschränkt sich ganz allgemein auf seine wichtigsten Bedürfnisse und Grenzen. Wenn das Kind heranwächst, wird seine Integrität zu einer immer komplexeren Größe, die sich ständig in einer Phase der Entwicklung und Veränderung befindet. Die Entwicklung der Integrität beim einzelnen Menschen ist somit nicht nur ein pädagogisches Ziel, das irgendwo in der Zukunft des Kindes liegt. Die Integrität des Kindes zu fördern, muss zentraler Bestandteil der gesamten erzieherischen Praxis sein.

Unserer Meinung nach ist die Förderung der Integrität des einzelnen Individuums zu jedem Zeitpunkt in seinem Leben mit einem unabänderlichen moralischen und ethischen Anspruch auf allen gesellschaftlichen Ebenen verknüpft. In dem Maß, wie die verantwortlichen Erwachsenen diesen Anspruch erfüllen, wird ein mentales und sozial gesundes Aufwachsen des Kindes sichergestellt. Dafür gibt es zurzeit alles andere als eine Garantie – selbst in den fortschrittlichsten Gesellschaften nicht.

In diesem Kontext wollen wir uns mit den Möglichkeiten und Methoden beschäftigen, die die Integrität der Kinder und der Erwachsenen innerhalb der Rahmenbedingungen der professionellen, pädagogischen Beziehungen gewährleisten. Die Übergriffe, denen die persönliche Integrität beider Seiten ausgesetzt ist, werden häufig unterschiedlich bewertet. Die verbalen und physischen Übergriffe auf

Lehrer und Erzieherinnen werden mit bedeutend größerer moralischer Konsequenz verurteilt als Verletzungen der Integrität eines Kindes. Die Erklärung wird kaum eine divergierende moralische Grundeinstellung, sondern eher in der historischen Tatsache zu finden sein, dass die Verletzung der Integrität eines Erwachsenen durch die Kinder schon von jeher verboten war, wogegen der umgekehrte Fall weitestgehend akzeptiert wurde. Die Verletzungen sind in der Regel weniger grob ausgefallen, treten dafür aber sie in großer Zahl und in einer Häufigkeit oder Regelmäßigkeit auf, die der Lebensqualität beider Seiten unvermeidlich ihren destruktiven Stempel aufdrückt.

### Definition

Psychologische und pädagogische Wörterbücher definieren Integrität als *Unversehrtheit, Unberührtheit; Ganzheit, Vollständigkeit; als die Selbstständigkeit und Unverwundbarkeit eines Menschen.* In einem deutschen Wörterbuch findet man unter dem Begriff Integrität: die Fähigkeit zu selbstständigem, ehrlichem Handeln im Einklang mit den eigenen moralischen Prinzipien = Selbstständigkeit. Das Wort leitet sich vom lateinischen *integritas* »Unversehrtheit« und *integer* »unberührt, unversehrt« ab.

Wir verstehen ganz allgemein unter der Integrität des einzelnen Menschen ein Gefühl von Ganzheit und Verbindung zwischen innerer und äußerer Verantwortlichkeit und wollen deshalb versuchen, beides einzukreisen:

*Innere Verantwortlichkeit* ist die Verantwortung, die jeder Mensch für sich selbst hat, d. h. für seine oder ihre eigenen Grenzen, Bedürfnisse, Gefühle und Ziele. Im philosophischen Sinn sprechen wir von der *existenziellen* Verantwortung – der Verantwortung, wie wir sie jede/r für sich für das eigene Leben hat, weil wir trotz aller Ähnlichkeiten mit anderen Menschen auch einzigartig sind. Es gibt keinen anderen Menschen, der genauso ist wie ich, und deshalb auch niemanden, der mich besser kennt als ich selbst, und deshalb muss ich selbst die Verantwortung für mein Leben übernehmen – und zwar allein. Aus psychologischer Sicht ist innere Verantwortlichkeit ein Entwicklungsprozess, der auf emotionalen Wahrnehmungen und

Erfahrungen basiert, deren Qualität in erster Linie von der emotionalen Interaktion des Kindes mit den Eltern und den Geschwistern abhängt.

*Äußere Verantwortlichkeit* ist die Verantwortung gegenüber den sozialen und kulturellen Werten und Wertesystemen, die außerhalb des Menschen stehen und auf dem intellektuell begründet sind.

**Innere Verantwortlichkeit:**
– baut auf emotionalen Erfahrungen mit anderen auf

– unabhängig vom sozialen Zugehörigkeitsgefühl, von den Fähigkeiten und Anlagen

Internalisierung
Integration

**Äußere Verantwortlichkeit:**
– Wertesysteme außerhalb des Menschen, die auf Theorie, Gedanken und Erlernen basieren.

– abhängig von sozialer und kultureller Gruppenzugehörigkeit und intellektueller Entwicklung

In früheren Zeiten musste sich der einzelne Mensch den Werten und Gewohnheiten unterordnen, die sich außerhalb seiner selbst befanden. Ergaben diese keinen Sinn oder stimmten nicht mit der inneren Verantwortlichkeit überein, musste das entweder verheimlicht oder der Konflikt verdrängt werden. Traditionell haben wir Begriffe wie *starker* und *schwacher Charakter* verwendet. Der landläufige Gebrauch dieser Begriffe hat fast ausschließlich die Fähigkeit/den Willen des Einzelnen beschrieben, äußere Werte als einen moralischen Überbau kognitiv zu akzeptieren. Diesen Überbau konnte das Individuum konsultieren, wenn die inneren Erfahrungen nicht mit den äußeren Ansprüchen übereinstimmten, und wenn man im Zweifel war, was »richtig« und was »falsch« war. Einen starken Charakter hatte eine Person, die den Willen hatte (oder die Notwendigkeit wahrnahm), die persönlichen Erfahrungen der kollektiven Vorstellung von richtig und falsch unterzuordnen.

Mit dem Zusammenbruch der Gehorsamskultur und dem postmodernen Wertepluralismus wurde der Gehorsam im ersten Anlauf durch einen Internalisierungs- und Integrationsprozess ersetzt, d. h. durch einen kognitiven und emotionalen Prozess, bei dem der oder die Einzelne versucht, einen Kontext und eine Ganzheit (Komplementierung) zwischen seinen bzw. ihren eigenen Wahrnehmungen und Erfahrungen herzustellen und sich Teile der äußeren Werte und Traditionen zu eigen zu machen.

Dieser Prozess hat zur Folge, dass die persönlichen Erfahrungen laufend untersucht und überprüft werden müssen. Er macht den Kern dessen aus, was wir persönliche Entwicklung nennen. Da dem Prozess aber der zwischenmenschliche Bereich zur Inspiration und Validierung dient, können wir ihn treffender als die psychosoziale Entwicklung des Individuums bezeichnen. Die Forderung nach Internalisierung und Komplementierung fügt dem eine existenzielle Dialektik hinzu, was wir unter einem Sozialisierungsprozess verstehen. Der Mensch von heute muss in einem weitaus höheren Maß sich selbst eine Meinung bilden, sein Leben in einen Kontext stellen und dabei ständig versuchen, die Frage zu beantworten: Wer bin ich?

Indem man sich einem Wertesystem unterordnet und so sich von außen eine Meinung bildet, kann man andere definieren lassen, wer man ist. Gerade das ist eine Möglichkeit und folglich genauso eine persönliche Entscheidung, wie es zuvor möglich war, sich für seine Individualität zu entscheiden. Gehorsam ist zu einer persönlichen Entscheidung geworden und kein autoritärer Anspruch und keine soziale Notwendigkeit.

Der Internalisierungs- und Integrationsprozess ist eine Voraussetzung dafür, dass Komplementierung entstehen kann, und es ist *die aktuelle Wahrnehmung des Individuums von Komplementierung zwischen innerer und äußerer Verantwortlichkeit, die wir persönliche Integrität nennen.* Integrität ist also keine feste und hinreichend definierte Größe, sondern ein beziehungsmäßiges Gefühl in konstanter Veränderung und – im Idealfall – mit konstantem Zuwachs.

Der Begriff »soziale Verantwortlichkeit« – verstanden als die Verantwortung, die wir für andere Menschen haben – hat in unterschiedlichen Kulturen unterschiedliche Bedeutung. In den nordischen Ländern haben wir eine lange und solide Tradition, die Wert auf die Verantwortung des Einzelnen und der Gesellschaft für die Schwachen, die Kleinen legt und für jene, die Opfer von Ereignissen außerhalb ihrer eigenen Kontrolle werden. Interessanterweise hat die Kritik an der (mangelnden) sozialen Verantwortlichkeit des Einzelnen in dem Maß zugenommen, wie die sozialdemokratischen Wohlfahrtsgesellschaften zur Realität wurden. Die grundlegende Idee der Wohlfahrtsgesellschaft besteht doch genau darin, dass der Einzelne seine soziale Verantwortlichkeit indirekt (durch die Steuern) ausübt, so dass die Institutionen der Gesellschaft sie für alle übernehmen können. Hinsichtlich der Begriffe in diesem Buch kann man sagen, dass wir uns mitten in der Erkenntnis befinden, dass die Wohlfahrtsgesellschaft nur in begrenztem Maß die soziale Verantwortung für den einzelnen Menschen übernehmen kann. Hinzu kommt die parallele professionelle Erkenntnis, dass Betreuung, Hilfe und Unterstützung geleistet werden müssen ausgehend von einer dialogischen Zusammenarbeit zwischen der inneren Verantwortlichkeit des Gebers und des Empfängers (d. h. der Einschätzung dessen, was Betreuung, Hilfsbereitschaft und Unterstützung ist), wenn sie am Ende aus den Klienten keine Invaliden machen soll.

Zu den Problemen mit dem Begriff und dem Phänomen Integrität gehört, dass sie einerseits eine persönliche Wahrnehmung ist, die eigentlich nur die oder der Einzelne selbst haben kann. Es ist außerdem eine Wahrnehmung, die sprachlich schwer in Worte zu fassen sein kann, damit sie für andere Menschen verständlich wird. Andererseits ist es wichtig, dass andere eine genaue Vorstellung davon bekommen und das Wissen über die Integrität einer bestimmten Person haben, damit sich das Zusammensein und die Zusammenarbeit so gleichberechtigt und respektvoll wie möglich gestaltet. Basiert Kindererziehung und Pädagogik in erster Linie auf der Forderung nach Gehorsam vor allen anderen Dingen, wird die Suche des einzelnen Menschen nach seiner Integrität zu einem sehr privaten und einsamen Prozess. Im besten Fall wird daraus ein emotional gesteuerter Trial-and-error-Prozess mit den nächsten Mitmenschen, der oft nicht verbalisiert oder in einer sehr privaten Sprache ausgedrückt wird. Häufig vollzieht sich der Prozess in so großer Einsamkeit, dass er nahezu sprachlos bleibt. Wahrscheinlich ist es genau dieser Mangel an persönlicher Sprache, der immer mehr Menschen dazu bringt, therapeutische Hilfe in Anspruch zu nehmen, die im günstigsten Fall die Wahrnehmung von persönlicher Integrität und deren sprachlichen Ausdruck verdeutlicht. Aber auch der therapeutische Raum hat gegenüber dem sozialen Raum seine Grenzen.

Wir konnten uns in gewissem Umfang öffentlich mit dem Aspekt der persönlichen Integrität beschäftigen, die wir »Grenzen« nennen, und haben, als die Gesellschaften den humanistischen Werten einen Stellenwert einräumten, auch eine gemeinsame sprachliche Grundlage in Form von geschriebenen und ungeschriebenen Gesetzen geschaffen. Diese schützen den einzelnen Menschen ganz bestimmt nur in begrenztem Umfang vor Verletzungen, legitimieren aber zumindest das Gefühl, verletzt zu werden.

Eines der ersten Gesetze war die Anerkennung der geistigen Integrität des Menschen in Form von Religionsfreiheit. Viel später kam die physische, psychische und sexuelle Integrität dazu.[1] Aber vor noch nicht einmal 30 Jahren wurde in Dänemark das Recht der Lehrerinnen und Erzieher abschafft, körperliche Gewalt als Unterstützung der pädagogischen Methoden auszuüben. Es ist noch keine zehn Jahre her, dass den Eltern per Gesetz das Recht, physische Gewalt als Erziehungsmittel einzusetzen, ausdrücklich entzogen wurde. In beiden Fällen bestand das Hauptargument der Gegner in seiner Essenz darin, dass die Gewalt (die euphemistisch »Züchtigungsrecht« hieß) notwendig war, um den Fortbestand der Gehorsamskultur zu sichern – und damit hatten sie Recht.

Die Erkenntnis unserer individuellen, persönlichen Integrität und Fähigkeiten, sie sprachlich (verbal, nonverbal, körperlich) auszudrücken, muss notwendigerweise in einem kontinuierlichen, *rationalen* Prozess ablaufen, unterbrochen von meditativen Pausen, in denen das Gefühl, seine Integrität »gefunden« zu haben, in kürzeren oder längeren Abständen unterbrochen wird von dem Gefühl, sie wieder verloren zu haben, oder dem Bedürfnis, sie auszuweiten, zu nuancieren und neu zu definieren. Der individuelle Prozess und der begrenzte

Wert des Umfelds als Glaubenszeugen können vielleicht äußerst verkürzt illustriert werden als die Arbeit eines seriösen Malers an einem Gemälde. Der Künstler arbeitet wahrscheinlich viele Wochen, Monate und Jahre lang an seiner Leinwand, ehe er, wenn der Prozess gelungen ist, das Bild für vollendet erklären kann. Alle anderen außer dem Künstler können es in jedem beliebigen Stadium des Prozesses als »gutes« oder »schlechtes« Bild wahrnehmen.

Diejenigen unter uns, die keine Künstler sind, werden vergleichbare Prozesse durchlaufen, allerdings mit dem interpersonalen Raum als Leinwand. Wir müssen uns so gut wie möglich ausdrücken. Erst wenn wir uns ausgedrückt haben, können wir die Qualität des Ausdrucks werten, also den Grad an Übereinstimmung zwischen der inneren Wahrnehmung/Erkenntnis und dem sprachlich-emotionalen Ausdruck. Andere Menschen können eine Inspirationsquelle, eine Stütze und Herausforderung sein oder das genaue Gegenteil, ein Richter aber können sie nicht sein. Deshalb kann die oder der Einzelne nur für die eigene Integrität verantwortlich sein und für die Handlungen oder die Passivität, der sie entspringt. Aus diesem Grund ist es sinnvoll, genau die Art, wie man sich sich selbst gegenüber verhält, als *innere* Verantwortlichkeit zu bezeichnen im Gegensatz zu Gehorsam. Gehorsam basierend auf äußerer Verantwortung bedeutet das Gegenteil davon, sich selbst treu zu sein, nämlich zu handeln, wie es andere wollen oder erwarten, womit die Möglichkeit für das Individuum entsteht, die Verantwortung abzugeben.

In der Welt der Kinder spielt das Problem auf zwei Ebenen eine Rolle. Es ist zentraler Bestandteil ihrer psychosozialen Entwicklung. Wir hören z. B. Kinder häufig sagen: »Ich war das nicht, ich hab das nicht gemacht.« Damit meinen sie eines der drei Dinge:

- Ganz objektiv war ich es nicht, der/die das getan hat.
- Meine Handlung erschreckt mich selbst so sehr, dass ich jetzt gleich die Verantwortung dafür abgeben muss.
- Objektiv gesehen, war ich es, aber nicht mein »richtiges« Ich, und im Moment kann ich weder die beiden auseinander halten noch sie in Zusammenhang bringen.

Das spielt auch eine Rolle bei der moralischen Entwicklung der Kinder. Hier haben die Erwachsenen eine ganz entscheidende Vorbildfunktion. Eltern, Lehrerinnen und Erzieher haben über Generationen hinweg die Doppelmoral gegenüber den Kindern einzeln und in Gruppen repräsentiert. Die Doppelmoral kann folglich ausgedrückt werden als: »Wenn meine Beziehung zu dem Kind (der Gruppe, der Klasse) ein Erfolg ist, ist es mein Erfolg (und der meiner Erziehung/Pädagogik). Wenn die Beziehung scheitert, ist das Kind schuld!« Kinder wissen es besser, sind aber noch bis vor kurzem vollkommen wehrlos gewesen, wenn Erwachsene nach Belieben der Verantwortung auswichen, die ganz klar die ihre ist.

Es ist eine hinreichend dokumentierte Gesetzmäßigkeit in interpersonalen Beziehungen, wenn die eine Seite in einer ebenbürtigen Beziehung unter Erwachsenen für sich selbst nicht die Verantwortung übernimmt, dass diese Verantwortung dann unweigerlich auf der anderen Seite in Form einer Doppelverantwortung landet. In Erwachsenen-Kind-Beziehungen landet sie oft beim Kind in Form von Schuld und Scham, aber auch als Doppelverantwortung. Schuld, Scham und eine passive, indirekt aufgezwungene Doppelverantwortung (wie bei Kindern von Alkoholikern z. B.) sind die drei am schwierigsten zu überwindenden Hindernisse zwischen dem Bewusstsein des einzelnen Menschen und seiner inneren Verantwortlichkeit. Somit hat der Mangel der Erwachsenen an moralischer Integrität und dem Willen, die beziehungsmäßige Verantwortung zu übernehmen, Folgen für die persönliche Integrität des Kindes. Das sind die ganz entscheidenden Begründungen dafür, dass Verletzungen so oft »vererbt« werden und die Verletzten häufig zu Verletzenden werden.

Während Kinder so weitgehend Opfer der Doppelmoral der ihnen nahestehenden Erwachsenen werden, sieht es nicht besser mit der Art und Weise aus, wie »Väter und Mütter« der Gesellschaft mit dem Begriff Verantwortlichkeit in den Medien umgehen hören, wo die meisten Geschichten Erwachsene zeigen, die versuchen, ihre Verantwortung abzugeben. Vielleicht ist das z. B. in einigen der ehemaligen Ostblock-Staaten leichter zu erkennen, wo Kriminelle zu großen Helden und Vorbildern für eine ganze Generation von Kindern und

Jugendlichen aufgestiegen sind. Aber das Phänomen ist das gleiche: Kinder werden täglich mit Erwachsenen konfrontiert, die wie Menschen ohne Integrität auftreten oder erscheinen.

Als Gegengewicht kann es angebracht sein, dass Lehrer und Erzieherinnen Kinder auch intellektuell und philosophisch für diese ganz grundlegende Problemstellung stimulieren. Als Grundlage kann man mit großem Gewinn die klassische Literatur heranziehen, z. B. den »Pinocchio« des italienischen Autors Carlo Collodi[2]. In seiner Geschichte aus dem Jahr 1883 geht es um eine Marionette, und diese kann man mit Disneys jüngster Filmversion desselben Stoffes vergleichen. Collodis Originaltext handelt von der Entwicklung des Jungen Pinocchio von einem von *außen* gesteuerten zu einem von *innen* gesteuerten Menschen oder von einem gehorsamen zu einem verantwortungsbewussten Kind. Eine der Figuren, Jiminy Grille, hat eine kleine Rolle als Pinocchios (schlechtes) Gewissen, das versucht, den Protagonisten zu Gehorsam zu ermahnen, wenn er zu selbstständig wird.

In Disneys Version spielt der gleiche Jiminy Grille als Moralist und Repräsentant der äußeren Verantwortlichkeit eine viel dominantere Rolle. Hier ist die Moral von der Geschicht', dass Kinder am klügsten daran tun, sich nach den Erwachsenen zu richten. Collodis stringente Entwicklungsgeschichte wird somit auf platte Pädagogik reduziert.

Schon im Alter von zwei Jahren beschäftigen sich Kinder mit diesem ewigen Dilemma zwischen Integrität und Kooperation, das mit unterschiedlicher Intensität die gesamte Zeit des Heranwachsens gegenüber den Eltern, dem Kindergarten und der Schule aktualisiert wird. Die Geschichte von Pinocchio ist eine hervorragende Grundlage für Diskussion, Aufgaben und Erkenntnis.

Genau wie zu Collodis Zeiten ist unsere öffentliche und private Kindererziehung über Generationen hinweg in dem Sinn gespalten gewesen, dass man sich Gehorsam als Wertgrundlage, Methode und Ziel setzte und zugleich in unterschiedlichem Maß erwartete, dass daraus innere Verantwortlichkeit entstünde: »Wenn du deinen Eltern und Lehrern die ersten 14 Jahre deines Lebens gehorchst, dann rechnen wir damit, dass du selbst für dich die Verantwortung übernehmen kannst.« In vergleichbarer Form haben die pädagogischen Institutionen die Kinder mit einem Vortrag der Normen und Regeln der Institution empfangen, ehe man sich dafür interessierte, *wer* das Kind war. Die anschaulichsten Beispiele findet man in den sozialpädagogischen Institutionen, wo Kinder und Jugendliche häufig für gut funktionierend erklärt werden, wenn sie sich in einem näher bezeichneten Zeitraum in die Normen und Regeln der Institution »einordnen« können. Das ist ein wesentlicher Bestandteil der Erklärung, warum man gezwungen war, Begriffe wie Strafe, Konsequenzen und ganz neue Verhaltensregeln als Gegenmaßnahmen zu Ungehorsam zu legitimieren. Das Problem, auf das wir im 10. Kapitel zurückkommen, besteht darin, dass die meisten der Kinder und Jugendlichen, denen man auf diesem Weg erfolgreich das Gehorchen beigebracht hat, außerhalb der Institutionen schlecht zurechtkommen.

### Ungehorsam

Ungehorsam, so wie wir das Wort in der Alltagssprache verstehen, ist sehr oft der erste Schritt des Kindes auf dem Weg zu Integrität/innerer Verantwortlichkeit. Wir müssen deshalb aufhören, die Ungehorsamen zurück ins Glied zu rufen, und sie stattdessen an die Hand nehmen auf dem Weg zu sich selbst, über dessen Beschaffenheit und genaueres Ziel sie sich alles andere als im Klaren sind. Deshalb brauchen sie eine erfahrene Begleitung dorthin.

Der Ungehorsam der Kinder ist weder Ausdruck von sozialer Verantwortungslosigkeit noch ein internationaler Anschlag auf die Macht der Erwachsenen. Er ist vielmehr ein reaktiver Versuch, sich selbst intakt zu erhalten, um wieder mit größerer Authentizität und Integrität in die Gemeinschaft einzusteigen, wobei die Gemeinschaft notwendigerweise ihren Charakter verändern muss. Selten durchlebt der Erwachsene dabei einen intellektueller Prozess, wenn er sich für kürzere oder längere Zeit aus der Gemeinschaft zurückziehen muss, um sich zu finden oder wiederzufinden. So verschaffen wir der inneren Stimme Gehör, die uns verrät, ob und gegebenen Falls wie wir uns wieder in die Gemeinschaft einbringen können. Das Bedürfnis nach Introspektion und Internalisierung variiert bei Kindern und Erwachsenen in Zeitspannen von wenigen Sekunden über Monate bis hin zu

Jahren. Meistens aber sind Kinder schneller als Erwachsene, weil ihre emotionale Flexibilität in der Regel größer ist und ihre Verhaltensmuster weniger fest gefügt sind.

In der Gehorsamsgesellschaft, die jetzt im Rückzug begriffen ist, musste man selbstverständlich die Frage stellen, ob die Gesellschaft existieren könne, wenn alle ungehorsam sind. Das war eine rhetorische Frage, weil man sich eben nicht nennenswert oder qualifiziert für die individuelle Existenz interessierte.

Ungehorsam wurde deshalb nicht als ein Glied in einem persönlichen und sozialen Reifungsprozess angesehen, sondern einfach als das Gegenteil von Gehorsam.

Genauso fragt man heute, ob der Kindergarten, die Schule oder die Gruppenarbeit ohne Gehorsam funktionieren kann. Die Antwort lautet, dass diese sozialen Bereiche *nur* dann auf allen Seiten funktionieren können, wenn sie Platz für Ungehorsam bieten. Das Verhältnis zwischen Individuum und Gruppe ist immer genauso ein dialektischer Prozess, auch wenn die Möglichkeiten des Individuums für oder das Recht auf die Ausdrucksmöglichkeiten seiner Integrität eingeschränkt oder verboten sind. Je eingeschränkter die Möglichkeiten sind, desto indirekter und verzerrter kommt die innere Verantwortlichkeit sowohl des Kindes als auch des Erwachsenen zum Ausdruck. Diffuse Aggression, Kontaktarmut und ein kollektives Wahrnehmen von Sinnlosigkeit sind die am weitesten verbreiteten Folgen. Das Einführen von Regeln und Disziplin ist da die wirkungsloseste Gegenmaßnahme.

Von entscheidender pädagogischer Bedeutung ist die Qualität der Führung und der wechselseitigen Auseinandersetzung, wie sie die Erwachsenen dem einzelnen Kind anbieten können. Die Gefahr bei diesem Prozess besteht nicht im Angriff auf die Gemeinschaft, sondern im Risiko, dass das Kind, statt seine innere Verantwortlichkeit zu stärken, Zuflucht in anderen autoritären Gemeinschaften sucht, die nur deshalb so verlockend sind, weil sie für andere Normen stehen als die der Institution und der Familie. Häufig sind es solche, von denen sich die Erwachsenen aus gutem Grund distanzieren. Da das Ziel in der größeren Integrität des Kindes besteht, ist es ganz besonders wichtig, dass die Führung durch die Erwachsenen und die wechselseitige Auseinandersetzung nicht in erster Linie zur Grundlage haben, was zu einem bestimmten Zeitpunkt als akzeptabel oder unakzeptabel (kulturell/religiös/moralisch/gesetzlich) gilt, sondern dass die Loyalität beim einzelnen Kind und seinen individuellen Erfahrungen, Einschränkungen und Potentialen liegt. So bekommt das Kind ein sehr konkretes Gefühl für die Werte der Gemeinschaft und welche Bedeutung sie für es selbst haben. Nur wenn die Erwachsenen die Aufgabe als relevanter Partner in der wechselseitigen Auseinandersetzung nicht übernehmen wollen oder nicht bewältigen können, wird der Nährboden für asozialen Individualismus und soziale Isolation bereitet.

Fragt man Kinder, die in diesem Prozess isoliert wurden, was denn so schief ging, fällt die Antwort immer gleich aus: Sie haben nicht erlebt, dass sie gesehen, gehört, ernst genommen wurden – drei Beziehungsqualitäten, die eine wesentlich stärkere Immunabwehr aufbauen als Ermahnungen, Kampagnen und Restriktionen. In diesem Punkt unterscheiden sich Kinder nicht von Erwachsenen.

**Beispiel:**

Ein jetzt 19 Jahre alter, ehemals in einem Heim untergebrachter junger Mann berichtet, was häufig geschieht, wenn Gehorsam und oberflächliche Moralität die Pädagogik dominieren: Kinder schaffen sich als Abwehr ihr eigenes »Universum des Ungehorsams«, in dem sie gegen die Erzieher zusammenhalten (und den Mund halten). Keine Seite kümmert sich somit um ihre innere Verantwortlichkeit und persönliche Integrität. Er erzählt: »Die haben uns wirklich beigebracht, wie man den Mund hält. Das ist gut, wenn ich mal zu einen Verhör bei der Polizei muss, dann kriegen die aus mir kein Wort raus. Ich habe wirklich gelernt, wie man Druck aushält.«

Er hat den Ruf, aggressiv zu sein und Amok zu laufen, und sagt, er laufe immer dann Amok, wenn er ein Vergehen nicht eingestehen wollte. Die pädagogische Praxis bestand darin, die Kindergruppe zu versammeln, um ihn kollektiv unter Druck zu setzen. Zeigte das keine Wirkung, wurden ihm sechs, sieben Erzieher vorgesetzt, die ihn dahingehend bearbeiteten, sein Vergehen zuzugeben. Er erzählt weiter: »Als ich kurz davor war, es da satt zu kriegen, fand ich heraus, wie ich mich verhalten musste, um herauszukommen. Das war ein Kinderspiel. Ich musste nur ihre Regeln einhalten und gestehen, wenn ich es nicht tat. So kam ich raus. Aber in unserer eigenen Welt, in der Kindergruppe, machten wir ständig, was uns passte, und das haben sie fast nie mitgekriegt, weil niemand petzen wollte.«

Die pädagogische Philosophie und Methode des Heims hat dem jungen Mann nichts anderes vermittelt als eine neue Version der »street-smartness«, die er schon vorher besaß.

Die Geschichte ist kein Beispiel dafür, dass Menschen mit einer hinreichend etablierten, persönlichen Integrität ihren Drang, ein Teil der Gemeinschaft zu sein, verleugnet haben, sondern eins der unzähligen Beispiele, wie die Gemeinschaften sie verleugnet haben. Es ist kein Zufall, dass Erwachsene mit einem hohen Grad an persönlicher Integrität im positiven Sinn häufig als »Einzelgänger« bezeichnet werden – als der Gegensatz zum »Herdentier« oder »Opportunisten«. Bis vor kurzem haben nämlich weder die Erziehung noch die Pädagogik die Entwicklung der inneren Verantwortlichkeit zu ihren Werten gezählt. Die Menschen, die diese entweder trotzdem entwickelt haben oder in Familien mit einer anderen Einstellung und Praxis aufgewachsen sind, waren vereinzelte Ausnahmen.

Es wäre ein Quantensprung in der pädagogischen Praxis, wenn der gesunde und natürliche Drang des Kindes, sich selbst und somit sich selbst in Beziehung zu anderen zu finden, nicht mehr mit Scham und Schuld verbunden wäre. Das sind die beiden existenziellen Grundtöne, die ihren Hauptanteil daran haben, was wir als individuelles selbstzerstörerisches Verhalten kennen, und langsam als eine der primären Ursachen für destruktives soziales Verhalten anerkannt werden. Wir sind in den letzten beiden Generationen ein Stück weiter gekommen. Aber wenn wir uns keinen Rat mehr wissen oder uns hinreichend provoziert fühlen, flüchten wir uns ständig in das Gehorsamsparadigma und die dazugehörigen Handlungsanweisungen. In den nordischen Ländern geschieht das häufig unter großem Bedauern, während es in anderen Länder einfach die Wertgrundlage *ist*. Eine mitteleuropäische Schulpsychologin drückte es kürzlich in den folgenden Worten aus: »Das ist die große Frage, ob unsere Lehrer tatsächlich daran interessiert sind, ihre Beziehungskompetenz zu entwickeln. Sie sind doch mehr damit beschäftigt, wie sie ihre Macht zurückbekommen.«

Bei vielen Erwachsenen sitzt die Überzeugung tief, dass man ein fähiger Erzieher ist, wenn die Kinder tun, was man ihnen sagt. Gehorsam ist über Generationen hinweg ein wichtiges Ideal gewesen. In dem Märchen »Das eigensinnige Kind« der Gebrüder Grimm finden wir das Gegenstück zu Pinocchio:

>»Es war einmal ein Kind eigensinnig und tat nicht, was seine Mutter haben wollte. Deshalb hatte der liebe Gott kein Wohlgefallen an ihm und ließ es krank werden, und kein Arzt konnte ihm helfen, und in kurzem lag es auf dem Totenbettchen. Als es nun ins Grab versenkt und die Erde über es hingedeckt war, so kam auf einmal sein Ärmchen wieder hervor und reichte in die Höhe, und wenn sie es hineinlegten und frische Erde darüber taten, so half das nicht, und das Ärmchen kam immer wieder heraus. Da mußte die Mutter selbst zum Grabe gehen und mit der Rute aufs Ärmchen schlagen, und wie sie das getan hatte, zog es sich hinein, und das Kind hatte nun erst Ruhe unter der Erde.«[3]

Die Geschichte von Pinocchio ist hervorragende Pädagogik, die den Leser auffordert, Stellung zu beziehen, wogegen das Märchen genau wie der Disney-Film die Lösung liefert.

Im pädagogischen Kontext besteht der entscheidende Unterschied zwischen früher und heute darin, dass sich unser Wissen über die Entwicklung des Kindes und die psychologischen Aspekte in der Existenz des Menschen vervielfacht haben und dass dieses Wissen sozusagen das Gehorsamsparadigma von innen aufgelöst hat. Wir werden ständig Wissen und Werte an die Kinder weitergeben. Doch sowohl die Beschaffenheit der Gesellschaft als auch unser neues Wissen machen es notwendig, dass dies in einer gleichberechtigten Zusammenarbeit vor sich geht, in der der oder die Einzelne eine tragfähige Synthese von Vergangenheit und Zukunft herstellen kann.

## *Integrität und Kooperation*

Der Drang, sich selbst und sich selbst in Beziehung zu anderen zu finden, ist nicht nur ein gesunder und natürlicher Drang, der zur Kindheit dazu gehört. Er ist eine der gemeinsamen, existenziellen Grundvoraussetzungen, die bekannt waren, besungen und beschrieben wurden, seit die Menschen begannen, ihrer Existenz Ausdruck zu verleihen. Zugleich ist der Konflikt zwischen dem Bedürfnis, für unsere persönliche Integrität zu sorgen und zu entwickeln, und dem Drang, sich als wertvolles Mitglied für die Gemeinschaften wahrzunehmen, zu denen wir gehören, ein entscheidender Prozess in der psychosozialen Entwicklung von Kindern und in dem persönlichen und beruflichen Reifeprozess von Erwachsenen.

Grafisch kann der Konflikt wie folgt dargestellt werden:

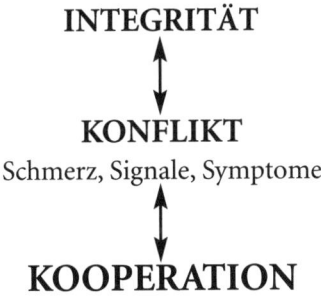

Dieser grundlegende Konflikt ist im Lauf der Zeit in unterschiedlichen Terminologien beschrieben worden. Politisch hat man von dem Konflikt zwischen *Individuum* und *Gesellschaft* gesprochen; in der Psychologie von dem Konflikt zwischen *Individualität* und *Anpassung*. Wir haben uns für die Begriffe *Integrität* und *Kooperation* entschieden, teils aufgrund unserer Erfahrung mit ihrer pädagogischen Durchschlagskraft und teils weil sie in höherem Maß auch den Konflikt beschreiben, wie er von innen betrachtet beim einzelnen Menschen aussieht.

Integrität: Der Säugling ist von Anfang an vollkommen im Stand, seine Grenzen mit Hilfe von Lauten und der Körpersprache auszudrücken. Zugleich hängt sein physisches Leben und seine psychologische Entwicklung davon ab, dass die Eltern und andere Sorgeberechtigte seine Signale verstehen können und dementsprechend relevant handeln. Säuglinge sind hingegen nicht in der Lage, Versagen gegenüber ihren Bedürfnissen oder die Verletzung ihrer Grenzen zu verhindern. Wesentliches Versagen und ernsthafte oder wiederholte geringere Verletzungen verzerren oder hemmen die gesunde Entwicklung des Kindes.

Mit zunehmender motorischer und verbaler Ausdrucksfähigkeit des Kindes nimmt im Prinzip auch die Fähigkeit zu, sich selbst zu beschützen. Aber sehr häufig hat das Kind schon begonnen, mit dem Verhalten der primären Sorgeberechtigten in der Form zu kooperieren, die mehr den Willen des Kindes, für die Beziehung zu sorgen ausdrückt als seine Fähigkeit, für seine Unversehrtheit zu sorgen.

Kooperation: Die Fähigkeit der Kinder zur Kooperation besteht vor allem in ihrer Neigung, das äußere und innere Verhalten (im weitesten Sinn des Wortes Verhalten: verbal, physisch, sozial, das bewusste und das unbewusste Verhalten) der Eltern zu *kopieren*. Aus noch ungeklärter Ursache orientiert es sich am häufigsten an einem Elternteil. Der Begriff Kooperation umfasst in diesem Kontext auch den Drang und die Fähigkeit, von Geburt an soziale Kontakte zu knüpfen, wie Säuglings- und Beziehungsforscher bewiesen haben.

Die Fähigkeit und der Wille des Kindes zur Kooperation ist einer der Grundsteine für seine Persönlichkeitsbildung und den Aufbau dessen, was wir seine »Überlebensstrategie« nennen, d. h. die oft unbewussten Schlussfolgerungen des Kindes, in welchem Umfang es seine Integrität intakt halten kann, ohne den Kontakt zu den Eltern und ihre Betreuung zu verlieren. (Wenn wir in diesem Buch den Begriff »existenziell« verwenden, geschieht das immer auch mit Blick auf diese Überlebensstrategie und ihren emotionalen und sozialen Preis. Diese Bedeutung von »existenziell« erweitert die klassische philosophische und psychologische Bedeutung des Begriffs).

Wir verwenden häufig den Begriff »Kooperation« statt »Anpassung«, obwohl Anpassung ein wichtiger Bestandteil der Kooperationsfähigkeit des Kindes ist. Wir tun das, weil er nach unserer Auffassung besser den aktiven Beitrag des Kindes zur Beziehung beschreibt, vor allem wenn es *spiegelverkehrt* kooperiert (kopiert).

Wenn wir die Beziehung zwischen einer Gruppe von Müttern beobachten, die aus unterschiedlichen Gründen nicht in der Lage sind, aktiv und empathisch gegenüber ihren Säuglingen anwesend zu sein, werden wir feststellen, dass rund die Hälfte der Kinder mit dem Verhalten der Mütter richtig herum kooperiert (kopiert): Sie werden passiv und zurückhaltend im Äußern ihrer Bedürfnisse und ihrer Frustration. Auf den ersten Blick wirken sie wie »pflegeleichte« Kinder. Doch bei näherer Betrachtung ihres Verhaltens wird deutlich, dass man von resignierten Kindern sprechen kann. Ihre Kooperationsbotschaft an die Mütter ist: »Ich merke, dass du dich nicht um mich kümmern kannst, deshalb versuche ich so wenig wie möglich zu fordern.« Sehen wir für einen Augenblick vom traurigen Aspekt an dieser Situation und den langfristigen Folgen ab, könnte man die Zusammenarbeit in dieser Situation mit der Form verwechseln, wie wir sie oft von Kindern erwarten oder fordern: Jetzt wirst du erfahren, was du bekommen kannst und was nicht, und danach hast du dich ganz einfach zu richten!

Die anderen Kinder reagieren auf die Beziehung besonders aktiv. Sie drücken häufig ihren Mangel und ihre Frustration durch Laute und Motorik aus. Im Gegensatz zur ersten Gruppe klammern sie sich an die Mutter, wenn sie z. B. die Brust oder die Flasche haben wollen. Fast scheint es, als versuchten sie, wieder in sie zurückzukriechen, um den Kontakt herzustellen. Ihre Kooperationsbotschaft an die Mutter lautet: Ich merke, dass du keinen Kontakt zu mir aufnehmen kannst, deshalb werde ich dir Arbeit machen!

Beide Arten der Kooperation sind Ausdruck einer beachtlichen sozialen Kompetenz, und beide Formen des Verhaltens sind sozusagen ein »Geschenk« an die Mutter. Die erste Gruppe gibt sich selbst auf und liefert der Mutter das, was sie im Augenblick am liebsten haben will. Die Kinder in der anderen Gruppe kämpfen um ihre Integrität und geben der Mutter somit das, was beide auf lange Sicht am meisten brauchen. Es stimmt nachdenklich, dass das unmittelbare, kulturelle Vorurteil die beiden Gruppen von Kindern als »pflegeleicht« bzw. »schwierig« einstuft und so die Bedeutung der Integrität des Kindes ignoriert. (Obenstehendes soll den Leser nicht zu dem Glauben verleiten, dass die Kinder von kompetenten, beziehungsfähigen Eltern, die wir täglich als »pflegeleicht« und »schwierig« kategorisieren, unbedingt einen entsprechenden existenziellen Konflikt wahrnehmen.)

Beide Verhaltensformen sind wie gesagt Ausdruck von großer sozialer Kompetenz, aber mit weitaus unterschiedlichen Folgen – sozial, emotional und existenziell – für die Mütter wie für die Kinder und ihre wechselseitigen Beziehungen. Welche Folgen das für wen hat, hängt zum Teil von vielen äußeren Umständen ab, inklusive der Hilfe und der Unterstützung, die die Eltern vielleicht von dem sozialen System bekommen, aber auch davon, ob und in welchem Maß die Kinder ihre nicht-bewussten Überlebensstrategien verändern oder korrigieren können. In der Regel werden die nach innen gekehrten, übermäßig bescheidenen Kinder weniger dazu neigen, ihre Strategie im Vorschulalter zu verändern, und werden oft erst in der Pubertät »gesehen«, wenn ihr selbstzerstörerisches Verhalten offensichtlicher wird. Die aktiven Kinder haben zeitweise die Neigung aufzugeben, lenken aber normalerweise aggressiver die Aufmerksamkeit der Umgebung auf sich, und das Risiko, dass sie wegen ihrer Sehnsucht nach verantwortungsbewussten Subjekt-Subjekt-Beziehungen zum Objekt (zum Klienten oder Sündenbock) gemacht werden, ist bedeutend höher.

Die oben beschriebenen und andere entsprechende Phänomene sollten nach unserer Auffassung Anlass zu großer Sorgfalt geben, wenn man später in den pädagogischen Institutionen die soziale Kompetenz der Kinder bewertet, und zu großer Aufmerksamkeit, mit welcher Definition des Begriffs man operiert. Die Tendenz beruflicher Systeme, ausschließlich auf Überlebensstrategien der Kinder zu reagieren und nicht auf ihre realen existenziellen Dilemmata, ist leider auffallend. Die angeborenen Fähigkeiten und der Wille der Kinder zu kooperieren ermöglicht es, die Bedürfnisse der Gruppen mit denen des Individuums durch pädagogische Mittel in weit höherem Maß zu vereinbaren, als wir es uns bisher immer vorstellen konnten.

### Das Universum der Kooperation

Die Erwägungen und pädagogischen Strategien von Eltern wie Fachleuten wären zweifellos bedeutend einfacher umzusetzen, wenn wir gemeinsam aufdecken könnten, welche Phänomene sich in der Eltern-

Kind-Beziehung oder in der wechselseitigen Beziehung der Eltern als unangemessen oder direkt destruktiv für die Kooperation – richtig herum oder spiegelverkehrt – des Kindes erwiesen haben. Gleiches gilt für die Erzieherin-Kind-Beziehung, die den Schmerz des Kindes verstärken wie lindern und in Einzelfällen die dominierende Ursache dafür sein kann.

Das ist keine so einfache Aufgabe, weil Kinder nicht bloß zum Teil mit dem Verhalten der Erwachsenen kooperieren, das ihnen selbst bewusst ist und zu dem sie Stellung bezogen haben, sondern in genauso hohem Maß auch mit dem inneren und äußeren Verhalten, das ihnen nicht bewusst ist. Letzteres macht für die meisten von uns weit mehr als die Hälfte unseres Verhaltens aus und umfasst alle nicht-bewussten Gedanken, Gefühle und Beziehungen bis hin zu dem, was Daniel Stern *Repräsentationen*[4] nennt. Diese Repräsentationen sind, etwas vereinfacht ausgedrückt, die Bereiche im Verhalten eines Erwachsenen, die »Nicht-Ich« sind, aber die Ergebnisse der Kooperation des Erwachsenen mit seinen Eltern im Guten wie Schlechten darstellen. Kinder kooperieren im gleichen Maß mit den Seiten des Verhaltens der Eltern, die »Ich« *ausdrücken* oder »Nicht-Ich« *repräsentieren*, werden aber bedeutend unsicherer, wenn die Beziehung vom »Nicht-Ich« dominiert wird.

Aus diesem entscheidenden Grund ist davon abzuraten, dass Fachleute Eltern »gute Ratschläge« zu konkreter Kindererziehung geben, die noch so theoretisch oder allgemein gut begründet sein können, aber nicht von den tatsächlichen Wahrnehmungen in der Eltern-Kind-Beziehung ausgehen. Ist Letzteres nicht der Fall, besteht die Gefahr, dass das »Nicht-Ich« der Eltern verstärkt wird und somit die Verunsicherung des Kindes stark zunimmt. Die *Repräsentationen* der Erwachsenen werden von Kindern ganz in Übereinstimmung mit der Wirklichkeit als nicht-authentisch empfunden, es sei denn, man kann wie die Eltern der Vergangenheit eine Eltern*rolle* praktizieren und durchhalten (die zum Teil aus persönlichen – der eigenen Eltern – und kulturellen Repräsentationen bestand), die zwar liebevoll, aber vollkommen konventionell und unpersönlich ist. In diesem Fall kann das Kind seine Sicherheit auf die permanente Abwesenheit von

Authentizität und die ebenso permanente Gegenwart von Autorität aufbauen.

Als Ableitung dieser Repräsentationen in Verbindung mit den authentischen Seiten unseres Verhaltens kommen die Prozesse hinzu, die sich in jeder Paarbeziehung abspielen und deren Charakter oder Bedeutung uns oft erst Monate oder Jahre nachdem sie stattgefunden haben, bewusst wird. Ungeachtet des Bewusstseinsgrades bei den Erwachsenen registrieren Kinder sie immer und müssen mit ihnen kooperieren.

Stellen wir uns z. B. eine Familie vor, in der die Erwachsenen in ihrer eigenen, ursprünglichen Familie gelernt haben, sich unter allen Umständen nach außen emotional zurückzuhalten und die somit auch eine gewisse Fühllosigkeit nach innen entwickelt haben. Dann haben ihre Kinder zwei Möglichkeiten. Sie können richtig herum kooperieren und sich selbst ein gefühlsmäßiges Verhalten ohne große Schwankungen erkämpfen – *auch selbst wenn die Eltern sich tatsächlich geistig und in ihrer Einstellung für das Gegenteil einsetzen und die Kinder auffordern, ihre Gefühle auszudrücken!*

Sie können auch spiegelverkehrt kooperieren und ein Verhalten entwickeln, bei dem sie ständig emotional anwesend sind – *auch wenn die Eltern das Gegenteil verlangen!* Hat die Familie zwei Kinder, wird das eine – oft das ältere – richtig herum kooperieren und das andere spiegelverkehrt. Das ist den Eltern ein Rätsel, weil sie schließlich annehmen müssen, die Kinder hätten die gleiche Erziehung in derselben Umgebung genossen. Doch Familien sind genauso wie andere kontinuierliche Gemeinschaften in ihren Prozessen nie stabil, obwohl es die Rahmenbedingungen, Einstellungen und die Rituale womöglich sind.

Wir können also nur einen kleinen Teil der Phänomene überblicken und mitverfolgen, mit denen die Kinder im Laufe ihres Heranwachsens kooperieren. Wir können uns für einige erziehungsbezogene und pädagogische Prinzipien, Haltungen und Handlungen entscheiden. Aber selbst wenn das nahezu gelingt, bleiben die Kinder in einem interpersonalen Universum voller Phänomene zurück, denen gegenüber sie sich spontan verhalten müssen. Die Forscher können Ausschnitte dieses Universums mit Hilfe eines Videofilms festhalten und es Bild für Bild studieren. Uns anderen bleibt nichts weiter übrig, als Demut zu üben im Bewusstsein all dessen, was wir nicht wissen, und uns anstrengen, die Qualität dessen zu maximieren, über das wir eine gewisse Kontrolle haben und das wir im professionellen Bereich als Beziehungskompetenz bezeichnen.

### Der Konflikt

Der Konflikt zwischen Integrität und Kooperation besteht in unterschiedlicher Form gleichermaßen für Kinder wie für Erwachsene. Aus diesem Grund erlauben wir uns in diesem Abschnitt, die Karten neu zu mischen. Wir tun es ein wenig in der Hoffnung, auf diese Weise illustrieren zu können, wie unangemessen das so oft in der Fachdiskussion auftretende Polarisieren bei dieser Problemstellung ist. Dabei steht die eine Fraktion auf der Seite der Kinder und die andere verbündet sich mit den Erwachsenen.

Wir wissen also, dass Kinder sich genauso wie Erwachsene jeden Tag in einer Reihe von mehr oder weniger *inhaltlichen* Konflikten befinden. Dabei sind existenzielle Werte ganz unabhängig davon, wie Erwachsene und Kinder selbst intellektuell die Bedeutung des Inhalts einschätzen. Das ist die wichtigste sachliche Begründung für eine Betrachtung dessen, was die norwegische Erzieherin und Forscherin Berit Baa »die Definitionsmacht der Erwachsenen« nennt. Die historisch hinreichend etablierte Definitionsmacht der Erwachsenen umfasst in ihrem Kern die Macht zu definieren, ob ein Konflikt mit einem Kind wesentlich oder unwesentlich, ernst oder überflüssig, richtig oder falsch – für beide Seiten – ist. Als paralleles Phänomen hätte man vor nur wenigen Generationen mit Recht von der »maskulinen Definitionsmacht« in der Ehe gesprochen. Die Definitionsmacht der Erwachsenen ist der Bestandteil in der Erwachsenen-Kind-Beziehung, der am wirkungsvollsten verhindert, dass Kinder sich ernst genommen fühlen.

Die fünf Jahre alte Anna wird für einen Unterrichtsfilm[5] über Konflikte im Kindergarten interviewt. Der Reporter fragt: »Was ist das Schlimmste, wenn die Erwachsenen im Kindergarten bestimmen, Anna?«

Anna denkt gut nach und antwortet: »Wenn sie uns nicht erlauben, sauer zu sein.«

»Aber stimmt denn das, Anna? Darf man im Kindergarten wirklich nicht sauer sein?«

Wieder überlegt Anna lange und gründlich, ehe sie antwortet: »Doch, das darf man schon … wenn man einen guten Grund hat … und die Erwachsenen, die bestimmen, wann der Grund gut ist. Das ist für mich das Schlimmste.«

Das ist ein klassische Beispiel für die Definitionsmacht der Erwachsenen. Sie ist in Annas Kindergarten höchstwahrscheinlich kein Beispiel für eine sorgfältig abgewogene, auf Ganzheitlichkeit ausgerichtete Pädagogik. Vielmehr hängen hier die Erzieher der allgemein verbreiteten, aber illusorischen Vorstellung an, Kinder könnten sich soziale Weisheit vorstellen, wenn man ihnen den Unterschied zwischen »richtig« und »falsch« beibringt, anstatt ihn unter Führung eines Erwachsenen zu erfahren.

Nicht die *faktische* Macht der Erwachsenen zu bestimmen, ob das Kind ein Eis bekommt oder nicht, verhindert, dass es sich ernst genommen fühlt. Die *prozessuale* Macht definiert, ob die Lust des Kindes auf ein Eis unvernünftig, illoyal, unangebracht oder ein Zeichen von Verhätschelung ist. Obwohl die Worte von Kindern häufig so klingen, als wollten sie *Recht* haben oder ihren *Willen* durchsetzen, haben sie genauso wie Erwachsene das vorrangige Interesse, in dem Kontext ernst genommen zu werden, in dem sie sich als die Abhängigen wahrnehmen.

Dieser Aspekt ist von zentraler Bedeutung. Denn einer der wichtigsten Indikatoren für die Erwachsenen dafür, dass ein bestehender Konflikt mit einem Kind existenzielle Untertöne aufweist, ist die unmittelbare Reaktion des Kindes in der Situation. Die unmittelbaren Reaktionen von Kindern auf die Machtausübung der Erwachsenen sind vielleicht das Einzelphänomen in der Erwachsenen-Kind-Beziehung, dem gegenüber sich die Erwachsenen traditionell am stärksten verurteilend und am wenigsten qualifiziert verhalten haben.

Ein normales, gesundes Kind kann innerhalb weniger Minuten die Tatsache verarbeiten, dass es nicht das Eis bekommt, auf das es so großen Appetit hat. Hält der Konflikt über diesen Zeitraum hinaus an, hat der Erwachsene sich aller Wahrscheinlichkeit nach in seiner Ablehnung entweder äußerst undeutlich ausgedrückt oder seine prozessuale Macht missbraucht – und in vielen Fällen tritt beides gleichzeitig auf. Der Konflikt dreht sich nicht mehr um das Eis, sondern um die Qualität der Beziehung. Inhaltlich hätte der Konflikt genauso gut um das Anziehen, Frühstück, die Teilnahme an Gruppenarbeit oder das Zurückgeben eines Spielzeugs an ein anderes Kind gehen können.

Aus der klinischen Arbeit an Erwachsenen-Kind-Beziehungen und in der Säuglings- und Beziehungsforschung haben wir gelernt, dass Kinder sich häufig für Kooperation entscheiden, statt sich auf sich selbst zu stürzen, wenn sie sich in diesem existenziellen Konflikt mit wichtigen Erwachsenen erleben – vor allem mit den Eltern oder mit Personen an deren Statt. Die klinische Arbeit an Zweierbeziehungen und anderen Beziehungen unter Erwachsenen hat uns gelehrt, dass das Gleiche für Erwachsene gilt. Alles deutet darauf hin, dass wir so beschaffen sind, dass wir uns eher für Kooperation entscheiden, statt unsere Integrität zu schützen. Die Summe der in der Kindheit und Jugend gesammelten Erfahrungen mit diesen grundlegenden, existenziellen Konflikten bestimmt die Qualität unseres Beitrags zu den privaten und sozialen Beziehungen, die wir später in unserem Leben mit anderen wichtigen Menschen eingehen, nicht als ein unverbrüchliches Muster, sondern als ein Muster, das sich unter Eindruck von persönlicher Reflexion und Feedback beider Seiten in den neuen Beziehungen verändern kann.

Diese überwiegende Tendenz, sich für Kooperation zu entscheiden, ist auch eine große Stärke. Sie ist z. B. der Grund für die enorme soziale und kulturelle Flexibilität und Anpassungsfähigkeit der Kinder. Denn im Verlauf von sehr wenigen Monaten sind dänische Kinder dadurch fähig, sich wie Dänen zu verhalten, und französische Kinder wie Franzosen – und weisen beide kulturellen Profile auf, wenn sich die Eltern des französischen Kindes in Dänemark niederlassen und die des dänischen in Frankreich. Das versetzt sie in die Lage, eine gleichzeitige, vielfache Sozialisierung zu durchlaufen, ohne die Bodenhaftung zu verlieren. Ein normales und gesundes Kind schafft es ohne große, ernsthafte

Anpassungsschwierigkeiten, vom Leben in einer Kernfamilie zum Leben in zwei kleinen Familien, bestehend aus ihm selbst und neuen Geschwistern, zu wechseln, wobei es zugleich reibungslos mit einer oder mehreren Gruppen von Großeltern zurechtkommt, von einer Betreuung zur anderen wechselt oder vom Kindergarten in die Schule. Das Erfolgsmaß dieses Anpassungsprozesses hängt nicht von der Vielfalt ab, sondern von der Fähigkeit der verschiedenen Erwachsenen, die persönliche Integrität des Kindes anzuerkennen und zu schützen. Wo sie ignoriert, verletzt oder die Fähigkeit des Kindes zur Kooperation strapaziert wird, entstehen »Anpassungsprobleme«, an denen im Großen und Ganzen nie mangelnde Anpassungsfähigkeit oder -bereitschaft Schuld sind, sondern Überanpassung.

Letzteres tritt hin und wieder in Migrantenfamilien auf, wenn die persönliche Integrität der Kinder zugunsten der kulturellen Identität und Integrität der Eltern geopfert wird in ihrem verständlichen, aber aussichtslosen Versuch, die kulturelle Identität des Kindes seiner persönlichen Integrität unterzuordnen. Diese Kinder geraten oft in schmerzliche, existenzielle Krisen, die sich meist als soziale Krisen manifestieren. Gleiches geschieht im Rahmen diverser religiöser Sekten, wo der Anspruch erhoben wird, Kinder und Erwachsene hätten ihre persönliche Integrität zugunsten einer ideologischen Identität aufzugeben. Das führt häufig zu lebenslangen, existenziellen Problemen bei denen, die nicht die Möglichkeit hatten, eine selbstständige Entscheidung auf Grundlage der inneren Verantwortlichkeit zu treffen, und dies Letztere gilt natürlich in besonderem Maß für Kinder. Aber sie müssen häufig relativ alt werden, bis sie selbst Konflikte erleben. Autoritäre Gemeinschaften und Systeme, die auf einer Gehorsamskultur basieren, bieten zunächst einmal ein verführerisches Gefühl von Sicherheit. Ist das System überdies geschlossen gegenüber der umgebenden Gesellschaft, erleben es die Mitglieder als Erleichterung, befreit davon zu sein, eine persönliche Entscheidung treffen zu müssen, und geben sich mit einem Lob für ihre Fähigkeit zur Kooperation und eventuell mit dem Versprechen auf ein besseres Leben nach dem Tod zufrieden.

Gleiches beobachten wir leider in Abständen in der pädagogischen

Welt, wo alternative Institutionen von pädagogischen Feuergeistern aufgebaut werden, denen es an persönlicher und beruflicher Integrität und folglich auch am Sinn für die Integrität der Schüler fehlt. Es liegt in der Natur der Sache, dass diese Institutionen und Projekte von innen betrachtet immer als Erfolg gewertet werden. Doch auch von außen gesehen werden sie oft als zur Nachahmung empfohlene Beispiele dargestellt. Das geht so lange gut, bis der Zusammenhang offenkundig wird, weil ein Schüler oder Mitarbeiter genug Integrität besitzt, die wahren Sachverhalte aufzudecken. Meistens entstehen alternative Projekte zum Glück auf der Grundlage, dass die Erwachsenen einen gut entwickelten Sinn für die Integrität der Kinder besitzen und eine professionelle Vision von verbesserten Maßnahmen haben, wie diese zu schützen und zu entwickeln sei.

Wie bereits erwähnt, besteht bei Erwachsenen in genauso hohem Maß die Neigung, sich für Kooperation zu entscheiden. Lehrerinnen und Erzieher sind gute Beispiele dafür, wie Erwachsene, die durch eine grundsätzlich positive Einstellung zu Kindern motiviert sind, ihre persönliche Integrität und ihr eigenes Wohl für den »Dienst an der Sache« aufgeben und immer wieder nicht nur regelrechtes Versagen in der Betreuung seitens der Vorgesetzten und Kollegen, sondern auch grobe Verletzungen durch die Kinder hinnehmen. Das wirkt sich nicht nur aus menschlicher, sondern auch aus beruflicher Sicht negativ aus, weil sie dadurch für die Kinder und die jüngeren Kollegen negative Rollenvorbilder abgeben. Solange dies nicht als *beziehungsmäßiges* Phänomen erkannt wird, ufert die moralische Entrüstung und Diskussion darüber aus, wer die Schuld daran trägt. Aber selbst wenn es gelingt, die Schuldfrage zu klären und den oder die Schuldige/n aus der Beziehung zu entfernen, ist der Friede nur von kurzer Dauer. Unsere Neigung zur Über-Kooperation oder zur direkten Selbstverleugnung in wichtigen Beziehungen sitzt so tief, dass ständig die Gefahr einer potenziellen Verletzung besteht.

Grobe Verletzungen sind zum Glück nicht an der Tagesordnung. Aber wir befinden uns zweifellos in einer Übergangsphase, in der die rollenbedingte Autorität als Substitut für persönliche Integrität und Autorität nahezu ausgedient hat. Folglich befindet sich ein Teil der Erzieherinnen und Lehrer psychisch in einem luftleeren Raum, den sie aus anderen Bereichen sehr gut kennen, ein luftleerer Raum, in dem das Alte nicht mehr und das Neue noch nicht existiert. Das ist in jeder Hinsicht eine anstrengende, in vielen Fällen auch verunsichernde und beängstigende Phase. Diese Phase auszuhalten kann schwierig sein, wenn sie in unserem individuellen Leben als Auftakt für oder Folge-erscheinung von persönlichen Krisen auftritt. Wenn diese Phase aber wie in der pädagogischen Welt von heute ein kulturelles Massen-phänomen ist, gestaltet sich das Ganze noch viel schwieriger, weil nächste Schritte von so vielen anderen Menschen als von einem selbst abhängig sind.

Wird das Gleichgewicht zwischen dem Bedürfnis des oder der Ein-zelnen, für die eigenen Interessen zu sorgen und dem Drang nach Zu-sammenarbeit in allen oder bestimmten Beziehungen gestört, beginnt es in unserem Inneren weh zu tun. Wir sind alle in unterschiedlichem Maß willens und in der Lage, den Schmerz wahrzunehmen. Deshalb wird er am Anfang häufig als Müdigkeit/Burn-out-Syndrom, Konzen-trationsschwäche/Problem mit dem Kurzzeitgedächtnis, niedrige Frustrationsschwelle/spontane Aggression oder eine zunehmend depressive Verstimmung/regelrechte klinische Depression erlebt. Wenn die Leser meinen, diese so genannten Stresssymptome an sich festzustellen, dann liegen sie nicht ganz falsch. Vor allem ungesunder Stress führt dazu, dass die Homöostase im Organismus – d.h. der nicht-bewusste Prozess zur Erhaltung des normalen Gleichgewichts – außer Kraft gesetzt wird. Bei biologischem oder psychosomatischem Ungleichgewicht können dem Organismus in vielen Fällen die Stoffe zugeführt werden – wie z.B. Insulin –, die er selbst nicht mehr produ-zieren kann. Bei psychosozialem Ungleichgewicht besteht die wich-tigste Medizin darin, mit der eigenen inneren Verantwortlichkeit in Verbindung zu treten, ergänzt durch die Unterstützung und Betreu-ung von außen, die häufig notwendig ist, ehe wir meinen, uns erlau-ben zu können, so »egoistisch« (wie zu nennen es uns die Gehorsams-kultur fälschlich beigebracht hat) zu sein. In diesem Fall tut man gut daran, das soziale Netzwerk zu aktivieren, das ein Teil des Problems dargestellt hat und deshalb auch ein Teil der Lösung sein muss.

Kinder wie Erwachsene, die lange Zeit mit Phänomenen kooperiert haben, die mit ihrer inneren Verantwortlichkeit unvereinbar sind, reagieren mit »asozialem« Verhalten. Kindern fehlt die notwendige Erfahrung und der intellektuelle Überblick, die es ihnen ermöglichen könnten, sich auf eine »zivilisierte« Weise von der Gemeinschaft zu distanzieren. Deshalb brauchen sie das Wissen und die Führung der Erwachsenen. Gleiches gilt zum Teil für Erwachsene, die deshalb ebenfalls kollegiale Unterstützung und liebevolle Führung brauchen. Die meisten von uns geben erst dann eine Kooperation auf, nachdem unsere Integrität lange Zeit so stark strapaziert wurde, dass wir unsere letzten Kräfte aufbieten müssen, um sie zu verteidigen. Das kann asozial und egozentrisch *scheinen*, ist aber in Wahrheit überaus sozial und Ausdruck für die notwendige Wahrung der eigenen Person.

Unbedingt betont werden muss, dass es kein Mensch vermeiden kann, zu unterschiedlichen Zeitpunkten im Zusammenleben mit anderen Menschen mal zur einen, mal zur anderen Seite zu tendieren. Je gesünder das Selbstbewusstsein der oder des Einzelnen entwickelt ist und damit die Verbindung zur inneren Verantwortlichkeit, desto weniger dramatisch entwickelt sich das Ungleichgewicht. Es besteht kein Grund zur Annahme, ein optimales Ergebnis könne im Verlauf der ersten 18 Lebensjahre erzielt werden. Andererseits jedoch besagt kein Naturgesetz, dass bestimmte Entwicklungsprozesse erst im Alter von 40 oder 50 Jahren einsetzen. Das ist u. a. von den Werten abhängig, die wir den pädagogischen Gemeinschaften zu Grunde legen.

### Integrität, Gleichwertigkeit und Demokratie

Die Demokratisierung des Verhältnisses zwischen Kindern und Erwachsenen in der Familie und den pädagogischen Institutionen ist wahrscheinlich einer der erfolgreichsten Versuche der letzten Generation gewesen, die Gehorsamskultur zu modernisieren. Viele haben geglaubt, damit sei auch die Integrität der Kinder gewahrt. Dem ist jedoch nicht so, weil es bei den demokratischen Werten um die Verteilung von Macht und Einfluss geht und folglich in der Regel um die Wahrung der *Rechte* des Individuums. Obwohl die demokratischen Werte unserer Einschätzung nach das optimale Fundament für eine richtige Wahrung der persönlichen und sozialen *Entwicklung* und *Existenz* des Individuums bilden, ist das alles andere als eine Garantie dafür, dass diese auch auf die bestmögliche Weise gefördert und geschützt werden.

Der Glaube, dass gerade der Miteinfluss der Kinder und das Recht, gehört zu werden, der endgültige humanistische Schritt sein würden, ist schon in der Familie und in den Institutionen Lügen gestraft geworden. Eltern hat es verwirrt, dass ihre Kinder sich nicht wohl fühlen und optimal entwickeln, wenn ihnen jetzt erlaubt wird, selbst über fast alles zu bestimmen. Die Schulen hat es enttäuscht, dass die Einführung der demokratischen Werte nicht von sich aus für mehr Ruhe und Harmonie in den Klassen sorgte – nicht einmal bei Aktivitäten und Themen, die die Kinder selbst mitbestimmt haben.

Woran es fehlt, das sind Wertvorstellungen, die mit der Gehorsamskultur brechen, in Verbindung mit einer erwachsenen Führung. Relevante Führung bedeutet in diesem Kontext, dass eingeplant werden muss, dass Kinder einen gleichwertigen Dialog mit den Erwachsenen brauchen, um sich selbst zu finden. Oder Erwachsene, die Kindern als Minimalleistung den Frieden geben und die Zeit lassen, die sie brauchen, um sich selbst allein finden zu können. Das erfordert Erwachsene, die ein Ohr und das Gespür dafür haben, wann Kinder damit herausplatzen, wozu sie im Moment die größte Lust oder Unlust haben oder wann sie bloß den Freunden und Erziehern nach dem Mund reden und wann ihre Wünsche, ihr Wille und ihre Ziele tiefer gehen. Schließlich erfordert es Erwachsene, die sich selbst durch persönliche Autorität abgrenzen können und den Willen haben, vom Gegenspiel der Kinder zu lernen, wenn sie es nicht können.

Die Einführung der demokratischen Werte im häuslichen Bereich und in den Institutionen war ein wichtiger und notwendiger Schritt. Aber dabei muss der ganze individuelle Mensch berücksichtigt werden und das Faktum, dass der beruflichen und sozialen Qualität in der gegenwärtigen Gemeinschaft nicht per definitionem am besten damit gedient ist, wenn man der Mehrheit folgt – ganz gleich ob sie sich aus Erwachsenen oder Kindern zusammensetzt.

In diesem Kontext wird oft behauptet, modernen Kindern fehle es an Disziplin. Ist damit gemeint, das sie sich in unterschiedlichen Bereichen undiszipliniert benehmen in Bezug auf die gegebenen Rahmenbedingungen, die Regeln und die gegenwärtige Führung, dann hat man zweifellos Recht. Dagegen ist es nicht richtig, dass ihnen die Fähigkeit und der Wille zu Disziplin fehlt. Man braucht nur den nächsten Karate-Verein, Skatklub oder Sportverein zu besuchen, um das festzustellen. Der Unterschied zwischen früher und heute ist eher, dass Kinder darauf bestehen, persönlich »ja« zu sagen, sich der Disziplin zu unterwerfen, die die Aktivität von den Ausführenden verlangt.

Die Mehrheit der Kinder findet sich damit ab, dass sie keinen Einfluss darauf haben, ob sie in den Kindergarten oder die Schule gehen sollen. Die Möglichkeit der Institutionen besteht aus diesem Grund darin, eine Beziehung zu den Kindern aufzubauen, die ihnen Lust macht, »ja« zu sagen. Gleiches gilt für den einzelnen Lehrer oder die Erzieherin. Ein ganz entsprechender Widerwille gegen automatische Disziplin hat übrigens jetzt 30 Jahre lang das Verhalten der erwachsenen Bevölkerung gegenüber Autoritäten oder autoritär eingeführten Rahmenbedingungen und Regeln gekennzeichnet. Unsere Voraussetzungen dafür und zu der notwendigen Disziplin »ja« zu sagen bestehen darin, dass wir uns respektvoll und gleichwertig behandelt fühlen. Die Faktoren haben sich heutzutage so umgekehrt, dass der Respekt der Autoritäten vor dem Einzelnen jetzt eine Voraussetzung ist, Disziplin zu schaffen, wo früher die Voraussetzung im Respekt des Individuums vor den Autoritäten bestand.

Der Fall ist ernster, wenn Kindern *Selbstdisziplin* fehlt, d.h. die Fähigkeit, persönliche und sachliche Ziele zu formulieren und sie mit der dazugehörigen Frustration und Freude zu verfolgen. Ob das auf mehr oder weniger Kinder als vor 25 Jahren zutrifft, ist allerdings eine offene Frage. Bei genauer Betrachtung kann man feststellen, dass diesen Kindern hauptsächlich *Selbstwertgefühl* fehlt. Aber das fehlt ihnen aus mindestens zwei sehr unterschiedlichen Gründen: der einen Gruppe, weil ihre Integritätsentwicklung versäumt oder mit Absicht gestört wurde; der anderen Gruppe, weil sie in Familien aufgewachsen sind, wo die Tendenz bestand, dass die Lust der Kinder für die Eltern Gesetz war. Bei dieser Sorte von Familien brauchen Kinder nie mit sich selbst Bekanntschaft zu machen, es sei denn mit ihrer unmittelbaren Lust und dem Bedürfnis und der punktuellen Frustration, die manchmal entsteht, nicht das bekommen zu können, worauf man gerade Lust hat. Auf diese Frustration folgt mit der Zeit eine tiefgreifendere Frustration und der Zweifel, inwieweit sie überhaupt *jemand* sind. Dieser Zweifel macht es fast unmöglich, sich persönliche Ziele zu setzen, und deshalb flüchten sie sich u. a. in kurzfristigere, oberflächliche und materielle Ziele – nicht weil sie eigentlich oberflächlich *sind*, sondern weil sie noch keine Verbindung zu dem anderen in sich haben.

Die Form von Selbstdisziplin oder die Fähigkeit, ein Ziel zu verfolgen, war vor ein, zwei Generationen nur selten von einem gesund entwickelten Selbstwertgefühl untermauert. Es war hingegen motiviert durch die Werte der Zeit, die allein darauf abzielten, dass aus einem *etwas* werden musste, dass man eine soziale Rolle als Beamter, Zimmermann, Hausfrau, Ernährer oder Kaufmann ausfüllen musste. Die einseitige Konzentration in den Schulen auf Kenntnisse und Faktenwissen brachte in Verbindung mit den sozialen Ambitionen und familiären Gewohnheiten vieler Eltern eine Masse von Menschen hervor, aus denen *etwas* wurde, aber etwas, womit sie sich nicht wohl fühlten.

Heute geht es bei den Werten in höherem Maß darum, ein Gleichgewicht zwischen beiden zu finden, *zu etwas* zu werden und *jemand* zu werden. Die Institutionen legen großen Wert darauf, so zu arbeiten, dass sie den Kindern *jetzt* und für die Zukunft etwas mit auf den Weg geben können. Die Ambitionen der Eltern sind in der Regel mehr von existenzieller als von sozialer Natur. Aus gesundheitlicher Sicht ist es ein großer Fortschritt, aber ein Schritt, bei dem das eine Bein noch in der Luft hängt, während wir mit dem anderen nach einem sicheren Untergrund suchen, auf den wir den Fuß setzen können.

### Integrität, Selbstwertgefühl und Selbstvertrauen

Das Verhältnis zwischen Integrität und Selbstwertgefühl ist intim und dialektisch. Ein Kind, das in Verhältnissen aufwächst, wo die Erwachsenen sehr bewusst für seine Integrität sorgen und seine eigenen Versuche, sich abzugrenzen und zu definieren, respektieren, hat eine optimale Grundlage, ein gesundes Selbstwertgefühl zu entwickeln. Umgekehrt ist ein gewisses Selbstwertgefühl eine wesentliche Voraussetzung für den introspektiven Prozess, der notwendig ist, um in Verbindung mit seiner inneren Verantwortlichkeit zu treten. Ist die Integrität intakt, das Selbstwertgefühl gut entwickelt und die gegebene, aktuelle Beziehung fruchtbar, kann der introspektive Prozess in Millisekunden ablaufen und fast intuitiven Charakter haben. Fehlen eine oder mehr der drei Qualitäten, kann er Minuten, Monate oder Jahre dauern.

Das enge und dialektische Verhältnis zwischen diesen beiden Phänomenen wird wahrscheinlich erst deutlich, wenn man die Frage beantworten soll: »Was kann ich am besten tun, um mein Selbstwertgefühl zu entwickeln und zu stärken?« Die Antwort lautet: »Mit Integrität handeln.« Die Antwort wird zu Recht als paradox empfunden. Wir sind auf uns selbst angewiesen – auch wenn wir uns selbst nicht finden können. Die Beziehungen, die wir eingehen, können eine noch so große Unterstützung, Inspirationsquelle und Herausforderung sein, aber dieser Teil des Prozesses ist immer individuell und einsam.

Die pädagogischen und kollegialen Beziehungen werden übersichtlicher, wenn man sich das Selbstwertgefühl als ein aus zwei Dimensionen bestehendes Phänomen vorstellt: aus einer quantitativen und einer qualitativen Dimension.

Bei der *quantitativen* Dimension geht es darum, wie viel und wie gut wir über uns selbst Bescheid wissen, uns selbst kennen. Etwas vereinfacht ausgedrückt, kann man sagen, dass sich der introspektive Prozess zunächst auf diese Dimension konzentriert. In der Umgangssprache nennen wir es Selbsterkenntnis. Bei der *qualitativen* Dimension geht es darum, wie wir uns dem gegenüber verhalten, was wir über uns selbst wissen.

Wenn wir zum Beispiel eine klassische Beziehung in den ersten Lebensjahren eines Kindes betrachten, in der die Szenerie so aussieht, dass die Mutter das Mittagessen ihres Kindes vorbereitet hat und jetzt soweit ist, dass sie es füttern will. In dieser Situation hat das Kind keinen Hunger und lehnt das Essensangebot ab, indem es den Kopf senkt, dem Löffel die Wange zudreht und die Lippen zusammenkneift. (In diesem Kontext spielt es keine Rolle, ob das Kind wirklich Hunger hat, dies aber nur nicht bemerkt hat, weil die Zeitspanne von der Unruhe über seinem Bett bis die Mutter das Essen präsentierte, zu kurz war; oder ob es wirklich Hunger hat, aber nur den Geruch des Essens nicht ausstehen kann, keine Lust hat, in diesem Augenblick mit jemandem zusammen zu sein, oder schlechte Erfahrungen mit den letzten Mahlzeiten gemacht hat). Es nimmt seine Unlust auf das wahr, was jetzt geschehen soll, und gibt der Mutter ein klares Zeichen, wer es gerade jetzt in der Beziehung zu ihr und dem Essen ist. Sein Verhalten hat all die Qualitäten, die es braucht, damit sein Beitrag zur Beziehung in Ordnung sein kann. Er ist persönlich: So geht es mir jetzt. Er ist sozial: bezieht aktiv Stellung zu dem, was zwischen den beiden geschieht. Er ist authentisch: deutlich und direkt und in Einklang mit seinen Gefühlen.

Als Reaktion drückt die Mutter in ihrem Gesicht und ihren Augen Sorge aus, sagt aber: »So mein Kleiner – jetzt gibt es was zu essen. Du hast fast den ganzen Tag nichts gegessen, und Mama weiß, dass du Hunger hast.« Der Sohn lehnt das Essen wieder ab, und die Mutter reagiert mit wachsender Sorge und Druck. Ihrem Beitrag zur Beziehung fehlen alle Qualitäten, die der Sohn hat, und sie nimmt seine Äußerung nicht ernst.

Ihre Mimik ist möglicherweise persönlich und authentisch und wahrscheinlich nur Ausdruck ihres Bildes davon, wie eine gute, verantwortungsbewusste Mutter in dieser Situation reagieren sollte. Das können wir nicht wissen, weil ihre sprachliche Äußerung gerade unpersönlich ist, weil sie ihr eigenes Sein nicht beschreibt, sondern ihre Fantasie über die Gefühle und die Bedürfnisse des Sohnes. Ihre gesamte Äußerung ist nicht sozial, sondern autoritär, weil sie nicht versucht, eine Gemeinschaft herzustellen, die beider Bedürfnisse und Grenzen einschließt, sondern sich nur zur Wirklichkeit so verhält, wie sie nach ihrem Willen sein soll. Eine liebevolle und fürsorgliche Absicht ist zu einer autoritären, unpersönlichen Beziehung geworden.

Wenn wir uns vorstellen, dass diese Szene um die Mahlzeiten keine Ausnahme in ihrer Beziehung ist, sondern häufig vorkommt, wird sich das Kind in einem grundlegenden existenziellen Konflikt befinden zwischen der Wahrung seiner eigenen Integrität und der Anpassung an die Bedürfnisse und Wünsche der Mutter. Das Kind wird deshalb allmählich entweder richtig herum kooperieren, d. h. seine Grenzen aufgeben und der Mutter trotz seines mangelnden Appetits folgen. Oder das Kind kooperiert spiegelverkehrt: Es kämpft immer verbissener um seine Integrität.

In beiden Fällen entsteht ein grundsätzliches Dilemma im Selbstwertgefühl des Kindes. Wenn es richtig herum kooperiert, muss es sich von seinem eigenen Gefühl von Nicht-Hunger distanzieren und durch die Fantasie der Mutter ersetzen, es hätte Hunger. Der besorgte Gesichtsausdruck der Mutter und ihr überredender, besorgter, appellierender, klagender oder drohender Tonfall hat so großen Einfluss auf das Kind, dass es sich langsam daran gewöhnt, die Gefühle der Mutter ernster zu nehmen als seine eigenen. Das wird natürlich unterstützt dadurch, dass sich die Mutter offensichtlich freut, wenn es seine Integrität aufgibt.

Wenn es spiegelverkehrt kooperiert, wird es schnell in die Situation geraten, in der nicht das Gefühl von Hunger oder Nicht-Hunger am wichtigsten ist, sondern es nimmt bei den Mahlzeiten ein Gefühl der Verwirrung, Angst und einer festgefahrenen Situation wahr. Sein Kampf hört auf, ein Kampf um seine Integrität zu sein, und wird zu einem Kampf gegen das autoritäre Verhalten der Mutter. In diesem Fall wird zugleich ironischerweise die ursprüngliche Äußerung der Mutter – dass es Hunger hat – unvermeidlich für eine Zeit wahr sein. Das macht es seiner eigenen Gefühle unweigerlich noch unsicherer und die Mutter ihrer eigenen Fantasie sicherer. Genau wie bei der Kooperation richtig herum verliert es hier die Verbindung zu seinem Appetit, und die Gefühle der Mutter werden für es wichtiger als seine eigenen. Das richtig herum kooperierende Kind sagt: »Ich esse, weil meine Mutter besorgt ist.« Und bei der spiegelverkehrten Kooperation sagt das Kind: »Ich esse nicht, weil meine Mutter besorgt ist.« Beide Kinder haben einen Aspekt in der quantitativen Dimension des Selbstwertgefühls verloren, weil die Gefühle der Mutter wichtiger geworden sind als die eigenen. Beiden Kindern ist auf unterschiedliche Art ein negativer Aspekt in den qualitativen Teil des Selbstwertgefühls eingefügt worden: das richtig herum kooperierende Kind, weil es lernt, dass die Gefühle der Mutter einfach wichtiger sind als die eigenen, und es aufhört, sich selbst ernst zu nehmen. Das spiegelverkehrt kooperierende Kind nimmt seine eigene Integrität als Ursache für die Konflikte mit der Mutter wahr und lernt, sich schuldig zu fühlen.

Der quantitative und qualitative Verlust des Selbstwertgefühls beider Kinder wird in der konkreten Situation um die Mahlzeiten geschaffen als Ergebnis von einer Reihe dessen, was die Säuglingsforscher Mikrogeschehen nennen. Zementiert aber wird es durch die Tatsache, dass Kleinkinder unbedingtes Vertrauen in ihre Eltern haben. Sie verlieren also das Vertrauen in ihre eigenen Gefühle und Wahrnehmungen, weil sie das Vertrauen in ihre Eltern verlieren. (Bei grobem Versagen kann es vorkommen, dass Kinder das Vertrauen in ihre Eltern verlieren, aber sie verlieren zugleich auch immer das Vertrauen in sich selbst.)

Durch die Betreuung und Liebe der Eltern bauen sie auch Hindernisse im quantitativen Selbstwertgefühl des Kindes auf oder richtiger im Prozess, der das Wissen um und das Vertrauen in die eigenen Erfahrungen des Kindes erweitert. Einer dieser Aspekte ist besonders interessant, weil er dem üblichen pädagogischen Lernprozess zum Verwechseln ähnelt.

Diesmal ist es ein Vater, der mit seiner drei Jahre alten Tochter einen Waldspaziergang macht. Der Vater liebt den Wald sehr und weiß viel, was dort und überhaupt in der Natur geschieht. Ihm liegt daran, seiner Tochter diese Freude zu vermitteln, und bietet ihr deshalb beim Spazierengehen sein Wissen in einem sanften Strom an.

»Guck mal, Maria, das da nennt man Gewölle. Das spucken Eulen aus, wenn sie gegessen haben.«

»Guck mal da oben, Maria! Kannst du das Bündel Äste da hoch oben in der Buche sehen? Das ist der Horst eines Mäusebussards. Da wohnen Mäusebussarde, wenn sie Junge bekommen.«

»Nein, guck lieber mal hier! Siehst du die große Schnecke? Die heißt Weinbergschnecke, und die kann man essen. Die kann man nicht gleich von der Erde essen, sondern erst wenn man sie gereinigt und gekocht hat, dann schmecken sie lecker.«

»Guck mal, Maria. Das da ist eine Tanne – wie ein Weihnachts-baum. Kannst du dich noch an unseren letzten Weihnachtsbaum er-innern? Und das daneben ist eine Kiefer. Die hat längere Nadeln als eine Tanne. Siehst du das?«

Wenn dieser Vater etwas weniger eifrig gewesen wäre, seine Tochter zu belehren, wäre der Prozess anders verlaufen. Dann hätte Maria von selbst Dinge vom Boden aufgesammelt und entweder nachgefragt oder ihre eigene Fantasie darum gesponnen. Sie hätte von selbst zu den Bäu-men hinaufgeschaut und sich gewundert über die Ansammlung von toten Zweigen mitten in all dem Grün – und eventuell nach dem rich-tigen Kontext der Sache gefragt. Sie hätte Spaß daran gehabt, ihren Vater auf den »langhaarigen Tannenbaum« aufmerksam zu machen, und wenn sie die Weinbergschnecke in die Hand genommen hätte, um herauszufinden, ob es ein Stein ist oder etwas ganz Unbekanntes.

In diesem Beispiel steht Marias Aufmerksamkeit auf dem Spiel und dass sie eine Chance bekommt, diese zu nutzen. Bietet man ihr die Möglichkeit, die Aufmerksamkeit nach außen auf die Natur, nach innen auf sich selbst und nach außen auf den Vater zu lenken in einem Rhythmus, den sie bestimmt? Oder wird sie durch das Verhalten des Vaters und ihre Liebe zu ihm gezwungen, ihre Aufmerksamkeit auf ihn zu konzentrieren, so dass er der Filter wird, durch den sie die Wirk-lichkeit wahrnimmt? In diesem Fall liegt ganz eindeutig Letzteres vor. Maria lernt bestimmt viel über ihren Vater und über die Natur, aber nichts über sich selbst, ihre eigenen Beobachtungen, Fantasien und Bedürfnisse nach ergänzender Information, und vor allem ihre Fähig-keit, sich zu fragen und zu reflektieren, wird nicht entwickelt. Nie-mand weiß, ob Maria die ursprüngliche Freude an der Natur oder nur das Wissen von ihrem Vater erbt oder ob sie so verwirrt ist, dass ihre Aufmerksamkeit so manipuliert wird, dass ihr beides abhanden kommt.

Die Fähigkeit, Dinge zu hinterfragen und zu reflektieren, sind zen-trale Prozesse in der Entwicklung der quantitativen Dimension des Selbstwertgefühls und der Fähigkeit, etwas über die Welt außerhalb seiner selbst zu lernen. Das ist einer der wesentlichen Gründe, warum das Selbstwertgefühl das beste Fundament für das Lernen ist und eins der wichtigsten Argumente, um von informations- und lerngesteuertem zu wahrnehmungsorientiertem Unterricht überzugehen.

Das obige Beispiel beschreibt nicht unbedingt eine sehr ernste oder regelmäßig auftretende Situation in Marias Leben und in der Beziehung zu ihrem Vater. Es illustriert eine klassische Erwachsenen-Kind-Beziehung und eine Situation, die leicht auftreten kann, weil sich die Gesellschaft jetzt dahingehend entwickelt, dass Kinder immer weniger Zeit für sich allein und mit anderen Kinder und ohne Aufsicht, Anleitung und Unterhaltung der Erwachsenen verbringen. Kinder leben langsam, und Reflexion und Hinterfragen erfordert Ruhe und Zeit – inklusive Zeit mit Erwachsenen, die ihre ungeteilte Aufmerksamkeit *anbieten*, statt die der Kinder zu fordern. Das kann in der heutigen Zeit schwierig sein, weil die Familien, die pädagogischen Institutionen und die Kinder- und Jugendkultur extrem aktivitäts- und produktorientiert sind. Den allermeisten Kindern ist die Fähigkeit zur Fokussierung, Dinge zu hinterfragen und zur Konzentration angeboren. Wenn sie es im weiteren Verlauf ihres Heranwachsens nicht können, muss man die Qualität ihrer früheren und heutigen Beziehungen anschauen, nicht um mit dem Finger auf die Sünden zu zeigen, sondern weil darin oft der Schlüssel zu konstruktiveren Beziehungen in der Zukunft zu finden ist, die als Grundlage die beziehungsmäßigen Bestandteile enthalten, an denen es ihnen früher fehlte, und um jene zu umgehen, die destruktiv waren.

Die quantitative Dimension des Selbstwertgefühls entwickelt sich das gesamte Leben hindurch, ganz gleich wie wir mit unserem Leben umgehen. Wir werden über uns immer mehr lernen, je länger wir leben. Geht diese Entwicklung weit genug, ist es eigentlich nur der Einzelne selbst, der eine Antwort geben kann. Einige Erwachsene vermitteln den Eindruck, als wären sie mit ihrem Leben zufrieden, ohne besonders viel darüber nachzudenken, wer sie sind. Andere werden ein Leben lang von den Folgen geplagt, die ein geringes Selbstwertgefühl für das Arbeits- und Privatleben haben kann.

Nach unserer Auffassung liegt es in der Verantwortung der Erwachsenen, das Selbstwertgefühl von Kindern zu fördern. Will man als Erwachsener professionell pädagogisch mit anderen Menschen arbeiten, gehört es nach unserem Verständnis von allgemeiner beruflicher Ethik dazu, dass man sein eigenes Selbstwertgefühl und die innere Verantwortlichkeit aufmerksam beobachtet, um den ungünstigen Einfluss zu vermindern oder einzudämmen, dem man in professionellen Beziehungen ausgesetzt ist (die man eingeht). Das kann für manche hauptsächlich Arbeit an der quantitativen Dimension und für andere an der qualitativen Dimension bedeuten. Die meisten von uns müssen ihr Leben lang in Abständen ihr Hauptaugenmerk abwechselnd auf den einen und dann wieder auf den anderen Schwerpunkt lenken.

Bei der qualitativen Dimension geht es darum, wie wir uns gegenüber dem Wissen über uns selbst verhalten:

- Ich bin in großen Gruppen zurückhaltend, und das ist mir unangenehm.
- Ich platze immer gleich mit allem heraus, was mir in den Sinn kommt, und das ist mir peinlich.
- Ich habe kurze Beine und kleine Brüste; ich hasse meinen Körper.
- Ich bin in der ersten Zeit mit neuen Kindern immer nervös, und das finde ich peinlich und unprofessionell.
- Ich dominiere andere Menschen so leicht und mache mir das häufig selbst zum Vorwurf.
- Ich komme mir blöd vor, weil ich nicht gut buchstabieren kann.
- Ich habe immer viel mitzuteilen, aber ich schäme mich, anderen den Platz wegzunehmen.

In den oben genannten Äußerungen dominiert die zitierte Selbsterkenntnis und verhält sich negativ wertend gegenüber dem, was man über sich selbst weiß. Hier ist das Selbstwertgefühl – zumindest in diesen Punkten – gering. Ein gut entwickeltes oder gesundes Selbstwertgefühl ist nicht das Gegenteil: dass man sich selbst positiv lobend bewertet. Lob ist nur das Gegenteil von Kritik und hält das *Wertende* in dem inneren Dialog fest. Das Selbstwertgefühl wird erst gesünder und dynamischer, wenn die Wertungen durch *Anerkennung* ersetzt werden.

Die Neigung der Kinder und Erwachsenen, sich zu bewerten oder sich selbst anzuerkennen, hängt in sehr hohem Maß davon ab, in welchem Umfang die beiden Phänomene einen Teil der früheren Beziehungen zu wichtigen Erwachsenen ausgemacht haben. Unsere negativen Wertungen unserer selbst sind nie authentisch, sondern Repräsentationen, die von anderer Leute Kritik an uns selbst stammen, mit denen wir kooperiert und die wir kopiert haben im Vertrauen darauf, dass sie es besser wissen als wir selbst, oder aus Angst vor den Folgen, wenn wir an unseren eigenen Wahrnehmungen und Gefühlen festhalten. Kinder »erfinden« unterdessen auch negative Wertungen ihrer selbst als Erklärung für ernsthaftes Versagen der Eltern – bei Freigabe zur Adoption, Versagen der Betreuung, sexuellen Übergriffen und schwerer physischer und psychischer Gewalt. In einigen Fällen sind diese Selbstwertungen so negativ und schmerzhaft, dass sie vollkommen ausgeschaltet werden müssen vor dem Einlass in ihr inneres Selbst. Damit geraten sie in eine existenziell gesehen vollkommen verfahrene Situation. Ihr Selbstwertgefühl ist einerseits gering und negativ, und andererseits hindert es sie daran, an diesem geringen Selbstwertgefühl zu arbeiten. Die Fähigkeit zur Introspektion ist von unschätzbarem Wert für das Heranwachsen und die Entwicklung des Menschen und für den Aufbau von fruchtbaren Beziehungen, kann aber beängstigend sein; deshalb muss man aufhören, sie zu betreiben. Diese Menschen handeln in Übereinstimmung mit ihren Beziehungserfahrungen, aber nicht authentisch. Die Chance, von neuem authentisch zu werden, hängt ganz davon ab, ob eine andere Person in ihr Leben tritt, zu der sie so viel Vertrauen haben können, um den Mut zu haben, sich mit dem grundlegenden Misstrauen gegenüber sich selbst und anderen auseinanderzusetzen, das ihnen von außen auferlegt wurde. Diese Person kann sehr wohl Lehrer oder Erzieherin sein, weil die erste Bedingung die gleiche ist wie die Schlüsselbegriffe der Beziehungskompetenz: sich als »gesehen« wahrnehmen, ohne sich abgewertet oder verraten, sondern anerkannt zu fühlen.

Geringes Selbstwertgefühl und die dadurch eingeschränkten Möglichkeiten, mit seiner Integrität und inneren Verantwortlichkeit in Verbindung zu treten und sie zu konsultieren, macht es in unterschiedlichem Maß schwierig, konstruktive und persönliche Ziele zu formulieren und das Zusammensein und die Zusammenarbeit mit anderen als wertvoll und befriedigend wahrzunehmen. Folglich hat es gesundheitliche, soziale, existenzielle und intellektuelle Implikationen. Ein Teil dieser Implikationen liegt in dem Phänomen an sich begründet: im Verhältnis des oder der Einzelnen zu sich selbst. Andere liegen mehr in der Form begründet, wie sich das Umfeld zu den vielen unterschiedlichen äußeren Manifestationen dieser Person verhält.

Während Menschen mit einem gesund entwickelten Selbstwertgefühl verhältnismäßig leicht an ihrer natürlichen Autorität, authentischen Präsenz und ihrem nüchtern akzeptierenden Blick auf sich selbst zu erkennen sind, hat das geringe Selbstwertgefühl viele verschiedene Erscheinungsformen, die wir vorsichtig in zwei Kategorien unterteilen können: die nach innen gekehrten und die nach außen gekehrten.

*Introvertierte* Menschen leiden z. B. unter sozialer Scheu, regelrechter sozialer Phobie, (einigen Formen von) Depression und depressiven Zuständen. Die so genannten »stillen« Mädchen und Jungen haben Essstörungen, Selbstmordgedanken und versuchen sogar, sich das Leben zu nehmen. Charakteristisch für unsere Kultur ist, dass die introvertierten Erscheinungsformen in ihrem Umfeld in aller Regel positive Reaktionen in Form von Sympathie, Betreuung, Unterstützung, Lob usw. hervorrufen. Dennoch ist es ̶d̶i̶e̶ keine Ausnahme, dass Kinder und Erwachsene, die selbst ein geringes Selbstwertgefühl (häufig mit nach außen gekehrten Erscheinungsformen) haben, oft andere Kinder hänseln, mobben oder misshandeln, die leicht Gefahr laufen, in den sozialen Bereichen und später in erwachsenen Liebesbeziehungen zum Opfer zu werden.

*Extrovertierte* Menschen zeigen z. B. ein permanent geltungssüchtiges Verhalten, monotones Beschäftigtsein mit dem »Größten«, dem »Teuersten«, dem »Besten«, aggressive Kritik an anderen und Zurückweisung jeder Form von Schuld und Verantwortung, ständiges Konkurrieren usw. Diese Erscheinungsformen ziehen im Gegensatz zu den introvertierten Menschen oft Kritik und Ablehnung des Umfelds auf sich. Aber wieder gibt es Kinder und Erwachsene, die mit ihrem geringen Selbstwertgefühl als Grundlage in den extrovertierten Menschen Führer und Vorbilder sehen und sich von ihnen schlecht behandeln lassen. Ein anderer wichtiger Unterschied zwischen diesen beiden Gruppen ist, dass es häufig leichter ist, einen vernünftigen pädagogischen Kontakt zu den introvertierten als zu den extrovertierten Menschen herzustellen. Bei beiden Gruppen ist es erfahrungsgemäß dennoch gleich schwierig, ihnen bei ihren grundlegenden Problemen mit dem geringen Selbstwertgefühl zu helfen: den Introvertierten, die zwar das Problem erkennen, aber denen natürlich der Glaube fehlt, dass es anders sein kann, und den Extrovertierten, die weit von sich weisen, überhaupt Probleme zu haben. Alle Erscheinungsformen entsprechen der gleichen, inneren Wahrnehmung, seine richtige »Größe« nicht finden zu können, weil man sein Leben lang in geborgten Kostümen herumgelaufen ist.

Je besser es den wichtigen erwachsenen Personen im Leben eines Kindes gelingt, für seine innere Integrität zu sorgen und ihm zu helfen, selbst zu lernen, desto bessere Bedingungen hat es bei der Entwicklung des Selbstwertgefühls. *Selbstvertrauen*

Während die eben genannten Begriffe zur existenziellen Dimension gehören, ist der Begriff Selbstwertgefühl in der pädagogischen Dimension angesiedelt, nicht weil er nur in professionellen pädagogischen Beziehungen eine Rolle spielt, sondern weil es beim Selbstwertgefühl um das geht, was wir *können.* Unser Selbstwertgefühl steht geradezu proportional zur Qualität unserer geistigen, physischen und kreativen Leistungen. Je besser wir eine Sache beherrschen, desto mehr Selbstwertgefühl haben wir – auf *dem* Gebiet. Auf je mehr Gebieten wir gut sind, desto größer ist die Summe des Selbstwertgefühls.

Der Begriff etablierte sich gegen Ende der 40er-Jahre endgültig in der Pädagogik und der Kindererziehung und entwickelte sich schnell zu einem Schlüsselbegriff in der pädagogischen Arbeit und zu einem wichtigen Ziel für die Eltern. Ein Kind, das kein Selbstwertgefühl hat, ist ein Fiasko, und Kinder, denen es an Selbstwertgefühl mangelt, brauchen es! Das pädagogische Allheilmittel war Lob, Lob und abermals Lob – ausgehend von unpassendem Lob für schlechte Leistungen über relevantes Lob für gute Leistungen bis hin zu Lobhudelei für mittelmäßige Leistungen, von angebrachtem sachlichen Lob, das die Leistungen des Kindes hervorhebt, bis zu verteiltem Lob, das eigentlich nur ausgesprochen wurde, um den Lobenden hervorzuheben.

Bis in die 20er-Jahre hatten sich die Kinderspezialisten dagegen ausgesprochen, Kinder für ihr Verhalten und ihre greifbareren Leistungen zu loben. Man meinte, Kinder bekämen den Eindruck, wenn man das »Richtige« tat, sei es nicht so selbstverständlich, wie es sein sollte. Dagegen empfahl man nachdrücklich, Kinder zu tadeln, wenn ihr Verhalten unter dem Standard (der Erwachsenen) lag.

Danach war das Interesse am Selbstwertgefühl der Kinder zweifellos inspiriert von neuerer amerikanischer Psychologie, die sich stark dafür einsetzte, dass sowohl Kinder als auch Erwachsene »self esteem«, Selbstachtung, haben sollten, das dem entspricht, was wir oben Selbstwertgefühl genannt haben. Im amerikanischen Englisch heißt Selbstvertrauen »self confidence«. Wir haben uns für das Wort Selbstwertgefühl zu Ungunsten des Begriffs Selbstwert entschieden, weil Selbstwertgefühl nach unserer Meinung genauer ist. Bei Selbstwertgefühl geht es um die Fähigkeit, sich selbst wahrzunehmen und wie wir uns emotional zu dem verhalten, was wir auf diese Weise an uns selbst entdecken. Der Sprachgebrauch ist im Übrigen nicht das Wichtigste. Die Hauptsache ist, dass man sich den Unterschied zwischen Selbstvertrauen und Selbstwertgefühl klar macht.

Innerhalb einiger weniger Jahre vollzog sich in den USA und in Europa eine interessante und ungünstige Vermischung der Begriffe, die auf einigen Gebieten recht schwerwiegende Folgen nach sich zog. Die Vermischung kann wie folgt illustriert werden:

| Ziel: | Mittel: |
|---|---|
| Selbstwertgefühl=Selbstvertrauen=Selbstbewusstsein | Lob |

In einem Artikel von 1990[6] wurden die markantesten Unterschiede zwischen Selbstwert*gefühl* und Selbst*vertrauen* so dargestellt:

| Ziel: | Mittel: |
|---|---|
| Selbstwertgefühl | Anerkennung |
| Selbstvertrauen | Lob und Kritik |

International bestehen verhältnismäßig große Unterschiede im Grad der Vermischung der Begriffe und somit auch in den Unterschieden. In den USA hat man z. B. den Begriff *self esteem* beibehalten; dieser wird aber in der Praxis verwendet wie *self confidence* und deshalb setzt man Lob als Mittel ein, um es hervorzurufen. Dieser »Kurzschluss« ist besonders in der pädagogischen Psychologie und den Familien dominierend, aber weniger bedeutend in der Entwicklungspsychologie und der psychotherapeutischen Praxis gewesen. Als eine der folgenreichsten Konsequenzen haben viele Kinder das entwickelt, was man ein »aufgeblasenes Ego« (amerik. Engl. *inflated egoes*) nennt, aber mit sehr geringem Selbstwertgefühl und fast ohne innere Verantwortlichkeit. Diese aufgeblasenen Egos werden jetzt immer häufiger erwähnt als eine der Hauptursachen für die mangelnde Fähigkeit einiger Kinder und Jugendlichen, kleine Enttäuschungen und Niederlagen und die gewalttätige Aggression selbst zu verarbeiten, die sie auslösen. Forscher und Öffentlichkeit setzte es in Erstaunen, dass diese Kinder und Jugendlichen, die z. B. mehrere Mitschüler und Lehrer an ihren Schulen verletzt oder getötet haben, bei einer oberflächlichen Betrachtung beschrieben wurden als »normale, gut angepasste Kinder aus guten amerikanischen Familien – vielleicht mit der Tendenz zur Introvertiertheit, aber nie Ursache für Probleme«.

In Dänemark ist die Lage nicht so dramatisch. Teilweise ist die Erklärung wahrscheinlich, dass bei uns die Selbstdarstellung gesellschaftlich nicht so akzeptiert ist und dass man kaum so darauf fixiert ist, immer der »winner« zu sein. In unserem Kontext hat es »nur« dazu geführt, dass es vielen Kindern ständig an Unterstützung der Entwicklung ihres Selbstwertgefühls fehlt, auch wenn ihre Eltern eigentlich glaubten, sie hätten durch Lob ausreichend dafür gesorgt. In pädagogischen Bereichen sieht das Ganze etwas komplizierter aus.

Es ist dennoch kaum zu bezweifeln, dass eine der Gesetzmäßigkeiten in der »Psychologie der Leistung« darin besteht, dass Erfolg Erfolg erzeugt – oder zumindest mehr die Tendenz dazu hat als ein Fiasko. Das machten sich die pädagogische Psychologie und die praktische Pädagogik zu eigen und man sprach ständig von der Bedeutung der »kleinen täglichen Erfolge« als einem der pädagogischen Schlüssel etwa zum Wiederaufbau des »Selbstvertrauens« bei vernachlässigten Kindern. Das Problem ist, dass das primäre Problem dieser Kinder ihr fehlendes Selbstwertgefühl ist, das nicht die nötige Nahrung bekommt, wenn man das Wort »Selbstvertrauen« nur als einen locker definierten Sammelbegriff für das pädagogische Ziel verwendet. Das bedeutet nicht, dass sie ihr Selbstvertrauen auf den Gebieten nicht zu entwickeln brauchen und keine Freude daran hätten, wo das Potenzial dazu vorhanden ist. Wo aber wenig Korrelation zwischen Selbstwertgefühl und Selbstvertrauen besteht, kann es zu pädagogischem Versagen gegenüber dem Emotionalen kommen. Vergleichbares macht sich nach unserer Erfahrung im Bereich des Förderunterrichts bemerkbar, wo die Ursache als intelligenz- oder leistungsorientiert, verhaltensbedingt beschrieben wird oder beides.

Grafisch können wir in leichter Vereinfachung den Unterschied von Selbstwertgefühl und Selbstvertrauen wie folgt abbilden:

**Selbstwertgefühl**       **Selbstvertrauen**
(Wer ich bin)      (Was ich kann)

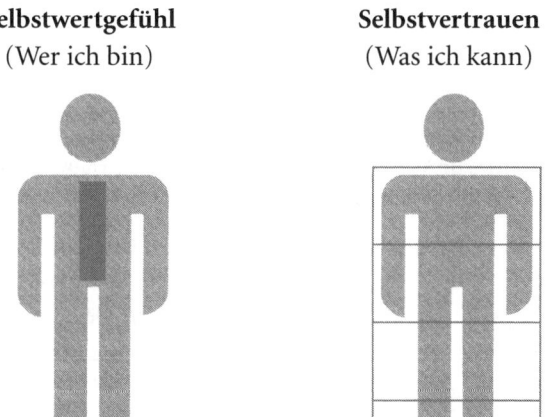

Das Selbstwertgefühl wird hier in Form eines inneren Maßstabs dargestellt, der uns in die Lage versetzt, auf Erwartungen, Forderungen, Verlockungen u. a. von der Umwelt zu reagieren und eine Entscheidung zu treffen, hinter der wir stehen und die wir ernst nehmen können. Selbstvertrauen wird hier als ein äußeres Gerüst illustriert, auf das sich die Person stützen kann. Damit soll nicht angedeutet werden, dass Selbstvertrauen ein oberflächliches oder minderwertiges Phänomen sei. Selbstvertrauen und Selbstwertgefühl gehören je zu einer Dimension – zur pädagogischen oder sozialen oder existenziellen – und können deshalb weder miteinander verglichen noch gegeneinander auf- oder abgerechnet werden. Beide sind in ihrer Form wichtig. Die Korrelation zwischen beiden ist nach unserer Erfahrung schwach und hat eindeutig die Tendenz, dass Menschen mit einem gesund entwickelten Selbstwertgefühl nüchterner und sachlicher auf den Grad ihres Selbstvertrauens auf verschiedenen Gebieten reagieren. Im umgekehrten Fall neigen Menschen mit geringem Selbstwertgefühl dazu, ihr mangelndes oder geringes Selbstvertrauen auf verschiedenen Gebieten zu überproblematisieren bzw. ihr großes Selbstvertrauen zu stark hervorzukehren.

Die existenziellen Dilemmata und Leiden der Kinder kommen äußerst selten direkt zum Ausdruck. In diesem Fall werden sie dann oft überhört oder bagatellisiert. Meistens treten sie als psychosoziale oder lernbezogene Signale und Symptome (was nicht bedeutet, dass alle Lernunterschiede von existenziellem Charakter sind) zu Tage. Für diese Signale und Symptome hat die pädagogische Psychologie und die klinische Kinderpsychologie jahrelang fast alle ihre Ressourcen zur Kategorisierung zur Verfügung gestellt mit dem Ergebnis einiger weniger methodischer Errungenschaften. Alles in allem muss man allerdings feststellen, dass der Ertrag die Investition nicht rechtfertigt. Der wesentliche Grund dafür ist nach unserer Erfahrung, dass man sich etwas zu wenig dafür interessiert hat, wie sich die Beziehung der Kinder zu sich selbst als Grundlage für ihre sozialen und beruflichen Leistungen am besten entwickelt.

Diese Entwicklung beruht bei weitem nicht auf mangelndem Interesse am Wohl des Kindes. Aber ein Teil der Erklärung ist wohl, dass es an der unmittelbaren Verlängerung vor allem der leistungs- und produktorientierten Kultur der Schule liegt, dass man weiterhin auf alte anerkannte Leistungsparameter baut, statt neue Parameter zu entwickeln, die ein Bild vom Selbstwertgefühl der Kinder abgeben. Ein solcher Parameter ist nach unserer Kenntnis bisher noch nirgends auf der Welt entwickelt worden.

Die pädagogischen Mittel, die man einsetzen muss, um das Selbstvertrauen der Kinder (und Erwachsenen) zu stärken, besteht in *sachlichem* Lob und in Kritik. Kinder entwickeln schon mit fünf oder sechs Jahren ein nüchternes Verhältnis zum Lob der Eltern. Die meisten können eher unberechtigtes oder übertriebenes Lob als Zeichen der Liebe durchschauen. Bei Lob und Kritik der Erzieher und Lehrer erwarten sie dagegen, dass beides sachlich und gerechtfertigt ist.

Der Musiklehrer, der Tanzlehrer, der Mathematiklehrer und der Fußballtrainer haben alle gemeinsam die gleiche Aufgabe bei der Entwicklung des Selbstvertrauens des Kindes. Sie besteht ganz einfach darin, dem Kind zu sagen, wenn seine Leistung in Ordnung ist und wann noch etwas fehlt. Wenn sie darüber hinaus auf den Arbeitsprozess der Schüler Wert legen, haben sie nicht nur ihre Pflicht erfüllt, sondern auch den substanziellsten Beitrag zum Selbstvertrauen der Kinder geleistet.

Nur in der Welt des Sports ist es zugelassen, kollektives Eigenlob als mentales Doping gegen die Konkurrenz einzusetzen.

Das bedeutet natürlich, dass Kinder in Abständen ihr eigenes berufliches Selbstbild und ihre Ziele neu ausrichten müssen und dass einige von ihnen dabei unglücklich werden. Das lässt sich nicht ändern. Es ist gut, wenn sich Fachleute und Eltern an diesem Erkenntnisprozess mittels Unterstützung und Betreuung beteiligen und zur Verfügung stehen wollen. Doch es ist nicht ratsam, die Kinder zu unterschätzen, ihre Leistungen in Mathematik hervorzuheben, während sie ihrem geplatzten Traum nachtrauern, Eliteschüler oder Popstar zu werden.

**Beispiel:**
Rune geht in die fünfte Klasse. Er ist normal begabt, hat aber ein großes Lernproblem. Er ist nicht in der Lage, selbst leichte Texte auf dem Niveau der 1. Klasse zu lesen. Es ist schwer, in der Schule mit einem solchen Handicap zu leben. Rune hat obendrein einen so genannten »psychischen Überbau« entwickelt. Als Folge davon hat er ein gewalttätiges Temperament und handelt im Affekt, zerstört Gegenstände und verprügelt Mitschüler und legt gegenüber den Erwachsenen eine

enorme Sturheit an den Tag, wenn er sich an einer Sache nicht beteiligen will. Man hat vieles versucht, um ihm zu helfen. Die Grundlage ist dabei immer die Stärkung von Runes Selbstvertrauen gewesen. Wenn er nun beim Lesen schwitzte und sehr wenig Erfolg hatte, konnte der/die Erwachsene z. B. sagen: »Rune, denk doch mal nach, du bist in so vielen anderen Dingen so gut, du kannst Höhlen bauen und deine Hände gebrauchen, und du kannst dir Spiele ausdenken, die die anderen spannend finden. So ist das eben, nicht alle können alles gleich gut, Rune.«

Wenn Rune diese oder ähnliche Antworten immer dann bekommt, wenn er durch seine Haltung oder direkt verbal zum Ausdruck bringt, dass er es schwer hat, bedeutet das, dass er ganz allein mit einer überwältigenden Menge an Gefühlen und Erlebnissen dasteht. Rune bekommt keine Rückmeldungen auf diese Äußerungen, die er über sich selbst liefert, und das lässt sehr geringe Möglichkeiten, Selbstwertgefühl zu entwickeln. Er bekommt keine Rückmeldungen, die ihm auf den richtigen Weg bringen können dahingehend, wie er in Verbindung mit den Seiten von sich selbst kommt, die so anstrengend sind. Deshalb ist es kein Wunder, dass diese Gefühle und Frustrationen in einem so genannten »psychischen Überbau« zum Ausdruck kommen, der eigentlich »emotionaler Überdruck als Folge von mangelnder Aufmerksamkeit« heißen müsste.

Rune kann man helfen, diese Seiten von sich selbst wahrzunehmen, anzuerkennen und zu integrieren, sofern die Erwachsenen anders reagieren, wenn er seiner Frustration Ausdruck verleiht. Im Gespräch mit ihm und anderen Personen in einer ähnlichen Situation haben wir oft versucht, diese Aspekte aufzuspüren, in dem man z. B. sagt: »Rune, ich kann mir vorstellen, dass es oft schwer und mühsam sein muss, in der Klasse zu sitzen, wenn du das einfach nicht lesen kannst, was die anderen aber hinkriegen.« Runes Antwort kommt schnell: »Nein, weil ich in so vielen anderen Dingen gut bin!« Die Antwort kommt so schnell, dass man fast meinen könnte, Rune hätte den Autopilot eingeschaltet, und man bekommt Zweifel, inwieweit die Antwort seine eigene ist, und sagt deshalb: »Aha, so ist das für dich. Ich frage deshalb, weil ich neulich einen Jungen von einer anderen Schule kennen gelernt habe.

Er ging auch in die 5. Klasse und konnte nicht lesen, und er erzählte mir, wie wütend er auf sich selbst werden konnte und wie wütend er auch auf seine Mitschüler werden konnte, weil ihnen alles so leicht fiel …« Und dann spinnen wir die Geschichte von dem Jungen von der anderen Schule weiter aus und können allmählich einen Wiedererkennungseffekt und Interesse in Runes Augen entdecken. Vielleicht bekommt er zum ersten Mal die Möglichkeit, darüber zu reden, was ihm das Leben so schwer macht. Beim ersten Gespräch hört er nur zu, aber schon beim zweiten Mal fragt er: »Haben Sie wieder mit dem anderen Jungen gesprochen?« Und das wurde der Auftakt zu einer Reihe von Gesprächen, in denen Rune in die Lage versetzt wurde, in Worte zu fassen, was jetzt gerade der Grund für seine Schwierigkeiten beim Lesen ist.

Rune führte diese Gespräche mit dem Schulpsychologen, nachdem er alle Symptome entwickelt hatte. Es wäre angebrachter gewesen, wenn die Lehrer diese Dimension ständig in Verbindung mit dem täglichen Unterricht einbezogen hätten.

Sind die Lehrer in der Lage, mit Rune und Kindern mit ähnlichen Schwierigkeiten zu sprechen, und das auch in einer Form, durch die sie besser verstehen, was in ihnen vorgeht, werden sie entdecken, wie schmerzvoll es ist, sich täglich mit einer Sache zu beschäftigen, die einem sehr schwer fällt. Es besteht kein Grund, Rune zum Psychologen zu schicken, weil der »psychische Überbau« nicht Runes individuelles Problem ist, sondern ein Problem in seiner Beziehung zur Lehrerin. Es ist weitaus besser, wenn der Psychologe seine berufliche Fachkenntnis für die Supervision der Lehrerin verwendet, damit sie in die Lage versetzt wird, mit Rune über sein schulisches Können so zu reden, dass auch sie Sorge für sein Leben tragen kann.

Trotz der schwachen Korrelation zwischen Selbstvertrauen und Selbstwertgefühl bewältigen viele von uns Ausbildung und Arbeit mit dem Selbstvertrauen als dem wichtigsten oder einzigen Fundament. Die pädagogischen Disziplinen müssen sich fragen lassen, ob sich die Kinder von heute und morgen auch damit begnügen sollen.

## Selbstbewusstsein

Eine Sache, die besonders ältere Erwachsene am meisten freut, verblüfft, verärgert und provoziert, ist die Entwicklung des Selbstbewusstseins bei Kindern. Es hat sich innerhalb von nur rund 30 Jahren von einem nahezu nicht existenten, sporadischen oder gut getarnten zu einem offenen, kollektiven und selbstverständlichen Selbstbewusstsein entwickelt.

Während das Selbstwertgefühl in die existenzielle Dimension gehört und das Selbstvertrauen in die pädagogische, gehört das Selbstbewusstsein in die soziale Dimension. Somit wäre es eigentlich Aufgabe der Kultursoziologen, aber da sich hier nicht zum ersten Mal die Interessen von Psychologie und Kultursoziologie überschneiden, wollen wir einen Blick darauf werfen. Teils finden wir, es gehört zum Bild der Wirklichkeit in den pädagogischen Institutionen, und teils ist uns aufgefallen, dass viele Äußerungen von Kindern, die eigentlich aus ihrem Selbstbewusstsein kommen, nicht selten so ausgelegt werden, als seien sie Ausdruck ihrer tieferen Erwägungen oder ihres Mangels derselben. Das Selbstbewusstsein von Kindern und Jugendlichen ist mehr ein kollektives als ein individuelles Phänomen. Und die Distanz zwischen dem privaten und persönlichen Universum eines einzelnen Kindes und seines extrovertierten »Stils« ist meistens sehr groß.

Das Selbstbewusstsein ist bei Kindern eng mit der Tatsache verbunden, dass wir im Verlauf von gut einer Generation eine echte Kinder- und Jugendkultur bekommen haben, die darauf ausgerichtet ist, die Kinder kulturell, politisch und kommerziell ernst zu nehmen. Unsere traditionelle Sichtweise des Kindes hat sich dahingehend verändert, dass man der Kindheit jetzt eine unabhängige Bedeutung beimisst: Die Kindheit existiert in hohem Maß nur um der Kindheit willen, und daran anschließend richtet sich das Hauptaugenmerk verstärkt auf die allgemeinen Lebensbedingungen der Kinder. In der Zeit davor gab es keine Kategorien wie kinderfreundliche Charterreisen, Hotels und Gerichte. Es gab an den Tankstellen keine Spielplätze oder keine Kindersitze in den Autos. McDonald's hatte noch nicht angefangen, Plastikspielzeug zu »verschenken«, um Essen zu verkaufen, und niemand dachte darüber nach, ob der neue Orient-

teppich mit unbezahlter Kinderarbeit in Indien oder Persien hergestellt wurde.

In vielfacher Hinsicht gleicht die Entwicklung des gewachsenen Bewusstseins bei Kindern dem der Entwicklung des Bewusstseins bei
Frauen im gleichen Zeitraum. Einige kämpften für die Situation der
Kinder, und Frauen kämpften für ihre eigene Sache. Eine Generation
später ist der Kampf im Großen und Ganzen vergessen, und seine Ergebnisse werden von der neuen Generation als Selbstverständlichkeit
empfunden.

Unendlich viele Beispiele lassen sich dafür anführen, was diese Entwicklung bewirkt hat. Doch wir wollen uns in diesem Kontext auf ein
einziges beschränken, das man bei oberflächlicher Betrachtung leicht
übersehen kann:

Vor einer Generation existierte ein restriktiver Konsens, dass Kinder
nicht ungefragt sagen dürfen, was sie gern haben wollen. Das Verbot
bezog sich auf alles, von einer einzigen Frikadelle, einem Spielzeug bis
hin zum Wunsch, gehört oder ernst genommen zu werden, und galt
in Familien wie in pädagogischen Institutionen. Heute ist für Kinder
dieses Recht, ihre Wünsche und Bedürfnisse auszudrücken, eine
Selbstverständlichkeit, aber eine Selbstverständlichkeit mit ernst zu
nehmenden Grenzen. In puncto Selbstverständlichkeit geht es um
allgemein akzeptierte Phänomene: z. B. seine Meinung zu sagen, um
Taschengeld zu bitten, Mitspracherecht in der Familie zu haben, um
einen Roller zu bitten, neue Kleidung für die Fete am Wochenende
oder eine Reise zu Euro Disney. Was ihre fundamentaleren, existenzi-
elleren Bedürfnisse angeht, sind sie immer erstaunlich zurückhaltend.
Das beruht teils darauf, dass ihnen noch die Ausdrucksmöglichkeiten
fehlen, diese Bedürfnisse zu formulieren, und teils liegt es an ihrer
Loyalität gegenüber ihren Eltern, aber vielleicht noch mehr an einem
grundlegenden Zweifel, ob sie es sich jetzt auch erlauben können oder
es verdient haben. Die therapeutische Arbeit mit Familien mit Kindern
ist voller Beispiele für Kinder, die das endlich aussprechen, und für
Eltern, die völlig überrascht waren, dass die Kinder es vorher nie getan
hatten.

Man könnte vielleicht behaupten, das *soziale Selbstwertgefühl* von

Kindern sei sehr schnell gewachsen. Doch das ist alles andere als ein sicheres Zeichen dafür, dass sie auch ein gesünderes existenzielles Selbstwertgefühl haben. Die extrovertierten Kinder und Jugendlichen neigen wahrscheinlich dazu, ihr soziales Selbstwertgefühl zu übertreiben, wenn sie sich nicht als existenziell behandelt wahrnehmen. Doch das ist nicht weiter verwunderlich. Erwachsene haben die gleiche Tendenz, auf ihre Rechten zu pochen, wenn sie feststellen, dass man sie nicht ernst nimmt. Leider ist es im Leben nicht so einfach, dass das, worauf wir ein Recht haben, mit dem, was wir brauchen, immer übereinstimmt.

## 4. Kapitel: Die persönliche Verantwortung

### *Definition*

Unter persönlicher Verantwortung ist in diesem Kontext natürlich die Fähigkeit und der Wille des einzelnen Menschen, die Verantwortung für seine eigene Integrität, sein Handeln und die kleinen und großen Lebensentscheidungen zu übernehmen, die daraus folgen. Die politischen und kulturellen Verhältnisse definieren an einigen Stellen in der Welt mehrere Einschränkungen für die äußere Freiheit, Entscheidungen zu treffen, und stellen in unterschiedlichem Grad eine Bedrohung der Integrität des oder der Einzelnen dar. In gleichem Maß erkennen verschiedene Religionen in unterschiedlichem Grad das Mögliche und/oder Wünschenswerte überhaupt an, diese Entscheidungen zu treffen.

In diesem Kontext wollen wir uns auf die Feststellung beschränken, dass es anscheinend sogar sehr große Bedeutung für unsere individuelle Wahrnehmung von Lebensqualität und für die Qualität unserer Beziehungen zu anderen Menschen ist, ob wir eine aktive persönliche Verantwortung übernehmen oder uns ganz von den Erwartungen anderer Menschen oder von sozialen und kulturellen Konventionen leiten lassen. Die Bedürfnisse und Erwartungen anderer Menschen, kulturelle und subkulturelle Konventionen stellen per Definition eine Bedrohung unserer persönlichen Verantwortlichkeit dar. Sie sind Phänomene, für oder gegen die wir uns aktiv entscheiden können in dem Umfang, wie wir sie uns bewusst machen und/oder eine emotionale, intellektuelle oder geistige Diskrepanz im Verhältnis zu ihnen wahrnehmen.

Im Zusammenhang mit dem Hauptthema dieses Buches – dem Übergang von Gehorsam zur Verantwortlichkeit – ist die persönliche Verantwortlichkeit besonders wichtig, weil sie das Mittel und ein wichtiger Bestandteil des Ziels in der Kindererziehung und Pädagogik ist. Nach unserer Meinung ist die Entwicklung der persönlichen Verantwortlichkeit die fruchtbarste Alternative zu Unterdrückung und Erniedrigung, eine wesentliche Qualität in Beziehungen und der zuverlässigste Garant für verantwortungsbewusste Gemeinschaften.

Wir treffen in diesem Punkt häufig auf einige Gegenvorstellungen bei Fachleuten, die sich scheuen, Kindern mehr Verantwortung aufzuerlegen als viele ohnehin schon tragen. Wir sind vollkommen einer Meinung, dass Kindern, die in Familien aufwachsen, wo sie eine allzu große *soziale* Verantwortung (für die Eltern) haben, nicht mehr Verantwortung übertragen werden soll. Die Verantwortung, die Kinder häufig belastet – vor allem Kinder von Süchtigen, psychisch Kranken und unbegabten Eltern –, ist jedoch nicht ihre persönliche Verantwortung. Ihre soziale Überverantwortung bringt wahrscheinlich als allerwichtigste Folge mit sich, dass sie gerade nicht lernen, für ihre eigene Integrität zu sorgen. Sie lernen, ohne bedeutende Unterstützung der Erwachsenen »zurecht zu kommen«, und das ist etwas vollkommen anderes. Die Verantwortung, die Kinder in diesen Familien für ihre Eltern wahrnehmen, sollten sie nur für sehr kurze Zeit haben, weil sie als ein Teil ihrer Existenz und ihres Verhaltensmusters integriert wird. Selbst wenn sie gegenüber den Eltern und Geschwistern entlastet werden, stehen sie allein mit einer selbstzerstörerischen Überverantwortung da, die an ihrer Lebenskraft zehrt und ihre künftigen Beziehungen negativ beeinflusst. Gesteigerte Aufmerksamkeit für ihre persönliche Verantwortlichkeit ist nach unserer Erfahrung das einzige Mittel, ein gesünderes existenzielles und soziales Gleichgewicht herzustellen.

In der Praxis scheint es so zu sein, dass die Wahrnehmung des einzelnen Menschen für und der Zugang zu seiner persönlichen Verantwortlichkeit weitgehend davon bestimmt wird, in welchem Umfang das Umfeld während des Heranwachsens dies anerkannt und gefördert hat – vor allem während der ersten acht bis zehn Lebensjahre. Das hängt wieder eng mit der Wahnehmung und der Sorge der erwachsenen Bezugsperson für die persönliche Integrität des Kindes zusammen. Da die klinischen Forschungsergebnisse mit Hinblick auf die kindliche persönliche Verantwortlichkeit wie vorher schon erwähnt relativ neuen Datums ist, wollen wir zunächst die Aspekte betrachten, über die uns gesicherte Erkenntnisse vorliegen.

### Persönliche Verantwortung bei Kindern

Wir beginnen mit einer kurzen, unvollständigen Aufzählung dessen, wo 0–6 Jahre alte Kinder Verantwortung für ihre eigene Person übernehmen können: z. B. für Appetit, Geschmacksnerven, Nähe und Kontakt zu Erwachsenen, Wahl der Freunde, Kleidungsstil, Frisur, Musikgeschmack, Taschengeld. Später folgen andere Dinge wie Hausaufgaben, Schlafenszeit, morgendliches Aufstehen, religiöse und politische Zugehörigkeit, Ausbildung, Liebesverhältnisse, Erotik usw.

Ein Teil der Bereiche, in denen Kinder eine persönliche Verantwortung übernehmen können, trifft nicht auf jedes Kind zu, auch mit Blick auf das Alter der Kinder im Verhältnis zum Verantwortungsbereich. Der dritte Faktor ist, wie wir sehen werden, in welchen Umfang die soziale Verantwortung der Eltern die Entwicklung unterstützt oder hemmt.

### Beispiel:

Eine gute Freundin des Hauses ist zu Besuch, um das Neugeborene zu sehen. Sie sitzt mit dem Kind zusammen, das den Gast aufmerksam und interessiert mustert. Wie viele Erwachsene beginnt sie spontan ein Gespräch mit dem Kind. Sie hält das Kind so, dass sie sich im Abstand von ungefähr vier Zentimetern gegenseitig ins Gesicht schauen. Sie sperrt die Augen auf, übertreibt ihre Mimik und sagt kurze Sätze in einer Tonlage, die höher ist als ihre normale Stimme: »Hallo, mein Kleiner« – Pause – »Wer bist du denn?« – Pause – »Bist du süß!« – Pause – »Hallo, ich heiße Anna« – Pause – »Hallo du« – usw.

In den Pausen der Erwachsenen antwortet das Kind, in dem es Blickkontakt aufnimmt, vielleicht Arme und Beine bewegt, versucht, die Mimik und die Mundbewegungen der Erwachsenen nachzuahmen, zu lächeln usw. Irgendwann dreht das Kind das Gesicht zur Seite und bringt damit zum Ausdruck, dass es das Gespräch beenden möchte oder eine längere Pause braucht.

Säuglinge übernehmen die Verantwortung dafür, sich in den Kontakt ein- oder auszuklinken entsprechend ihrem Bedürfnis, soziale Beziehungen einzugehen, und ihrer Grenze, wie lange sie den Kontakt als angenehm wahrnehmen.

Das ist zugleich ein gutes Beispiel, wie Kinder, obwohl sie eine persönliche Verantwortung übernehmen können, sie nicht allein verwirklichen können. Wenn die Erwachsenen nicht sensibel genug sind und die Bedürfnisse und Grenzen des Kindes nicht anerkennen, gerät das Kind in einen Konflikt zwischen Integrität und Kooperation. Bei so kleinen Kindern, wie in dem Beispiel beschrieben, hat das zur Folge, dass die meisten von ihnen ihre eigene Integrität aufgeben und im Kontakt passiv werden. Die anderen werden weiter kämpfen. Und es wird zunehmend schwieriger werden, mit ihnen einen engen und harmonischen Kontakt herzustellen.

Je älter Kinder werden, desto deutlicher können sie ihre Integrität markieren, ihre persönliche Verantwortung formulieren und Argumente für ihr Recht anführen, sie zu übernehmen. (Hier ist die Rede von gesunden, nicht vernachlässigten Kindern.) Doch ehe wir das illustrieren, müssen wir uns das natürliche, dialektische Spiel anschauen, das sich zwischen der persönlichen Verantwortlichkeit des Kindes auf der einen Seite und der sozialen Verantwortlichkeit der Eltern (Elternverantwortung) auf der anderen Seite abspielt. Dann folgt die Dialektik zwischen der persönlichen Verantwortung des Kindes und der notwendigen und/oder beschlossenen Machtausübung der Eltern.

In den meisten Kulturen kommt traditionell die Liebe und die Betreuung der Eltern in der Praxis darin zum Ausdruck, dass sie die totale Verantwortung für die Bedürfnisse des Kindes übernehmen. Das ist schließlich ohne Frage auch notwendig, wenn das Kind leben soll. Die Einführung der Fähigkeiten des Kindes, selbst Verantwortung für einen Teil seiner eigenen Person zu übernehmen, soll mehr als eine Erweiterung von oder als eine Ergänzung dieser Tradition verstanden werden und weniger als ein Signal dafür, dass Eltern nicht mehr zu tun brauchen als die übergeordnete Verantwortung zu übernehmen. Die Botschaft lautet, dass Eltern sehen und hören lernen müssen, wann die Eigenverantwortlichkeit des Kindes zum Ausdruck kommt, und sie anerkennen und in dem Umfang einbeziehen, der möglich ist und in dem Maß, wie sie Macht abgeben wollen.

Kindern fehlen zwei wichtige Kompetenzen: die Fähigkeit, Verantwortung für die Qualität ihrer Beziehungen zu Erwachsenen zu übernehmen, und die Fähigkeit, sich selbst zu betreuen.

Wenn ein Kindergarten- oder Schulkind eines Morgens sagt: »Kann ich heute nicht zu Hause bleiben?«, konfrontiert es seine Eltern mit einer Entscheidung zwischen mehreren Verantwortungsbereichen:

- Verantwortung gegenüber der Institution
- Verantwortung gegenüber ihrem eigenen Arbeitgeber
- Verantwortung für die Bedürfnisse (Betreuung) des Kindes
- Verantwortung, das Kind ernst zu nehmen
- Verantwortung gegenüber ihren eigenen Grenzen und Bedürfnissen
- Verantwortung/Macht, Entscheidungen zu treffen

Wie oben erwähnt neigen viele Erwachsene dazu, in Gegensätzen statt in Alternativen zu denken, wenn es um Pädagogik und Kindererziehung geht. In diesem Beispiel ist der Gegensatz zur Machtausübung der Erwachsenen: »Du darfst die Schule nicht vernachlässigen«, das Kind bestimmen zu lassen. Das Konzept ist relativ einfach, aber nicht besonders angemessen, weil die übrigen Verantwortungsbereiche also von vornherein nicht berücksichtigt werden. Die Alternative wird eingehender im Kapitel 4.3 über die Führung der Eltern diskutiert. Doch der Hauptpunkt besteht darin, dass die Kinder etwas auf dem Herzen haben, das die Aufmerksamkeit und die Anerkennung der Eltern verdient mit der Absicht, dass sie ihre komplexe Elternverantwortung *zusammen mit* dem Kind ausüben können und nicht nur in seinem Namen. Nur so lernt das Kind allmählich, andere Faktoren als seine eigene Lust/eigenen Bedürfnisse in seine persönliche Entscheidung einzubeziehen, und nur so lernen die Erwachsenen, *wer* das Kind ist. Es gibt andere, wohl bekannte Alternativen wie etwa Regeln. Doch ihr Schwachpunkt ist, dass sie dem Kind nur beibringen, gehorsam oder ungehorsam zu sein, wobei weder seine persönliche Verantwortlichkeit noch seine Fähigkeiten entwickelt werden, qualifizierte Entscheidungen zu treffen. Die gleichen Regeln gelten für die Möglichkeit der Erwachsenen, ihre Macht so fürsorglich wie möglich auszuüben.

Die Fähigkeit des Kindes, im Verlauf des Heranwachsens persönliche Entscheidungen zu treffen, ist ganz eng damit verbunden, wie intakt seine persönliche Integrität ist und in welchem Maß sein Selbstwertgefühl die Möglichkeit hatte, sich gesund zu entwickeln. Die Integrität spielt eine wesentliche Rolle dabei, inwieweit das Kind seine Bedürfnisse und Grenzen kennt und meint, sich erlauben zu können, sie zum Ausdruck zu bringen. Die quantitative Dimension des Selbstwertgefühls – wie gut die Verbindung des Kindes zu sich selbst ist – entscheidet weitestgehend über seine Fähigkeit, überhaupt zu merken oder darüber nachzudenken, was es will und was nicht. Die qualitative Dimension entscheidet über die Bereitschaft, sich offen und gleichwertig auszudrücken.

Es besteht also in der Existenz des Kindes ein eindeutig dialektisches Verhältnis zwischen drei zentralen Phänomenen:

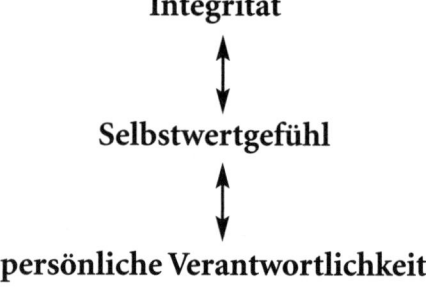

**Integrität**

**Selbstwertgefühl**

**persönliche Verantwortlichkeit**

In der pädagogischen Arbeit gibt es jetzt zwei mögliche Ausgangspunkte, die teils von der Situation des Kindes und teils von der Einstellung der Fachleute abhängig sind. Wenn wir mit Letzteren beginnen, kann man entweder die Einstellung haben, dass man sich generell nicht bemüht, die Entwicklung der persönlichen Verantwortlichkeit des Kindes zu fördern, solange es sich im Großen und Ganzen den Forderungen und Erwartungen anpasst, die man an es stellt. Oder man kann sich bemühen, aktiv mitzuwirken, sie unter allen Umständen zu entwickeln. Mit der ersten Einstellung kann man bei den meisten Kindern weit kommen, auch wenn einige unweigerlich die Zusammenarbeit früher oder später beenden werden. Wie wir im Kapitel über herausfordernde Kinder sehen werden, bleibt einem nach unserer Erfahrung keine andere vertretbare Wahl, als sich um die persönliche Verantwortlichkeit zu bemühen. Wir haben keinen Zweifel, dass die zweite Einstellung in der Regel allen drei Seiten am besten gerecht wird: dem Erwachsenen, der Beziehung und dem Kind.

Der prozessorientierte pädagogische Arbeitsbereich ist der dialogische Prozess zwischen den Erwartungen, den Forderungen und den Zielen der Institution und der persönlichen Verantwortlichkeit des Kindes. Die Qualität in diesem Prozess hängt von der Beziehungskompetenz der Pädagogen ab.

**Beispiel:**

In einem Kindergarten, in dem täglich 12 Kinder in den Wald geschickt werden müssen, um vernünftige Platzverhältnisse in der Institution zu schaffen, haben die Erzieherinnen mehrere alternative Möglichkeiten.

1. Sie können ihre Macht ausüben, um der Reihe nach für etwa einen Monat eine Gruppe von 12 Kindern zu bestimmen und zusammenzustellen und eine Namensliste ans Schwarze Brett zu hängen. Damit haben sie eine aufgeklärte Alleinherrschaft eingeführt, die die räumlichen Rahmenbedingungen des Kindergartens und somit das Bedürfnis der Kinder nach Bewegung und Spielraum berücksichtigt. Dazu ist es erforderlich, dass die Institution ihren Führungsstil ändert um den Preis, dass die Kinder überhaupt keinem Einfluss haben. Die Kinder lernen, sich einzuordnen und dass ihre individuellen Wünsche und Bedürfnisse keine Rolle spielen.

2. Die Erzieher können die übergeordnete Entscheidung treffen, dass 12 Kinder jeden Tag nach draußen gehen, und mit den Kindern entscheiden, wer dabei sein soll. Dazu sind mehrere Dialoge erforderlich wie etwa folgende:

Erz.: Was ist mit dir, Louise? Willst du heute mit in den Wald?

Louise: Ich mag nicht in den Wald. Im Kindergarten ist es schöner.

Erz.: Hast du dich für heute auf etwas Bestimmtes gefreut?

Louise: Ja … mit Trine zu spielen … und draußen im Wald regnet es.

Erz.: Mit Trine zusammen zu sein ist das Wichtigste für dich, stimmt's?

Louise: Ja, Trine ist meine beste Spielfreundin im Kindergarten.

Erz.: Also gut, Louise. Ich kann gut verstehen, dass das wichtig ist. Dann haben wir zwei Möglichkeiten. Entweder fragen wir Trine, ob sie auch mit in den Wald kommt, oder wir müssen herausfinden, ob eines von den anderen Kindern mit dir tauscht. Ihr anderen hört mal her, Louise macht es so viel Spaß, mit Trine im Kindergarten zu spielen. Will eine von euch statt Louise mit uns in den Wald?

Alexander: Ich will mit.

Erz.: Gut, Alexander … aber jetzt bin ich neugierig, willst du mit, weil du selbst gern in den Wald willst oder weil Louise dir Leid tut?

Alexander: Ich will einfach nur gern mit in den Wald.

Erz.: Schön, dann brauchen wir jetzt nur noch zwei zu finden, die mit in den Wald wollen.

Oder wenn keiner sich freiwillig meldet:

Erz.: Das ist ärgerlich, Louise, dann musst du mitkommen. Willst du fünf Minuten haben, um dich neu mit Trine zu verabreden?

Louise: Ja, aber ich will doch lieber mit Trine spielen?

Erz.: Ja, das ist wirklich blöd – das sehe ich ein. Ich hoffe, nicht der ganze Tag wird für dich so blöd. Ich finde, du solltest reinlaufen und Trine Bescheid sagen, bevor wir losgehen.

Bei diesem Ablauf werden Louises Wünsche und Gefühle ernst genommen und anerkannt und sie wird behutsam mit der Realität konfrontiert, dass man nicht immer das bekommt, was man sich am meisten wünscht, ohne darüber belehrt zu werden. Wenn die Erzieherin darüber hinaus Louise beim Frühstück umarmt und fragt: »Na, Louise, wie sieht es aus – vermisst du Trine noch immer?«, dann hat sie dazu beigetragen, Louise einen außerordentlich guten Tag zu bescheren. Sie bekam nicht das, was sie am liebsten wollte, aber was sie langfristig am meisten braucht, ist die Wahrnehmung, dass Platz für sie ist, so wie sie ist, und dass ihre Individualität nicht antisozial oder unverantwortlich ist.

Louises Fähigkeit, ihre Gefühle und Wünsche auszudrücken und dafür Verantwortung zu übernehmen, werden am deutlichsten, wenn sie etwa gegenüber Pernille hervorgehoben wird, die immer zurückhaltend ist und sich ohne Proteste einordnet. Pernilles Verhalten kann man mit großer sozialer Kompetenz verwechseln und deshalb muss die Erzieherin sich Zeit nehmen, um der Sache auf den Grund zu gehen:

Erz.: Hör mal, Pernille. Mir ist aufgefallen, dass du fast nie sagst, was du am liebsten möchtest, und ich habe das Gefühl, du sagst nichts, weil du es selbst nicht weißt oder weil du niemandem lästig sein willst.
Pernille: Das weiß ich nicht so genau …
Erz.: Nein, aber kannst du nicht ein bisschen drüber nachdenken? Ich möchte auf jeden Fall gern wissen, was du selbst meinst und denkst oder wenn da was ist, worauf du keine Lust hast.

Pernille kann auf die gestellte Frage selbstverständlich keine Antwort geben, aber das ist nicht wichtig. Am wichtigsten ist, dass sie jetzt aufgefordert wurde, und die Zeit wird erweisen, wie sie darauf reagiert und ob sie besondere Hilfe braucht, sich selbst wahrzunehmen und auszudrücken.

**Beispiel:**
Per geht in die 8. Klasse und führt mit seinem Klassenlehrer ein Gespräch unter vier Augen. Nachdem sie verschiedene wichtige Themen angesprochen haben, sagt der Lehrer: »Hör mal, Per, ich möchte mit dir auch gern über deine Hausaufgaben sprechen. Ich finde einfach, du machst zu wenig und das Ergebnis fällt zu schlecht aus verglichen mit dem, was du wirklich kannst, und ich möchte gern wissen, was du selbst darüber denkst.«
Per (eindeutig peinlich berührt): Ja, ich weiß das ja … und ich werde mich auch etwas mehr anstrengen.
Lehrer: Mir gefällt es nicht, dass du ein Gesicht machst, als würdest du mich hängen lassen oder als hättest du mich angeschmiert.

Per (ständig mit flackerndem Blick): Ja, ich weiß nicht … es ist einfach schwer für mich, mich zusammenzureißen, wenn ich im Supermarkt fertig bin.

Lehrer (verfolgt den roten Faden weiter): Lass uns mit den Hausaufgaben noch etwas warten, Per. Ich möchte lieber darüber reden, warum es dir so schwer fällt, darüber zu reden.

Per: Man muss doch seine Hausaufgaben machen. Sie sagen doch immer, wir sollen sie machen.

Lehrer: Ja, das stimmt. Es wäre jedenfalls gut, wenn du so viel wie möglich lernen würdest, wenn du in die Schule gehst. Aber in deinem Alter reicht es nicht, sie wegen des Lehrers zu machen. Obwohl ich es gern sehe, dass du deine Hausaufgaben machst, ist es mir eigentlich lieber, dass du das selbst entscheidest und zu deiner Entscheidung stehst. Ich finde es nicht gut, dass du hier vor mir sitzt wie ein kleiner Junge, der seiner Mutter Geld aus dem Portemonnee geklaut hat.

Per: Wie meinen Sie das?

Lehrer: Ich will z. B., dass du mir sagst, dass du jeden Nachmittag im Supermarkt arbeitest und dich meistens entscheidest, die Hausaufgaben nicht zu machen. Du bist doch derjenige, der jeden Tag die Entscheidung trifft.

Per: Ja, aber wenn man es sagt, dann sind Sie doch sauer.

Lehrer: Du kannst ruhig riskieren, dass ich sauer werde, wenn du deine Aufgaben nicht erledigst. Das werden die Leute im Supermarkt bestimmt auch, oder? Aber ich halte es für wichtiger, dass wir uns in die Augen sehen können und dass du deine Würde nicht verlierst. Bei mir geht es nur um meine Arbeit, bei dir geht es um dein Leben.

Per (ist verwirrt. Er ist es gewohnt, kritisiert zu werden, und hat langjährige Übung im Ausweichen): Ich weiß nicht, was Sie meinen …

Lehrer: Nein, das sehe ich und ich glaube, es wird schwierig, dir das zu erklären. Ich mache dir einen anderen Vorschlag. Wenn du vom Supermarkt nach Hause kommst, schlage ich dir vor, führst du mit dir selbst ein Gespräch über die Hausaufgaben – nein, das machst du im Voraus. Und dann entscheidest du dich. Keine dummen Ausflüchte.

Du sagst dir einfach: »Heute entscheide ich mich, dass ich keine Hausaufgaben machen will!« oder »Heute entscheide ich mich, dass ich Hausaufgaben machen will.« Wenn du dich entschieden hast, sie nicht zu machen, dann möchte ich, dass du es mir am nächsten Tag erzählst. Sag nur: »Gestern habe ich mich entschieden, keine Hausaufgaben zu machen.« Was hältst du von dieser Idee?

Per: Und was, wenn Sie trotzdem wieder sauer werden …?

Lehrer: Manchmal werde ich sauer und manchmal nicht. Das macht mir nichts aus. Hauptsache, du fängst an, deine Entscheidungen selbst zu treffen – mit gutem Gewissen!

Per: Das ist nicht ganz einfach …

Lehrer: Ja, das glaube ich dir und gerade deshalb hätte ich mir gewünscht, wir hätten dieses Gespräch schon vor längerer Zeit geführt. Machst du mit?

Per: Ja, ich werde es versuchen.

Lehrer: Wenn du beschließt, es »zu versuchen«, entscheidest du dich nicht. Willst du oder willst du nicht?

Per: Ja schon, ich will es.

Lehrer: Okay. Wenn du deine Meinung änderst, wenn du nach Hause kommst, dann sag mir morgen Bescheid.

Per: Sind wir jetzt fertig?

Lehrer: Ich bin fertig. Und du?

Per: Ich auch.

Dieser Dialog ist exemplarisch in der Hinsicht, dass der Lehrer sein Hauptaugenmerk zugleich auf zwei wesentliche Punkte in Pers Leben richtet: seine Schularbeit und seine mangelnde Fähigkeit, persönliche Entscheidungen mit Würde zu treffen. Per hat begrenzten Nutzen von seinem Schulwissen, wenn seine Beziehungen zu künftigen Autoritäten davon geprägt werden, dass er immer mehr verspricht, als er halten kann. Gleiches gilt für seine privaten Beziehungen zu Freunden, Partnern und Kindern.

Die Übung, die der Lehrer Per vorschlägt, richtet sich gegen einen ganz allgemein menschlichen Mechanismus, der wie folgt dargestellt werden kann:

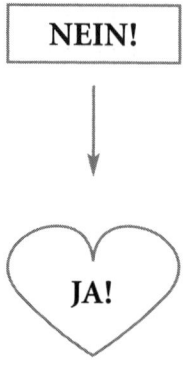

**NEIN!**

**JA!**

In unseren wichtigen Beziehungen zu anderen Menschen fällt es uns schwer, von ganzem Herzen Ja! zu sagen, wenn wir auf der anderen Seite nicht die Akzeptanz unseres Nein! erleben. Fehlt diese Möglichkeit und Akzeptanz, kann ein Junge wie Per durch sein Verhalten weiterhin »Nein!« sagen und wird sich mit der Zeit so sehr unter Druck setzen, dass er immer grober werden muss. Als häufige Folge werden seine fehlende, persönliche Würde und sein schlechtes Gewissen zu der Wahrnehmung führen, nicht viel wert zu sein, so dass er immer aggressiver wird. Viele andere Faktoren als die Beziehung zur Schule werden entscheidend mit dazu beitragen, ob er »nur« in Worten grob wird, körperlich gewalttätig oder von der Schule abgeht. Deshalb ist es von so großer Bedeutung, dass dieser Lehrer bereit ist, das Existenzielle über das Schulische zu stellen. Das Ziel besteht immer darin, Pers Engagement im Schulischen und die Gleichwertigkeit in ihrer wechselseitigen Beziehung zu verbessern.

Ein verantwortungsbewusster Klassenlehrer kann natürlich nicht im Vollbesitz seiner beruflichen Integrität Per das Versprechen geben, die Hausaufgaben unter den Tisch fallen zu lassen. Doch er kann wissen, dass Kinder, die immer »Ja, ja«, »Ich werde es versuchen« und »Ja, aber …« sagen und nicht Wort halten, zuerst einmal lernen müssen, mit gutem Gewissen (gegenüber sich selbst) »Nein!« zu sagen, bevor sie von ganzem Herzen und verantwortungsbewusst »Ja« zu den Forderungen und Erwartungen des Umfelds sagen können. Genau das Gleiche gilt für viele Erwachsene. Geht unser »Nein!« zum Umfeld nicht von einem »Ja« zu uns selbst aus, entwickelt sich das Nein zu einem aggressiven und selbstzerstörerischen Nein, sowohl für das Umfeld als auch für uns selbst.[1]

Die traditionelle Alternative besteht darin, Per zu »motivieren«, indem man ihn über die Bedeutung der Hausaufgaben für seinen Schulbesuch und seine Zukunft belehrt, ihm mit kurzfristigen Folgen droht oder sie ihm zu verstehen gibt und eventuell die Eltern bittet, die Einstellung der Schule zu unterstützen und aktiv die (Mit-)Verantwortung zu übernehmen, dass er seine Hausaufgaben macht.

Erstens unterschätzt man die Intelligenz und das Wissen eines 14-Jährigen und vermittelt ihm das Gefühl, noch mehr fehl am Platz und erniedrigt worden zu sein, als er sich ohnehin schon fühlt. Zweitens ist es im Großen und Ganzen wirkungslos, vermittelt dem Lehrer aber die Wahrnehmung von Verantwortungsbewusstsein, und selbst wenn diese Methode Wirkung zeigt, wird Per die Hausaufgaben aus dem falschen Grund erledigen. Drittens ist es unangebracht bei Eltern, die ihrem Sohn nicht haben helfen können, persönliche Würde und Verantwortlichkeit zu entwickeln. Ohne professionelle Beratung über ihre grundlegende Beziehung zu Per sind ihre Handlungsmöglichkeiten entweder darauf beschränkt, die Sache durch Autorität und Kontrolle zu lösen oder ihn bloß auszuschelten, weil sie auf einen unzufriedenen Lehrer reagieren wollen. In beiden Fällen wird Per mehr zur Zielscheibe von Maßnahmen, die noch nie Wirkung gezeigt haben, sondern nur erniedrigend sind.

Es besteht also zwischen den Forderungen der Schule und Pers Bedürfnissen kein wirklicher Widerspruch. Die Schule möchte gern daran mitwirken, Schüler hervorzubringen, die eine aktive Verantwortung für ihre Ausbildung übernehmen. Per braucht dringend die Führung durch einen Erwachsenen, der ihm den Weg zu sich selbst und zu seiner persönlichen Verantwortlichkeit zeigen kann. Der Unterschied ist nur, dass für Per viel mehr auf dem Spiel steht als für die Schule.

Dieser neue Weg zu altbekannten Zielen ist weder länger, noch fordert er mehr Ressourcen als die traditionellen Wege. Im Gegenteil. Es dauert ganz selten länger, Menschen richtig zu behandeln, als sie falsch oder oberflächlich zu behandeln. Nach aller Erfahrung erreicht man berufliche und soziale Ziele schneller und besser, wenn man den Weg über die persönliche Verantwortlichkeit nimmt, statt auf ein »Erwachen« der äußeren oder sozialen Verantwortlichkeit zu setzen.

### *Führung durch Erwachsene*

Der Weg von Kindern und Jugendlichen zur persönlichen Verantwortlichkeit hängt von der Führungsqualität der Eltern, Lehrerinnen und Erzieherinnen ab und dem Maß an persönlicher und sozialer Verantwortlichkeit, die die Erwachsenen in der Interaktion mit ihnen zeigen. Nach aller Erfahrung entwickeln sich Kinder normalerweise optimal zusammen mit Erwachsenen, die bereit und in der Lage sind, die Führung zu übernehmen. Kinder, die in einer Familie aufwachsen, in der die Eltern weder imstande dazu sind noch glauben es zu sein, und in Bereichen, wo wichtige Erwachsene ihre Autorität missbrauchen, geht das Vertrauen in die Führung der Erwachsenen verloren und führt häufig zu einem existenziellen und sozialen Vakuum. Wie wir im 10. Kapitel zeigen werden, brauchen auch diese Kinder und Jugendlichen eine Führung, die ihre persönliche Verantwortlichkeit fördert.

Bei kleineren Kindern müssen die Erwachsenen oft die Führung in vorderster Stellung ausüben. Aber mit zunehmendem Alter der Kinder können die Erwachsenen eine immer weniger dominierende und weniger betreuende oder konsultative Rolle einnehmen.

Die Führung durch Erwachsene, die am besten dem Kind, der Beziehung und dem pädagogischen Ziel gerecht wird, besteht aus folgenden Bestandteilen:

## AUTHENTIZITÄT

## INTERESSE

## ANERKENNUNG

## EINBEZIEHUNG

## ENTSCHEIDUNG

## KONFLIKT

*Authentizität*

Die Fähigkeit und die Bereitschaft des Erwachsenen, seine Gedanken, Wahrnehmungen, Werte, Ziele und Grenzen zu zeigen.

*Interesse*

Mit Interesse ist hier das Interesse des Erwachsenen daran gemeint, *wer* das Kind *ist* – also eine Parallele zu dem, was wir im Kapitel über Beziehungskompetenz als die Fähigkeit bezeichneten, das Kind zu seinen eigenen Prämissen zu »sehen«. Eltern wie Fachleute sind fast per Definition interessiert an den Kindern, die sie entweder haben oder mit denen sie arbeiten. Es gehört zu den Paradoxien der Kultur, dass sehr wenige Erwachsene imstande sind, dieses Interesse in Form von Gesprächen zu nutzen, die das Kind nicht als sinnlose Routine (»Wie war's heute in der Schule?«), als Interview (in dem der Erwachsene nichts von sich erzählt, sondern nur Fragen stellt), als Verhör (das immer Misstrauen ausdrückt) oder als Belehrung (die häufig auf die Fragen folgt) wahrnimmt.

Sehr wenige Menschen unserer Generation können sich an Situationen erinnern, in denen unsere Eltern aufgrund ihres Interesses an uns ein Gespräch geführt hätten, ~~wer wir waren,~~ so dass uns in hohem Maß sowohl Vorbilder als auch eine sprachliche Tradition fehlen. Im Übrigen stimmt es nachdenklich, dass die Fähigkeit der Erwachsenen, gleichwertige und interessierte Gespräche mit Kindern zu führen in der Regel proportional mit der Verantwortung zuzunehmen scheint, die sie für die Erziehung des Kindes wahrnehmen.

Wie in so vielen anderen Bereichen scheint sich die sprachliche Entwicklung nicht auf gleicher Höhe mit dem Engagement und Interesse zu befinden. Uns begegnen z. B. häufig Erzieherinnen, die Eltern etwas kritisch gegenüber stehen, die ihre Kinder vom Kindergarten abholen und zuerst fragen »Hast du deine Pausenbrote aufgegessen?« Das ist eine moderne Parallele zur vorherigen Generation mit der Frage: »Hast du dich ordentlich benommen?« Beide Fragen sind verkleidete Äußerungen, die entweder fragen: »Hast du heute mein Bedürfnis befriedigt?« oder sagen: »Schau, wie verantwortungsbewusst ich bin!« Damit konfrontiert, erkennen viele Eltern schnell die fehlende Relevanz für das Leben des Kindes und fragen: »Aber was soll ich denn sonst sagen?« Das ist die richtige Frage, die nur von demjenigen beantwortet werden kann, der die Frage stellt.

In beruflichen Bereichen beschränkt sich das Interesse der Erwachsenen häufig auch nur auf das derzeitige Verhalten oder die aktuelle Leistung des Kindes, es sei denn, das Kind ist offensichtlich traurig. Nahezu alle anderen Gefühlsäußerungen scheinen bei Fachleuten nur den althergebrachten bewertenden und definierenden Sprachgebrauch wach zu rufen.

Über den professionellen Erwachsenen als engagierten und interessierten Gesprächspartner wird in diesem Buch an anderer Stelle berichtet.

## Anerkennung

Hat der Erwachsene etwas darüber gelernt, wer das Kind jetzt gerade ist, sollte das entweder durch die eigenen Worte des Kindes oder durch den empathischen Gebrauch der Sprache in den Fällen bestätigt werden, wo dem Kind die Worte fehlen.

## Einbeziehung

Wenn der Erwachsene die Gemütsverfassung, die Bedürfnisse, die Lust, die Unlust, Träume, Ziele usw. des Kindes gehört und verstanden hat, besteht die Verantwortung des Erwachsenen darin, dies in einem realistischen und vertretbaren Umfang in ihre gemeinsame Zukunft einzubeziehen. Nur dadurch nimmt sich das Kind als ernst genommen wahr. In Fällen, wo es dem Erwachsenen vollkommen unmöglich ist zu sehen, wie das Dasein des Kindes einbezogen werden kann, kann er oder sie entweder das Kind fragen oder muss feststellen, dass es leider nicht möglich ist. Auch in dieser Situation wird das Kind wahrnehmen, dass es ernst genommen wird.

## Entscheidung

Es liegt in der Verantwortung des Erwachsenen, die allermeisten Entscheidungen zu treffen, es sei denn, sie sind klar und deutlich dem Kind oder der Kindergruppe als einem Glied in einem demokratischen Prozess überlassen. In beruflichen Bereichen bedeutet das, dass die Erwachsenen kraft ihrer Erfahrung, ihres Überblicks und ihrer beruflichen Verantwortung Entscheidungen fällen müssen, bei denen sich nicht immer alle als hinreichend einbezogen wahrnehmen. Das hat unterschiedlich schwere Konflikte zur Folge.

*Konflikt*
Diese Konflikte sind absolut notwendig für die Qualität im weiteren Ablauf – sowohl inhaltlich als auch prozessual. Der Ablauf des Konflikts verändert allmählich mit dem Alter und der sprachlichen Entwicklung des Kindes seine Form, besteht aber weiter aus den gleichen Bestandteilen:

Bedürfnis/Lust – »nein« – Kampf/Verhandlung – Verlust/Frustration – Ruhe

Kinder »machen« diese Konflikte mit Erwachsenen nicht, um die Entscheidung zu sabotieren oder um die Autorität des Erwachsenen zu unterminieren, wie man in den glücklichen Tagen der Gehorsamskultur meinte. Es gehört der Vergangenheit an, dass man zu Kinder sagen konnte: »Nein heißt Nein, und jetzt will ich nichts mehr davon hören!« (Und dann gehorchten sie!) Der Konflikt ist für das innere Gleichgewicht der Kinder eine Notwendigkeit und eine Voraussetzung für ihre Lust, die Kooperation fortzusetzen.

Der Prozess fängt damit an, dass das Kind ein Bedürfnis oder Lust auf irgendetwas äußert. Sagt der Erwachsene Nein, beginnt das Kind aktiv um sein Bedürfnis zu kämpfen, was ein Anzeichen für Gesundheit ist und eine absolute Notwendigkeit in all seinen gegenwärtigen und zukünftigen Beziehungen – sowohl in den privaten als auch in den arbeitsbezogenen Beziehungen. Wenn das Kind nicht kämpfen oder verhandeln kann, bis sein Bedürfnis anerkannt wird, erleidet es einen Verlust. Das Wort Verlust erscheint in vielen täglichen Konflikten womöglich etwas übertrieben, aber psychologisch gesehen ist es tatsächlich zutreffend: ein Verlust der Befriedigung eines Bedürfnisses, einer Fantasie, eines Traums, eines mentalen Bildes, eines sozialen Wohls oder vielleicht nur der kleinen, aber starken Lust auf etwas.

Jedes Kind reagiert anders, je nach seinem Temperament und dem in der Familie vorherrschenden Stil. Doch allen ist gemeinsam, dass sie den Verlust emotional verarbeiten müssen. Einige weinen, andere jammern oder schmollen, wogegen manche wütend werden, frustriert oder entrüstet sind. Diese Wahrnehmungen richten sich eigentlich gegen niemanden, sind aber ein Teil der Homöostase des Organismus, d. h. des Prozesses, der den Organismus wieder ins Gleichgewicht bringt, so dass das Kind wieder an der Gemeinschaft teilnehmen kann. Wenn dieser Prozess unterdrückt, ins Lächerliche gezogen oder verboten wird, stauen sich die Frustrationen im Kind auf und kommen zu einem späteren Zeitpunkt unweigerlich weitaus irrationaler zum Ausdruck und lenken Energie und Aufmerksamkeit vom Kind selbst ab.

Aus diesem Grund ist es wichtig, dass Kindern die Zeit gelassen wird, die sie brauchen, um mit ihrer Frustration fertig zu werden. Und bei einigen Kindern dauert es länger als bei anderen. Diese individuelle Zeit braucht ganz und gar nicht immer auf Kosten der gemeinsamen Zeit zu gehen und beugt teilweise der regelrecht verschwendeten Zeit zu einem späteren Zeitpunkt vor.

Lässt man Kindern die Zeit, die sie für diesen Prozess brauchen, können sie auch ihre persönliche Würde wahren und zur Entscheidung der Erwachsenen Ja sagen. Ist das nicht der Fall, dann bleibt ihnen nichts anderes übrig als Jawohl! zu sagen, was zwar auf den ersten Blick noch der Autorität des Erwachsenen huldigt, sie aber auf lange Sicht untergräbt. Auch auf diesem Gebiet reagieren Kinder wie Erwachsene.[2]

### Kinder mit besonderen Bedürfnissen

Kinder mit besonderen Bedürfnissen nach pädagogischer, psychologischer, physisch/motorischer und medizinischer Unterstützung führen uns immer wieder die Realität vor Augen, dass sie aus existenzieller Sicht am allerdringendsten durchgängige und allgemeine Unterstützung brauchen, die darauf abzielt, ihre persönliche Integrität und Verantwortlichkeit zu fördern und anzuerkennen, nicht an Stelle der spezialisierten Angebote, sondern als ein Grundton in all diesen Angeboten und oft als eine Voraussetzung dafür, dass die zahlreichen Angebote ihre beabsichtigte Wirkung nicht verfehlen.

In manchen Fällen steht mehr auf dem Spiel als Hausaufgaben und die Entscheidung über Aktivitäten. Bei der persönlichen Verantwortung, die wir auch die *existenzielle* Verantwortung nennen, geht es auch für Kinder und Jugendliche um Leben und Tod.

**Beispiel:**
Elisabeth ist 13 Jahre alt und geht auf eine Schule für Lernbehinderte. Sie hat Schwierigkeiten beim Lernen und eine angeborene seltene Krankheit, an der sie sterben kann. Aber die richtige medizinische Behandlung und die richtigen Lebensumstände stellen sicher, dass sie viele Jahre damit leben kann. Sie ist in vieler Hinsicht eine problematische Schülerin, zu der die Leiterin der Schule dennoch ein gutes Verhältnis hat.

Eines Tages bricht die Krankheit aus und Elisabeth wird ins Krankenhaus eingeliefert. Nach ein paar Tagen teilt sie ihren Eltern und Ärzten mit, dass sie sterben möchte. Alle Personen in ihrer Umgebung versuchen, sie zu überzeugen, dass sie leben muss und soll und dass für sie die Welt wieder anders aussieht, wenn es ihr besser geht. Als Reaktion darauf verweigert Elisabeth die Nahrungsaufnahme. Alle versuchen ohne Erfolg, sie zum Essen zu bewegen. Am Ende geht das Krankenhaus so weit, die Chefhauswirtschaftsleiterin zu Elisabeth zu schicken, um herauszufinden, welches ihre Lieblingsgerichte sind.

Elisabeth erzählt bereitwillig von ihren Lieblingsgerichten, weigert sich aber, sie zu essen, wenn sie serviert werden. Sie verliert dramatisch an Gewicht. Alle sind in Panik. Schließlich fragt der Krankenhauspsychologe, ob es nicht einen Menschen gibt, mit dem Elisabeth sprechen möchte. Elisabeth erwähnt die Schulleiterin, die man bittet zu kommen. Alle vertrauen darauf, dass sie mit ihrem pädagogischen Geschick Elisabeth den Wunsch zu sterben ausreden kann.

Die Schulleiterin ist entsetzt bei dem Gedanken an die große Verantwortung, die ihr übertragen wurde. Sie fühlt sich stark versucht, der Strategie der Eltern und des Krankenhauspersonals zu folgen, Elisabeth von der falschen Entscheidung, sterben zu wollen zu überzeugen und sie zum Weiterleben zu motivieren. Doch auf dem ganzen Weg zum Krankenhaus rüstet sie sich, von ihren eigenen Wahrnehmungen abzusehen und stattdessen Elisabeths existenzielle Verantwortung ernst zu nehmen.

Der Besuch ist sehr kurz, wobei sich der entscheidende Dialog zu Beginn abspielt:

Lehrerin: Elisabeth, ich habe erfahren, dass du am liebsten sterben möchtest. Stimmt das?

Elisabeth: Ja, ich will nicht mehr leben.

Lehrerin: Elisabeth, ich muss dir sagen, ich wäre schrecklich traurig, wenn du stirbst, und ich wünschte, ich könnte etwas sagen oder tun, damit du wieder Freude am Leben hast! Aber ich kann gut verstehen, was du sagst und dass du es ernst meinst, und ich bin bereit, dich zu unterstützen, wenn du das willst.

Elisabeth: Ich wünsche mir nur zu sterben.

Lehrerin: Das respektiere ich, auch wenn es mir schwer fällt.

(Die Lehrerin braucht jetzt einige Minuten, um Elisabeth zu erzählen, was in ihrer Klasse passiert ist, seit sie im Krankenhaus liegt.)

Lehrerin: Ich gehe jetzt, Elisabeth, und ich möchte dich um einen großen Gefallen bitten ... Kannst du deine Eltern bitten, mich noch einmal anzurufen, bevor du stirbst?

Elisabeth: Ja, das werde ich machen.

Gut 24 Stunden später fängt Elisabeth wieder an zu essen und ihr Gesundheitszustand verbessert sich schnell so sehr, dass sie entlassen werden kann. Nach 13 Jahren als Objekt der besorgten Eltern, Ärzte, Lehrer, Psychologen und Sonderschulpädagogen, die alle wussten, was für sie das Beste war, und eine kolossale Verantwortung für ihr Leben auf sich nahmen, übernahm sie die ultimative, persönliche Verantwortung. Es stimmt nachdenklich, dass ein Kind mit Elisabeths Geschichte und Konstitution nur ein fünf Minuten langes Gespräch mit einer Erwachsenen braucht, die bereit ist, Elisabeths persönliche Verantwortung anzuerkennen, die Verantwortung für das eigene Leben statt für den eigenen Tod übernehmen zu können.

Elisabeth ist eine gute Repräsentantin für die vielen Kinder (und Erwachsenen), die sich wegen Krankheit, Handicap, Mangel an Intelligenz, Verhaltensstörungen zu Objekten der liebevollen, gut gemeinten und häufig relevanten (sozialen) Verantwortlichkeit der Eltern und Spezialisten reduziert fühlen. Alle sind so sehr damit beschäftigt, das Richtige zu tun, dass sie die Folgen für die Existenz des Kindes übersehen. Signalisieren Kinder wie Elisabeth ihr existenzielles Unbehagen, indem sie psychosoziale Probleme der ohnehin schon langen Liste hinzufügen, wird es überhört. Stattdessen kommen neue Spezialisten mit neuen Angeboten und in gleichem Maß nehmen Sorge und Machtlosigkeit der Eltern zu.

Die Kinder *kooperieren* so lange, wie sie irgend können. Sind aber die Erwachsenen nur damit beschäftigt, wie all die wichtigen und guten pädagogischen Angebote das Leben des Kindes verbessern können und sich nicht des Preises bewusst sind, den die Kinder für die Anpassung zahlen, bleiben ihnen nur zwei Möglichkeiten:

Sie können ihre persönliche Integrität ganz aufgeben. Diese Kinder sind bei Erwachsenen oft beliebt, solange sie klein sind, weil der Umgang mit ihnen leicht fällt. Aber wenn von ihnen in der Pubertät selbstständiges Handeln und die notwendige tägliche Entscheidungen erwartet werden, wird die Situation wieder problematisch.

Sie können auch reagieren, indem sie verbissen um ihre Integrität und Eigenverantwortung kämpfen. Dabei kommt nur selten ein befriedigendes Ergebnis heraus. Das liegt nicht an dem Kampf an sich, sondern an dem Umstand, dass die Erwachsenen sich nicht im Klaren sind, dass sie die persönliche Verantwortlichkeit unterstützen und reifen lassen sollten. Aus diesem Grund ist der Kampf des Kindes kein Kampf *für* sich selbst, sondern ein Kampf *gegen* die Erwachsenen und ihre Angebote. Beide Gruppen brauchen Erwachsene, denen bewusst ist, dass ihre liebevolle oder professionelle Verantwortlichkeit als kränkend und auch als unterdrückend empfunden werden kann.

Auch die Eltern dieser Kinder müssen häufig darauf aufmerksam gemacht werden. Die meisten Eltern sind genauso kooperativ wie die Kinder und nehmen ihre große Abhängigkeit von den Spezialisten wahr. Deshalb neigen sie dazu, die Forderung der Spezialisten nach

Kooperation so zu verstehen, als sollten sie in den eigenen vier Wänden in erster Linie als deren verlängerter Arm fungieren. Die Eltern haben oft quälende Schuldgefühle, die sie mit der nahe liegenden Rolle des »Helfers« kompensieren, was den existenziellen Raum des Kindes noch weiter einschränkt. Gleichzeitig strapaziert es die Ehe der Eltern, wodurch das Kind verstärkt das Gefühl bekommt, eine Belastung zu sein, und seine Fähigkeit, pädagogische Hilfe zu integrieren wird beeinträchtigt.

### Die persönliche Verantwortung der Erwachsenen

Die persönliche Verantwortung der Lehrerinnen und Erzieher haben wir ausführlich in den Kapiteln über die berufliche Integrität, Authentizität und die kollegiale Wechselwirkung beschrieben. An dieser Stelle wollen wir nur eine Dimension hinzufügen, in der Fachleute im Guten und wie im Bösen sehr wichtige Vorbilder für Kinder und Jugendliche sind: die Bereitschaft, für seine Erwartungen, Grenzen und Verhaltensweisen Verantwortung zu übernehmen.

Früher war für uns die Beziehungskompetenz der Fachleute eine Selbstverständlichkeit. Das gilt auch für die Kompetenz, die notwendig war, als die Gehorsamskultur dominierte und sich vollkommen von der unterschied, mit der wir uns in diesem Buch beschäftigen. Sie schuf eine Tradition, die in den folgenden Aussagen zusammengefasst werden kann:

- Meine Erwartungen sind per definitionem berechtigt.
- Mein Verhalten ist tadellos, und ist das ausnahmsweise einmal nicht der Fall, dann haben es die Kinder provoziert, und das liegt nicht in meiner Verantwortung.
- Meine Grenzen sind in den Regeln der Institution ausgedrückt, und sofern sie verletzt werden, liegt es nicht in meiner Verantwortung, sondern ist Schuld der Kinder und Eltern.

Vermutlich würden heutzutage die wenigsten Lehrerinnen und Erzieher diese Spielregeln unterschreiben. Sie prägen aber teilweise noch heute die Kultur und die Normen der Institution und die tägliche Praxis der Fachleute.

Beim Thema Verantwortung ist ihre Präsenz aus zwei Gründen interessant und wichtig. Sie halten einen Teil der Fachleute in einem Zustand permanenter Frustration darüber gefangen, dass sie verletzt und enttäuscht werden und zugleich ohne die Möglichkeiten dastehen, die Mittel und Methoden einzusetzen, die einmal so erfolgreich waren. Nur weil ihre Sichtweise unzeitgemäß scheinen mag, sind ihre Verletzungen, denen sie ausgesetzt sind, nicht weniger schwerwiegend.

Das ganz große Problem liegt allerdings in dem Kontext, den diese Kultur zwischen der persönlichen Verantwortlichkeit der Erwachsenen und der sozialen Verantwortlichkeit der Kinder schafft. Kinder nehmen es aus gutem Grund als ungerechtfertigt wahr, wenn sie Schuld am destruktiven Verhalten der Erwachsenen bekommen und als Ausdruck dafür, dass die Erwachsenen die Verantwortung nicht ernst nehmen, die sie *für* die Kinder haben. Sie haben keinen Erwachsenen vor sich, der seine persönliche Verantwortung verleugnet, sondern einen Erwachsenen, der sie schlecht *behandelt*. Die gleichen Kinder erleben täglich, wie man sie für ihr Verhalten gegenüber den Erwachsenen und anderen Kindern zur Rechenschaft zieht. Verteidigen sie sich oder versuchen sie, die Verantwortung abzulegen und zu sagen: »Ich war das nicht, die angefangen hat!«, »Aber da hat sie doch selbst Schuld!«, weisen die Erwachsenen sehr zu Recht auf die eigene (persönliche) Verantwortung des Kindes für sein Handeln hin. Vor einer Generation wussten Kinder, dass es einfach so war. Es gab verschiedene moralische Ansprüche an Erwachsene und Kinder und es war zwecklos, dagegen zu protestieren. So ist es heute nicht mehr. Kinder enthüllen und protestieren gegen Doppelmoral. Der am häufigsten auftretende Protest: Die Kinder reagieren mit Unverantwortlichkeit – wenn das die Erwachsenen können, dann können wir das auch!

Das gilt zum Glück auch in positivem Sinn. Übernehmen Lehrer und Erzieherinnen die Verantwortung für ihr eigenes Verhalten, steigt die persönliche und die soziale Verantwortlichkeit der Kinder. Die Verantwortlichkeit der Kinder entwickelt sich optimal, wenn sie mit Erwachsenen zusammen sind, die Verantwortlichkeit praktizieren und nicht predigen und diese nicht mit Schuld verwechseln.

Kinder haben so viele Generationen hindurch die Schuld bekommen, dass man dazu vielleicht nicht mehr sagen kann, als dass viele auch dazu neigen, auf diesem Gebiet in Gegensätzen zu denken: Wenn es nicht die Schuld des Kindes ist, dann muss es doch die Schuld der Erwachsenen sein! Obwohl wir alle mitverantwortlich sind und deshalb auch gelegentlich gegenseitig mitschuldig am Leben, geht es nicht um Schuld.

Wenn Eriks Lehrer ihm aus Verärgerung eine verletzende, sarkastische Bemerkung an den Kopf warf, bedeutet das nicht, dass die ganze Episode die *Schuld* des Lehrers ist. Sie war ein Produkt einer Beziehung, für die der Lehrer eine übergeordnete Verantwortung hatte. Den bei Erik, an beider Beziehung und vielleicht am Selbstbild des Lehrers entstandenen Schaden kann er reparieren, indem er die volle *Verantwortung* für seine Worte übernimmt:

»Hör mal, Erik. Es tut mir Leid, was ich dir gestern an den Kopf geworfen habe. Ich war wütend auf dich und habe den Überblick verloren. Entschuldigung! … Gibt es etwas, das du mir sagen willst?«

Kinder im Kindergartenalter *nehmen* sich fast konsequent als schuldig bei Verfehlungen der Erwachsenen *wahr*, auch wenn sie sich gut *denken* können, dass etwa die Erzieherin unvernünftig und ungerecht ist. Ab dem Schulalter und darüber hinaus nehmen sich die allermeisten Kinder als immer weniger schuldig an Verletzungen durch sekundäre Erwachsene wahr. Aber die Reaktion beider Altersgruppen ist gleich: Sie gehen mental und emotional auf Distanz zu dem Verantwortlichen. Dadurch wird es schwieriger, einen zielgerichteten, pädagogischen Kontakt zu ihnen aufzubauen. Die Erklärung ist simpel. Die Fachleute haben den Job, Kinder zu formen, zu führen und zu entwickeln – charakterlich, intellektuell und sozial. Die Bereitschaft der Kinder, sich formen und manipulieren zu lassen, sinkt in dem Umfang, wie ihnen in diesem Prozess emotionale Schmerzen zugefügt werden. Darin besteht einer der entscheidenden Unterschiede in der Beziehung der Kinder zu Fachleuten und zu ihren Eltern. Bei ihren Eltern neigen Kinder meistens dazu, sich zu unterwerfen und die Schuld bei sich selbst zu suchen.

Die Bereitschaft, die persönliche Verantwortung in ihrer modernen Form zu übernehmen, kann wie folgt formuliert werden: Alles, was ich sage, gehört zu mir und fällt somit in meine Verantwortung.

Diese einleuchtende Äußerung umfasst nicht den Anspruch, Fachleute sollten in Beziehung zu Kindern immer vernünftig und ausgeglichen sein. Weil man sich provoziert, verärgert, unglücklich oder wütend fühlt, ist das noch lang kein Grund, eine allgemeine Standpauke zu halten.

**Beispiel:**
Die 6. Klasse will am Freitag ein Klassenfest feiern. Aber schon am Montag sind die Kinder unkonzentriert, kichern und sind vollauf damit beschäftigt, sich den Ablauf des Festes, die neuen Liebespärchen usw. auszumalen. Die Klassenlehrerin hatte sie in der ersten Stunde und jetzt wieder in der letzten Stunde. Plötzlich wird ihr das Ganze zu bunt:

»Haltet die Klappe und hört zu! Ich habe jetzt euer Gequatsche satt und ich will kein Wort mehr über das Klassenfest hören. Ich bin bei der Arbeit und meine Arbeit besteht darin zu unterrichten, und das ist heute bisher unmöglich gewesen. Jetzt will ich, dass ihr euch auf euren Hintern setzt und euch auf die Arbeit konzentriert, die ihr nächsten Donnerstag schreiben werdet. Und zwar JETZT! SOFORT!«

Sie schreit so laut sie kann, hat rote Flecke am Hals und Wut in den Augen. Es besteht nicht der geringste Zweifel, dass ihre Grenzen erreicht und lange überschritten sind.

Einige Kinder bekommen Angst, andere sind erschrocken und manchen tut es Leid – und das ist in Ordnung. Etwas größere Kinder nehmen keinen Schaden, wenn sie mit den Gefühlen der Erwachsenen konfrontiert werden – ganz gleich wie vernünftig oder unvernünftig diese Gefühle einem Außenstehenden vorkommen mögen. Wäre die Standpauke der Lehrerin in Worte gekleidet gewesen, die die Kinder heruntergeputzt, lächerlich gemacht oder in anderer Weise für die Kinder verletzend gewesen wären, hätte das ihre Position in der Klasse geschwächt. Sie hätte ihre Grenzen durch Verletzen der Kinder markiert und dadurch wäre sie unglaubwürdig geworden.

Im Gegenteil besteht kein Zweifel, dass die gewünschte Wirkung ausgeblieben wäre, wenn sie ihre authentische Frustration mit einem appellierenden, bedauernden und süßlichen Ausdruck maskiert hätte, denn das ist genauso unglaubwürdig.

Wie wir sehen werden, ist dieser Anspruch auf persönliche Verantwortlichkeit nicht nur eine Aufforderung, die Kinder zu beschützen, sondern in genauso hohem Maß auf eine kompetentere Wahrung der eigenen Bedürfnisse und Grenzen der Fachleute.

### Authentizität und Autorität

Lehrer und Erzieherinnen, die sich in professionellen Beziehungen zu Kindern unwohl fühlen, leiden unter einer ähnlichen Spaltung. Ihr Status als erwachsene Fachleute hat ihnen früher die nahezu uneingeschränkte Macht verliehen, Inhalte, Prozesse, Rahmenbedingungen und Konsequenzen zu definieren, solange sie sich innerhalb des außerordentlich weiten Gesetzesrahmens bewegten. Die Summe ihrer Machtbefugnisse bildete in Wechselwirkung mit Kindern und Eltern das Fundament ihrer *rollenbedingten* Autorität. Es besteht in diesem Kontext keine Veranlassung, die Angemessenheit dieser Autorität zu diskutieren, weil sie schon der Vergangenheit angehört.

Es gibt allerdings viele Gründe, sich ihre Nachfolgerin – die persönliche Autorität – anzuschauen, die weitestgehend auf den Fähigkeiten und dem Willen basiert, die professionellen Beziehungen mit einem Höchstmaß an Authentizität einzugehen, d.h. in größtmöglicher Übereinstimmung mit den beruflichen und persönlichen Wertvorstellungen, beruflichem Engagement, Selbstwertgefühl und innerer Verantwortlichkeit.[3]

Die Verwendung der Worte »Höchstmaß« und »größtmöglich« in diesem Zusammenhang ist eigentlich nicht ganz unproblematisch, weil es hier mehr um Qualität als um Quantität geht. Die Grenze ist dennoch fließend und davon abhängig, in welchem Maß diese Authentizität gelebt werden kann und wie weit der einzelne Erzieher oder Lehrer sich damit in seiner Arbeit wohl fühlt. Es ist z.B. kaum ausreichend, wenn das in nur 10 Prozent der Zeit gelingt. Auf der anderen Seite wäre es ganz falsch zu fordern, eine gute Erzieherin oder

Lehrerin sollte ihre Wertvorstellungen vollkommen unter Kontrolle haben, ein hohes Maß an Selbstwertgefühl besitzen und in 95 % der Zeit in Verbindung zu ihrer inneren Verantwortlichkeit stehen. Bei der Korrelation zwischen Authentizität und Autorität geht es um die Qualität, mit der die oder der Einzelne auf die eigene Wahrnehmung von Autorität zu einem bestimmten Zeitpunkt reagiert.

Es gibt Phasen im Berufsleben eines jeden professionellen Erziehers, in denen Zweifel abgelöst wird von Zielstrebigkeit, die Unsicherheit größer ist als die Sicherheit, das Defizit den Überschuss ablöst, wo das Bedürfnis nach Introspektion und Reflexion größer ist als die Lust auf Verantwortung und Vermittlung und wo das Selbstwertgefühl empfunden wird als eine Sache, die einem einmal gehörte. Diese Tatsachen sind in einem professionellen Leben keine Fremdkörper, sondern ein Teil davon. In der Vergangenheit wurden sie für ungünstig gehalten und man meinte, sie verstecken zu müssen, damit die Autorität nicht untergraben wurde. Das ist nur eine von vielen Möglichkeiten, auf diese Tatsachen zu reagieren.

Grafisch können wir das wie folgt abbilden:

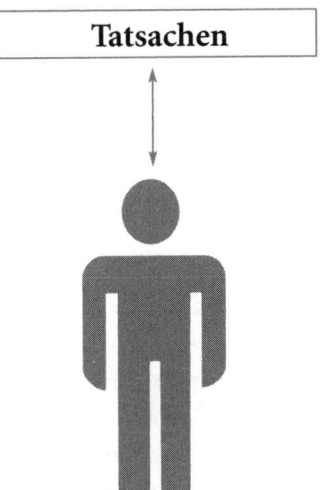

Tatsachen – auch Gefühle und Stimmungen – sind an sich fast nie problematisch. Unsere Art, mit ihnen umzugehen, kann problematisch sein.

Eine der Tatsachen, die mit großer Anstrengung versteckt oder kompensiert wurde, ist die Wahrnehmung von beruflicher, aber besonders von persönlicher Unsicherheit. Das Interessante ist, dass der Versuch zu verstecken oder zu kompensieren immer die Autorität schwächt. Denn die *Nähe* wird aufgehoben, wenn man versucht, reale persönliche Phänomene aus der Beziehung auszuschließen. Deshalb kann man selbstverständlich oberflächlich betrachtet einfach zu dem Schluss kommen, dass die Unsicherheit an sich die Beziehung schwächt und nicht die Art, wie man mit ihr umgeht.

Grundsätzlich ist es ein großer Unterschied, ob man sich unsicher *fühlt* oder ob man *weiß*, dass man unsicher ist. Das Gefühl von Unsicherheit ist natürlich der Ausgangspunkt. Aber jeder Menschen geht anders mit diesem Gefühl um. Einige sind davon überwältigt und lassen die Unsicherheit ihr ganzes Bewusstsein erfassen. Sie reagieren mit motorischer Unruhe, wirken ratlos und können nicht zusammenhängend denken. Es macht den Eindruck, als *seien* sie ihre Unsicherheit. Andere reagieren, indem sie in der Beziehung vollkommen inaktiv werden, manche ziehen sich aktiv aus ihr zurück, je nachdem, was sie in früheren Beziehungen als die größte Sicherheit empfunden haben, in denen dieses Beziehungsmuster etabliert wurde. Die Methode, *nicht* auf die Unsicherheit zu reagieren, sondern ihr Opfer zu werden, sorgt in Erwachsenen-Kind-Beziehungen häufig für Verwirrung und Mangel an Geborgenheit. Hat man, wie es so oft in Tagesstätten vorkommt, in einem solchen Augenblick den engsten Kontakt zu einem einzelnen Kind oder zu zwei Kindern, werden sie oft empathisch oder liebevoll reagieren. Andere reagieren eher indirekt, indem sie sich etwas aus der Beziehung zurückziehen und den Erwachsenen in Ruhe lassen, während manche den Erwachsenen an die Hand nehmen, sich auf seinen Schoß setzen oder einfach fragen: »Bist du jetzt traurig?« Das Kind nimmt in diesem Prozess aktiv seinen eigenen Mangel an Geborgenheit wahr. In einer größeren Gruppe sind die Möglichkeiten der Kinder, individuelle Zuwendung einzufordern, geringer. Oft prägt dieser kollektive Mangel an Geborgenheit die Beziehung am stärksten. Auch hier versuchen die Kinder aber, ihren Mangel an Geborgenheit in mehreren unterschiedlichen Formen wahrzunehmen, was sowohl von ihrem Alter als auch von der Kultur der Gruppe oder der Klasse abhängig ist.

Statt Opfer seiner eigenen Unsicherheit zu werden, kann man lernen, mit ihr als einem wichtigen Signal dafür umzugehen, dass man innehalten und untersuchen muss, was dieses Signal diesmal zu bedeuten hat. Das beste Beispiel ist die ganz sachliche Unsicherheit, wenn eine Frage gestellt wird, auf die man keine Antwort weiß. Auch hier kann man Opfer seiner selbst werden und »sich blöd vorkommen«. Aber man kann auch sagen: »Ich weiß, dass ich es nicht weiß, und deshalb will ich herausfinden, wie die richtige Antwort lautet« oder mit anderen Worten: »Ich bin mir bei der Antwort unsicher, aber sicher, wie ich mit meiner Unsicherheit umgehen werde.«

Diese Art, mit der eigenen Unsicherheit umzugehen, mit der fachlichen wie der persönlichen, wirkt sich auf die Erwachsenen-Kind-Beziehung ganz anders aus, weil die Kinder einen Erwachsenen erleben, dem es in Abständen nicht nur genauso geht wie ihnen, sondern der auch weiß, wie er damit umgehen soll. Aus diesem Grund werden sie fröhlich und vertrauensvoll. Diese Art hat auch noch einige andere Qualitäten, die die Autorität der Fachperson festigt und steigert.

Sie ist authentisch und steht im Einklang mit der inneren Stimme, die sagt: »Ich fühle mich unsicher und ich wünschte, das würde aufhören.« Das lähmende Gefühl von Unsicherheit ist nicht authentisch, aber Ausdruck eines erlernten Verteidigungsmechanismus. Nicht die Unsicherheit an sich macht passiv. Die Passivität ist die erlernte Methode, mit Unsicherheit umzugehen.

Weil sie authentisch ist, steigert sie das Selbstwertgefühl – quantitativ, weil man ein neues Gebiet der Unsicherheit entdeckt hat, und qualitativ, weil es gelungen ist, sie zu akzeptieren und dynamisch damit umzugehen, statt sich selbst zu kritisieren.

Sie vermehrt die Qualität der interpersonalen Beziehungen und damit die Kultur der ganzen Gruppe, weil sie eine klare Botschaft ist, dass es auch in Ordnung ist, seiner selbst oder in einer Sache nicht sicher zu sein. Gleichzeitig zeigt diese Methode, dass die Kinder sich gegenüber dem Erwachsenen verhalten können wie einem Menschen, mit dem sie sich identifizieren können. Das steigert somit unterschiedlich stark die persönliche Qualität der Beziehung und das Selbstwertgefühl der Kinder. (Wenn Unsicherheit rein fachlich begründet ist, wird den Kindern exemplarisch demonstriert, was Lernen bedeutet.) Dieser authentische Umgang mit der eigenen Unsicherheit ist nicht von verschiedenen Erscheinungsformen abhängig. Es gibt nicht eine bestimmte Methode, auf Unsicherheit zu reagieren, eine andere, mit Nervosität umzugehen, und eine dritte, auf ein geringes Selbstwertgefühl einzugehen usw. Sie besagt, umgangssprachlich ausgedrückt: Meine Gefühle gehören mir und nicht ich meinen Gefühlen.

Erwachsene haben im Allgemeinen Angst, dass diese Methode, wie sie mit ihren eigenen »schwachen Seiten« umgehen, sie verwundbar macht. Das trifft nur dann zu, wenn sie sich von ihrer Unsicherheit distanzieren oder wenn ein sehr großer Abstand zwischen ihrer Person und ihrer Rolle besteht. Das bedeutet nicht, dass man unverwundbar wird und dass sich Kinder, Eltern, Vorgesetzte oder Kollegen nicht absichtlich oder zufällig verletzend verhalten. Die Folgen dieser »Tatsache« hängen ebenfalls davon ab, wie man sich ihr stellen will: als einer weiteren Herausforderung zur fortwährenden beruflichen Entwicklung oder als einem Umstand, dem man in erster Linie aus dem Weg gehen muss; ob man seine persönliche Autorität steigern oder versuchen will, den Rest dessen zu bewahren, den man hatte.

Authentizität wird oft mit »seinen Gefühlen treu bleiben« verwechselt. Aber das ist nach unserer Meinung eine problematische Vereinfachung. Bestimmt ist es gut, seine Gefühle ernst zu nehmen als Grundlage für die Suche nach der eigenen Authentizität. Doch wie oben erwähnt sind bei weitem nicht alle Gefühle authentisch. Einige sind Repräsentationen, manche sind von Einstellungen abgeleitet und andere sind kulturell und erziehungsbedingte Reflexionen der eigentlichen Grundgefühle. Hinzu kommt, worauf auch Bowen aufmerksam macht, dass es nicht optimal ist, allein die Gefühle das Verhalten bestimmen zu lassen.

Die wenigsten Menschen sind im Lauf eines Lebens imstande, beides voneinander zu unterscheiden. Aber das Grundsätzliche an der Sache wird Fachleute nicht daran hindern, gefühlsmäßig spontan in ihren professionellen Beziehungen zu reagieren. Wenn man wütend wird, etwas bereut oder Angst hat, dann ist das einfach so. Und so ist man dann eben – in diesem Augenblick in dieser Beziehung. Vielleicht ist es nicht besonders authentisch, aber es ist ein reales Produkt des Charakters der Beziehung und gehört deshalb zur Beziehung dazu, so wie man es auszudrücken in der Lage ist. Wann und wie sich der destruktive Einfluss auf die Beziehung bemerkbar macht oder andere Gründe auftreten, warum der spontane Ausdruck näher betrachtet werden sollte, kann in der betreffenden Beziehung oder Supervision geklärt werden. In diesem Kontext ist es wichtig, zwischen *destruktivem* Einfluss und *negativem* Einfluss zu unterscheiden.

Destruktiver Einfluss bedeutet, dass die Integrität eines anderen Menschen verletzt wird und/oder der pädagogische Prozess nicht mehr dem pädagogischen Ziel dient. Negativer Einfluss heißt, dass jemand wütend wird, es bereut oder nur zornig und abweisend ist. Das ist ein unvermeidbarer und häufig konstruktiver Bestandteil einer jeden Beziehung. Den Gefühlen, die wir seit dem einen oder anderen Zeitpunkt in unserer Geschichte als »negativ« einstufen, ist gemeinsam, dass sie kurzfristig den Eindruck von Ungleichgewicht, Missstimmung und Angst vor den Folgen vermitteln. Sie sind nicht negativ im Sinn von schlecht, weder für den einzelnen Menschen noch für die Gruppe. Sie sind vielmehr eine Art Rauchsignal, das die Aufmerksamkeit auf das lenkt, was identifiziert und verarbeitet werden muss.

Lange Zeit hielt man sie für ungünstig oder geradezu unprofessionell in beruflichen Bereichen, wo sie nur bei Erwachsenen in dem Umfang zugelassen waren, wie sie durch das Verhalten der Kinder »objektiv« gerechtfertigt werden konnten. Bei dieser Form von selektiver Kontrolle vermehren die Gefühle der einen Seite Widerstand und Angst auf der anderen Seite, aber nicht die Autorität der einen Seite.

Die Verbindung von Authentizität und persönlicher Autorität beinhaltet also nicht den Anspruch, fertig ausgebildet oder fertig entwickelt zu sein, wogegen der Anspruch, sich in einem bestimmten Entwicklungsprozess zu befinden, unumgänglich ist. Die meisten von uns sind in ihrer Jugend Erziehern und Lehrern begegnet, die eine so genannte natürliche Autorität besaßen, die man einmal für angeboren hielt. Das ist nicht der Fall, sondern war wohl damals das Ergebnis von ungewöhnlichen Bedingungen in Kindheit und Jugend kombiniert mit einem passionierten beruflichen Engagement. Dank der Erfahrungen, über die wir heutzutage verfügen, wissen wir, dass die persönliche Autorität lernbar ist – nicht für alle, aber für die meisten. Die Verbindung zwischen Authentizität und beruflicher Autorität und die enorme Durchschlagskraft der Kombination beider war uns immer bekannt und wurde in der Welt der Kunst geschätzt, wo sie nahezu den Unterschied zwischen Kunst und Übungen definiert. Pädagogik ist zwar eher ein Handwerk, aber in jedem Fall *nicht* »keine Kunst«.

### Integrität und pädagogische Ethik

Nach unserer Auffassung ist die persönliche Integrität des einzelnen Menschen der Dreh- und Angelpunkt für die ethischen Erwägungen, die Fachleute über ihre beruflichen Beziehungen anstellen müssen. Die persönliche Integrität des einzelnen Kindes muss wichtiger sein als das konkrete pädagogische Ziel. Niemand sollte die Anwendung der pädagogischen Rahmenbedingungen, Regeln und Methoden gutheißen, wenn sie die Integrität des einzelnen Kindes verletzt oder bewusst dessen persönliche Grenzen übertritt. In dem Umfang, wie die professionellen Beziehungen zu Kindern oder anderen Erwachsenen die persönliche Integrität des einzelnen Erwachsenen verletzen, muss der Erwachsene Hilfe und Unterstützung zur fortwährenden Entwicklung der Beziehungskompetenz suchen und/oder die Personalpolitik am Arbeitsplatz und das berufliche Umfeld müssen diese Hilfe und Unterstützung ausweiten.

Wie die beiden folgenden Beispiele zeigen, sind Angriffe auf die Integrität des Kindes in der Form sehr unterschiedlich, aber vom pädagogischen Umfeld häufig gebilligt.

### Beispiel:

Die 7. Klasse hat Mathematikunterricht, und um den Lehrer zu ärgern, von dem sie sich häufig schlecht behandelt fühlen, haben ein paar

Kinder die ganze Kreide aus dem Klassenzimmer verschwinden lassen. Der Lehrer merkt das schnell und reagiert, indem er Elisabeth an die Tafel ruft. Er gibt ihr eine Aufgabe, die sie lösen soll. Elisabeth ist ein nicht ganz so selbstbewusstes Mädchen, das zur Zeit besonders anfällig für Verletzungen ist, weil ihre Eltern gerade geschieden worden sind. Sie schaut den Lehrer verzweifelt an und sagt, dass sie nichts an die Tafel schreiben könne, weil keine Kreide da ist. Der Lehrer wird wütend und schimpft sie aus. Daraufhin feuchtet Elisabeth vor Angst zitternd die Spitze ihres Zeigefingers in ihrer schweißnassen Handfläche an und schreibt damit auf die Tafel. Sie löst die Aufgabe richtig, aber als sie sich der Schlussfolgerung nähert, sind die Ableitungen verdunstet. Der Lehrer gibt ihr triumphierend eine schlechte Note und schickt sie auf ihren Platz zurück mit der Bemerkung, wie außergewöhnlich dumm und hässlich sie sei. (Nein, das Beispiel stammt nicht aus dem Jahr 1952, sondern aus dem Jahr 2002.)

Elisabeth ist niedergeschlagen und ihre beste Freundin weiß, dass sie sich nie trauen wird, ihrer Mutter von dem Vorfall zu berichten. Die Freundin erzählt es deshalb ihrer eigenen Mutter, die sich sofort mit der Schulleitung in Verbindung setzt. Der Schulleiter beendet das Gespräch nach diversen Ausweichmanövern, aber indem er die Mutter mit der Feststellung abfertigt, dass »es zwar bedauerlich ist, aber wir sprechen hier von einem ansonsten kompetenten Lehrer«.

Von diesem Beispiel für den Beweis von zielgerichteter Kindesmisshandlung gehen wir über zu einem Beispiel für das, was man die »Tyrannei der Vernunft« nennen könnte.

**Beispiel:**
Frederik ist fünf Jahre alt und geht in den Kindergarten. Normalerweise ist er ein fröhlicher und gesunder kleiner Junge, der gut mit allen auskommt und immer mit irgendeiner Sache beschäftigt ist. Eines Tages ist er nicht so wie sonst. Er hält sich etwas abseits und lehnt mehrere Einladungen der anderen Kinder ab, die mit ihm spielen wollen. Er setzt sich an einen Tisch, wo Camilla malt und sich ganz dem Malen hingibt. Kurz darauf brauchen er und Camilla ein

und den selben violetten Wachsmalstift und Frederik reißt ihn Camilla mit viel Gewalt aus der Hand. Camilla versucht, den Stift von Frederik zurückzubekommen, aber er ist der Stärkere und Camilla fängt an zu weinen. Frederik sitzt mit geneigtem Kopf da und bemalt verbissen sein Blatt Papier und knallt dann den Stift auf die Tischplatte, sodass er zerbricht.

Durch Camillas Proteste alarmiert kommt eine Erzieherin dazu.

»Camilla, was ist denn?«

»Er hat mir meine Wachsmalkreide weggenommen, mit der ich gerade malen wollte.«

»Stimmt das, Frederik? Hast du Camilla die Kreide weggenommen?«

»Ich will damit malen! Camilla ist bloß ein blödes Mädchen!«

»Aber, Frederik, was ist denn mit dir los? Du weißt ganz genau, dass wir so was hier im Kindergarten nicht zueinander sagen.«

»Du bist auch blöd, denn die gehört nur mir! Ich will damit malen!«

»Jetzt sei aber mal freundlicher, Frederik. So bist du doch sonst nicht … hast du heute den fröhlichen Frederik zu Hause vergessen? Du weißt doch genau, dass wir das Spielzeug immer teilen und dass wir uns nicht laut anschreien. Gib jetzt Camilla die Kreide, dann kannst du sie danach wieder kriegen, stimmt's Camilla?«

»Du bist blöd, alle sind blöd!«

»Nein, Frederik, hier ist niemand blöd, wir wollen freundlich zueinander sein. Camilla hat doch versprochen, dass du die Kreide zurückbekommst.«


Frederik steht vom Tisch auf und geht hinaus auf den Spielplatz, wo er rastlos herumläuft. Zwei Tage später erzählt Frederiks Mutter weinend, dass sie an diesem Morgen die Beherrschung verloren und Frederik eine kräftige Ohrfeige gegeben habe, weil er sauer und mürrisch war und sein Regenzeug nicht anziehen wollte. Frederik hatte jede Menge Gründe für seine Ansicht, dass heute die ganze Welt blöd war, und die süßliche Belehrung, wie man Konflikte löst, war das Letzte, was er gebrauchen konnte. Das Gespür der Erzieherin dafür, dass der »fröhliche Frederik« abwesend war und dass etwas anderes an dessen Stelle getreten war, war hinreichend, aber leider siegten ihre Moralvorstellungen über ihre Empathie. So bekommt das Ergebnis oft einen zweifelhaften ethischen Wert.

**Beispiel:**

Søren geht in die Vorschule. Seine Klasse wird hin und wieder vom selben Vertretungslehrer unterrichtet, dem es deutlich schwer fällt, in der Klasse Fuß zu fassen. Søren ist ein sehr fröhlicher, energiegeladener und gesprächiger Junge. Als der Vertretungslehrer ihn eines Tages nicht zum Schweigen bringen kann, wird er vor die Tür geschickt. Der Vertretungslehrer hatte ihn vom Stuhl hochgezogen und im wahrsten Sinne des Wortes vor die Tür gesetzt. Das war für Søren eine brutale Erfahrung, der dann unglücklich war und sich erniedrigt fühlte. Er war auch der Erste in der Klasse, der es riskiert hatte, vor die Tür gesetzt zu werden.

Zu Hause konnte er seinen Eltern erzählen, wie es für ihn gewesen war. Aber in der Schule ließ er seine Mitschüler wissen, dass er nächstes Mal aus dem Fenster springen werde, wenn sie den Vertretungslehrer wieder haben. Er hatte zum Glück eine kompetente Klassenlehrerin, der es gelang, als er beim nächsten Mal tatsächlich aus dem Fenster sprang, anschließend den wahren Zusammenhang der Sache herauszufinden. Sørens Überlegung war: »Ich habe doch gesagt, dass ich das mache, und deshalb musste ich es auch tun, obwohl ich ganz genau weiß, dass wir das nicht dürfen. Sonst hätten doch die anderen mir nie mehr geglaubt.«

Die meisten können sich wahrscheinlich in die Machtlosigkeit des Vertretungslehrers hineinversetzen. Doch er ist auf dem besten Weg in eine Sackgasse, und um da herauszukommen, braucht er Hilfe. Er darf nicht verurteilt werden, sondern er sollte mit den gleichen Beziehungsqualitäten behandelt werden, die er für den Umgang mit Kindern wie Søren lernen muss.

Vor allem im Vorschulalter besteht für Kinder eine der wenigen Möglichkeiten, ihre Integrität auszudrücken und somit »gesehen« zu werden, darin, ihre spontanen Reaktionen auf die Beziehungen, in denen sie sich befinden, zu zeigen. Aus diesem Grund ist es nie ratsam, sie zu belehren, wie man sich benehmen soll, weder mitten im Konflikt noch im Anschluss daran. Die einzige Botschaft, die sie in dieser Situation wahrnehmen können, ist, dass sie fehl am Platz sind, und deshalb verstärken sie entweder ihr anscheinend irrationales Verhalten oder hören nicht mehr zu. Gleiches gilt für die meisten Erwachsenen.

Dritter Teil
# Rahmenbedingungen von Beziehungen

## 5. Kapitel: Interpersonale Beziehungen

### Einleitung

Obwohl sich die Psychologie vor ungefähr 60 Jahren offiziell vom Ursache-Wirkung-Modell als Erklärungsmuster für interpersonales Verhalten wegbewegte, hatte dieses noch lange Zeit Einfluss auf unsere allgemeinen täglichen Überlegungen und auf die pädagogische Praxis, vielleicht weil die interpersonalen Gegebenheiten in vielen Bereichen mit unseren Moralvorstellungen kollidieren.

Wenn ein Alkoholiker gegenüber seiner Frau gewalttätig ist und diese wird unglücklich und beschließt, sich scheiden zu lassen, dann sagen uns unsere Moralvorstellungen unmittelbar, dass sein Verhalten die Ursache für ihr Unglücklichsein und die Scheidung ist. Er wird als der Schuldige identifiziert, weil wir Alkoholismus und Gewalt generell verurteilen. Unsere Sympathie gilt seiner Frau. Wenn sich die Frau aber bei näherer Bekanntschaft als Giftspritze erweist, die jahrelang heimlich Liebhaber hatte, akzeptieren wir ihre Mitschuld. Die landläufige Schlussfolgerung lautet, dass beide Seiten »Schuld sind«, dass beide wahrscheinlich gleich viel Schuld haben. Wenn sich darüber hinaus herausstellt, dass beide aus zerrütteten Familien stammen, in denen die Väter Alkoholiker waren, ist die Zahl der Schuldigen auf vier gestiegen. Wahrscheinlich muss man die beiden Mütter dazurechnen, je mehr Einblick wir in ihre Persönlichkeit und ihr Verhalten bekommen.

Innerhalb eines moralischen Universums ist gegen die Schlussfolgerung nichts einzuwenden (wenn sie die »richtige« Moral hat). Das Problem mit dieser Art von moralischen Schlussfolgerungen besteht selbstverständlich darin, dass sie als einziges Ergebnis Selbstgerechtigkeit hervorbringen. Aus interpersonaler oder beziehungspsychologischer Sicht sieht das Bild bedeutend komplexer aus. Eine gründliche klinische Untersuchung der Wechselwirkung unter den Parteien ist erforderlich, um nur einige der Faktoren aufzudecken, die zu unterschiedlichen Zeitpunkten in ihrem Zusammenleben zu physischer und psychischer Gewalt, Alkoholismus, Untreue und Scheidung führten.

Die zahlreichen alltäglichen *Projektionen*\* zwischen Menschen gehören ebenso zu den Phänomenen, die die Tendenz haben, professionelle Analysen unsachlich zu machen. Wenn wir zur Veranschaulichung eine Projektgruppe nehmen, die aus den vier Studierenden A, B, C und D eines Seminars besteht, können wir uns folgende Dynamik in der Gruppe vorstellen: Wenn A findet, dass B in der Zusammenarbeit problematisch ist, weil A sich seiner Meinungen in Wechselwirkung mit B unsicher wird, und C findet, B sei in der Zusammenarbeit problematisch, weil C die politischen Ansichten von B provoziert, und D meint, B sei in der Zusammenarbeit problematisch, weil D das Ziel des Projekts anders versteht als B, dann wird es sehr schnell zu einer gut etablierten »Wahrheit«, dass B »dominant« sei und somit die Ursache für die mangelnde Produktivität der Gruppe. Die interpersonale Gegebenheit sieht so aus, dass drei Mitglieder der Gruppe sich in unterschiedlicher Form dominiert *fühlen* und dass B die Rolle des Dominanten zugewiesen wird!

Wenn wir die Wechselwirkungen in der Gruppe ausgehend von einem üblichen individualpsychologischen Referenzrahmen analysieren, entdecken wir unter anderem: B ist Einzelkind, dem es an Erfahrung fehlt, mit Gleichgestellten zusammenzuarbeiten; A ist in einer Familie mit einem dominanten Vater und einer schwachen Mutter aufgewachsen und hat gelernt auszuweichen, wenn Konflikte am Horizont aufziehen; in Cs Familie war C das jüngere von zwei Ge-

---

\* »Projektion (oder Verschiebung) ist ein Prozess, bei dem man auf äußere Objekte oder Personen eigene innere Eigenschaften transferiert. Diese Eigenschaften führen zu einer so großen inneren Anspannung, dass man sie als von außen stammend behandelt. Es ist folglich eine Art Abwehrmechanismus, dessen sich das Ich bedient.« (Sigmund Freud: Metapsychologie I und II)

schwistern, die ständig darum kämpften, das zu bekommen, was sie brauchten. Ds Mutter verliebte sich immer in dominante Männer, war aber nie in der Lage, ein gleichberechtigtes Verhältnis zu ihnen aufzubauen.

Es gibt also vier gute Gründe, warum diese Projektgruppe es schwer hat, ihre berufliche Aufgabe zu erfüllen. Eins der Probleme, eine Intervention in der Gruppe auf eine Beschreibung der *intrapsychischen* Profile zu gründen, besteht jedoch darin, dass die individuellen Erklärungen an sich nicht die Beziehungsqualität innerhalb der Gruppe verändern, obwohl sie die Einsicht der Teilnehmer stärken. Erfahrungsgemäß wird die Gruppe immer große Probleme mit der Zusammenarbeit haben, aber wenigstens genauer wissen, warum sie diese Probleme hat, und wird weniger dazu neigen, die ganze Verantwortung auf B zu projizieren. Eine qualitative Veränderung in der Interaktion in der Gruppe ist den individuellen Reifungsprozessen der Mitglieder überlassen, die vielleicht qualitative Veränderungen im Austausch mit den Mitgliedern ihrer eigenen Familie auslösen oder auch nicht. Beides erfordert häufig lange Zeit und kommt deshalb nur selten der Arbeit in der Gruppe zugute.

Die ganz entscheidende Entdeckung in der Theorie-Entwicklung um Gruppen und Familien[1] und in der familien- und gruppentherapeutischen Arbeit war, dass man durch Analysieren und Intervenieren in der *aktuellen* Wechselwirkung qualitative Veränderungen im Gruppenprozess *und* im individuellen Verhalten der Beteiligten innerhalb ein und desselben Prozesses erreichen konnte. Keine dieser Theorien und Methoden leugnet den konstruktiven oder destruktiven Einfluss des einzelnen Menschen auf die interpersonalen Prozesse. Sie erkennen sie als ein Produkt von Wahrnehmungen in früheren Beziehungen an und vertrauen darauf, dass neue Erfahrungen in neuen und (am besten, aber nicht unbedingt) in alten Beziehungen qualitative Veränderungen bewirken können.

Das Verhältnis zwischen individueller, persönlicher Entwicklung und Entwicklung interpersonaler Beziehungen ist also ein wechselseitiger, dialektischer Prozess, in dem Veränderungen im Austausch zu individuellen Veränderungen führen, die wiederum zu Veränderungen im Austausch führen, die zu individuellen Veränderungen führen, … usw.[2]

Objektiv betrachtet gibt es keinen Beweis, dass B als Ursache für As, Cs und Ds ungutes Gefühl in der Gruppe definiert oder zum Sündenbock für die geringe berufliche Effektivität gemacht werden muss. Alle vier sind sowohl Urasche als auch Wirkung im Kosmos der Gruppe und für jeden einzelnen Beteiligten. In diesem Fall bilden sie eine so genannte »peer group«, eine Gruppe von Gleichgestellten, und sind damit gleich verantwortlich dafür, was sich in der Gruppe abspielt. Psychologisch betrachtet ist die größere oder geringere Neigung der Beteiligten, die »Schuld« zuzuweisen, in diesem Kontext nur interessant, weil das etwas über ihre Einsicht in und ihren Willen zur *inneren Verantwortlichkeit* verrät.

Obwohl wir uns in den letzten Jahren über die Bedeutung von Beziehungen bewusster geworden sind, machen diese moralischen Verurteilungen und das von Verantwortung befreiende Denken immer noch einen Teil des Alltags in den pädagogischen Institutionen aus. Es mag unrealistisch sein zu glauben, dass sie irgendwann ganz verschwinden. Doch aus ethischer Sicht wie nach unserer Mrinung sprechen viele Gründe für den Versuch, den Standard anzuheben. Der menschliche und soziale Preis ist für beide Seiten häufig höher – vor allem in Beziehungen, bei denen die eine Seite mehr Macht als die andere hat.

### Inhaltsdimension und Prozessdimension in der Wechselwirkung

Eine grafische Darstellung der systemischen Prozesse in einer größeren Gruppe wäre zu unübersichtlich und komplex. Da wir mit diesem Buch in erster Linie beabsichtigen, die Beziehungen zwischen zwei Menschen oder zwei Parteien nacheinander zu beschreiben mitsamt der Bedeutung dieser Beziehungen für Kultur und »Klima« der einzelnen Gruppe und Institution, haben wir uns für eine einfachere Abbildung entschieden.

Die Inhaltsdimension umfasst das, was wir zusammen tun und worüber wir sprechen und worin wir unterrichten.

Die Lehrinhalte in den pädagogischen Institutionen stehen in

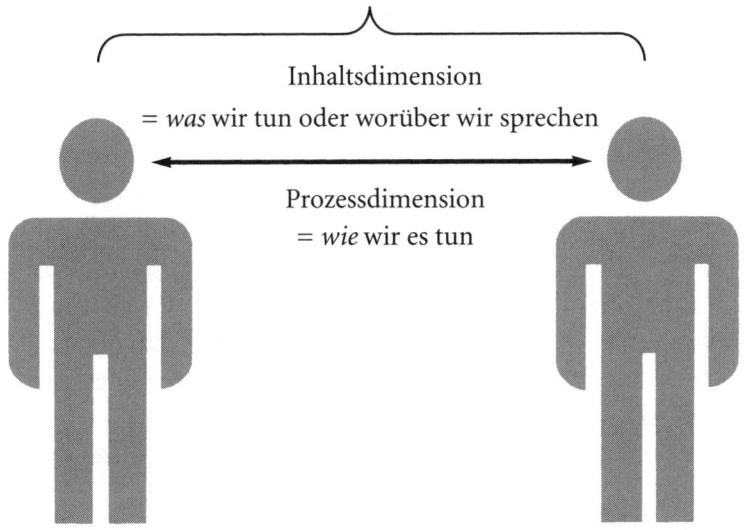

Inhaltsdimension
= *was* wir tun oder worüber wir sprechen

Prozessdimension
= *wie* wir es tun

unterschiedlichem Umfang von vornherein fest. Das Engagement der Kinder und Erwachsenen dabei reicht von reiner Pflichterfüllung über zielgerichtetes Interesse bis hin zu Engagement, von purer Lust über Unlust bis zum Widerwillen. Gleiches gilt für die Familie und alle anderen interpersonalen Beziehungen.

Die Prozessdimension umfasst die *Art und Weise*, wie wir die Dinge tun, nicht nur die pädagogische Methode, sondern auch die vielen anderen Phänomene, die mitwirken, den »Ton«, die Stimmung und die Atmosphäre im Leben und in der Zusammenarbeit zu vermitteln: die Körpersprache, die indirekte Kommunikation, die ausgedrückten und unterdrückten Gefühle, die offen geäußerten und verborgenen Einstellungen, Tagesabläufe oder kurz gesagt: die Summe unseres bewussten und nicht-bewussten äußeren und inneren Verhaltens. Die Neigung der Kinder und Erwachsenen zur *Kooperation* mit den prozessualen Phänomenen ist in der Regel geringer, aber in Arbeitsbeziehungen immerhin auffallender als in der Familie.

In den pädagogischen Institutionen spielt auch der äußere Rahmen eine Rolle. Es kann einen großen Unterschied ausmachen, ob man mit einem Kind oder einem Elternpaar auf einem stark belebten Korridor oder in einem ruhigen, separaten Zimmer spricht. Genauso Ausschlag gebend ist die vorhandene Kubikmeterzahl pro Person in den Zimmern für die Qualität der Interaktion. Im Gegensatz dazu kann eine sehr gute Beziehungsqualität in gewissem Umfang die Auswirkungen der schlechten Rahmenbedingungen dämpfen. Normalerweise sind diese äußeren Rahmenbedingungen in den pädagogischen Institutionen für die Entwicklung des Kindes und das Lernen alles andere als förderlich. Doch das ist inzwischen statistisch so gut dokumentiert, dass eine Veränderung der Verhältnisse ausschließlich eine politische Frage ist, die den Rahmen des Buches sprengen würde. In diesem Kontext versuchen wir, die interpersonalen Räume und ihre beiden wichtigsten Dimensionen und ihre Bedeutung füreinander zu beleuchten.

Die Inhaltsdimension beeinflusst in der Regel die Prozessdimension weniger als umgekehrt. Das gilt hauptsächlich für private Liebesbeziehungen zwischen Erwachsenen oder zwischen Erwachsenen und Kindern, aber auch in großem Umfang für die professionellen Erwachsenen-Kind-Beziehungen. Die unterschiedlichen Aktivitäten der pädagogischen Institutionen fordern Kinder und Erwachsene in unterschiedlichem Maß und das hat natürlich Einfluss auf die Qualität des beruflichen Arbeits- und Kooperationsprozesses. Diese inhaltsbezogenen, beruflichen Prozesse hatten immer einen hohen Stellenwert in der pädagogischen Arbeit und haben ihre eigenen hinreichend etablierten beruflichen Disziplinen und Begriffe (Methodik, Didaktik und Motivation z. B.), wogegen die Bedeutung der interpersonalen Prozesse mehr oder weniger vernachlässigt wurde.[3]

Bei interpersonalen Prozessen steht nicht die individuelle historische Voraussetzung der Beteiligten im Mittelpunkt, sondern das, was hier und jetzt zwischen den Parteien vor sich geht. Die Qualität dieses Prozesses entscheidet darüber, in welchem Umfang sich das konstruktive und destruktive Muster eines jeden Beteiligten wiederholt und sich als ein Teil des Prozesses manifestiert. In therapeutischen Bereichen sprechen wir davon, dass der Prozess in einer Familie oder Gruppe drei Qualitäten aufweisen kann:

- Der Prozess ist symptom*schaffend*: Ein Mensch entwickelt destruktives/selbstzerstörerisches Verhalten, das in dieser Beziehung neu ist und vielleicht auch nicht in anderen Beziehungen auftritt.
- Der Prozess ist symptom*aufrechterhaltend:* Das destruktive/selbstzerstörerische Verhalten, das ein Mensch zeigt, weil er ein Teil der aktuellen Beziehung ist, nimmt weder zu noch ab.
- Der Prozess ist symptom*heilend*: Ein zuvor etabliertes destruktives/selbstzerstörerisches Verhalten hört auf, sowohl in der aktuellen Beziehung als auch in den anderen Beziehungen, in denen sich die Person befindet.

Alle interpersonalen Prozesse (und länger währenden Gemeinschaften) weisen eine variierende Mischung dieser drei Qualitäten auf. Wir sind alle mehr oder weniger potenziell gewalttätig und sozial rücksichtsvoll, egozentrisch und kooperationsbereit, offen und verschlossen, stur und flexibel. Die Qualität dessen, was sich zwischen uns und anderen abspielt, entscheidet, was mit diesem Potenzial geschieht. In diesem Fall hängt das nicht vom Bewusstsein, der Intelligenz oder der Fähigkeit des oder der Einzelnen ab, in direkten Kontakt mit anderen zu treten. Neugeborene, senile ältere Menschen, geistig Behinderte und psychotische Menschen reagieren ausnahmslos deutlich auf die Qualität der persönlichen und professionellen Beziehungen, von denen sie ein Teil sind.

Es muss betont werden, dass der aktuelle Prozess nicht *die* Ursache ist. Es gibt immer mehrere Ursachen, die sich auf die Akteure und ihre Vorgeschichte verteilen. Aber die Qualität des interpersonalen Prozesses ist so entscheidend, dass der *Prozessverantwortliche* sehr große Verantwortung trägt.

Wir haben jetzt drei sich überschneidende Begriffe verwendet: interpersonale Beziehungen, interpersonale Prozesse und Wechselwirkungen. In der Fachsprache unterscheidet man üblicherweise zwischen Beziehungen und Interaktionen: Beziehungen sind häufig länger andauernde Verhältnisse wichtiger, persönlicher Art, und Interaktionen sind ein kürzerer, unpersönlicherer Austausch. Der Alltag in den pädagogischen Institutionen umfasst viele Interaktionen zwischen den Akteuren, die nicht immer alle zu Beziehungen führen. Eine Kindergärtnerin kann in diesem Sinn eine gute Beziehung zum einen Elternteil eines Kindes und nur wenige Interaktionen zu dem anderen Elternteil haben. Genauso gibt es Kinder in der Institution, zu denen Erzieher oder Lehrer keine Beziehung haben, obwohl sie in Abständen in Interaktion treten. Das ist also die *persönliche* Qualität in der Wechselwirkung, die eine Beziehung mitdefiniert.

Wir nehmen an, dass vor allem Kinder bis zum zwölften Lebensjahr im Großen und Ganzen Interaktionen mit den Mitarbeitern oder mit der Leitung in der gleichen Qualität wie Beziehungen erleben. Durch ihre Offenheit, Abhängigkeit und hierarchische Stellung wird ihre Person auch in Wechselwirkungen beeinflusst, in die der Erwachsene sich selbst nicht einbringt. Es gibt natürlich Unterschiede in der Intensität und Dauer der Wirkung, die ein Gespräch mit dem Lehrer oder der Erzieherin hervorruft, zu denen die Kinder eine persönliche Bindung haben. Aber in der Regel sind Kinder schon recht groß (oder sehr verstört), bis sie sich in der Interaktion mit den Erwachsenen bewusst unverwundbar machen können, die ein Teil ihres Alltags sind.

### Erwachsenen-Kind-Beziehung

In einer Wechselwirkung zwischen gleichgestellten, ebenbürtigen Erwachsenen (= eine symmetrische Beziehung) sind beide Seiten gleich verantwortlich für die Qualität des Prozesses und die Folgen, die er für den einzelnen Menschen oder die Gemeinschaft hat.

In Wechselwirkungen zwischen Erwachsenen, von denen einer mehr Macht hat oder repräsentiert als der andere (= eine asymmetrische Beziehung), hat der mächtigere größere Verantwortung für die Qualität der Beziehung und für die Folgen.

*In Wechselwirkungen zwischen Kindern und Erwachsenen liegen die Qualität der Wechselwirkung und ihre Folgen ausschließlich in der Verantwortung der Erwachsenen.*

Dafür gibt es zwei Gründe. Erstens sind Kinder einfach nicht in der Lage, die Verantwortung für die Qualität ihrer Beziehung zu Erwachsenen zu tragen. Sie können Meinungen über diese Beziehung, Vorschläge und Änderungswünsche anbringen, die Verantwortung aber können sie nicht übernehmen. Das ist der Hauptgrund dafür, dass die demokratischen Werte keine ausreichende Grundlage in Erwachsenen-Kind-Beziehungen sind. Immer wenn man Kindern direkt oder indirekt die Verantwortung für ihre Beziehungen zu Erwachsenen überträgt, ist das Ergebnis ein geringeres Wohlbefinden der Kinder und eine schlechtere Beziehungsqualität. Das kommt in Familien vor, in denen die Erwachsenen zur Führung nicht imstande sind, und in Institutionen, wo sich die Erwachsenen gegenüber den Kindern in der Defensive oder in einem destruktiven Konflikt zueinander befinden. Die Schwachstelle der Kinder ist, dass sie kooperieren und automatisch versuchen, das Vakuum auszufüllen, das die Erwachsenen hinterlassen haben.

Das ist ein Umstand, auf den man immer wieder hinweist, wenn man von einer Familie oder Schulklasse sagt, dass die Kinder »die Macht übernommen haben«, und man mit Recht meint, dass dieser Zustand ungünstig sei. Nie haben die Kinder die »Macht« übernommen, auch wenn es so aussieht. Es ist so weit gekommen, weil die Erwachsenen die prozessuale Verantwortung nicht übernehmen wollten oder konnten. Kinder sind natürlich daran interessiert, Einfluss auf die *Inhalts*dimension innerhalb der Rahmenbedingungen eines demokratischen Prozesses zu nehmen. Aber wenn sie »das Ganze regieren«, beruht das auf einer destruktiven Erwachsenen-Kind-Wechselwirkung, wofür sie – genau wie viele Erwachsene – keine Worte haben und sich nur durch ihr übriges Verhalten indirekt ausdrücken können.

Zweitens konstituiert die Summe der tatsächlichen Macht, der Erfahrung und des Überblicks (in der Familie kommt eine emotionale Abhängigkeit hinzu) der Erwachsenen die asymmetrische Beziehung und die prozessuale Macht der Erwachsenen.

Viele Generationen lang haben Erwachsene diese Verantwortung für die Qualität ihrer Beziehung zu Kindern von sich gewiesen, wenn die Beziehungen von Konflikten geprägt waren. Das ist in der Regel in den pädagogischen Institutionen ständig der Fall. Kinder (und ihre Eltern) werden im Großen und Ganzen in allen offiziellen Verlautbarungen als *die* Ursache für die qualitativ unbefriedigenden professionellen Beziehungen genannt. Sofern das nicht auf Unwissen beruht, ist es nach unserer Auffassung ein ethischer Schandfleck in der Pädagogik, zu dessen Beseitigung Aus- und Fortbildung an erster Stelle stehen sollten.

Der praktische Umgang der Erwachsenen mit dieser ganz entscheidenden Verantwortung beruht auf wenigen einfachen, persönlichen Äußerungen, die in unterschiedlichem Maß aus dem Mund von Fachleuten fremd klingen. Die Erwachsenen haben gelehrt, dass es professionell korrekt ist, die Verantwortung den Kindern zu übertragen in Form von Belehrung, Kritik und Schuld – nicht immer weil sie tatsächlich davon überzeugt wären, sondern weil die Sprache, wie vorher erwähnt, noch aus einer Zeit stammt, in der die optimale Beziehung eine Subjekt-Objekt-Beziehung war.

Dieser Mangel an sprachlicher Tradition ist nach unserer Auffassung ganz entscheidend und überlagert sehr oft die ansonsten lobenswerten Einstellungen und Kompetenzen der Fachleute. Entsprechendes gilt für viele Eltern.

Die berufliche Tradition äußert sich wie folgt:

»Peter scheint kontaktarm und unaufmerksam zu sein.«

Die Alternative wäre z. B.:

»Wenn Peter mit mir zusammen ist, scheint Peter nicht an Kontakt interessiert zu sein, und mir fällt es schwer, seine Aufmerksamkeit zu wecken. Wir müssen ihn in mehreren unterschiedlichen Beziehungen beobachten.«

Die traditionellen Äußerungen übertragen dem Kind die ganze Verantwortung und *schließen* seine Realität *aus*. Die alternativen Äußerungen haben die beiden wichtigen Qualitäten: Sie bestätigen die Verantwortung des Erwachsenen und *schließen* die Realität des Kindes *ein*. Pädagogische Interventionen, die diese beiden Qualitäten aufweisen, bestätigen oder verbessern die Qualität der Beziehung und tragen sehr häufig dazu bei, das Signalverhalten des Kindes zu mildern oder sogar abzustellen. In diesem Kontext ist es weniger wichtig, ob die Lehrer/Pädagoge-Kind-Beziehung Hauptursache für das Verhalten des Kindes ist oder bloß eine weitere destruktive Komponente in der gesamten Lebenssituation des Kindes. Kinder und Erwachsene, die sich nicht wohl fühlen, müssen in ihren wichtigen Beziehungen auch gesehen, gehört und ernst genommen werden. Nichts an den pädagogischen Rahmenbedingungen, Zielen oder Ressourcen verhindert, dass diese Qualitäten integraler Bestandteil des professionellen Verhaltens der Erwachsenen sein können.

Wenn aber das Signalverhalten des Kindes nicht gemildert wird oder aufhört, ist eine psychosoziale Untersuchung erforderlich, die auch die Eltern und eventuell andere Fachgruppen einschließt. Stellt sich dabei heraus, dass das Kind ernst zu nehmende Probleme in der Familie hat und/oder eine psychologische oder kinderpsychiatrische Diagnose gestellt werden muss, ändert das nichts an seinem grundlegenden und aktuellen Bedarf an glaubwürdigen und verantwortungsbewussten pädagogischen Beziehungen.

Wir verwenden das Wort »glaubwürdig«, weil die pädagogische Beziehungskompetenz, wie wir sie verstehen, Aufrichtigkeit vom Erwachsenen fordert. Es reicht nicht, wenn man den einen pädagogischen Jargon nur durch einen anderen ersetzt, der Kinder nur auf neue Art zu Objekten macht.

Das Verhalten der Kinder hat Einfluss auf die Qualität der interpersonalen Prozesse mit Erwachsenen und wird von dieser beeinflusst. Doch selbst wenn der Einfluss der Kinder überwältigend scheint, tragen die Erwachsenen die Verantwortung für die Qualität. Kinder wirken mit, können aber nicht mitverantwortlich sein. Erwachsene haben das gleiche Bedürfnis, gesehen, gehört und ernst genommen zu werden, aber das geschieht nur so weit, wie sie an der Verantwortung für die Beziehung festhalten und sie ausüben – inhaltlich und prozessual.

**Beispiel:**

Ein Kindergarten hat den Grundsatz, dass die Kinder selbst bestimmen, wie sie sich beschäftigen wollen. Der Kindergarten arbeitet so, dass täglich eine Gruppe von 12 Kindern in den Wald in einen Waldkindergarten geht. Für das Wohl aller Kinder ist es notwendig, dass wegen der Platzverhältnisse jeden Tag 12 Kinder nach draußen gehen. Da aber die Kinder selbst entscheiden müssen, kommt es häufig vor, dass kein Kind in den Wald will oder vielleicht darf. Das hat viele Tage lang zu Chaos in der Einrichtung geführt.

Das Problem ist in diesem Kontext interessant, weil es die Sprache, die Verantwortung und auch die Führung involviert.

Rein sprachlich hat der Kindergarten beschlossen, mit einer Führungsform zu arbeiten, die man »Selbstverwaltung« nennt. Der Begriff, der stark unterschiedlich und unklar definiert wird, war in seinem Ursprung ein gut gemeinter Versuch, die Pädagogik zu demokratisieren, aber ein Versuch, der unserer Erfahrung nach nicht den realen Bedürfnissen der Kinder gerecht wird, weil er die Prozessdimension nicht einkalkuliert. Die Inhaltsdimension kann demokratisiert werden, aber nicht die Prozessdimension. »Demokratie« ist ein politischer Begriff, der anzeigt, wie man die Macht verteilt. Gleiches gilt für das Wort »bestimmen«. Wenn die Kinder in diesem Kindergarten »selbst bestimmen müssen«, was sie unternehmen wollen und was nicht, haben sie also über ihre eigene Aktivität im Kindergarten die Macht bekommen.

Zweifellos ist es vernünftig und gesund für die Kinder (und für die Zukunft der Gesellschaft), dass sie ihr Leben mitbeeinflussen und mitgestalten. Dagegen ist sehr zu bezweifeln, ob es für ihr Wohl und ihre Entwicklung zuträglich ist, dass sie darüber Macht haben. Die Erklärung ist, dass Kinder zwar wissen, worauf sie im Augenblick gerade *Lust* haben, aber nur sehr wenig wissen, wie ihre übergeordneten *Bedürfnisse* aussehen. Obwohl Spiele in der Regel lustbetont sind, ist die Aktivität des einzelnen Kindes nur ein Teil in einem größeren Ganzen, für das die Erwachsenen die Verantwortung tragen. Der Begriff »Lust« wurde für eine ganze Generation zu Beginn der sechziger Jahre zu einem schlagkräftigen Synonym für »Freiheit«. Für die Eltern und Erzieher von heute ist es zu einem Schlüsselwort für ein Zusammensein mit Kindern geworden, das deren Integrität nicht verletzt. Die Annahme besteht offenbar darin, dass man mit einem Schlag die politischen Rechte und die psychosoziale Entwicklung der Kinder gesichert hat, wenn sie weitestgehend bekommen, worauf sie Lust haben. Das ist aber nicht der Fall.

Wenn sich Erwachsene als diejenigen verstehen, die gewährleisten sollen, dass Kinder das bekommen, worauf sie am meisten Lust haben, dann bekommen die Kinder mit großer Sicherheit nicht das, was sie am dringendsten brauchen: eine erwachsene Führung, die Verantwortung für die Gesamtheit im Leben des Kindes übernimmt. Kinder brauchen Erwachsene, die bereit sind, ihre Lust ernst zu nehmen: sie anzuhören, sie anzuerkennen und sie in dem Maß einzubeziehen, wie es möglich und verantwortbar ist.

In diesem Kindergarten tragen die Erzieherinnen eine übergeordnete Verantwortung für die Rahmenbedingungen und die Atmosphäre. Der Platzmangel macht es erforderlich, dass jeden Tag 12 Kinder in den Wald gehen. Das trägt zu einer guten Atmosphäre bei, so dass die Erzieherinnen herausfinden, welche Kinder Lust haben, mit in den Wald zu gehen, und dass sie es ernst nehmen, wenn jemand keine Lust hat. Die Lust/Unlust anderer Menschen ernst zu nehmen bedeutet jedoch keine Verpflichtung, sich danach zu richten. Genau diese Art von Gesprächen zwischen Erwachsenen und Kindern haben wir gerade erst angefangen zu üben. Deshalb ist der Versuch so verlockend, sie mit Hilfe etwa von Regeln und allgemeinen Grenzen zu umgehen.

Der zentrale übergeordnete Aspekt in der Erwachsenen-Kind-Beziehung ist also der Wille und die Fähigkeit des oder der Erwachsenen, die Verantwortung für die Qualität der Beziehung zu übernehmen und dazu zu stehen, wenn dies nicht gelingt. Das haben die privaten wie die professionellen Erwachsenen-Kind-Beziehungen gemeinsam. Darüber hinaus umfasst die Beziehung mehrere Teilqualitäten, auf die wir später im Buch zurückkommen.

### Die kollegiale Beziehung

In einer Wechselwirkung zwischen gleichgestellten, ebenbürtigen Erwachsenen (eine symmetrische Beziehung) sind beide Seiten gleich verantwortlich für die Qualität des Prozesses und die Folgen – für die positiven genauso wie für die negativen, die diese für den Einzelnen und die Gemeinschaft haben.

In den Tagesstätten arbeiteten die Erzieherinnen immer eng zusammen und hatten alle Möglichkeiten, einander in die Karten zu schauen. In der Schule ist das Teamwork ein Novum, das die berufliche Isolation der Lehrer aufbricht und ganz neue Anforderungen an die Fähigkeit zur Zusammenarbeit stellt. Moralisch haben wohl die meisten die Einstellung, dass Zusammenarbeit etwas ist, das man einfach so kann, weil man erwachsen und gut ausgebildet ist. In Wirklichkeit aber fällt es vielen von uns schwer, eng mit anderen Menschen zusammenzuarbeiten – oder zumindest mit einigen bestimmten anderen Menschen – und im wirklichen Leben kommt es in sehr regelmäßigen Abständen zu Krisen; Sündenböcke werden auserkoren und Konflikte ausgelöst.

Wir haben oben die sehr große Verantwortung der Leitenden für die Atmosphäre und den Ton in den einzelnen Institutionen kurz angesprochen. Aber der einzelne Mitarbeiter trägt natürlich auch seinen Teil der Verantwortung für die auftauchenden Konflikte und Probleme. Zunächst und vor allem muss man sich klar machen, dass der alte Mythos nicht zutrifft, ein guter Arbeitsplatz sei ein Arbeitsplatz ohne Konflikte. Dieser Mythos ist ein Produkt der Forderung der Gehorsamskultur nach Unterdrückung von Uneinigkeit und Vielfalt.

Bei einer Zusammenarbeit von engagierten, freien und selbstständigen Menschen werden immer Konflikte auftreten. Einige sind überwiegend beruflich, andere persönlich und manche eine undurchschaubare Mischung. Wir entscheiden nur in begrenztem Maß selbst, mit wem wir zusammenarbeiten, und nur sehr wenige von uns können gut mit anderen zusammenarbeiten. Genauso wird es immer einige Kinder und Eltern geben, zu denen wir keinen fruchtbaren Kontakt herstellen können. Der Preis der Selbstständigkeit und der Freiheit ist, dass wir in wichtigen Beziehungen mit uns selbst konfrontiert werden und für uns selbst die Verantwortung übernehmen müssen.

In einer pädagogischen Institution reicht die kollegiale Zusammenarbeit über das Wohl des oder der Einzelnen am Arbeitsplatz hinaus: Sie hat im Positiven wie im Negativen Einfluss auf alle Mitarbeiter, alle Kinder und alle Eltern. Ähnliches passiert in Produktionsunternehmen, wo sie Einfluss auf die Produktqualität hat, und in Dienstleistungsunternehmen, wo sie sich auf die Kundenbeziehungen auswirkt.

Wie in den anderen Beziehungen, mit denen wir uns in diesem Buch beschäftigen, ist es sinnlos zu »fordern«, dass die kollegialen Beziehungen das Verhältnis zu den Kindern und Eltern nicht negativ beeinflussen dürfen. Das kommt in Abständen auch in den besten und vorbildlich geführten Institutionen vor. Vernünftigerweise kann man erwarten, dass die Konfliktparteien oder die Leitung die Initiative ergreift und sich dafür verantwortlich erklärt, dass die Streitfälle bereinigt werden und dass die Personen, die es eventuell ausbaden mussten, eine Erklärung bekommen.

Mit der kollegialen Zusammenarbeit ist es wie mit so vielen anderen Verhältnissen unter Menschen: Sie ist keine Kunst, wenn alles gut läuft. Die Kunst besteht darin, richtig zu handeln, wenn nicht mehr alles gut läuft. Viele ausgezeichnete Bücher sind über Teamwork, Konfliktlösung, Schlichtung und Gruppenpsychologie[4] geschrieben worden. Deshalb beschränken wir uns in diesem Kontext auf den Hinweis auf zwei Handlungsmöglichkeiten, die mithelfen können, chronischer Missstimmung vorzubeugen.

In einem Team oder einer Reflexionsgruppe ist es angebracht, in Abständen Bilanz zu ziehen. Das geht meistens sinnvoll und dynamisch vor sich, indem jeder einzelne Teilnehmende seinen Kollegen folgende Frage stellt: »Was ist nach eurer Meinung für jeden Einzelnen von euch das Schwerste und das Beste an der Zusammenarbeit mit mir?« Abgesehen davon, dass den Teilnehmern wichtige Informationen geliefert und Probleme in Angriff genommen werden, ist es ein gutes Training im Evaluieren seiner anderen professionellen Beziehungen. Die beruflichen Eigenschaften, die gute Kollegen freuen oder stören, sind mit großer Sicherheit die gleichen, die von Kindern und Eltern als konstruktiv oder belastend empfunden werden.

**Beispiel:**
Teamwork in einer Gruppe von Dänischlehrern der 9. Klassen. Vier Dänischlehrer in diesem Jahrgang arbeiten zusammen an der Planung des Dänisch-Unterrichts. Sie haben auch in der 8. Klasse zusammen-

gearbeitet, und Kirsten, eine der Lehrerinnen, findet, dass sie in der 8. Klasse auf viele Projekte verzichtet hat, um den anderen Raum zu geben; deshalb will sie jetzt gern ihren Themenvorschlag durchsetzen. Sie ist der Meinung, die anderen seien ihr etwas schuldig, weil sie sich so oft untergeordnet hat. Für die übrigen sieht die Sache allerdings anders aus. Sie sind der Auffassung, es sei schwer einzuschätzen gewesen, was Kirsten eigentlich gern wollte, weil sie es nie genau aussprach. Bei ihnen ist es so angekommen, als fehle es ihr eher an Ideen, und sie hatten es, ohne es laut auszusprechen, ein bisschen satt, dass sie bei ihnen einfach nur »aufgesprungen« ist.

Da Kirsten jetzt ein Thema hat, mit dem sie gern arbeiten will, meint sie, dass man es doch einfach sagen kann. Dann werden die anderen akzeptieren, dass sie jetzt an der Reihe ist zu bestimmen. Aber die Rechnung geht nicht auf. Die anderen argumentieren mit genauso großem Feuereifer für ihre Ideen wie immer. Kirsten fühlt sich übergangen und verletzt, gibt es aber auf, ihre Argumente vorzubringen, und das Team fährt fort, ein anderes Thema zu besprechen, woran Kirsten sich beteiligt, aber ohne den Enthusiasmus und die Arbeitsfreude, die der ganzen Mühe wert wären.

Bei Kirstens Schwierigkeiten und denen des Teams geht es auf der beruflichen Ebene um die Fähigkeit, persönliche Verantwortung und somit auch soziale Verantwortung zu übernehmen. Kirsten fällt es schwer, die persönliche Verantwortung zu übernehmen – Verantwortung für sich selbst in der Gruppe. Sie nimmt sich und ihre eigenen Wünsche nicht ernst, beteiligt sich aber an einer Zusammenarbeit, ohne sich und den anderen eigentlich klar zu machen, wo sie steht und was sie möchte. Wenn sie mit den anderen darüber geredet hätte, was sie über die Themenwahl in der 8. Klasse dachte, und wenn die anderen in der Lage gewesen wären, in dieser Situation die soziale Verantwortung zu übernehmen – die Verantwortung für die Gemeinschaft –, hätten sie Kirsten geholfen, sich verständlich zu machen.

Bei dem Prozess im Team geht es nicht darum, dass Kirsten ihren Willen bekommt, indem man sich für ihr Thema entscheidet. Es dreht sich viel mehr um einen Prozess, der darauf abzielt, Kirsten zu einem vollwertigen Mitglied der Gruppe zu machen, indem man sie ernst nimmt und ihr hilft, ihren Platz in der Gruppe zu finden.

Je mehr jeder und jede Einzelne in der Gruppe in der Lage ist, persönliche Verantwortung zu übernehmen, desto leichter wird es für die Gruppe, zusammen zu arbeiten. Kirsten kann sich gegenüber der Gruppe über sich etwa wie folgt äußern: »Ich bin damit nicht zufrieden. Es ist mir peinlich, dass ich nicht herausfinden kann, wie man sich ausdrückt, damit ich gehört und verstanden werde. Deshalb möchte ich dabei gern Hilfestellung haben.« So übernimmt sie sowohl die persönliche als auch die soziale Verantwortung. Die Verantwortung für die Gemeinschaft kommt in dieser Situation zum Ausdruck, indem sie die Energie nutzt, die sie gemeinsam mit den anderen hat, statt dazusitzen und sich zurückzuhalten. Die anderen wissen nun etwas darüber, wer Kirsten ist, und können künftig ihre Verantwortung übernehmen, indem sie mitteilen, was ihnen auffällt. Kirsten ist in einer Situation, in der sie sich unter Druck gesetzt fühlt, und es fällt ihr schwer, sich bemerkbar zu machen; sie braucht Hilfe von den Kollegen, etwa in Form einer Aufforderung: »Du hast eine Zeit lang überhaupt nichts gesagt, Kirsten, ich möchte gern wissen, was du von diesem letzten Vorschlag hältst.« Mit dieser Qualität in den kollegialen Beziehungen werden beide Seiten für die Begegnung mit Kindern und Erwachsenen besser gerüstet sein.

Die persönliche Verantwortung zu übernehmen ist etwas ganz anderes, als egoistisch und ichbezogen zu sein, womit es so häufig verwechselt wird. Persönliche Verantwortung übernehmen zu können ist die Voraussetzung dafür, beim Aufbau gleichberechtigter Beziehungen mitwirken und die Mitverantwortung für die Gemeinschaft übernehmen zu können.

Solange die Zusammenarbeit in einem Team oder einer Gruppe funktioniert, kann die Gruppe selbst diese kurze Evaluation in einem Intervall von einem halben oder einem Jahr durchführen. Klappt die Zusammenarbeit nicht, sollte sich die Gruppe Hilfe von außen von einer Person holen, die man mittlerweile meist »Konfliktberater« nennt. Das kann ein Kollege aus einer anderen Gruppe sein, ein anderer Profi mit Verbindung zum System oder ein unabhängiger Berater.

Nie sollte es der oder die Leitende der Institution sein. Auch der oder die beliebteste und respektierteste Leitende repräsentiert immer eine Macht. Es ist nicht auszuschließen, dass sich diese Macht hemmend auf ein ohnehin schon labiles Beziehungsgefüge auswirkt.

In unregelmäßigen Abständen treten bei einer Zusammenarbeit Konflikte auf. Aus unterschiedlichen Gründen lässt man es zu, dass sie allmählich eskalieren, so dass am Ende anscheinend keine Möglichkeit mehr besteht, die Zusammenarbeit von neuem wieder herzustellen. Diese Situationen zu »lösen« sind die beruflichen Organisationen bereit. Die Bereitschaft dazu funktioniert auf vielen Gebieten am besten, wenn sie kurz eingeschaltet wird mit Blick darauf, eine mehr prozessorientierte Hilfe zu etablieren. Ist das nicht möglich, entwickelt sich der Ablauf für die Betroffenen destruktiv – sowohl für die direkt involvierten Personen als auch für die ganze Institution. Leider ist es häufig so, dass die Psychologie verliert, wenn Rechtswissenschaft und Psychologie zusammen in einem Zimmer sind. Die Organisationen haben die Aufgabe, die *Rechte* der Parteien zu wahren, und das führt immer dazu, dass wichtige *Bedürfnisse* ins Abseits geraten. Deshalb sollten auf die arbeitsrechtliche Intervention immer eine oder mehrere Besprechungen folgen, damit allen die Möglichkeit gegeben wird, die Folgen zu verarbeiten. Auch hier sollte ein Berater von außen teilnehmen, damit niemand eine Kränkung hinnehmen muss.

Genauso gibt es offizielle Zusammenarbeitsabsprachen und Strukturen, die vor allem fachpolitisch begründet sind und sich folglich natürlich an der *Inhalts*dimension der Institution orientieren. Deshalb ist es angebracht, allen Beschäftigten in einem Rhythmus von ein oder zwei Jahren die Möglichkeit zu bieten, sich zu einer Konferenz zu treffen, bei der jeder die Chance hat, zum Ausdruck zu bringen, wie es ihm am Arbeitsplatz, mit der Arbeit, miteinander und mit der Leitung geht. Nach aller Erfahrung ist gerade die Regelmäßigkeit so wichtig, teils, weil viele Institutionen so groß sind, dass immer viele Personen kommen, zu denen man keinen regelmäßigen Kontakt hat, und teils, um eine Kultur zu unterstützen, in der man sich in dieser Form nicht nur trifft, wenn ernste Probleme aufgetaucht sind. Die Leitung sollte in diesem Kontext zu den gleichen Bedingungen zur Verfügung stehen wie alle anderen Mitarbeiter. Aus diesem Grund sollte man einen Berater von außer hinzuziehen, um sicherzustellen, dass der Prozess so fruchtbar wie möglich ausfällt. Diese Besprechungen haben wie erwähnt den übergeordneten Zweck, die vielen Gefühle und Phänomene zu verdeutlichen, die man nicht durch Vereinbarungen und Zusammenarbeitsabsprachen einkalkulieren kann, für die aber die Leitung und die Mitarbeiter anschließend die Verantwortung übernehmen können, um damit an anderen Schauplätzen weiterzuarbeiten. Das Ziel besteht nicht darin, die Institution von Problemen zu befreien, sondern sie lebendig zu halten und das Niveau der beruflichen und beziehungsmäßigen Qualität zu sichern.

### Die Lehrer/Erzieher-Eltern-Beziehung

In Interaktion zwischen Erwachsenen, bei denen die eine Seite mehr Macht hat oder repräsentiert als die andere (eine asymmetrische Beziehung), trägt die Seite mit der größeren Macht mehr Verantwortung für die Qualität des Prozesses und seine Folgen.

Wenn wir von »Macht« in Beziehungen von Fachleuten zu Laien sprechen, meinen wir nicht nur die formale oder tatsächliche Macht, die den Profis durch die Gesetzgebung verliehen worden ist, etwa in Form der Verpflichtung, den Sozialbehörden Bericht zu erstatten. Wir beziehen uns in genauso hohem Maß auf die nicht-formale Macht, die teils in der professionellen Sachkenntnis begründet liegt = mehr Wissen, und auf die häufig sehr große Macht, die vor allem sozial schwache Familien den Lehrerinnen und Erzieherinnen ihrer Kinder zuschreiben – eine Vorstellung, die in der Regel in keinem Verhältnis zum Gefühl von Ohnmacht der Profis gerade in solchen Beziehungen steht, von denen aber die Eltern leider allzu oft berichten können aufgrund wiederholter Erlebnisse, als sie sich manipuliert und nicht ernst genommen fühlten.

Im Gegensatz zu den Kindern können die Eltern mit ein bisschen Energie in die Qualität der Wechselwirkung eingreifen, wenn sie es für notwendig erachten. Sie können sagen: »Jetzt warte mal! Es gibt bestimmt einen besseren Weg, das zu besprechen!« Aber die Wirklichkeit sieht so aus, dass sie sich selten in der Lage dazu fühlen, oder man schätzt es es auch nicht immer, dass sie es versuchen. Wenn die Interaktion von Eltern und Fachleuten durch Konflikte belastet ist, besteht immer die allgemeine Neigung, dass Fachleute ihre prozessuale Macht bewusst nutzen, um ihre Argumente durchzusetzen. In allen beziehungsorientierten Berufen besteht die Tendenz, dass der prozessuale Machtmissbrauch der Profis geradezu proportional zu ihrer Unsicherheit und Angst oder im umgekehrten Fall proportional zu ihrer Beziehungskompetenz steht.

Man kann die Rolle des Lehrers oder der Erzieherin in der Wechselwirkung mit den Eltern als »Gastgeberrolle« beschreiben, in der sie vor allem für den Ton, die Stimmung und die Atmosphäre während des Gespräches verantwortlich sind. Das schließt eine Verpflichtung ein, das Gespräch abzubrechen und Hilfe heranzuziehen, wenn es nicht gelingt, eine überwiegend konstruktive Stimmung herzustellen. Wir schreiben »überwiegend«, weil Gespräche zwischen lebendigen Menschen so gut wie nie nur harmonisch, vernünftig und zielgerichtet verlaufen. Für Misstöne muss auch Platz sein. In beiden Fachgruppen besteht eine Tradition von hoher Verantwortung für Inhalt und Ziel des Gespräches, die man erweitern muss, um auch die prozessuale Dimension einzuschließen.

Paradox ist allerdings, dass prozessuales Versagen der Profis oft ihrer inhaltsorientierten Verantwortlichkeit entspringt. Bei der prozessualen Verantwortung geht es nicht darum, jede Menge Small talk über Wind und Wetter einzustreuen oder die Eltern das Gespräch nach Gutdünken führen zu lassen. Es ist Sache des Bewusstseins, der prozessualen Dimension immer höheren Stellenwert vor dem sachlichen Inhalt und dem Ziel einzuräumen. Ein destruktiver Prozess wird früher oder später den sachlichen Inhalt und das Ziel unterminieren.

### Gespräch und Kommunikation

Johannes Sløk, Professor für Ideengeschichte, bemerkte über das Gespräch:

> Das Gespräch – der Dialog – kann als die Wanderung zweier Menschen durch die Sprache, durch Fragen und Antworten, durch vor-

sichtiges, gegenseitiges Prüfen beschrieben werden. Das Gespräch ist häufig eine sehr lange Wanderung auf ein fernes Ziel zu einer unbekannten »Wahrheit«.

Immer wenn die Wanderung gelingt und die Teilnehmenden endlich das Ziel erreichen – d. h. weiter können sie nicht kommen –, ist das Ziel »die Wahrheit« über ein Thema, das der Gegenstand des Gespräches war. Aber es gab keine »Wahrheit«, die schon im Voraus existierte und jetzt erst entdeckt wurde.

»Die Wahrheit« war das Ergebnis, das im Gespräch erzielt wurde. Dass ein bestimmtes Ergebnis dabei herauskam, lag daran, dass kein Weg mehr vorhanden war, auf dem sie hätten weitergehen können. Die Teilnehmenden haben also keine im Voraus gegebene »Wahrheit« entdeckt. Sie haben etwas als »Wahrheit« angenommen aus dem einfachen Grund, weil sie weiter nicht mehr kommen konnten.

Johannes Sløk war stark von dem dänischen Philosophen Søren Kierkegaard beeinflusst. In dieser Aussage gelingt es ihm, die existenzielle Tradition in ein postmodernes Verständnis der Bedeutung von Sprache und Form im Gespräch überzuführen. In diesem Fall ist es nicht so wie in der modernistischen Tradition, wo ein Abstand (Dualität) zwischen der Wirklichkeit und dem, der sie objektiv beobachtet und beschreibt, besteht, ebenso wenig wie es eine im Voraus gegebene, aber verborgene allgemeine Wahrheit gibt, die entdeckt wird. Die Expertenrolle ist aufgehoben, könnte man sagen. Die Qualität des Prozesses bestimmt die Qualität der »Wahrheit«. Der Unterschied zwischen dem Gespräch, wie es Sløk definiert, und dem, was wir im Folgenden einzukreisen versuchen wollen, besteht darin, dass Sløk sich in ersten Linie auf das *intellektuell ebenbürtige* Gespräch bezieht, aber die Gleichberechtigung – der gegenseitige Respekt vor dem Gefühl von Wirklichkeit auf beiden Seiten – ist auch bei Sløk eine Voraussetzung.

Im späteren Verlauf des Buches werden wir auf das Selbstverständnis der Profis als eine Person zurückkommen, die die Wahrheit des Themas und das Ziel des Gespräches kennt. Das ist ein entscheidendes Hindernis für Kontakt, Gegenseitigkeit und Dynamik in den Gesprächen, die sie mit Kindern und Eltern führen. Bei einem der zentralen pädagogischen Begriffe, der »Motivation«, geht es in der täglichen Praxis häufig um den Versuch des Lehrers oder der Erzieherin, seine oder ihre »Wahrheit« an die andere Partei zu »verkaufen«, wenn die »Wahrheit« weder von Interesse ist noch ernst genommen wird. Statt den asymmetrischen Charakter der Beziehung aufzuweichen, hält man eisern daran fest. Ironischerweise motiviert dies aber am wenigsten.

Was wir hier unter Gespräch verstehen, umfasst jeden Dialog zwischen Fachleuten und Kindern oder Eltern in den pädagogischen Institutionen: vorgeschriebene, spontane und verabredete, notwendige Gespräche. Unsere Erfahrung, wann ein Gespräch in pädagogischem Kontext gut gelungen ist, entspricht genau Sløks Definition, wenn man »ebenbürtig« durch »gleichberechtigt« ersetzt. Dieses Verständnis eines wertvollen Gespräches stellt die gleichen Ansprüche an beide Seiten. Doch es sind selbstverständlich keine Ansprüche, die man als Lehrer oder Pädagoge einfach an Kinder und Eltern mit der Erwartung stellen kann, sie würden erfüllt. Es liegt in der Natur der asymmetrischen Beziehung, dass man nur sein Bestes geben kann, um diese Ansprüche selbst zu honorieren und somit einen Grundton in den Gesprächen anzuschlagen, der inspirierend ist und der anderen Seite den Weg weist. Im Übrigen ist es für alle wertvollen Qualitäten in interpersonalen Beziehungen (beruflichen wie privaten) charakteristisch, dass sie in und durch die Beziehung hervorgebracht werden müssen. Sie sind nicht a priori vorhanden, sondern müssen durch Beständigkeit geschaffen und immer wieder neu geschaffen werden.

Kommunikation ist nach unserem Verständnis eine eher technisch geprägte Disziplin, bei der es um die Vermittlung von Information geht, und darauf kommt es weitestgehend beim Unterrichten an. Ebenso spielt die Fähigkeit, schriftlich und mündlich zu kommunizieren, eine wichtige Rolle bei der Vermittlung der notwendigen Informationen zwischen den Institutionen und den Eltern. Kommunikation ist deshalb so wichtig für den allgemeinen »Ton« zwischen den Parteien und ihren Qualitäten, weil Klarheit und Verständlichkeit dazu beitragen, eine gute oder ihr Fehlen eine schlechte Grundlage für den persönlicheren Kontakt zu schaffen.

Es gibt sich überschneidende Qualitäten in Gespräch und Kommunikation: die Fähigkeit und der Wille, etwa das Selbstverständnis und die Verständnisebene der Empfängerseite einzubeziehen. Aber nach unserer Erfahrung ist es von Vorteil, die Begriffe getrennt zu halten. Wenn Kristians Lehrer sagt, er habe mit Kristian ein »Kommunikationsproblem«, dann wäre es hilfreich zu wissen, ob er meint: »Ich glaube nicht, dass Kristian meine Art, Mathematik zu unterrichten, versteht« oder »Immer wenn ich mit Kristian spreche, habe ich das Gefühl, als ob ich ihn gar nicht kenne.«

Was wir hier in diesem Buch als »Gespräch« bezeichnen, wird häufig »Dialog« genannt. David Bohm, englischer Professor für theoretische Physik, der sich sein Leben lang mit dem Wesen des Dialogs beschäftigt hat, äußert über den Unterschied zwischen Kommunikation und Dialog:

»Es kann von Vorteil sein, die Diskussion dieser Frage damit zu eröffnen, sich die Bedeutung des Wortes ›Kommunikation‹ anzuschauen. Es leitet sich vom lateinischen Wort *communicare* ab, was ›etwas darstellen oder machen‹ bedeutet. Somit heißt ›zu kommunizieren‹ ›etwas gemeinsam machen‹, d. h. die Information oder das Wissen möglichst genau von einer Person an eine andere weiterzugeben. Diese Bedeutung ist in sehr vielen unterschiedlichen Bereichen sinnvoll. In diesem Sinn kann eine Person über eine Anweisung kommunizieren, wie eine bestimmte Aufgabe gelöst werden soll. Ganz eindeutig ist ein Teil unserer Industrie und Technologie von dieser Form der Kommunikation abhängig.

Diese Bedeutung deckt jedoch nicht alles ab, was Kommunikation umfasst. Man stelle sich etwa den Dialog vor: Wenn eine Person in einem solchen Dialog etwas sagt, antwortet die andere Person normalerweise nicht in genau dem gleichen Wortlaut oder in dem Sinn, wie es der ersten Person vorschwebt. Die Bedeutungen liegen wahrscheinlich nicht weit auseinander, sind aber nicht ein und dasselbe. Wenn die zweite Person antwortet, erkennt die erste deshalb einen Unterschied in dem, was sie sagen wollte, und dem, was die zweite verstand. Bei der Erwägung dieses Unterschiedes eröffnet sich ihr die Möglichkeit, etwas Neues zu bemerken, das relevant für ihr eigenes Argument und das der zweiten Person ist. Und so kann es immer hin und her gehen, begleitet von einem ständigen Auftauchen eines neuen Inhalts, der zu ihrem gemeinsamen wird. Darum versuchen die Teilnehmenden an einem Dialog nicht, das gemeinsam zu tun, was sie bereits wissen. *Man kann vielmehr sagen, beide tun etwas gemeinsam – sie schaffen in der Gemeinschaft etwas Neues.*

Diese Form von Kommunikation ist selbstverständlich nur möglich, wenn die Teilnehmenden sich unvoreingenommen zuhören können, ohne zu verurteilen und ohne zu versuchen, einander zu verändern.«[5]

In dieser Bedeutung passte der Dialog oder das Gespräch nicht sehr gut in das pädagogische Denken und in die pädagogische Praxis, wo die Vorstellung immer darin bestand, ein im Voraus festgelegtes Ziel oder Ergebnis inhaltlicher Art zu erreichen. Gelang das nicht, sagte man ganz bestimmt: »Jetzt wollen wir uns beide einmal ernsthaft unterhalten.« Aber das hatte üblicherweise eher den Charakter einer Belehrung als eines Dialogs.

Sløk und Bohm haben sich weniger mit dem sich persönlich entwickelnden als vielmehr mit dem intellektuell stimulierenden Dialog beschäftigt. Aber die Prinzipien lassen sich unmittelbar auf Gespräche übertragen, die prozessuale »Wahrheiten« aufdecken sollen. Das Kennzeichnende an der Subjekt-Subjekt-Beziehung ist schließlich gerade ihre subjektive Qualität. Fühlt ein Pädagoge sich von einem Kind bedroht oder umgekehrt, dann ist das die »Wahrheit« über ihr Gefühl von der Beziehung, aber nicht unbedingt die Wahrheit über den anderen.

## 6. Kapitel: Beziehungskompetenz

### *Einleitung*

Der Begriff Beziehungskompetenz sollte nach unserer Meinung den professionellen Beziehungen vorbehalten sein, also den Beziehungen, bei denen die eine Seite professionell ist und die andere nicht. Die wesentliche Begründung für dieses Argument ist, dass die entscheidende Qualität z. B. in Beziehungen von Eltern und Großeltern zu Kindern und Enkeln von irrationalem, emotionalem Charakter ist. Das trifft in gewissem Maß auch auf Fachleute zu. Bei ihnen werden aber andere und höhere Ansprüche an ihre Rationalität, Einsicht und ihren Überblick gestellt.

Nachdem wir Generationen hindurch die Beziehungskompetenz von professionellen Erwachsenen vorausgesetzt oder ihr keine besondere Bedeutung beigemessen haben, machen es unsere neuen Erkenntnisse über die Kompetenzen und die Entwicklung von Kindern und nicht zuletzt unser Wissen über die spezifischen Details in der Beziehung und deren Bedeutung für das Wohl beider Seiten notwendig, Beziehungskompetenz als ein neues interdisziplinäres Wissensgebiet zu etablieren.

Einfacher ausgedrückt, werden wir uns daran gewöhnen müssen, uns im Klaren über drei »Parteien« zu sein:

**DER / DIE ERWACHSENE**

**DIE BEZIEHUNG**

**DAS KIND**

Traditionell haben wir uns mit den beiden Parteien – dem Erwachsenen und dem Kind – beschäftigt und uns dafür interessiert, was gut und notwendig für jede Seite war. Wir haben aber sowohl in der privaten Kindererziehung als auch in der Pädagogik eine Tradition, ein Gegensatzverhältnis zwischen den Parteien zu sehen: Wenn etwas gut ist für das Kind, ist es vielleicht schlecht für die Erwachsenen oder umgekehrt.

Nach allem, was wir bisher über interpersonale Beziehungen wissen, können wir behaupten, dass diese Polarisierung irrelevant ist. Betrachten wir die Qualitäten, die intakte, gleichberechtigte und dynamische Beziehungen hervorbringen, sind dieselben Qualitäten aus sozialer wie existenzieller Sicht zuträglich für Kinder und Erwachsene. Deshalb reicht es nicht aus, wenn Lehrerinnen und Erzieher ihr eigenes wertvolles Spezialwissen über Kinder und Wissensvermittlung haben. Sie müssen etwas über Beziehungen wissen und ihre Kompetenz entwickeln, um sie zu etablieren, zu korrigieren und weiterzuentwickeln.

### Die neue Säuglings- und Beziehungsforschung

Die seit rund 20 Jahren an mehreren Orten in der Welt betriebene Säuglings- und Beziehungsforschung hat uns – über eine Flut von Dokumentationsmaterial in Form von Videoaufnahmen der Mutter-Kind-Beziehung hinaus – vorläufig drei Hauptergebnisse geliefert, die radikal von unserem bisherigen Wissen und unseren Annahmen über die Entwicklung und die Kompetenzen der Kinder abweichen.[1]

Die beiden ersten handeln von der Entdeckung der drei angeborenen Kompetenzen bei Neugeborenen:

- Kinder werden als soziale Wesen geboren.
  Das bezieht sich auf die Fähigkeit und den Drang des Kindes, soziale (interpersonale) Beziehungen einzugehen.
- Die Reaktionen der Kinder sind immer sinnvoll.
  Das bezieht sich auf die Fähigkeit des Kindes zur Intersubjektivität, also auf die Fähigkeit zur Einstimmung, also sich auf die Stimmung des Erwachsenen einzustimmen und dessen Signale zu verstehen, zu verarbeiten und rational sinnvoll darauf zu reagieren.

- Kinder können persönliche Verantwortung übernehmen.
  Kinder können von Anfang an Verantwortung für ihre Person in
  einfachen Bereichen übernehmen, und diese Verantwortungskom-
  petenz entwickelt sich im Vorschulalter sehr schnell.

Eine vierte Entdeckung betrifft die prinzipielle Qualität der Beziehung
und stellt fest, dass das Kind sich wohl fühlt und sich am besten in der
Subjekt-Subjekt-Beziehung entwickelt, also in einer Beziehung, in der
das Kind als selbstständiges Subjekt (Person) begriffen und behandelt
wird, das von Anfang an in seinen Beziehungen aktiv mitwirken kann.
Die traditionelle Pädagogik und die Erziehungswissenschaft sehen in
dem Kind das Objekt in einer Subjekt-Objekt-Beziehung, in der die
Erwachsenen etwas *mit* und *an* dem Kind tun. In diesem Buch verwenden wir den Begriff *Gegenseitigkeit,* um die entscheidende Beziehungsqualität in der Subjekt-Subjekt-Beziehung zu beschreiben.*

Seit Sigmund Freud haben wir unsere Erziehung und Pädagogik
auf der Annahme aufgebaut, Kinder würden *un*sozial und potenziell
*a*sozial geboren. In Einklang damit war es zentraler Bestandteil in den
Zielsetzungen der pädagogischen Institutionen, aus Kindern soziale
Wesen zu *machen.* Zur gleichen Zeit nahmen wir ausgehend von der
gleichen Voraussetzung an, Kindern fehle die Fähigkeit zu Empathie,
und deshalb sollten aus ihnen empathische Wesen gemacht werden.
Da wir jetzt wissen, dass sie mit sozialen Fähigkeiten, Bedürfnissen
und der notwendigen Grundlage für Empathie geboren werden, ist es
selbstverständlich einfacher zu erkennen, dass die Versuche, aus ihnen
soziale und empathische Wesen zu machen, nicht nur überflüssig,
sondern auch kontraindiziert waren. Unser Erfolg ist nicht, dass sich
viele Kinder zu empathischen Erwachsenen entwickelten, sondern
dass die angeborene Fähigkeit zur Empathie bei so vielen Kindern die
pädagogischen Anstrengungen überlebten.

Fast ebensowenig sind wir uns früher über die Fähigkeit der Kinder
zur Intersubjektivität im Klaren gewesen. In gewissem Umfang haben

---

* Die genannten Kompetenzen entsprechen in unserer Zusammenfassung
  vor allem Sterns Forschung, den Erfahrungen unserer eigenen klinischen
  Erfahrung und Gesprächen mit u. a. Stern.

wir ihre Fähigkeit anerkannt, Signale zu verstehen und zu verarbeiten, schrieben dies aber mehr der Kompetenz des Umfeldes zu als der des Kindes. Dagegen haben wir fast völlig übersehen, dass die spontanen Reaktionen der Kinder in Momenten der Beziehung zu Erwachsenen sinnvoll in der Hinsicht sein können, dass sie dem Erwachsenen wertvolle Informationen liefern, wer das Kind war und mit welchen Beziehungsqualitäten es sich wohl oder auch unwohl im Hier und Jetzt fühlt. Die Reaktionen des Kindes wurden fast ausschließlich als Ausdruck dessen gesehen, was das Kind war (für sich selbst – unabhängig von der Beziehung), und wurden von den Erwachsenen als Ausdruck für »Wohlerzogenheit« oder »Ungehorsam«, »Verwöhnung«, »Hysterie«, »Übermüdung«, »Herrschsucht« gesehen. Die Dissertation der schwedischen Psychologin Margaretha Brodén aus dem Jahr 1992[2] und ihre weiterführenden klinischen Untersuchungen an frühkindlich traumatisierten Müttern und ihren Neugeborenen waren auf diesem Gebiet bahnbrechend für unsere Entdeckung der Kompetenz der Kinder. Brodén wies nach, dass sogar emotional vernachlässigte Mütter die notwendige Elternkompetenz erlernen können, indem sie ihre Aufmerksamkeit für die Reaktionen/Signale des Kindes trainieren und entwickeln, die außerdem für die selbstzerstörerischen Muster der Mütter »therapeutisch« wirkten. Säuglinge können, etwas vereinfacht ausgedrückt, ihren Eltern beibringen, wie sie sich im Zusammensein mit ihnen verhalten und sie betreuen sollen.

Dahinter steckt nicht die implizite Annahme, professionelle pädagogische Beziehungen sollten die gleichen Qualitäten haben wie die Eltern-Kind-Beziehung oder noch zugespitzter: die Mutter-Kind-Beziehung. Wir beziehen uns auf diese Forschung in den engen familiären Beziehungen, weil sie neues Licht auf mehrere Beziehungsphänomene wirft, die wir aus wichtigen zwischenmenschlichen Beziehungen bereits als fruchtbar kennen.

Die Erkenntnis, dass Kinder kompetent auf bestimmten Gebieten sind, auf denen wir sie früher für inkompetent hielten, wird in manchen Bereichen als Widerspruch zu einer anderen auf Forschung basierenden Korrektur einiger traditioneller Annahmen aufgefasst. Der dänische Psychologe und Kinderforscher Dion Sommer verwendet den in der Bindungsforschung geläufigen Ausdruck »das *resiliente* Kind«, um die nahezu unglaubliche Widerstandskraft und die Fähigkeit der Kinder zu beschreiben, selbst die schrecklichsten Umstände und Beziehungen zu überleben.[3] Diese Annahme rührt wahrscheinlich daher, dass neue Beschreibungen des kompetenten Kindes beim Leser häufig ein neues Verständnis von der existenziellen *Verwundbarkeit* von Kindern hervorruft. Doch obwohl diese Verwundbarkeit real genug ist, muss sie in Verbindung mit der Fähigkeit des Kindes zur *Kooperation* gesehen werden. Verwundbarkeit und Überlebensfähigkeit sind hier keine Gegensätze, sondern zwei Seiten ein und derselben Sache.

Gerade die Kombination der existenziellen Verwundbarkeit des Kindes mit seiner Anpassungsfähigkeit gehört zu den ganz zentralen Herausforderungen für die Pädagogik. Sie führt nämlich dazu, dass Kinder sich über lange Zeit wohl fühlen können oder sich dem Anschein nach unter sehr verschiedenen pädagogischen Rahmenbedingungen und im Beziehungsalltag wohl fühlen. Etwas einfacher ausgedrückt bedeutet das, dass alle pädagogischen Theorien und Methoden »Wirkung zeigen«, wenn sie mit Überzeugung und Konsequenz in relativ isoliertem pädagogischen Umfeld praktiziert werden. Deshalb müssen sich die pädagogischen Disziplinen nach unserer Auffassung selbst die entscheidende ethische Frage stellen: Warum und wie zeigt das, was wir tun, Wirkung?

### Erwachsenen-Kind-Beziehungen zwischen gestern und heute

Die wenigsten Lehrer und Erzieher werden wohl jeden Tag zur Arbeit gehen und den Kopf voller Grundlagenforschung haben. Selbst wenn sie es täten, würden die Antworten auf die praktischen pädagogischen Herausforderungen des Tages kaum unmittelbar daraus hervorgehen. Die pädagogische Praxis hat ihre eigene Geschichte, Tradition und Trägheit, die zusammen mit der Bereitschaft des einzelnen Erziehers – hinsichtlich Persönlichkeit und Werten – in hohem Maß das berufliche Verhalten diktiert.

Seit der Nachkriegszeit stellt die Entwicklung der demokratischen und humanistischen Werte, der Lernpsychologie und der Psychologie des Lernens, eine unabhängige, ungezwungen gewachsene Kinder-

und Jugendkultur und also auch die neueste Säuglings- und Beziehungsforschung ständig neue Ansprüche an pädagogisches Denken und Handeln, und Kinder verändern selbstverständlich ihr Verhalten schneller als Erwachsene. Letzteres ist immer der Fall gewesen, aber die Anhäufung neuen Wissens und sozialer Veränderungen ist vielleicht größer als je zuvor in einer anderen historischen Epoche.

Es ist lange her, dass die Schule die Macht besaß, die Werte in der Familie zu definieren. Mit Blick auf die Qualität der Erwachsenen-Kind-Beziehung sind es die Familien, die die Avantgarde bilden, wogegen sich die Schule normalerweise in der Defensive befindet und die Tagesstätten in der Regel in einem konstruktiven Dialog mit den Eltern stehen. Kinder sind heute nicht grundlegend anders, als sie schon immer gewesen sind. Wir wissen nur mehr, wie sie gestrickt sind, und somit, wie wir alle gestrickt sind – ungeachtet des Lebensalters.

Aus unserer Sicht der Dinge setzt sich die gegenwärtige Situation aus nur einigen wenigen Kernfaktoren von seriöser pädagogischer Relevanz und einer Menge weniger wichtiger Aspekte zusammen, die in den Medien meistens nur für viel Lärm in der öffentlichen Debatte sorgen. Diese entscheidenden Faktoren sind:

- Die Gehorsamskultur und die Unsicherheit über eine ertragreiche Alternative existieren nicht mehr.
- Der ausdrückliche Widerstand der Kinder dagegen, Objekte in einer Subjekt-Objekt-Beziehung mit Erwachsenen zu sein, und der Nachweis der Forschung für größeres Wohlfühl- und Entwicklungspotenzial in der Subjekt-Subjekt-Beziehung.
- Eine abnehmende Tendenz, Kinder in einer disharmonischen Erwachsenen-Kind-Beziehung zu Sündenböcken zu machen.

Die drei Faktoren haben gemeinsam, dass sich das Wissen und die Einstellungen der Erwachsenen schneller verändern als ihr Verhalten und dass das Verhalten sich schneller in harmonischer als in disharmonischer Wechselwirkung verändert. Das ist eine allgemein menschliche Tatsache. Aber in dieser Situation kommt noch hinzu, dass die *Sprache* der gesamten Erziehung und der Pädagogik entstanden ist und entwickelt wurde ausgehend von dem Wissen und den Wertvorstellungen, die das Fundament der Gehorsamskultur bildeten, in der man das Kind zum Objekt gemacht hatte.[4]

Die Relation zwischen Worten und Sprache auf der einen Seite und unserem Bewusstsein und dem übrigen Verhalten auf der anderen Seite ist ein dialektisches Problem. Wir sprechen nicht nur so, wie wir sind, wir werden auch so, wie wir reden. Unser Sprachgebrauch ist also nicht nur ein potenziell Kontakt herstellender Faktor in einer Beziehung zu anderen, sondern auch zu uns selbst. Und die Sprache ist dynamischer, wenn wir uns selbst *ausdrücken,* als wenn wir uns selbst *beschreiben.* Versuchen Sie z. B. den Unterschied festzustellen, wenn sie Folgendes sagen: »Heutzutage ist es schwer, Kinder zu erziehen.« Und: »Mir fällt es schwer, unser mittleres Kind einzubeziehen.« Beide Äußerungen kann man verwenden, um ein und dieselbe Frustration auszudrücken. Entsprechendes passiert, wenn wir andere beschreiben: »Jakob ist im Trotzalter.« – »Jakob will jetzt selbstständiger sein und alles allein machen.«

In den pädagogischen Disziplinen wird das Problem nicht weniger komplex, weil man mindestens drei Sprachen beherrschen muss: die Fachsprache, die das Fach definiert und gegenüber anderen Disziplinen abgrenzt; den teilweise abgeleiteten Fach-Jargon, der sich nur für kollegiale Beziehungen eignet, und schließlich die Sprache, die man in Beziehungen mit Kindern verwendet. Je weniger Werte die drei Sprachen verbinden, desto weniger hängt der pädagogische Alltag mit allen drei Parteien und dem Bewusstsein des einzelnen Lehrers und Erziehers zusammen.

Die Tradition, Kinder wie Objekte von Erziehung und Pädagogik zu behandeln, hatte ihre eigene Sprache, die am deutlichsten mit folgenden Fragen verrät: »Was macht man mit Kindern, die kein Gemüse essen wollen?« – »Was macht man mit Kindern, die nicht zuhören wollen?« – »Was stellt man mit einem drei Jahre alten Kind an, das nicht in seinem Bett schlafen will?«

Die Formulierung macht Kinder zu Objekten und spiegelt die Illusion, es gäbe allgemeingültige und richtige Antworten. Ähnliche Fragen wurden im Lauf der Zeit ausgehend von zwei unterschiedlichen Einstellungen beantwortet. Die eine meinte, es gebe normalerweise richtige Antworten und die andere, der Fragende müsse sich durch Experimentieren an die Antwort herantasten. Bei unserem heutigen Wissensstand müssen wir zugeben, dass man Fragen dieser allgemeinen Art nicht sachlich beantworten kann. Die Formulierung einer dynamischen Intervention erfordert genaue Kenntnis davon, *wer* die involvierten Parteien sind, welcher Art ihre derzeitige Beziehung ist und welche Veränderungswünsche und -bedürfnisse beide Parteien haben. Der Erfolg der Intervention wird davon abhängen, wie sehr die Erwachsenen dahinter stehen, und von der Wahrnehmung der Kinder, wie sehr sie einbezogen und ernst genommen werden. Veränderungen im Verhalten der Kinder (und Erwachsenen) müssen sehr viel mehr auf Prinzipien und Ethik als auf Strategien und Moralisieren beruhen.

Das hat nicht nur ein neues sprachliches Verhalten zur Folge, sondern auch eine neue berufliche Identität und Rolle. Die notwendigen Veränderungen sind in der Regel für alle Erwachsenen gleich, ungeachtet der Art ihrer privaten oder beruflichen Beziehungen zu Kindern. Solch einschneidende Veränderungen innerhalb kurzer Zeit haben die Tendenz, auf allen Seiten Unsicherheit, Angst und Chaos hervorzurufen. So sieht auch heute in unterschiedlichen Abstufungen die Situation für viele Erwachsene aus. Einige bewegen sich sehr stark vom Wohlvertrauten und Sicheren fort, und andere steuern mehr auf etwas Neues zu, von dem sie eine mehr oder minder klare Vorstellung haben. Wir leben nicht mehr in den sechziger und siebziger Jahren mit der Wahl zwischen einer begrenzten Anzahl hinreichend definierter Einstellungen, in denen wir Sicherheit finden können, sondern eher in einer Übergangsphase zwischen zwei sehr unterschiedlichen Paradigmen.

In der sehr umfassenden öffentlichen und beruflichen Debatte über Erwachsenen-Kind-Beziehungen spiegelt sich lange Zeit eine Vereinfachung dieser Problemstellung wider mit der Tendenz, an tatsächlich veralteten Begriffen wie »durch Rahmenbedingungen gelenkte Pädagogik«, »Konsequenzpädagogik« und »freie Erziehung« kleben zu bleiben. Das führt zu einer ermüdenden, polarisierenden Debatte, in der beide Parteien mit großer Sicherheit erklären, was richtig und was falsch an dem konkreten Plan ist. In Wirklichkeit befinden sich Kindererziehung und Pädagogik viel mehr in einer Phase, die am treffendsten als Stadium des Experimentierens und der Kontextlosigkeit beschrieben werden kann. Sofern es eine Polarisierung gibt, scheint sie unter den Erwachsenen stattzufinden, die sich auf das verlassen, was anscheinend Tag für Tag seine Wirkung nicht verfehlt und den Erwachsenen, die nicht handeln, aus Angst, sie könnten etwas falsch machen. Kindern wie Erwachsenen ist in der Regel mit beidem schlecht gedient. Ins Bild gehört aber auch, dass immer mehr pädagogische Institutionen und Familien in sehr konstruktiven Gemeinschaften tatsächlich eine Verbindung zwischen Werten und Handeln herstellen können.

## Definition

Die folgende Definition des Begriffs Beziehungskompetenz ist unser Angebot einer Definition, die alle notwendigen prinzipiellen Elemente einschließt. Sie wurde nicht in erster Linie für Kindergärten oder Schulen formuliert, aber für alle *professionellen* Erwachsenen-Kind-Beziehungen.

In einigen Ländern ist parallel dazu der Begriff Beziehungs*qualität* aufgekommen. Wir aber ziehen das Wort Beziehungs*kompetenz* vor, weil Kompetenz *Wissen* und *Macht* bedeutet. »Qualität« ist auch in der pädagogischen Arena einer der neuen »glatten« Begriffe, die häufig verwendet werden, ohne dass sie wirklich viel darüber aussagen, was im konkreten Kontext unter Qualität zu verstehen sei. Wir verwenden in diesem Buch durchgehend den Begriff »Wertvorstellungen«, der vom Autor und Denker Ole Ravn Jørgensen inspiriert ist. In seinem jüngsten Buch »Tænk fremtiden« schlägt er vor, »Qualität« als *verwirklichte Wertvorstellungen*[5] zu definieren.

Beziehungskompetenz ist somit ein Mittel zur Realisierung der Wertvorstellungen, die wir für entscheidend halten. Dadurch wird die Qualität in der Erwachsenen-Kind-Beziehung erreicht, mit der beiden Seiten und den übergeordneten pädagogischen Zielen nach unserer Erfahrung am besten gedient ist.

Professionelle Beziehungskompetenz wird wie folgt definiert:
die Fähigkeit der Erzieherin, das einzelne Kind zu seinen eigenen Prämissen zu »sehen« und ihr eigenes Verhalten darauf abzustimmen, ohne zugleich die Führung abzugeben; außerdem die Fähigkeit, authentisch im Kontakt zu sein – das pädagogische *Handwerk*; schließlich die Fähigkeit und der Wille, als Erzieherin die volle Verantwortung für die Qualität der Beziehung zu übernehmen – die pädagogische *Ethik*.

Die Summe der *Vermittlung*skompetenz und der *Beziehung*skompetenz eines Lehrers oder einer Erzieherin bestimmt folglich über seine oder ihre *berufliche* Kompetenz.

### Wertvorstellungen

In der oben genannten Definition tauchen einige Schlüsselbegriffe für einen Teil der Wertvorstellungen in diesem Buch auf, also für einige Beziehungskompetenzen, die wir in professionellen Erwachsenen-Kind-Beziehungen für wertvoll erachten und deren sprachliche Bedeutung wir in diesem Abschnitt beleuchten wollen.

#### »Sehen«

Die Fähigkeit, Kinder zu »sehen«, hängt in variierenden Kombinationen in erster Linie von vier Umständen ab:

- vom Willen des Erwachsenen zu »sehen«;
- von der Selbstwahrnehmung des Erwachsenen, »gesehen« bzw. nicht »gesehen« zu werden. Menschen, die in ihrer Kindheit und/oder ihrem Erwachsenenleben in Beziehungen gelebt haben, in denen sie sich als »gesehen« wahrnahmen, besitzen häufig als integralen Bestandteil ihres Sinnesapparats die Fähigkeit, andere zu »sehen«. Gleiches gilt für einige Menschen, die zwar bewusst empfanden, nicht »gesehen« zu werden, aber in der Lage waren, ihr inneres Universum intakt und offen zu halten, was mit ihrem Willen, vor allem Kinder zu »sehen«, zur Entwicklung der gleichen Fähigkeit führte;

- von der Summe der Erfahrungen der Erwachsenen mit Kindern und vom Menschenbild, das im Verhältnis zu diesen Erfahrungen entsteht. Wir »sehen, was wir sehen wollen«, besagt eine alte Redensart. Das ist wahrer, als die meisten von uns im Alltag für möglich halten. Ein negatives Menschenbild interpretiert selbstverständlich das Gesehene auf eigene Weise, und Gleiches bewirkt ein positives Menschenbild. Die Summe der Erfahrungen bildet in diesem Fall eine Parallele zu der Klassifizierung, die wir auf Seite 179 zitieren, wo der »Experte« uneingeschränkten, »intuitiven« Zugang zu seinen Erfahrungen und deren Anwendbarkeit in neuen Situationen hat;
- von der beruflichen Entwicklung der Erwachsenen. Je persönlicher man das Verhalten anderer Menschen nimmt, desto weniger kann man von den anderen sehen.

Geht es darum, ein Kind zu »sehen«, müssen wir auf eine anschaulichere Sprache zurückgreifen, um das Phänomen einzukreisen, beginnend mit der Wahnehmung, »gesehen« zu werden. Die Wahrnehmung, »gesehen« zu werden als die Person, die man ist, unterscheidet sich vollkommen von der Wahrnehmung, angeschaut, beobachtet, observiert, entlarvt oder betrachtet zu werden. Sehr schöne oder sehr hässliche Menschen und Personen mit physischen und psychischen Handicaps fühlen sich häufig angeschaut, aber nicht »gesehen«. Das Gefühl, »gesehen« zu werden, kann entweder bestätigen, was man weiß, im Vorhinein von sich selbst weiß, oder zu einer neuen spontanen (befreienden oder erschütternden) Erkenntnis dessen führen, wer man selbst ist. Das fehlende Gefühl, »gesehen« zu werden, wird auch oft als Gefühl ausgedrückt, nicht gehört zu werden, auch wenn man genau weiß, dass der andere zugehört hat. Der andere hat nur den informativen Teil der Aussage erfasst, aber nicht die ganze Botschaft.

Kinder zu »sehen« bedeutet also, mehr als ihr unmittelbares, am stärksten ins Auge fallende Verhalten zu sehen – »hinter« das Verhalten schauen können, aber nicht in der psychologisierenden Bedeutung des Wortes, die bedeutet, nach einer Erklärung für das Verhalten zu suchen. Es bedeutet auch die Fähigkeit, den Kummer in den Augen eines Kindes zu sehen, wenn das am stärksten ins Auge fallende Verhalten Hyperaktivität und Wut ist; den Widerwillen in der Körpersprache eines Kindes zu sehen, wenn es Ja zu einer Absprache sagt; die wütenden Falten um den Mund des Kindes zu sehen, wenn es versucht, vernünftig und begreiflich mit seinen Eltern zu sprechen; die Einsamkeit beim Liebling aller zu sehen. Und so kommt es vielleicht vor allem auf die Fähigkeit des Erwachsenen an, diese Informationen zu sammeln und immer wieder sein Bild vom Kind zu modifizieren, bis er nach und nach mehr »sieht« und das in einer anerkennenden Sprache ausdrücken kann. Die Anerkennung schafft das Gefühl, »gesehen« zu werden, während die normativ wertende Sprache das Gefühl zur Folge hat, enthüllt, an den Pranger gestellt oder exponiert zu werden.

Das Wertvolle an der Fähigkeit des oder der Erwachsenen, das einzelne Kind zu »sehen«, besteht in erster Linie darin, dass das Selbstwertgefühl des Kindes und die Möglichkeit, seine innere Verantwortlichkeit aufzubauen, verstärkt wird; dass der Kontakt zwischen Kind und Erwachsenem realer und somit zu einer breiteren Grundlage für den beruflichen Teil der Wechselwirkung wird; dass der oder die Erwachsene ernster genommen wird und dass man ihn oder sie mit mehr Respekt und mehr Empathie behandelt.

*Führung*

Unter Führung wird hier die Fähigkeit verstanden, die pädagogischen Prozesse zu planen und zu verfolgen, die zu den angestrebten Zielen führen, ohne die persönliche Integrität der Kinder zu verletzen, und die Fähigkeit, im Prozess mit persönlicher Autorität anwesend zu sein.

Die Führung durch die Erwachsenen ist wertvoll, weil sie den beruflichen Stolz der Erzieherin bestätigt und entwickelt, eine geborgene Atmosphäre für die Kinder schafft und ihnen ein ideales erwachsenes Vorbild liefert, mit dem sie sich identifizieren und dem gegenüber sie sich erproben können.

*Authentizität*

Unter Authentizität wird die Fähigkeit des Erwachsenen verstanden, in der Beziehung beruflich anwesend zu sein. Die Authentizität des Erwachsenen ist wertvoll, weil sie die notwendige Voraussetzung für seine oder ihre persönliche Autorität und ständige berufliche Entwicklung und zugleich eine Möglichkeit ist, dass die Kinder ihre Authentizität finden und ausdrücken können und somit den Weg für die Entwicklung ihrer eigenen inneren Verantwortlichkeit und ihres sozialen Verständnisses geebnet wird.

*Verantwortung*
Unter Verantwortung ist hier die Verantwortung des Erwachsenen für die Qualität der Beziehung zu verstehen.

Die Fähigkeit des Erwachsenen, die Verantwortung für jedes einzelne Kind und jede einzelne Kindergruppe zu übernehmen, ist wertvoll, weil sie seine oder ihre persönliche Autorität ausbaut und Verletzungen der persönlichen Integrität auf beiden Seiten vorbeugt.

Søs Bayer, M.A., stellt in einem Artikel drei Kompetenzen auf, die ihrer Meinung nach Erzieherinnen von heute und morgen haben sollten:[6]

**»Die Kompetenz, Beziehungen mit Kindern einzugehen**
Es wurde festgestellt, dass diese Kompetenz ihre Begründung in einer Analyse des modernen Kinderlebens habe, hinsichtlich der Bedeutung von Familie und von Beziehungen – auch in anderen als zu den eigenen Eltern – und dass die menschliche Gemeinschaft Beziehungen aufbaut, weil darin die Logik der menschlichen Gemeinschaft liegt.

Die beiden nächsten Kompetenzen resultieren aus der ersten und sind ihre Nuancen:

**Die Kompetenz, einen wichtigen Platz im Leben der Kinder einzunehmen, auch wenn man kein Elternteil ist.**
Dies ist ein leicht kulturkritischer Verweis darauf, dass der oder die Erwachsene in der dänischen Gesellschaft – in erster Linie aus kulturellen und ideologischen Gründen – nicht will, kann oder wagt, Bedeutung im Leben der Kinder zu gewinnen, es sei denn, man ist

ein Elternteil des Kindes. Die häufigste Begründung, warum man nicht Bedeutung gewinnen will, wurde schon genannt: die familienideologische Vorstellung von der primären und souveränen Beziehung zwischen Eltern und Kindern. Wenn ich darauf als eine zukünftige Kompetenz verweise, so geschieht dies, weil es wichtig sein kann, sich mit den Vorstellungen der eigenen Kultur auseinander zu setzen, und weil das nicht zuletzt in diesem Fall für einige (viele) Kinder von Bedeutung ist. In anderen Kulturen ist es legitimer, im Leben eines Kindes von Bedeutung zu sein, beruflich wie privat. Man kann viele Gründe dafür anführen, auch und vor allem in der dänischen Kultur und besonders in der Institutionalisierung.

**Die Kompetenz, auszuhalten, dass die pädagogische Wirklichkeit dem Leben gleicht.**
Die Kompetenz ist gedacht als eine Auseinandersetzung mit der Realität, die sich häufig als Bindeglied zwischen den Institutionen und der Pädagogik (das gilt für die anderen beiden natürlich auch …) erweist. Aber ich denke hier daran, dass die pädagogische Wirklichkeit (allein der Ausdruck!) eine konstruierte Wirklichkeit ist und dass sie von den Erziehern konstruiert wurde. Hätten sie sie nicht konstruiert, dann würde sie dem Leben oder der Wirklichkeit allzu sehr gleichen. Sie werden gezwungen, die Wirklichkeit zu arrangieren. Denn sonst wäre klar, dass sie mit menschlicher Würde in der pädagogischen Wirklichkeit handeln müssten, und dazu wären unweigerlich einige andere Kompetenzen – oder eine andere – erforderlich als die, die man sich durch die Arbeit oder die Ausbildung aneignen kann.

Anders ausgedrückt: Dies ist die Kompetenz, es zu unterlassen, die Wirklichkeit für sich selbst und die Kinder zu konstruieren, und es zuzulassen, dass die Wirklichkeit in den Institutionen dem Leben gleicht – die Kompetenz, die menschliche Gemeinschaft so bleiben zu lassen, wie sie ist!«

Vor allem den letzten Punkt der Autorin sollten die Leser dieses

Buches als wichtig im Hinterkopf behalten, weil wir angesichts des Umfangs auf zahlreiche Parallelen zwischen Leben und Arbeit in diesen pädagogischen Institutionen und dem sie umgebenden Leben verzichten mussten.

# 7. Kapitel: Berufliche Entwicklung

## Definition

Seit vielen Jahren ist man sich im beratenden Bereich der Pädagogik bewusst, dass die persönliche Entwicklung der Mitarbeiter unabdingbar ist. Dabei geht man von der Erfahrung aus, dass der »Person« der Erzieherin mit der theoretischen und methodischen Untermauerung ihr wichtigstes »Werkzeug« an die Hand gegeben ist. Am Anfang galt das vor allem in den Bereichen: Kinder- und Jugendpsychiatrie und den sozialpädagogischen Heimen. Wegen dieser Berührungspunkte schielte man natürlich auf die Psychoanalyse, wo der angehende Psychoanalytiker traditionsgemäß selbst eine Lehranalyse durchlaufen muss, um sich für die klinische Arbeit zu qualifizieren – ein Anspruch, den die moderne körper- und psychotherapeutischen Methoden in der Regel auch an ihre Ausübenden stellen.

Mit Beginn der 1980er Jahre fand dieser Aspekt Eingang in breitere pädagogische Kreise, und ein Teil der Profis begann zur persönlichen Weiterentwicklung an Kursen teilzunehmen und sich in individuelle Therapie zu begeben. Ganz gleich, ob das Motiv privater oder beruflicher Natur war, die meisten stellten bei ihrer täglichen Arbeit an sich selbst Verbesserungen fest, weil ihre beruflichen Beziehungen eine andere Spannweite und Tiefe bekamen, und das Gleichgewicht zwischen und die Integration von *Person* und *Funktion* verbesserte sich. Der naheliegende Schluss schien zu sein, dass man im Idealfall eine Eigentherapie machen muss, um pädagogische Arbeit leisten zu können.

Wie wir weiter unten in diesem Kapitel sehen werden, stehen wir dieser Schlussfolgerung aus mehreren Gründen skeptisch gegenüber, obwohl der Gedankengang dahinter sehr sinnvoll ist. Als Alternative haben wir im Verlauf langjähriger Arbeit im Kempler-Institut die Prinzipien und Methoden entwickelt, die wir hier unter dem Begriff *berufliche Entwicklung* zusammenfassen. Berufliche Entwicklung umfasst somit ein Spektrum von Aktivitäten, das auch auf Erfahrungen der Psychotherapie basiert, aber im Grunde keine psychotherapeutischen Methoden verwendet.

Ausgangspunkt ist folgender:

Bei jeder beruflichen Arbeit mit Menschen spielen die Ausstrahlung, die Wesensart und das Durchsetzungsvermögen der Fachperson eine wichtige Rolle für die Qualität der professionellen Beziehung.

Deshalb ist die berufliche Entwicklung nach unserer Ansicht ein ununterbrochener, strukturierter Prozess, in dem wir die Denk- und Handlungsmuster untersuchen, erkennen und verarbeiten, die uns daran hindern oder uns hemmen, unser berufliches Engagement, unsere Ziele und das Potential in professionellen Beziehungen zu verwirklichen.

Durch die Verwendung des Wortes Fachperson möchten wir teils demonstrieren, dass das Ziel ein relevantes Gleichgewicht zwischen dem Beruflichen und dem Persönlichen ist, und markieren, dass die professionellen Funktionen, die zur Arbeit dazugehören, die Grundlage für den Prozess bilden. Teils wird so unterstrichen, dass die Entwicklung ein dialektischer Prozess ist, bei dem sich diese beiden Aspekte des Menschen ständig gegenseitig beeinflussen.

Im Folgenden wollen wir uns näher damit befassen, was persönliche Entwicklung ist und warum persönliche Entwicklung nach unserer Meinung eine wichtige Rolle in den pädagogischen Disziplinen spielen sollte.

### Persönliche Entwicklung

Noch vor einer Generation wurde das persönliche, äußere Verhalten der Fachleute in professionellen Beziehungen als Privatangelegenheit betrachtet, solange es nicht kriminell war. Die vollständige Trennung von Persönlichkeit und Berufsrolle galt als berufliches Ideal. Dieses Verständnis von Professionalität wird jetzt nur noch von wenigen geteilt. Vermehrt besteht die Ausfassung, dass die Verwirklichung dieser angestrebten Objektivität unmöglich, aus vielen Gründen aber auch nicht wünschenswert ist. Das persönliche Verhalten ist so eng mit dem professionellen verwoben, dass es unvernünftig erscheint, beides voneinander trennen zu wollen.

In den auf verwandten Gebieten (Sozialpädagogik und Psychotherapie)[1] durchgeführten Untersuchungen haben die Anwender (die Klienten, die Schüler) die Bedeutung der *persönlichen* Gegenwart und des persönlichen Engagements der Fachperson unterstrichen und die Wahrnehmung von einem sinnvollen, *persönlichen* Kontakt als für sie hilfreich in der professionellen Beziehung betont. In anderen Untersuchungen[2] haben sie das Fehlen dieser Qualitäten als Grund dafür genannt, dass sie an einem selbstzerstörerischen Lebensstil festhielten. Ebenso durchgängig legten Schüler und Klienten sehr wenig Wert auf den Ausbildungsgang und Status der Fachperson. In Übereinstimmung mit unseren eigenen Erfahrungen verweist diese Studie darauf, dass es gute Gründe gibt, einer *strukturierten, beruflichen Entwicklung* höheren Stellenwert einzuräumen als einer Maßnahme, die dazu beiträgt, an den pädagogischen Wertvorstellungen festzuhalten und die Beziehungskompetenz der Mitarbeiter zu verbessern. Deshalb muss man auf vier Fragen eine Antwort finden: *warum, wann* und *wie und mit welchem Ziel?*

*Warum* ist persönliche Entwicklung bei Fachleuten eine wichtige Komponente ihrer Beziehungskompetenz? Die möglichst kurze, allgemeine Antwort lautet: Weil wir alle mit konstruktiven und destruktiven Elementen im unserem Kindheitsmilieu kooperieren und deshalb individuell einzigartige Kombinationen von gesundem und selbstzerstörerischem Verhalten entwickeln und weil selbstzerstörerisches Verhalten immer destruktiv für die Qualität unserer wichtigen Beziehungen und für die Menschen ist, die uns lieben oder von uns abhängig sind.

Grafisch können wir es wie folgt darstellen:

Muster/Überlebensstrategie … neue, wichtige Beziehungen … evtl. Lebensstrategie

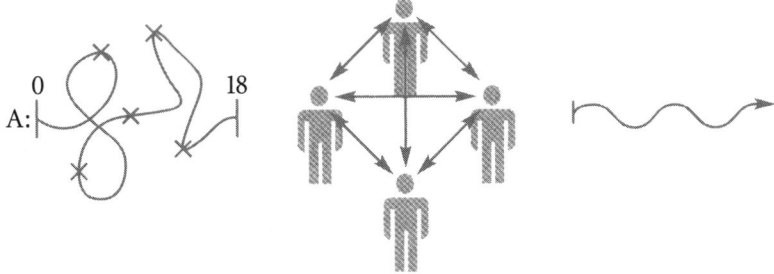

Das erste Drittel der Zeichnung illustriert A.s Verhaltensmuster und der Buchstabe »x« markiert die Zeitpunkte in A.s Leben, an denen seine Integrität verletzt oder ignoriert wurde und er sich deshalb selbst aufgeben musste, um den Kontakt zu den nächsten Angehörigen nicht zu verlieren. Einige dieser verletzenden Phänomene sind in der gesamten Phase des Heranwachsens einmalige Vorkommnisse gewesen (z. B. Gewalt oder emotionales Versagen), und andere wiederholten sich im gesamten Verlauf des Heranwachsens (z. B. Verbote bestimmter Gefühlsäußerungen oder Lächerlichmachen von Angst, physische und psychische Übergriffe, Versagen der Betreuung). Und A. hat als Konsequenz seine oder ihre eigene einzigartige *Überlebensstrategie* entwickelt. Während A. aufwächst, wird er oder sie typischerweise intellektuelle Einstellungen entwickeln, die dieses notwendige Verhalten unterstützen. A.s Überlebensstrategie ist ganz überwiegend das Ergebnis einer langen Reihe von nicht-bewussten Justierungen und Anpassungsversuchen und dem Feedback, die von den Eltern und anderen wichtigen Erwachsenen ausgingen.

Der mittlere Teil der Abbildung illustriert, was geschieht, wenn andere wichtige Beziehungen die Beziehung zu den Eltern ablösen oder ergänzen, es sei denn, offensichtliches und schwerwiegendes selbstzerstörerisches Verhalten (Sucht, Essstörungen, Selbstmordversuche usw.) liegen vor. Dann ist es in der Regel so, dass die anderen Menschen, an die wir uns binden – mit Partner und Kindern als den wichtigsten Personen –, rücksichtslose Seiten an unserem Verhalten feststellen, ehe wir selbst es tun. Die Erklärung dafür ist teils, dass wir uns an die selbstzerstörerischen Elemente gewöhnt haben, die uns in gewisser Hinsicht viele Jahre lang gut gedient und deshalb den Schmerz eingekapselt haben, mit dem sie einmal verbunden waren; teils ist das Bezeichnende an Liebesverhältnissen, dass wir uns für den anderen vollständig öffnen und somit auch sehr verwundbar werden. Ein Vater kann z. B. meinen, er habe die volle Kontrolle über seinen Alkoholkonsum, der vier bis sieben Gläser Wein oder Bier zwischen 17 und 21 Uhr abends beträgt. Seiner Frau und seinen Kindern aber wird seine beeinträchtigte Gegenwart auffallen und sie werden jeweils ihre (häufig selbstkritischen) Schlüsse daraus ziehen. Deshalb müssen andere erst oft heftig reagieren, ehe wir das Selbstzerstörerische an unserem Verhalten selbst wiederentdecken.

Aber das gilt nicht nur für unsere engen, persönlichen Beziehungen. Es trifft auch – häufig mit einiger Verspätung – auf unsere beruflichen Beziehungen zu Kindern wie Kollegen, Vorgesetzten und Mitarbeitern zu. Die Kinder sind natürlich ganz besonders verwundbar, weil sie am abhängigsten sind. Doch in der Regel löst A.s selbstzerstörerisches Verhalten wiederum auf der anderen Seite selbstzerstörerisches Verhalten aus, für das diese nur selten die Verantwortung übernimmt, sondern A. dafür die Schuld gibt. Diese Gegenseitigkeit ist nicht Ausdruck eines negativen Krankheitsbildes der interpersonalen Beziehungen, sondern eine Illustration, wie wir ständig unseren aktiven Beitrag zum gegenseitigen Erkenntnis- und Reifungsprozess leisten.

Das letzte Drittel der Abbildung stellt das Ziel dar, das die meisten von uns auf die eine oder andere Weise haben: schrittweise die Überlebensstrategie gegen eine *Lebens*strategie einzutauschen, die in möglichst großem Umfang unserem Bedürfnis nach individuellem Wohl und fruchtbaren Beziehungen zu anderen entspricht. Einige selbstzerstörerische Tendenzen in unserem Verhalten verschwinden wieder, wenn wir uns kurze Zeit bewusst Mühe geben, andere müssen wir – und unser Umfeld – jahrelang bekämpfen, bis sich vielleicht ein Erfolg zeigt.

Der zweite wichtige Aspekt der bewussten, strukturierten, beruflichen Entwicklung besteht darin, das Bewusstsein des konstruktiven Potentials der einzelnen Fachperson und den Mut zu stärken, dieses

Potenzial in den beruflichen Beziehungen zu nutzen. Manchmal blockieren die selbstzerstörerischen Seiten des Verhaltens schlicht und einfach dieses Potenzial, häufig aber verfügen Fachleute über eine »Schatzkammer« an kostbaren Eigenschaften, die nur »gesehen« und als Stütze benutzt werden müssen, um sich entfalten zu können. An der täglichen Frustration und Erschöpfung, die viele bei der Arbeit erleben, sind meist nicht »Probleme« Schuld, sondern dass viel Energie dafür verbraucht wird, um diese kostbaren Eigenschaften zu unterdrücken.

Die Motivation der Fachleute in der pädagogischen Welt ist in der Regel ein grundlegendes menschliches Bedürfnis, zu erleben, dass sie einen (beruflichen und menschlichen) Wert für Kinder und Erwachsene haben, mit denen sie zusammenarbeiten. Die Wahrnehmung, in den professionellen Beziehungen Energie zu verlieren, ist überwiegend verbunden mit der Wahrnehmung, nicht den Wert zu haben, den man gern haben möchte. Wenn das geschieht, ist das häufig ein Signal, dass man diesen Wert auch nicht hat, den man haben *könnte*. Das Gefühl, »nicht zu genügen«, birgt in einer selbstkritischen Version die gleiche Botschaft. Anstoß für berufliche Entwicklung sind häufig die Konflikte, die bei der Zusammenarbeit mit Kindern, Eltern und Kollegen auftreten, in der Regel aber genauso ressourcenorientiert wie problemorientiert. Zu den Phänomenen, die wir oben unter dem Begriff »Überlebensstrategie« zusammengefasst haben, gehört auch unsere erweiterte Verwendung des Begriffs »existenziell«, der sich nach unserem Verständnis also nicht nur auf die klassischen Phänomene wie Tod, Einsamkeit, Freiheit und Sinnlosigkeit bezieht, sondern auf die inneren und äußeren Verhaltensmuster, die bei dem Versuch des einzelnen Individuums entstanden, von seinen nächsten Angehörigen akzeptiert und geliebt zu werden.[3]

All unsere wichtigen Beziehungen schließen die Möglichkeit ein, dass wir unfreiwillig mit den existenziellen Phänomenen unseres Lebens konfrontiert werden. In diesem Fall gibt es nur zwei Kraft- und Inspirationsquellen: unsere innere Verantwortlichkeit und unsere engen Beziehungen. Die meisten anderen Konflikte und Probleme können durch die so genannten »Werkzeuge« und Methoden gelöst werden. Die existenziell fundierten Konflikte und Probleme erfordern introspektive, reflektierende und interpersonale Prozesse, die in gewissem Umfang methodisch angreifbar sind, aber sie können nicht einer einzigen Methode unterworfen werden. Der Zugang des einzelnen zur eigenen inneren Verantwortlichkeit ist einer der wichtigsten mentalen Gesundheitsfaktoren, die uns bekannt sind. Eben deshalb ist es von Bedeutung, dass die Kultur an den pädagogischen Arbeitsplätzen diesen Zugang fördert.

### Einige allgemeine Signale

Die Spannbreite und die Variationen im Gefühlsuniversum des einzelnen Menschen ist so groß, dass eine vollständige Liste der Signale, die auf ein akutes Bedürfnis nach weiterer strukturierter, beruflicher Entwicklung hinweisen, ein ganzes Buch füllen würde. Die folgenden Signale treten nach unserer Erfahrung am häufigsten auf:

- niedrige Frustrationsgrenze
- geringe Toleranz gegenüber Konflikten
- niedriges physisches und mentales Energieniveau
- Angst in Form von Nervosität, Verspannungen im Körper
- Gefühl, »sich zusammenreißen zu müssen«, um zur Arbeit zu gehen
- Selbstbeschuldigungen, permanenter Zweifel am eigenen Wert
- Tendenz, in anderen die »Schuldigen« zu sehen
- Tendenz, »sich zu beschweren«
- Sucht

In persönlichen wie beruflichen Bereichen ist es häufig besonders schwierig, seinen Freunden oder Kollegen ein Feedback zu geben, das sowohl unterstützend als auch herausfordernd ist. Genauso schwierig kann es sein, selbst das richtige Gleichgewicht zwischen übertriebener Selbstkritik und unreflektierter Selbstzufriedenheit zu finden. Eines der Probleme scheint unsere Angewohnheit zu sein, Psychologie mit Moral zu verwechseln, eine Angewohnheit, bei der eine teilweise inkompetente Mutter oder ein unfähiger Lehrer auch schnell einmal als schlechter Mensch dastehen kann.

Hier hat der amerikanische Psychiater Dr. med. Murray Bowen durch einige brauchbare, sachliche Begriffe Hilfe anzubieten. Im Folgenden bringen wir eine Zusammenfassung von Bowens Skalen der *Ich-Differenzierung*, die eine von sechs Schlüsselbegriffen in seiner Familiensystemtheorie[4] ist.

Ich-Differenzierung bezeichnet teils die Fähigkeit eines Individuums, die Verbindung zu den eigenen Bedürfnissen, Grenzen, Gefühlen und Werten in engen Beziehungen zu anderen zu bewahren; teils bezeichnet es die Fähigkeit des Einzelnen, zwischen Gefühlen und Lebenswerten zu unterscheiden.

Bowen entwickelte eine so genannte Differenzierungsskala, die alle Stufen oder Phasen in der Bewegung hin zur vollen Differenzierungsfähigkeit definiert.

Es geht um die Differenzierung hin zu wachsender emotionaler Toleranz, d. h. zur Fähigkeit, emotionale Spannungen, Konflikte, Intensität auszuhalten. Es ist eine Entwicklung weg von Reaktivität – sich selbst als durch das Umfeld provoziert wahrzunehmen (Selbstaufgabe, Opfermentalität, Unterwerfung) –, die über die Konsenssuche zur Selbstbehauptung und schließlich zu einer ausgeglichenen Fähigkeit zur Nuancierung und Eigenverantwortlichkeit führt.

Die entsprechende Regressionslinie umfasst eine Rückkehr zu unreiferem, abhängigerem Verhalten.

Stichworte zu den Intervallen der Skala:

0–25: niedrigste Differenzierung, hohe Verschmelzung (Konfluens); von Gefühlen gesteuert, vom Umfeld gesteuert häufig ohne Verbindung zu den eigenen Gefühlen. Das Lebensziel besteht in der Vermeidung von Unannehmlichkeiten und Konflikten, häufig über suchtprägende Beziehungen zu anderen.

25–50: Schwach differenziertes Ich, überwiegend von Gefühlen gesteuert, Abhängigkeit von Harmonie-Disharmonie; fehlende oder niedrige Energie zur Selbststeuerung und zu zielgerichtetem Verhalten; Neigung zur Unterwerfung gegenüber äußeren Autoritäten und Systemen mit simplen, übersichtlichen Weltauffassungen; autoritär oder unterwürfig.

50–75: Relativ hohe Differenzierung; niedriger Grad an Verschmelzung; einigermaßen hinreichend definierte und nuancierte Meinungen und Werte; geringere Basis für Projektionen; ständig eine gewisse Angst bei von Konflikten geprägten Stellungnahmen.

75–100: Von innen gesteuert, unabhängig, undogmatisch; nuanciertes Gefühlsleben, klare Lebenswerte, hohe Toleranz; gemeinschaftsorientiert und -verantwortlich; Fähigkeit, sich intensiv auf andere einzulassen.

Der Beginn eines persönlichen Entwicklungsprozesses wird mehr Angst hervorrufen, je weiter unten auf der Skala der Ausgangspunkt liegt. Während das Grundgefühl hier in Angst besteht und das nach Entwicklung suchende Ich mehr vom Umfeld abhängig ist, ist das Gefühl weiter oben mehr von Zuversicht und Selbstbestimmung geprägt.

Bei jeder Entwicklung führen neue Schritte ins Ungewisse. Das kann beängstigend oder verlockend sein, ändert aber nichts an der Tatsache, dass auf alle Fälle auch das Risiko besteht, dass Rückschritte, Regression zu unreiferen Verhaltensmustern auftreten können. Die selbstgewählten Entwicklungsbereiche verlaufen dem Anschein nach harmonischer, wogegen von außen provozierte Entwicklungen leichter zu kurz- oder langfristiger Regression führen können.

Die Beschäftigung mit der eigenen Beziehungskompetenz setzt die Bereitschaft voraus, auch an den provozierten Entwicklungen zu arbeiten. Auf Personen mit hoher Ich-Differenzierung wird man in der Regel mit Faszination oder Schüchternheit und Distanzierung reagieren. Hat man als Fachperson Kinder oder Klienten, die in bestimmten Bereichen differenzierter oder persönlich gut integriert sind, besteht die Gefahr, dass man so zu sagen seine mangelnde persönliche Integrität und Autorität durch offizielle Autorität und Machtausübung verstärkt.

Man kann mit Fug und Recht behaupten, dass persönliche Entwicklung nicht zu vermeiden ist. Für die meisten von uns vollzieht sie sich zum Teil als bewusster Prozess, unterbrochen und häufig auch von Lebenskrisen und/oder Traumata gesteuert. Berufliche Entwicklung beschreibt eine bewusste, strukturierte Entwicklung ausgehend von beruflichen Problemen. Bewusste, gesteuerte persönliche Entwicklung ist nach unserer Meinung Privatsache, über die niemand anderes als der oder die Einzelne selbst bestimmen kann oder soll. Aber vieles spricht dafür, dass berufliche Entwicklung ein Bestandteil des beruflichen Milieus sein sollte.

**Wann** soll die bewusste, strukturierte berufliche Entwicklung stattfinden? Die Antwort hängt ganz von der Motivation und der Entscheidung jedes Einzelnen ab. Ein Prozess mit bewusster, gesteuerter persönlicher Entwicklung kann selbstverständlich nicht zur Pflicht erhoben werden. Er muss eine Möglichkeit sein, die die Ausbildungsstätten und die Arbeitsplätze anbieten und unterstützen, und keine Forderung, die nur zu Konformität und neuen Ausweichmanövern führt.

Eine der wesentlichen Erfahrungen in den Disziplinen, die sich täglich mit bewusster, strukturierter persönlicher Entwicklung und Therapie beschäftigen, besteht darin, dass das innere »Timing« des oder der Einzelnen für die Qualität des Prozesses und des Ergebnisses alles entscheidend ist. Es ist fast nicht möglich, die zahlreichen Faktoren aufzuzählen, die gemeinsam dazu beitragen, dass »jetzt der richtige Zeitpunkt gekommen ist«. Das Unbehagen jedes Einzelnen in einem Status quo spielt eine Rolle, und alles zusammen macht die Qualität seiner privaten und sozialen Beziehungen aus. Häufig haben wir Personen erlebt, die sich mit großem Ernst und viel Verantwortlichkeit auf die Sache einließen, ohne dass der Prozess wirklich in Gang gekommen oder etwas verändert hätte, und beobachtet, wie sich dieselben Personen einige Monate oder Jahre später in rasender Geschwindigkeit entwickelten. Das kann dafür sprechen, dass die berufliche Entwicklung keine Sache ist, für die sich der Einzelne nach (erkanntem) Bedarf an- und abmelden kann, sondern dass der Erfolg am größten ist, wenn man sich dem Prozess kontinuierlich *aussetzt* und sich mehr oder weniger aktiv daran beteiligt. Doch das ist die sachliche Dimension des Ganzen. Aus ethischer Sicht steht für uns zweifelsfrei fest, dass der Einzelne frei entscheiden können muss. Darüber hinaus müssen einige Menschen die Möglichkeit haben, »Nein« zu sagen, und die Akzeptanz ihrer Entscheidung durch das Umfeld wahrzunehmen, um »Ja« sagen zu können.

In den letzten Jahren, als die Auflösung der Gehorsamskultur für Chaos und Verunsicherung bei beiden Parteien in der pädagogischen Beziehung sorgte, ist ein Teil der Lehrerinnen und Erzieher in Situationen geraten, die zum Burn-out-Syndrom und persönlichen Zusammenbrüchen führten. Bei einigen war das der Kulminationspunkt der lang anhaltenden Wahrnehmung, in die Defensive geraten zu sein. Bei anderen war es das Ergebnis von vereinzelten, traumatischen Erlebnissen, die mit physischer Gewalt oder anderen groben Verletzungen ihrer persönlichen Integrität zusammenhingen. Am Anfang wurden die betroffenen Fachleute häufig im Stich gelassen und mussten sich mehr oder weniger mit der passiven Sympathie der Vorgesetzten und der Kollegen begnügen. Der traditionelle Respekt vor der Privatsphäre der Mitarbeiter in der pädagogischen Kultur und die fehlende Gewohnheit, mit starken persönlichen Reaktionen umzugehen, führte dazu, dass diese Situationen und deren Verlauf, wie oben dargelegt, privatisiert und individualisiert wurden. Diese Tendenz prägt noch immer die Situation, obwohl die Hilfsbereitschaft gegenüber dem einzelnen Lehrer und Erzieher bei Arbeitgebern und den Berufsverbänden bedeutend zugenommen hat.

Wir wissen aus anderen Disziplinen, dass schleichende Erschöpfung und vereinzelte oder mehrere traumatische Erlebnisse in Folge sehr oft existenzielle Krisen oder krisenähnliche Zustände auslösen, bei denen die Mitarbeiter plötzlich mit den selbstzerstörerischen Seiten ihrer Überlebensstrategie und ihrer Lebenswerte konfrontiert werden. Deshalb sollte Mitarbeiterinnen in dieser Situation natürlich individuelle Hilfe und Unterstützung in nötigem Umfang angeboten werden.

Psychische Erschöpfung und traumatische Erlebnisse liegen nicht nur im individuell psychischen Profil begründet. Es handelt sich um *sozialpsychologische* Phänomene mit kollektiven wie individuellen

Ursachen und Folgen. Wir haben Moralvorstellungen und rechtliche Bestimmungen, die Schuld und juristische Verantwortung verteilen, aber das ist für keine der Parteien ausreichend. Deshalb werden wir im Folgenden die Maßnahmen skizzieren und begründen, die nach unserer Meinung notwendig sind. Die strukturierte berufliche Entwicklung ist der beste Garant für Vorbeugung und Behandlung der dauerhaften Folgeerscheinungen bei Mitarbeiterinnen und der Kultur der Institution.

Nach unserer Erfahrung mit den pädagogischen Institutionen nehmen die meisten Mitarbeiter gern an strukturierten beruflichen Entwicklungsprozessen teil. Kommt es zu Konflikten und Widerstand, liegt das selten an der individuellen Motivation, sondern an der Qualität der Prozesse, die man früher durchlaufen hat, oder an einem allgemeinen Klima der Unsicherheit in der Institution.

**Wie** die Möglichkeiten zur beruflichen Entwicklung vorbereitet und verwirklicht werden, hängt weitgehend von der Form der Institution ab. Tagesstätten, Schulen und Sonderschulen haben ganz unterschiedliche praktische und wirtschaftliche Rahmenbedingungen und nicht zuletzt ganz andere Traditionen, mit denen sie arbeiten. Die Schulen haben eine vom Gesetz vorgegebene Norm für die Anzahl an Unterrichtsstunden in einem einzelnen Fach und haben bisher nur selten, wie andere Institutionen so genannte »kinderfreie Arbeitstage« veranstaltet, an denen sich die Mitarbeiter in die Gemeinschaft einleben können. Die Möglichkeit besteht auch für die Schulen, aber davon wird nur selten Gebrauch gemacht. Die Lehrer sind im Allgemeinen ohnehin die am meisten vernachlässigte Berufsgruppe, die wir haben, wenn wir ihre Möglichkeiten zu interdisziplinärer Anregung und beruflicher Weiterentwicklung betrachten – eine Situation, die angesichts ihrer umfangreichen Verantwortung und der Bedeutung ihrer Arbeit kaum angemessen ist.

### Das Ziel

Das Ziel beruflicher Entwicklung kann in unterschiedlicher Form oder als zahlreiche Ziele beschrieben werden. Während Bowens Modell der Ich-Differenzierung seinen Schwerpunkt auf die Persönlichkeit legt, haben Dreyfus & Dreyfus ein Modell für den menschlichen Lernprozess entwickelt, das mehr oder weniger explizit die berufliche Dimension beschreibt.

Dennoch kann es sehr hilfreich sein, sich selbst auf dieser Skala zu positionieren, wenn man nicht in allzu diffusen oder überwältigenden Ansprüchen an sich selbst untergehen will oder sich im Vergleich mit erfahrenen Kollegen minderwertig vorkommt. Gleichzeitig bietet das Modell mehrere Etappenziele, wichtige Zielpunkte für beide Parteien in der Supervision und in der kollegialen Reflexion.

### Kollegiale Reflexion

Das folgende Modell hat der Diplompsychologe Peter Mortensen als Erster unserer Kollegen erarbeitet und formuliert. Über viele Jahre hat er mit zahlreichen Schulen und Schulpersonal zusammengearbeitet, um eine Arbeitsmethode zu entwickeln, die sowohl mit der Struktur der Schulen als auch mit den Arbeitsvorschriften der Lehrer vereinbar ist und mit einem Minimum an Hilfe von außen in die Tat umgesetzt werden kann. Das Modell wurde nach notwendigen Modifikationen auch an anderen pädagogischen Institutionen verwendet.

Wir haben mit kollegialer Reflexion als Methode in der beruflichen Entwicklung sehr positive Erfahrungen gemacht. Von Anfang an haben wir Wert darauf gelegt, dass die Mitarbeiter freiwillig teilnehmen. Das löste bei einigen Schulen Überraschung aus, weil ihre Kultur mehr kollektiv ausgerichtet war. Die Erfahrung zeigt, dass sich mehr als die Hälfte der Mitarbeiter im ersten Jahr melden, worauf hin sich die allermeisten bis zum Folgejahr gemeldet haben.

*Kollegiale Reflexion – ein konstruktives Verhältnis zu den eigenen Einschränkungen bekommen*

Wo Supervision per Definition auf offiziellen und realen Kompetenz- und Rollenunterschieden beruht, hat man vielerorts versucht, Einigung zu erzielen, wo die Meinungen auseinander gingen; sie wurde in der Regel von Gleichberechtigten durchgeführt. Aus dem Englischen kennen wir den Ausdruck »peer group supervision«. Wir entschieden uns für kollegiale Reflexion. Darunter ist eine strukturierte Arbeits-

## *Modell für den Lernprozess des Menschen*
(frei nach Dreyfus & Dreyfus)[5]

| | |
|---|---|
| Experte | Inuitive, holistische, synchrone Handlung. |
| Virtuose | Keine Regeln. Tut, was normal erscheint. Keine Unterbrechung durch analytische Überlegungen. |
| Erfahrener Ausführender | Jenseits analytischer Rationalität. Versteht und organisiert intuitiv. Entscheidungen werden analytisch gewertet. |
| Kompetenter Ausführender | Verhalten wird der konkreten Situation angepasst. Kann Prioritäten setzen und analysieren und über Plan und Ziel bewusst entscheiden. Interpretation und Urteil gehören zum Handeln. Hat ein »inneres Verhältnis« zum Ergebnis. |
| Fortgeschrittener Ausführender | Vom Kontext abhängig. Erkennt relevante Aspekte in relevanten Situationen. Situationen gleichen einander. Versuch und Irrtum ist die Methode. |
| Anfänger | Vom Kontext unabhängig. Gebunden an Lehrbuch, nicht in wirklicher Situation verankert. Handlungen und Ergebnisse stehen in »einem äußeren Verhältnis« zum Anfänger. |

Fach     Person

situation unter Berufskollegen zu verstehen, die nach Ausbildung, Erfahrung und Kompetenz in der Regel gleichgestellt sind. Die Fernziele der kollegialen Reflexion bestehen darin, das fachliche Niveau der Teilnehmenden zu verbessern, die Kollegialität auszubauen, das berufliche Selbstwertgefühl und das persönliche Wohl bei der Arbeit zu steigern. Kurz gesagt geht es darum, ein konstruktives Verhältnis zu den eigenen beruflichen Einschränkungen zu bekommen.

Für den Augenblick dreht es sich darum, mit Aufmerksamkeit und Einfühlungsvermögen, Sinn für Kritik und Reaktionsbereitschaft die Überlegungen eines Kollegen über die eigenen derzeitigen Arbeitsaufgaben hinaus zu unterstützen. Kollegiale Reflexion wird, wie wir sehen werden, zu einem konkreten Werkzeug bei der Arbeit zur Entwicklung der beruflichen Beziehungskompetenz. Vorher werden wir uns aber noch mit einigen Voraussetzungen und Schwierigkeiten beschäftigen, die mit der Einführung der kollegialen Reflexionsgruppen verbunden sind.

*Ziele und Voraussetzungen*

Das Bestechende und Richtige am kollegialen Austausch ist, dass er vorhandenes Engagement und Fachwissen nutzt. Der gemeinsame Alltag bietet einen detaillierten Einblick in die Rahmenbedingungen und Ziele der Institution, in die Fachkenntnisse und den Charakter der Kolleginnen und in die Menschen, die betreut werden. Zweifellos werden diese Ressourcen in einem strukturierten Zusammenleben genutzt. Die Schwierigkeiten bestehen darin, dass die Gruppe von sich selbst abhängig ist. Sie soll eine Verantwortung selbst tragen, die in der Supervisionsgruppe in hohem Maß dem Supervisor in die Hände gelegt wird.

Innerhalb der mit der Institution vereinbarten Rahmenbedingungen soll die selbstverwaltete Gruppe geeignete Strukturen und Formen des Zusammenseins entwerfen. Es muss im Voraus versucht werden, den zeitlichen Rahmen, den Inhalt, die Verantwortung und die Rollenverteilung abzusprechen und vor dem Hintergrund der gesammelten Erfahrungen zu justieren. Die Teilnehmenden sollen wechselseitig auf Erscheinen, Arbeitsdisziplin, Mitgliederwechsel, Evaluation reagieren. Diese Strukturen grenzen das Zusammensein ein und unterstreichen die Kontinuität der Arbeit.

Der entscheidende Punkt ist und bleibt die Fähigkeit des einzelnen Teilnehmers, seine Motivation aufrechtzuerhalten. Die Arbeit beruht auf der Bereitschaft des Einzelnen, selbst gewählten, gegenwärtigen Reflexionsbedarf anzumelden, und der Fähigkeit der Kollegen, ein Gruppenklima zu schaffen, das zu Vertrautheit, zum Austausch und Nachdenken anregt.

Sehr wichtig sind die wechselseitigen Beziehungen und das Arbeitsklima in der Gruppe. Es sollte ein grundlegendes Vertrauen und Verständnis für den vertraulichen Umgang mit dem Inhalt der einzelnen Gespräche herrschen. Dass gleichzeitig Vorbehalte und Meinungsverschiedenheiten bestehen, für wie vertrauenswürdig man sich in der Beziehung zu den anderen hält, ist selbstverständlich. Das Vertrauen zu diesem Forum beruht auf der Arbeit, die hier getan wird, und auf der Bereitschaft des oder der Einzelnen, ihr noch eine Chance zu geben.

Es kostet Selbstüberwindung, sich selbst kritisch zu betrachten, und es ist schwierig, Respons zu akzeptieren, der Fragen aufwirft und zur Konfrontation neigt. Kollegialität ist in der Regel eng mit Loyalität verbunden. Wichtig ist, einfühlsamen und unterstützenden Respons zu geben, wichtig ist aber auch, Denkanstöße und herausfordernden Respons zu liefern.

Ein Teil des präsentierten Problems liegt immer auch in der Person, die es vorträgt. Es kann verhältnismäßig einfach sein, wenn es z. B. um Mangel an Inspiration und Ideen geht. Schwieriger wird es bei fehlendem Verständnis oder Einfühlungsvermögen, Einsicht in eigene Verhaltensmuster oder Werte, die selbst Probleme schaffen.

Von der Grundlage ausgehend, dass Arbeitssituationen als die Fachperson *in Beziehung zu* einem Menschen beschrieben werden können und weniger als der Problemlöser für ein Problem, kann man die Themen der Reflexion in Kategorien aufteilen, mit denen sie naturgemäß verbunden sind: *in die Sache und in den Beruf,* die sich auf mein Verständnis der Aufgabe und die Fachbegriffe und Fertigkeiten beziehen, die ich anbieten kann. *Die Person,* das Einfühlungsvermögen, die Empathie und die Selbsterkenntnis – die Verbindung zu den eigenen Reaktionen. Schließlich und stets wichtig: *die Beziehung*, die mit dem Kontakt verbunden ist, den Prozessen und den Qualitäten der Wechselwirkung zwischen der Fachperson und den Personen, mit denen man zusammenarbeitet.

Kollegiale Gruppen haben sich natürlich in erster Linie mit dem Sach- oder Berufsaspekt eines Problems beschäftigt. Sinnvoll ist der Aufbau eines nuancierten Verständnisses für z. B. das Verhalten und die Schwierigkeiten eines Schülers als Voraussetzung, um zu diesem einen relevanten menschlichen und pädagogischen Zugang zu finden. Gleichzeitig leuchtet ein, dass dieser Zugang vom Lehrer aufgebaut werden muss und dass die Verarbeitung, um Erfolg zu haben, auch auf den Zugang des Lehrers zu seinen eigenen Ressourcen berücksichtigen muss und auf das Verständnis dafür, wie belastet oder tragfähig der Kontakt zwischen Lehrer und Kind ist. Wenn diese Aspekte ins Gespräch einbezogen werden, fördern und erweitern sie die kollegialen Beziehungen.

Diese nuancierte Reflexion ist ein Balanceakt zwischen dem Vertrauensverhältnis in der Gruppe und dem Lernprozess oder der Erkenntnis, die man zu erreichen versucht. (Es ist ein Balanceakt zwischen dem Lernprozess, der durch die Reflexion gesucht wird, und dem kollegialen Alltag, in dem sie stattfindet.)

*Phasen des Gesprächs*
Die kollegiale Reflexion ist ein Austausch zwischen gleichgestellten Fachleuten. Zum Austragungsort machen sie eine Beziehung zwischen dem vorlegenden – dem Problemhalter – und dem assistierenden, mitreflektierenden Gesprächspartner. Beide umgibt normalerweise eine Gruppe, die nach Absprache in den Prozess so einsteigen kann, wie ich es später noch erklären werde.[6]

Das Gespräch kann man sich in drei Phasen unterteilt vorstellen: die statische, die reflektierende und die dynamische Phase.

Die statische Phase am Anfang dient dem Präsentieren des Problems, wie es vom Problemhalter empfunden wird. Die Formulierungen spiegeln häufig die Frustration der Person in ihrer Situation wider. Der Sprachgebrauch kann passiv sein, und das Problem wird normalerweise als außerhalb der Person befindlich gesehen. Die Vorlage wird zu einer Art Dokumentation darüber oder einer Rechtfertigung dafür, dass man Niederlagen erlitten hat. Videoaufnahmen können als ein Instrument in dieser Phase von großem Vorteil sein. Über aktives Zuhören hinaus besteht die Aufgabe des Helfers im Wesentlichen darin, eine Antwort auf die Frage zu finden: »Wobei möchtest *du* meine Hilfe haben?«, also eine genauere Formulierung dessen, worin das Bedürfnis des Hilfesuchenden besteht. Dabei wird auch der erste Kontakt hergestellt: Die Parteien beziehen Position zueinander. Wesentlich ist, dass der Helfer versucht, sich einen Einblick in das beschriebene Thema zu verschaffen, wie der Kollege die Situation empfindet, und dass dieses Verständnis in kurzen Worten zusammengefasst wird, die das gegenwärtige Arbeitsthema oder den gegenwärtigen Schwerpunkt für das weitere Gespräch festlegen.

Die nächste, die reflektierende Phase ist die Arbeitsphase in der Entwicklung. In dieser Phase suchen beide Gesprächspartner eine berufliche Perspektive auf das vorgelegte Problem. Vergleichen könnte man es damit, wie viele Erwachsene einem Kind das Kartenspiel beibringen. Das Kind bekommt seine Karten, und gemeinsam schaut man sie an, um sie übersichtlich zu ordnen und einzuschätzen, was man damit anfangen kann. Hier entwickelt man Perspektiven und Verständnismöglichkeiten auf dem Hintergrund der Informationen, die beide jetzt in Händen halten. Der Sinn besteht darin, eine für beide sinnvolle Perspektive zu finden, also eine Perspektive auf das vorgelegte Problem, die beiden hinreichend sinnvoll erscheint, so dass beide ein Gespräch darüber für vorteilhaft halten. Der Schwerpunkt verschiebt sich von der Frage, wie die Situation empfunden wird, zur Frage, wie sie begriffen werden kann. Ehe man sich mit Lösungsvorschlägen beschäftigt, ist die Aufgabe des Helfers, sich Kenntnis darüber zu verschaffen, wie sich die Situation für den Problemhalter selbst darstellt. Hier kommen die beruflichen wie die persönlichen und die Beziehungsaspekte ins Spiel. Was kann die Person sich selbst sagen? Welche Überlegungen hat der Betreffende angestellt, und worin besteht der echte Zweifel? Diese Erforschung der Kapazität des Kollegen hat teils das Ziel, sein Vertrauen in die eigenen Fähigkeiten zu stärken, teils dem Helfer Einblick zu verschaffen, welche Gedanken und Einstellungen später unterstützt oder herausgefordert werden können. Hier geht es um ein kollegiales Gespräch, in dem man Perspektiven austauschen kann mit dem Ziel, sicherzustellen, dass über das »richtige« Problem gesprochen wird. Mit seinem Interesse für die beim Problemhalter schon vorhandenen Fähigkeiten darf der Helfer sich mit Lösungsvorschlägen »einmischen« und bekommt Gelegenheit, sich zu überzeugen, dass die Hilfe einem Bedürfnis des Empfängers entspricht und nicht einer Ichbezogenheit des Gebers.

In dem Maß, wie dies alles gelingt, geht das Gespräch wie von selbst in die nächste, die dynamische, handlungsorientierte Phase über.

Oft besteht kein Bedarf an Ratschlägen oder Beratung, sondern erst wenn der Problemhalter in seiner Fähigkeit bestärkt und von sich aus bereit ist, das Gespräch mit wiedergewonnener Zuversicht oder wiedergewonnener Energie abzuschließen. Andernfalls ist die Phase konzentriert darauf, Handlungsmöglichkeiten zu überlegen aufgrund eines erkannten Problems und nicht aufgrund selbstbezichtigenden Bedürfnisses nach Ratschlägen und Beratung. Dieses Gespräch enthält normalerweise einige »Wenn und Aber«, die fast immer ein Zeichen dafür sind, dass die vorausgegangene Phase Mängel aufweist. »Aber« leitet oft einen Satz ein, in dem wir eher ein Bedürfnis nach weiterer Erklärung ausdrücken als die Ansicht, der andere wisse genug über uns.

Diese Aufteilung des Gesprächs in drei unterschiedliche Phasen kann in eine Gesprächsübung umgesetzt werden, die das Ziel hat, die Fähigkeit zur Reflexion einzuführen und sich mehrere Perspektiven und Deutungsmöglichkeiten anzuhören.

Die Übung besteht darin, dass zwei Fokuspersonen in 5 bis 10 Minuten die statische Phase durchlaufen; das Problem wird mit Hilfe von vertiefenden Fragen präsentiert und beleuchtet, während die Gruppe zuhört. Beim nächsten Schritt ist der Problemhalter bei der Reflexion der Gruppe anwesend. Wesentlich ist, dass alle Beiträge mit einem Aspekt begründet werden, den der Sprecher beim Problemhalter gehört oder beobachtet hat. So hält man sich an die Tatsachen und braucht sich nicht auf Deutungen zu verlassen. Die Beiträge nehmen darauf Bezug, wie jeder Einzelne in der Gruppe das Problem verstanden hat und wie es nach eigenem Dafürhalten Sinn ergeben kann. Über Lösungen muss man hier nicht sprechen. Die Aufgabe besteht allein darin, eine berufliche Perspektive auf das vorgelegte Problem zu finden. Worum geht es bei dem Gehörten – und worauf stütze ich es? Bis auf weiteres sind diese Beiträge gleichberechtigt und sollen in der Gruppe nicht zu Einvernehmen führen.

Je nach Komplexität des Themas kann das Bedürfnis nach mehreren kurzen Zwischenbemerkungen bestehen. Danach wenden sich die beiden Hauptakteure einander von Neuem zu. Ihre Aufgabe ist es, wieder einen Zugang zu finden, den sie für sinnvoll halten. Der Problemhalter ist immer dazu verpflichtet, sich die gewünschte Inspiration oder Hilfe zu verschaffen. Das bedeutet, dass er natürlich eigene neue Überlegungen präsentieren muss, die der Helfer zu unterstützen, zu modifizieren und zu hinterfragen versuchen muss.

Das Gespräch wird beendet, wenn die Zeit abgelaufen ist. Wesentlich ist nicht, die Lösung des Problems zu einem Kriterium zu erheben, das entscheidet, ob das Gespräch beendet ist oder erfolgreich war. Man ist versucht, zu einem Zeitpunkt einen Lösungsvorschlag anzusteuern, wo noch ständig Bedarf nach Überlegung und Problemverständnis besteht. Das Kriterium ist der Gedanken anregende und inspirierende Verlauf des Gesprächs.

*Einführung von Reflexionsgruppen*
Wie schon an anderer Stelle betont, funktionieren die Gruppen durch die Bereitschaft aller Teilnehmenden, Beiträge zu liefern. Deshalb ist es zweckmäßig, diesbezügliche Fragen zu klären, ehe die Gruppe sich an die Arbeit macht. Das erste Thema lautet: Was soll mein Beitrag sein? Was will ich der Gruppe geben – als Problemhalter, als Helfer und als Gruppenmitglied? Mit welchen Aspekten meines Arbeitslebens bin ich bereit, mich einzubringen? Welche Beiträge leistet der Einzelne für das Gleichgewicht zwischen den beruflichen, den persönlichen und den Beziehungsaspekten der Arbeit?

Erst im Anschluss daran ergibt ein Gespräch darüber Sinn, was man erwartungsgemäß aus der Gruppe herausholen kann. Welches Bedürfnis kann die Gruppe nach meiner Meinung erfüllen? Es geht nicht darum, zu diesem Zeitpunkt einen Konsens herbeizuführen, sondern Unterschieden und Nuancen Raum zu geben.

Beim nächsten Schritt wird das gegenwärtige Vertrauen zu den Gruppenmitgliedern untersucht. Wie sicher fühle ich mich – und wo fühle ich mich von diesen Kollegen unterstützt und herausgefordert? Das ist keine Wertung ihrer Charaktereigenschaften, sondern eine Selbsterkenntnis mit dem Ziel, sich über natürliche Vorbehalte klar zu werden, die damit verbunden sind, dass verwundbarere Teile des eigenen Selbstverständnisses mit Personen geteilt werden sollen, die man als beliebige Gruppe von Kollegen auffassen kann.

Hilfreich kann es sein, die anderen einzuweihen, wo man sich selbst als Gruppenmitglied sieht, über mögliche Verhaltensmuster, die man durchbrechen oder in denen man bestärkt werden möchte; Reaktionen an sich, die man für unangemessen hält und die abzustellen die Gruppenmitglieder behilflich sein können.

Fragen nach den Erwartungen der Vorgesetzten und Einbringen der eigenen Person sollten diskutiert werden. Welche Ressourcen können der Gruppe zugeteilt werden? Wie steht es um das Vertrauen und die Schweigepflicht? Die Vorgesetzten sollten sich in der Regel nicht an der Gruppe beteiligen. Kollegiale Reflexion spielt sich unter gleichberechtigten Kollegen ab, und trotz erlebter Gleichberechtigung wird die Teilnahme von Vorgesetzten natürlich den Ablauf behindern, es sei denn, die Vorgesetzten trügen Probleme in eigener Sache genauso wie die übrigen Teilnehmer vor. Fragen von Vorgesetzten sollte man auf ein geeignetes Vorgesetztenforum verweisen.

Schließlich geht es um die Frage, inwieweit bei der Gruppe das Bedürfnis nach Unterstützung besteht in Form von Einführung in die Methode, von Kursen oder Möglichkeiten, Beraterbeistand hinzuzuziehen in dem Maß, wie Erfahrungen gesammelt und Fragen formuliert werden können.

Die Gruppe ist *keine* Therapie- oder Selbsterfahrungsgruppe. Sie ist weder Ersatz noch Erweiterung von Personalversammlungen. Sie ist ein unabhängiges Forum, und ihr Inhalt ergibt sich aus der Arbeit der Mitglieder mit Einzelpersonen, die ihre Hilfe brauchen. Wichtig ist, dass hier über kein Problem aus dem Privatleben der Teilnehmenden gesprochen wird, aber sehr wohl über den Einfluss privater Verhältnisse auf die Arbeitsfähigkeit. Ebenso sollte man Probleme, die Kollegen, Vorgesetzte und die Zusammenarbeit betreffen, auf andere Gremien verweisen. Diese restriktiven Verhaltensregeln dienen dazu, eine an sich anspruchsvolle Arbeitssituation zu schützen.

Es ist hilfreich, zu Beginn der Zusammenkunft mitzuteilen, was oder wer einem in der Gruppe zurzeit nicht gefällt. Aber das ist eine Komponente der eigenen Anwesenheit, nicht das Thema der Diskussion oder der Bearbeitung.

Angemessen scheint, dass jeder Teilnehmer zu jeder Sitzung ein mögliches Thema mitbringt, dem man in einer einführenden Runde Vorrang einräumen kann. Dadurch gewinnt man Routine im Finden von Themen, die nicht unbedingt hoch problematisch sein müssen, sondern über die man auch einfach nur nachdenken muss. Gleichzeitig hat die Gruppe ohnehin einen Überschuss an Themen und sollte nicht damit beginnen, eine Person zu nötigen, ein Thema vorzuschlagen.

Wie schon erwähnt, kann die Gruppe auf unterschiedliche Weise einbezogen werden. Erfahrungsgemäß ist es angebracht, mit einer restriktiven Einstellung zur Gruppe zu beginnen. Die übergeordnete Rücksicht besteht immer darin, den Reflektierenden das Gespräch mit nur einem Kollegen vertiefen zu lassen. Das Bedürfnis der Gruppe, sich zu äußern, muss dabei zurückgestellt werden. Sind alle mit der Gesprächsform vertraut, kann die Gruppe auf Wunsch des Helfers einbezogen werden. Das bedeutet, dass sie zu begrenzten Themen und Zeiten aufgefordert werden kann mit Blick darauf, die beiden Hauptpersonen zu unterstützen, weiter voranzukommen. Später kann die Gruppe an Empathie oder Rollenspielen mitwirken.

Wie schon erwähnt, bezieht auch diese Form der beruflichen Entwicklung ihren Nutzen aus der Kontinuität. Anhaltendes Reflektieren über die eigene Gewohnheit und die Aufforderung zu Respons/Entgegnung und Anteilnahme fördern die Beziehungskompetenz.

Zum Abschluss muss man natürlich auch erwähnen, dass die Reflexionsgruppe Niederlagen erleben kann, dass es Situationen, Probleme oder Beziehungen in der Gruppe gibt, die weitere Hilfe erfordern. Unter diesem Aspekt kann man kollegiale Reflexion als Vorstadium zur Supervision sehen. Zahlreiche Themen werden zufriedenstellend bearbeitet: neue Sichtweisen und Zugänge werden ausprobiert, neue Erfahrungen gesammelt, und dementsprechend wird in Abständen der Wunsch nach dem größeren Fachwissen der Supervision aufkommen.

Daran anschließend möchten wir noch zweierlei erwähnen, zum einen, dass sich kollegiale Reflexion wie gesagt nicht ständig mit »Problemen« zu beschäftigen braucht. Es erfüllt eine wichtige berufliche und psychohygienische Funktion, wenn man in regelmäßigen Abständen »seine Erfolge« (die Anführungszeichen sollen nur daran erinnern, dass zwei Personen dazu nötig sind) vorstellt und analysiert. Damit sind wir schon mitten in einem aktuellen Thema für Beratung, kollegiale Reflexion und Supervision. Das kann wie folgt als Frage formuliert werden: »Wie führt man eine Supervision mit einem Kollegen durch oder wie gibt man einem Kollegen Feedback, ohne die ›Fehler‹ zu nennen, die ihm nach unserer Meinung unterlaufen sind, und wenn man sie erwähnt, macht man sich selbst nicht zu einem Bestandteil der nach Fehlern suchenden Kultur, der die Supervision entgegenwirken soll?«

Es gibt hervorragende Fachleute, die ohne Zögern diese Frage mit Ja beantworten werden.[7] Unser eigener Standpunkt ist etwas differenzierter. Wir sind uns einig darin, dass Beratung und Supervision vor allem eine unterstützende (anerkennende) Funktion haben, also das Konstruktive in der beruflichen Aktivität unterstützen soll, die besprochen wird. Wir sind ebenso der Meinung, dass sie eine Herausforderung darstellen und somit auch auf problematisches professionelles Verhalten hinweisen und darüber diskutieren soll. Unsere Begründung ist überwiegend ethischer Natur. Es gibt Kinder, Jugendliche und Erwachsene, die tatsächlich in Beziehungen zu erwachsenen Fachleuten Schaden nehmen. Und sie haben nicht immer die Zeit, darauf zu warten, dass die Lehrerin oder die Erzieherin von sich aus den »Stein des Anstoßes« entdeckt. Darüber hinaus haben wir die Erfahrung gemacht, dass bei weitem nicht jedes problematische berufliche Verhalten persönliche Gründe hat, sondern auch an mangelndem beruflichen Wissen und fehlender beruflicher Einsicht liegen kann. Eine Analyse des Verhaltens wird das aufdecken. Einige werden uns in diesem Punkt ganz und gar nicht zustimmen. Deshalb ist es so wichtig, diesen Aspekt zu klären, bevor man sich auf kollegiale Reflexion und Supervision einlässt.

## Supervision

Supervision beruht schon im Wortsinn auf formalen und realen Kompetenz- und Rollenunterschieden. Supervisor ist der oder die erfahrenere, ernannte Verantwortliche für den Prozess, und die Beziehung steht während des Verlaufes fest.[8]

Der Begriff »Supervision« ist in den letzten Jahren häufiger in Diskussionen über das berufliche und psychische Arbeitsumfeld im Behandlungs-, Sozial- und Unterrichtssektor verwendet worden. Das spiegelt natürlich ein Verständnis dafür wider, dass man dem Personal in diesen Bereichen Ressourcen in beruflicher und menschlicher Form zur Verfügung stellen muss, damit es den ständigen Bedarf an Hilfe, Beratung, Wissen, Pflege, Betreuung und Therapie decken kann. Diese Arbeit ist nicht ausschließlich beruflicher/methodischer Art. Viel mehr kann von der beruflichen Seite gesagt werden, dass sie durch mehrere menschliche Eigenschaften und Qualitäten wirkt: Persönlichkeit, Lebenserfahrung, Ausstrahlung und die Fähigkeit zu Respekt und inspirierendem Umgang mit anderen Menschen.

Persönliche Eigenschaften wie diese kann man nicht ein für alle Mal durch Grund- oder durch Fortbildung einführen, aber sie müssen genauso wie berufliches Fachwissen aktualisiert und kontinuierlich weiter entwickelt werden. Das kann auch dadurch geschehen, dass man Strukturen und Gremien einrichtet, die dem Bedürfnis des Personals nach Entwicklung, Inspiration, Entlastung und Selbstbetreuung nachkommen.

Allgemein wird Supervision in diesen Berufszweigen bei komplexen und häufig emotional belastenden Arbeitsaufgaben eingesetzt. So wie in immer mehr Berufszweigen Forderungen nach individueller Beratung, Handlungsplänen, Ausbildungsverlauf usw. laut werden, nehmen viele das Bedürfnis wahr, die beruflichen Perspektiven und Lösungsmodelle in einem beruflichen Forum zu überdenken, das von aufmerksamer, strukturierter und engagierter Kollegialität geprägt ist. Hinzu kommen die Bedürfnisse, hinreichendes Einfühlungsvermögen und Selbsterkenntnis zu erleben, um andere Lebenserfahrung und Reaktionsweisen verstehen, erfassen und ihnen begegnen zu können, die oft außerhalb der eigenen Lebenserfahrung liegen oder diese auf unangemessene Weise aktualisieren.

In Dänemark haben wir mit viel Erfolg Supervision bei Mitarbeiterinnen in einigen Tagesstätten und Sonderschulen eingeführt, wogegen die Methode nicht richtig mit dem heutigen Selbstverständnis und den Rahmenbedingungen vereinbar zu sein scheint. Ein Teil der Psychologinnen, pädagogischen Berater und anderen Personen mit einer Zusatzausbildung zum Supervisor haben sich zum Glück den Pädagoginnen zur Verfügung gestellt. Schwerpunkt in dieser Einführungsphase waren natürlich die Beziehungen, die nach Wahrnehmung der Pädagoginnen die größten Probleme mit sich bringen. Auf etwas längere Sicht besteht kein Zweifel, dass eine allgemeinere Supervision von Vorteil wäre, allein auf Grund der Tatsache, dass wir als Fachleute oft »ins Fettnäpfchen treten« in Beziehungen, die wir selbst als unproblematisch empfinden. Für viele Eltern und Kinder ist es schwierig, uns gegenüber kritisches Feedback zu äußern, das sie tatsächlich haben. Als Folge entgehen uns wichtige Entwicklungsmöglichkeiten, wenn nur wir allein die Qualität einer Beziehung bewerten müssen.

Ein anderer Unterschied zwischen kollegialer Reflexion und Supervision besteht darin, dass Supervision auch zum Teil eine Qualitätskontrolle ist. Somit ist der Einsatz von Supervision in der einzelnen Institution die einzige reale ethische Garantie für Eltern und Kinder dafür, dass sie nicht Opfer interner Probleme in der Gruppe der Vorgesetzten und Mitarbeiterinnen oder der Idiosynkrasie eines einzelnen Mitarbeiters werden. Aus dem gleichen Grund ist es angebracht, dass die Institutionen in Abständen (mindestens alle 2–3 Jahre) den Supervisor wechseln, auch wenn es emotional schwer fallen und mental anstrengend sein kann. Kinder und Eltern sind jedes Mal in der gleichen Situation, wenn die Institutionen die Vorgesetzten oder die Gruppe der Mitarbeiterinnen austauschen.

### Vorgesetzte und Zusammenarbeit

Besonders kennzeichnend für pädagogische Institutionen ist, dass alle Mitarbeiter in vielen verschiedenen Beziehungen auch als Vorgesetzte auftreten. Einige Qualitäten, die auch die Beziehungskompetenz der offiziellen Vorgesetzten oder die Leitung aufweisen muss, sind deshalb die gleichen wie an anderer Stelle in diesem Buch beschrieben. In diesem Abschnitt fassen wir ihre Bedeutung zusammen und konzentrieren uns im Übrigen auf die Rollen des Vorgesetzten als Personalleiter und pädagogischer Leiter, der das Arbeitsklima schafft und für die Kultur verantwortlich ist.

#### Prozessorientierte Leitung

In einer Beziehung zwischen zwei Erwachsenen, bei der die eine Seite mehr Macht hat als die andere, trägt der Mächtigere die Hauptverantwortung für die Qualität der Beziehung. Das gilt in pädagogischen Institutionen auch für die Beziehung zwischen Vorgesetzten und Mitarbeitern. Der Leiter ist im Guten wie im Schlechten für »den Duft in der Bäckerei« verantwortlich und somit auch für die Qualität, wodurch die anderen Angestellten ihre unterschiedlichen Rollen als Vorgesetzte verwalten. Dies ist eine Furcht einflößende und schwer definierbare Macht, die deshalb bei Stellungnahmen lieber nicht beim Namen genannt oder definiert wird, obwohl sie in allen privaten und öffentlichen Institutionen, die die Aufgabe haben, Menschen zu erziehen, zu unterrichten, zu behandeln und zu pflegen, die absolut wichtigste Kompetenz ausmacht. Das Wohl des Personals, die Qualität der beruflichen Arbeit wie auch der Gewinn der Gesellschaft durch ihre Investitionen verhalten sich direkt proportional zur Fähigkeit und Kompetenz der Vorgesetzten auf diesem Gebiet. Diese Kompetenz kann weder delegiert noch demokratisiert werden und ist in Kraft, ganz gleich, ob Vorgesetzte sich dessen bewusst sind oder nicht.

Das Dilemma der Vorgesetzten in modernen öffentlichen Institutionen ist, dieser entscheidenden Funktion gegenüber den wachsenden administrativen Anforderungen Priorität einzuräumen. Aber der Gegensatz zwischen den beiden Aspekten ist nicht so unüberwindlich, wie es auf den ersten Blick scheint. Kennzeichnend für die Vorgesetzten in pädagogischen Institutionen ist, die fähig dazu sind und großen Wert auf Ausübung ihrer prozessualen Verantwortung und Beziehungskompetenz legen, dass Bürokratie die Institution bedeutend weniger belastet und stresst als dort, wo Vorgesetzte sich dieses Bereiches weniger bewusst oder darin weniger kompetent sind. Will eine pädagogische Institution ihre Ziele und Werte verwirklichen, muss zwischen den administrativen und professionellen Werten zumindest Gleichgewicht herrschen. Dabei dürfen die Fachleute in der Waagschale gern am meisten wiegen. Der Konflikt zwischen den beiden Werten besteht von Natur aus permanent. Deshalb müssen Vorgesetzte gemeinsam mit den Mitarbeiterinnen für die professionellen Werte sorgen.

Die Beziehungskompetenz des Vorgesetzten umfasst alle Komponenten, die wir in Verbindung mit der pädagogischen oder professionellen Beziehungskompetenz beschrieben haben. Erwachsene Mitarbeiter sind ihren Vorgesetzten nicht genauso ausgeliefert, wie Kinder und Jugendliche ihren Lehrern und Erziehern ausgeliefert sind. Sie sind teils besser in der Lage, direkt Zustimmung zu äußern und Einspruch zu erheben und gegenüber ihren Vorgesetzten Spielraum zu schaffen und Einfluss geltend zu machen. Teils ist die Zusammenarbeit auch einem umfassenden Komplex an Regeln und Absprachen unterworfen, während der Schutz von Kindern und Jugendlichen ohne sie auskommen muss. Und doch hinterlässt eine langjährige Zusammenarbeit mit ein und demselben Vorgesetzten bei jedem einzelnen Mitarbeiter ihre Spuren in Verhalten und Stil im Umgang mit Kindern und Eltern – im Guten wie im Schlechten –, und anders kann es nicht sein. Mit keinem Menschen kann man ununterbrochen konstruktiv zusammenarbeiten oder -leben. Entscheidend ist nicht im ersten Anlauf die Verteilung von konstruktiven und destruktiven Qualitäten im inneren und äußeren Verhalten eines Vorgesetzten, sondern seine Fähigkeit und Bereitschaft, die Verantwortung für die Folgen des destruktiven Verhaltens zu übernehmen in dem Maß, wie er sich dessen bewusst wird.

Pädagogische Leitung kann mit Schwerpunkt auf einer besonderen pädagogischen Philosophie und Methode ausgeübt werden, wobei der Vorgesetzte eine Art »ideologischer Bannerträger« ist, kann aber mit gleicher Qualität von Vorgesetzten ausgeübt werden, die sich eher als eine Person sehen, die auf einem Fundament von pädagogischen Werten Synergie-Effekte bei weitestgehend unterschiedlichen Persönlichkeiten und Visionen herstellen soll. Die gemeinsame Notwendigkeit besteht darin, dass das Verhalten eines Vorgesetzten als Vorgesetzter und Mensch in Einklang mit seinen Werten steht – auch in stürmischen Zeiten. Inkongruentes Verhalten pflanzt sich in der Organisation sehr schnell nach unten und oben fort.

**Beispiel:**
Im letzten Jahrzehnt hat man skandinavischen Schulen die Aufgabe übertragen, Kampagnen durchzuführen mit dem Ziel, dass immer weniger Kinder von anderen Kindern gemobbt werden. Wo die Schulleitung überwiegend gegen die administrativen Werte eingestellt ist, hat man mit Engagement und Pflichtgefühl diese Kampagnen durchgeführt und konnte auch einen Rückgang der Häufigkeit von Mobbing an der Schule feststellen. An anderen Schulen, wo die Leitung sich mehr an professionellen Werten orientiert, hat man die Aufgabe anders angepackt. Statt einer Kampagne, bei der die Erwachsenen auf der einen Seite stehen und die »richtige« Moral und Verhaltensweise repräsentieren und Kinder auf der anderen Seite sind, hat man beschlossen, die Werte der ganzen Schule zur Diskussion und Erneuerung gestellt. Das bedeutet, dass man sich alle interpersonalen Beziehungen angeschaut hat, mit denen sich auch dieses Buch beschäftigt, und ausgehend von dieser Arbeit konnte man die Qualität des Verhaltens aller verbessern.

Man muss kein Experte für Beziehungen sein, um voraussehen zu können, dass die Mobbing-Frequenz an den erstgenannten Schulen über einen Zeitraum von zwei bis drei Jahren sinken wird, um dann wieder steil anzusteigen, wahrscheinlich sogar auf eine Frequenz, die über der vor Beginn der Kampagne liegt. In den anderen Schulen wird die Häufigkeit kontinuierlich zurückgehen, bis sie im Verlauf von zwei bis drei Jahren auf ein notwendiges Minimum gesunken ist. Die Erklärung ist einfach. Das Verhalten der Kinder ist immer auch die Folge der allgemeinen Kultur der Schule. Wenn man deshalb Erwachsene über Kinder stellt und die Kampagne einseitig gegen die Kinder richtet, ist das *an sich* schon Mobbing gegen Kinder. Das Verhalten der Erwachsenen entspricht nicht ihrer Botschaft, und so »gewinnt« das Verhalten auf lange Sicht immer.

An den zwei genannten Schulen, wo alle die Gelegenheit gemeinsam nutzten, um über die gemeinsamen Werte zu reflektieren und sie vielleicht zu verändern, sind Prozess und Inhalt in Übereinstimmung (kongruent). Das Ergebnis ist deshalb länger haltbar, solange keine größeren und unerwarteten Veränderungen in der Leitung und im Stab der Mitarbeiter auftreten.

Dieser Unterschied ist ein Beispiel dafür, wie die gesamte Kultur ganz und gar abhängig von den Werten der Vorgesetzten und deren Fähigkeit ist, sie zu verwirklichen. Man könnte sich einfach Schulen vorstellen, wo sich die Mehrheit der Lehrer der Kampagne gegen das Mobbing unter Kindern anschließt und einige wenige sich für den anderen Zugang zum Phänomen entscheiden. Das würde für ein gewisses Einvernehmen in den Klassen sorgen, zu denen diese Lehrer eine enge Bindung unterhielten, hätte aber auf die gesamte Kultur der Schule keine Auswirkung.

Ähnliches gilt für das schwache Ergebnis von Kampagnen etwa gegen Essstörungen, Alkohol- und Drogensucht. Wenn Leitung, Mitarbeiterinnen und Eltern zusammenhalten und begeistert sind, wird es seine Wirkung nicht verfehlen, solange der Synergie-Effekt wirkt, aber nicht länger. Denn nur in wenigen Ausnahmefällen erzielen Kampagnen als wirkliche Anti-Kampagnen einen nachhaltigen Effekt – ganz gleich, ob die Zielgruppe Kinder, Jugendliche oder Erwachsene sind. Wieder ist die Erklärung einfach. Will man das selbstzerstörerische Verhalten von Menschen abstellen, sollte man keine Anti-Kampagne durchführen, sondern eine »Kampagne« *für* das Leben. Eine solche Anti-Kampagne ist entweder nicht möglich oder ganz oder teilweise unglaubwürdig. An Stelle von Schlagworten und Informationsmaterial macht es sich bezahlt, die Werte einzuführen, die für das Leben des Einzelnen und die Individualität in den alltäglichen Beziehungen sorgen. Selbstzerstörerisches Verhalten ist immer das Ergebnis destruktiver Beziehungen und mehrerer individueller, persönlicher Entscheidungen und kann deshalb mit Hilfe von kollektiven Kampagnen weder im Voraus verhindert noch abgeschwächt werden.

Kampagnen, die sich gegen bestimmte Symptome richten, können gutes politisches Handwerk sein, aber aus pädagogisch-psychologischer Sicht sind sie unprofessionell, wenn man etwas anderes und mehr will, als nur zu moralisieren.

Den pädagogischen Institutionen wird ihre Aufgabe vom politischen System und den Behörden vorgeschrieben, die aus gutem Grund nicht immer in erster Linie (pädagogisch-psychologisch) professionell denken. Deshalb ist es wichtig, dass die Institutsleitenden den notwendigen Mut aufbringen, professionell ungehorsam zu sein.

*Individuum oder Beziehung*

An den meisten professionellen Arbeitsplätzen auch außerhalb der Welt der Pädagogik hat es eine lange Tradition, dass die Profis sich gegenseitig schützen im Interesse des Wohls der die Einrichtung nutzenden Personen, was selbstverständlich vollkommen unprofessionell ist. In diesem Punkt besteht nach unserer Erfahrung ein großer Unterschied zwischen der Kultur der Schulen und der Tagesstätten, vermutlich allein weil die Schule eine jahrelange autoritäre Kultur hat. Das heißt unter anderem, dass viele Schulleiterinnen finden, sie müssten sich einem Loyalitätsanspruch unterwerfen, der eigentlich nur dazu geeignet ist, die ethische Glaubwürdigkeit der Institution zu untergraben.

Wir sind vollkommen davon überzeugt, dass Leiter und Leiterinnen von pädagogischen Institutionen diesen Anachronismus gegen einige Beziehungsinterventionen eintauschen sollten.

**Beispiel:**

Inger ist Klassenlehrerin einer 5. Klasse. Sie unterrichtet die Kinder dieser Klasse seit dem 1. Schuljahr. Sie ist seit vielen Jahren als Lehrerin tätig und hat Dänisch-Unterricht von der 1. bis zur 7. Klasse gegeben.

Bei den üblichen Elternabenden im Herbst spricht sie mit Daniels Eltern darüber, dass Daniel nach ihrer Meinung wegen seiner Lernschwierigkeiten im Dänischen vom Schulpsychologen untersucht werden sollte. Das Problem hat sie früher schon einmal mit Daniels Eltern besprochen, aber da sie ihm bisher helfen konnte, seine »Fähigkeiten voll auszuschöpfen«, war vorher weder von Förderunterricht noch von einer Untersuchung durch einen Psychologen die Rede.

Die Eltern sind sehr überrascht über den Vorschlag der Klassenlehrerin. Sie sind nicht der Meinung, dass sie vorher schon einmal Daniels Probleme angesprochen hätte. Die Mutter bricht in Tränen aus, der Vater verstummt. Die Klassenlehrerin ist erstaunt, weil sie meint, sie habe die Eltern ständig informiert. Da sie nicht weiter weiß oder ratlos ist, wie sie überhaupt auf das Verhalten der Eltern reagieren soll, schlägt sie vor, die Eltern in der letzten Schulwoche anzurufen, wenn sie Zeit gehabt haben, die Angelegenheit miteinander zu besprechen.

Daniels Eltern sind wütend, und ihnen fällt es schwer zu akzeptieren, dass ihr Sohn Probleme hat. Sie fühlen sich von der Klassenlehrerin schlecht behandelt und sehen in ihr die »Schuldige«. Deshalb rufen sie einige andere Eltern von Kindern aus der Klasse an. Als Folge beschließen einige, sich an die Schulleitung zu wenden, weil sie Zweifel haben, inwieweit der Dänisch-Unterricht in der 5. Klasse in Ordnung ist. Die Schulleitung und der oder die Vorsitzende der Schulbehörde erhalten jeweils einen Brief. Der Schulleiter informiert die Klassenlehrerin, die sehr erstaunt über dieses Vorgehen ist.

Der Schulleiter berief einen außerplanmäßigen Elternabend, wo er den Unterrichtsplan des Faches verlas und dadurch versuchte, den Eltern zu beweisen, dass alles gemäß den vorgeschriebenen Richtlinien vor sich ging. Da die Klassenlehrerin nicht nur über das Verhalten der Eltern überrascht, sondern auch verletzt war, sah sie sich nicht im Stand, an diesem Elternabend teilzunehmen, der deshalb vom Schulleiter abgehalten wurde, was das Verhältnis von Klassenlehrerin und Eltern weiter verschlechterte.

In diesem Beispiel drehten sich alle Parteien (minus Daniel) wichtigtuerisch um sich selbst. Jedweder professionelle Standard wurde zu

Gunsten von persönlichem Beleidigtsein und bürokratischer Korrektheit außer Kraft gesetzt. Und alle Parteien stehen am Ende des Konflikts ärmer da als am Anfang.

Die Alternativen des Schulleiters gliedern sich in zwei Phasen:

1. Ein oder mehrere Gespräche mit der Klassenlehrerin und Daniels Eltern *zusammen* mit dem Ziel, ihre Beziehung der Zusammenarbeit von Neuem aufzubauen und herauszufinden, inwieweit die Reaktion der Eltern rein emotional ist und/oder einen sachlichen Bezug hat. Beide Seiten müssen ernst genommen werden. Der Verlauf zeigt eindeutig, dass die bisherige Beziehung zu den Eltern schon immer schlecht war, so dass auch diese analysiert und verarbeitet werden muss. Die Rolle des Leiters besteht in Beratung.

2. Die Beschwerde der Eltern über den Dänisch-Unterricht muss allgemein mit der Lehrerin und *mit* allen Eltern der Klasse und mit dem verantwortlichen Schulleiter in beratender Funktion diskutiert werden. Das Mitwirken der Lehrerin ist unbedingt notwendig. Sie kann aber verlangen, dass sie davor, während der Auseinandersetzung und danach individuell unterstützt wird. Es liegt in der Verantwortung des Schulleiters, bei der Besprechung den Ton anzugeben. Das tut er am besten, indem er alle Karten auf den Tisch legt:

»Wir haben uns hier versammelt, weil einige von Ihnen ihre Unzufriedenheit über den Dänisch-Unterricht in der Klasse ihrer Kinder geäußert haben. Über die Form der Unzufriedenheit kann man nicht abstimmen. Wenn nur ein Elternpaar unzufrieden ist, besteht Grund, das ernst zu nehmen. Das Ganze begann mit einem Gespräch zwischen der Lehrerin und Daniels Eltern, das unerfreulich verlief und auf beiden Seiten Verärgerung hinterließ. Ich bin mir nicht ganz im Klaren, ob über einen längeren Zeitraum bei einigen von Ihnen unausgesprochene Unzufriedenheit vor allem mit dem Dänisch-Unterricht herrschte. Jetzt haben Sie die Chance, es zur Sprache zu bringen oder zu sagen, ob eine Unzufriedenheit mit der Zusammenarbeit und der Art der Klassenlehrerin besteht, wie sie ihre Beziehung zu Ihnen als Eltern – oder vielleicht nur zu einigen von Ihnen – handhabt und ob das die einzige Ursache ist. Deshalb müssen wir die Sache auseinander dividieren, während wir darüber reden. Ich werde dafür sorgen, dass wir das Sachliche und das Persönliche so weit wie möglich auseinander halten. Ich setze mich dafür ein, dass Eltern wie Kinder und Lehrer hier an der Schule ordentlich behandelt werden, und dafür zu sorgen habe ich mir heute Abend vorgenommen.«

In der anschließenden Gesprächsrunde sollte unbedingt allen Eltern die Möglichkeit gegeben werden, sich zu den beiden möglichen Aspekten des Konflikts zu äußern. Wir schreiben »unbedingt« aus zwei Gründen: zum einen weil die Meinung der Eltern, die den Brief unterschrieben haben, voneinander abweichen und schon beim Anhören der Abweichungen kann ein gemeinsames Mobbing der Klassenlehrerin vermieden werden; zum anderen wird der Lehrerin wie der Leitung die Möglichkeit geboten, sich anzuhören, welche unterschiedlichen Streitpunkte auf den Eltern lasten. Diese bilden den Rohstoff für die weitere berufliche Entwicklung der Lehrerin. In dem Maß, wie sie in der Lage ist, die Eltern ernst zu nehmen, wird deren Ärger vergehen.

Eine solche Zusammenkunft ist ein gutes Beispiel, dass die demokratischen Spielregeln unzureichend sind, wenn es um Beziehungskonflikte geht. Man kann z. B. einfach nicht durch die Mehrheit entscheiden, ob der Stil und das Verhalten der Lehrerin »richtig« oder »falsch« ist oder ob ihr Dänisch-Unterricht die erforderliche Qualität hat. Die Tatsache, dass womöglich recht wenige Eltern einen persönlichen Rachefeldzug planen und den ganz formalen Weg beschreiten könnten, um ihr Ziel zu erreichen, sollte den Schulleiter nicht verleiten, das *Korrekte* zu Gunsten des *Richtigen* zu tun. Auf allen Ebenen seines Berufes als Verantwortlicher für die Kultur ist es seine Aufgabe zu verhindern, dass der kleinste gemeinsame Nenner den Ton in der Institution angibt, ganz gleich ob unter den Kindern, im Kollegium oder in anderen persönlichen Beziehungen.

**Beispiel:**

Hanne ist eine von fünf Lehrkräften im Team. Die anderen vier sind der Meinung, dass die Zusammenarbeit mit ihr mit jedem Mal schwieriger wird, weil sie häufig vertreten werden muss, wenn sie Schwierigkeiten mit den Eltern oder Kindern hat. Alle vier gehören seit Beginn der ersten Klassen zum Team und haben auf unterschiedliche Weise versucht, die Probleme mit der Zusammenarbeit zu lösen, über die sie nie offen diskutiert haben. Aber bei den Mitarbeitergesprächen, die jeder Einzelne mit der Schulleitung führt, ist dennoch durchgesickert, dass es Schwierigkeiten gibt, und deshalb beschließt die Schulleiterin, das Problem durch Hannes Versetzung in ein anderes Team zu lösen: Ihr wird die Aufgabe übertragen, mit einem der als stark geltenden Lehrer an der Schule wieder eine 1. Klasse zu übernehmen. Er lässt sich nicht aus dem Konzept bringen, wenn Hanne die Dinge häufig problematisiert. Er verfügt gegenüber den Kindern über eine natürliche Autorität und kann gut mit den Eltern reden. Die Wahl fällt auf ihn, weil vermutlich einige Zeit vergehen wird, bis er sich von der Zusammenarbeit entmutigen lässt, und weil er in der Zwischenzeit ein guter Schutz gegen Beschwerden der Eltern ist, die Hannes wegen aufkommen können.

Hanne gehört zu den Lehrkräften an der Schule, der die anderen am liebsten aus dem Weg gehen. Sie haben viele gute Erklärungen, warum sie mit ihr nicht darüber reden können, was sie an der Zusammenarbeit problematisch finden. Die Erklärungen sind z. B., dass Hanne nicht stark genug ist, um das auszuhalten, oder dass sie nicht wissen, ob sich das einrichten lässt, ohne dass sich die Zusammenarbeit verschlechtert oder dass sie es nicht als ihre Aufgabe ansehen.

In diesem Beispiel ist es die Fantasie der Kollegen über Hanne, die den kleinsten gemeinsamen Nenner bildet. Die Leiterin lässt diese Fantasie zur Tagesordnung zu. Aus einleuchtenden Gründen werden die Probleme mit der Zusammenarbeit weder geklärt noch gelöst, solange Hanne nicht einbezogen wird. Die Botschaft der Schulleiterin an die Mitarbeiter ist ebenso eindeutig, wie sie destruktiv für die Kultur der Institution ist: »Wenn hier jemand schwierig oder unbeliebt ist, dann wird er isoliert, und meine Verantwortung als Schulleiterin wird auf die Kollegen übertragen, die ich für stark halte.«

Zur allgemeinen und anständigen Personalpflege gehört, dass diese Form von Problemen von allen betroffenen Parteien *gemeinsam* analysiert und verarbeitet wird. Sollte es dazu kommen, dass Hanne in ein anderes Team versetzt wird, muss das in aller Öffentlichkeit geschehen.

Und das neue Team muss die notwendige Unterstützung erhalten. Sobald die Schulleiterin an ihren Fähigkeiten als Beraterin und Vermittlerin in diesem Prozess zweifelt, muss sie eine andere Person hinzuziehen.

**Beispiel:**

Jens ist ein Mathematik- und Deutschlehrer in den Fünfzigern. Er ist kein besonders guter Lehrer, und seine Beziehungskompetenz lässt einiges zu wünschen übrig – im Verhältnis zu den Schülern, zu den Eltern wie auch zu den Kollegen. Es ist ein offenes Geheimnis, über das niemand mit Jens gesprochen hat. Ein anderes offenes Geheimnis ist, dass Jens eine Flasche Portwein in seinem Schrank stehen hat, den er häufig öffnet.

Jens hat eine 6. Klasse, mit der er es besonders schwer hat und sie mit ihm. Alle Kinder wissen von seinem Alkohol-Problem, und Gleiches gilt für die Eltern. Doch niemand unternimmt etwas. Stattdessen führt man auf fast allen Elternabenden ein und dieselbe Komödie auf: Jens ist immer an der Teilnahme verhindert, und der Klassenlehrer übermittelt den Eltern Jens' Unzufriedenheit über die schulischen und sozialen Leistungen der Schüler, verbunden mit einer Aufforderung, die Eltern mögen die Kinder zurechtweisen.

Nach einem Jahr nimmt einer der Elternteile Kontakt zur Schulleitung auf und verlangt, dass etwas unternommen wird. Das Ergebnis ist, dass die Klasse einen Ersatzlehrer für Jens' Stunden bekommt, aber mit der offiziellen Erklärung an die Kinder und Eltern, dass die Klasse schrecklich sei! Dies geschieht wohl gemerkt im Namen der Mitmenschlichkeit, und die Eltern zeigen leider genauso wenig Verantwortung wie die Leitung und die Kollegen. Die Kinder haben die Last zu tragen.

Die oben genannten Beispiele haben wir nicht ausgesucht, weil es Extremfälle sind, sondern weil sie eindeutig sind. Sie illustrieren nach unserer Auffassung das dringende Bedürfnis, dass die Werte bei Beziehungen auch in Führungs- und Zusammenarbeitsprozesse eingeführt und integriert werden müssen, teils aus Rücksicht auf das Wohl der Lehrerinnen wie der anderen Mitarbeiter, aber auch weil die Werte einheitlich sein müssen, um bei Kindern und Eltern Wirkung zu zeigen. Zugleich muss man aufhören, allein den Kindern den Schwarzen Peter zuzuschieben.

Gleichwertigkeit unter Erwachsenen besteht aus Respekt vor der Unterschiedlichkeit. Deshalb ist es wichtig, dass die Werte nicht zur Uniformität vereinfacht werden und somit nur eine neue Konformität schaffen. Einigkeit ist gut, aber Unterschiedlichkeit ist besser. Als Folge sind interpersonale Konflikte ein notwendiger Bestandteil im Innenleben jeder einzelnen Institution. Weitgehend ist die Leitung verantwortlich dafür, dass sie sich nicht zu behindernden Problemen entwickeln, die der Institution Energie abfordern.

*Berufliche Entwicklung der Vorgesetzten*
Da zu einer unserer wesentlichen Wertvorstellungen die berufliche Entwicklung gehört, ist es selbstverständlich notwendig, dass Vorgesetzte auch selbst dafür sorgen, an diesen Gütern teilzuhaben. Die allgemeine berufliche Entwicklung muss in enger Zusammenarbeit mit den Mitarbeitern abgesprochen und auf dem neuesten Stand gehalten werden. Aber es ist wichtig, dass die Vorgesetzten sich ihrer eigenen besonderen Bedürfnisse bewusst sind. Auf dieser allgemeinen Ebene ruht diese Verantwortung auf den eigenen Organisationen der Arbeitgeber und Vorgesetzten. Aber auf spezifischer Ebene muss der oder die einzelne Vorgesetzte oft individuelle Initiativen ergreifen.

Im Idealfall müsste regelmäßige, individuelle Supervision oder Coaching ein Minimalanspruch sein, den die Institutsleitung bei ihren Mitarbeitern erfüllen muss. Das wäre ein Forum, bei dem die Vorgesetzten z. B. einmal im Monat die Möglichkeit haben, ihre Situation innerhalb weniger Stunden umzukehren, gemeinsam mit einer erfahrenen Person mit Einblick in die Führung, Organisation und in interpersonale Beziehungen. Das ist eine einfache und preiswerte Methode, für die Führungskräfte und für eine Qualitätssicherung der Kultur und Personalpflege der Institution Sorge zu tragen.

Darüber hinaus wird ein großer Teil der (für Vorgesetzte spezifischen) Entwicklung des oder der Vorgesetzten durch seine oder ihre

Funktion als Prozessberater/in bei täglichen, interpersonalen Konflikten auf sämtlichen Ebenen in der Organisation ablaufen.

Viele andere Ansprüche werden an die Institutionsleitung gestellt, die Fortbildung und eine für Vorgesetzte spezifische Entwicklung erfordern und ebenfalls berücksichtigt werden sollten. Wir haben die eindeutige Erfahrung gemacht, dass durch eine kontinuierliche Stärkung der Beziehungskompetenz bei Vorgesetzten die Summe der Ansprüche übersichtlicher und weniger zermürbend erscheint. Doch teils unterscheiden sich Vorgesetzte und haben unterschiedliche Bedürfnisse zu unterschiedlichen Zeitpunkten in ihrer Karriere, und teils sollten wir Spezialisten aufpassen, dass man »den Karren nicht gegen die Wand fährt«.

### Die Rolle der Kinder in der beruflichen Entwicklung

Untrennbar verbunden mit dem Blick auf die professionelle Beziehung als eine reine Subjekt-Objekt-Beziehung, dass es die Erwachsenen sind, die zum Leben und zur Entwicklung des Kindes beitragen sollen, wird ebenso als Gegenleistung des Kindes das gute Benehmen, die guten Charaktereigenschaften und der Respekt gewürdigt. Lehrerinnen und Erzieher haben im Grunde immer das Lohnende und Bereichernde in der Arbeit mit Kindern gesehen, doch hauptsächlich mit Blick auf die *Kindlichkeit* der Kinder – ihre Spontaneität, ihren Lebenshunger und ihre Fähigkeit, über die Realität zu staunen, die Erwachsene für banal halten, bis ein begeistertes Kind alles in einem neuen Licht erscheinen lässt. Sie haben also mehr das »Naturell« der Kinder als ihre Kompetenzen anerkannt.

Je mehr Erfahrung wir in der Erwachsenen-Kind-Beziehung als einer Subjekt-Subjekt-Beziehung sammeln, desto klarer erkennen wir, dass Kinder bedeutend mehr zu bieten haben – dass der persönliche Entwicklungsprozess in hohem Maße auf Gegenseitigkeit beruht. Diese Gegenseitigkeit wird offenkundig, wenn die Beziehung ein Erfolg in dem Sinn ist, dass der pädagogische Prozess die Planung, die Methoden und Ziele des Erwachsenen bestätigt und die Kinder somit zu ihrer beruflichen Sicherheit beitragen. Das Bild wird viel komplexer, wenn ein oder mehrere Kinder nicht unmittelbar positiv reagieren und der Erwachsene deshalb überlegen muss: Lag es an der Planung und an der Methode, dass es heute schief ging? Lag es am interpersonalen Prozess?

Kinder reagieren in unterschiedlichen Situationen sehr unterschiedlich. Deshalb besteht besonderer Anlass, sich bewusst zu machen, wann jeder Erwachsene seine Beziehung zu einem bestimmten Kind oder das Verhalten dieses Kindes sehr unterschiedlich beschreibt. Es kommt nicht oft vor, dass man von der »Methode« eines Kollegen lernen kann, aber es ist eine gute Möglichkeit, seine eigenen Einstellungen, Erwartungen und sein konkretes berufliches Verhalten einmal genauer unter die Lupe zu nehmen. Je mehr Erfahrungen eine Lehrerin oder ein Erzieher sammelt, desto nuancierter ist das Reservoir, aus dem man schöpfen kann. Doch auch erfahrene Fachleute erleben Beziehungen, die neue Erkenntnisse mit sich bringen.

Die Kinder, zu denen Erwachsene schwer eine fruchtbare Beziehungen aufbauen können und die auch außerhalb der Institution ganz offensichtlich ein schwierigeres Leben haben, sind womöglich die größte und wichtigste Herausforderung an die traditionelle berufliche Identität der Fachleute. Die berufliche Identität besteht u. a. aus einer grundlegenden Verpflichtung, Kindern weiter zu helfen, ihnen behilflich zu sein, etwas zu werden, das sie noch nicht sind, ganz gleich ob in sozialer, persönlicher und intellektueller Hinsicht. In seiner primitivsten Form wird daraus eine Serie von Versuchen, das Kind oder zumindest sein äußeres Verhalten zu *verändern*. Ob das Motiv darin besteht, für Ruhe in der Gruppe, für weniger Konflikte in der Erwachsenen-Kind-Beziehung zu sorgen oder ob es um »des Kindes willen« geschieht, ist in diesem Kontext nicht wichtig. Entscheidend ist, dass die Sache zum Scheitern verurteilt ist, wenn der Erwachsene sein Verhalten nach dem einzigen Ziel ausrichtet, das Kind zu verändern.

Die Erklärung ist mehr als logisch. Das Kind wird auf ein Objekt in der Beziehung reduziert und nimmt nicht wahr, dass es jetzt die Möglichkeit hat, sich in Einklang mit sich selbst zu entwickeln, sondern es nimmt den Anspruch wahr, es solle sich entsprechend den Ansprüchen des Umfelds verändern. Genau die gleichen Charakteristika in den anderen Beziehungen des Kindes zu Erwachsenen haben das Problem beim ersten Anlauf verursacht, und dadurch wird das selbstzerstörerische Verhalten des Kindes verstärkt. Das gleiche Phänomen kann man in vielen privaten Beziehungen zwischen Erwachsenen beobachten. Geht man eine Beziehung zu einem anderen Menschen ein mit dem Ziel, den anderen zu verändern, ist das immer zum Scheitern verurteilt.

Mit dieser Aussicht werden der Lehrer oder die Erzieherin in einer unhaltbaren Situation und einer beruflichen Verpflichtung, »etwas zu tun«, allein gelassen. Die pädagogische Aufgabe besteht aus diesem Grund darin, dass der Erwachsene in sich geht und untersucht, wie und wann er sein Verhalten verändern kann, weil es sinnvoll für ihn ist. Sinnvoll bedeutet, dass er im Einklang mit der beruflichen Integrität ist mit allem, was an Wertvorstellungen, Begrenzungen, Stärke und Potential dazu gehört. Die Kunst besteht also darin, dass der Erwachsene seinen Teil der Beziehung aus Rücksicht auf sich selbst verändert und erst dann dem Kind Möglichkeiten geboten werden, neue Wahrnehmungen zu haben und neues Vertrauen zu schöpfen. Diese berufliche Entwicklung des Erwachsenen ermöglicht die notwendige Entwicklung des Kindes.

Für viele Fachleute bedeutet das den Abschied von einer fest verankerten und vertrauten beruflichen Identität, die auf Breitenwissen basierte und deshalb gut als ein Verlust an Wert und Status betrachtet werden kann. Aber nach unserer Erfahrung wird dieser Verlust schnell durch die Befriedigung über fruchtbarere und dynamischere professionelle Beziehungen wettgemacht, bei denen die Entwicklung auf Gegenseitigkeit beruht.

Supervision, kollegiale Reflexion und ähnliche berufliche Methoden sind in diesen problematischen Beziehungen von unschätzbarem Wert. Doch die Kinder selbst stellen eine Ressource dar, die zu nutzen wir kaum geübt sind. Wir haben uns angewöhnt, entweder ihr Verhalten zu beschreiben und mit anderen Erwachsenen darüber zu sprechen oder sie zu Spezialisten zu schicken in der Hoffnung, dass diese den Hintergrund für das Verhalten des Kindes klären und im besten Fall verändern können. Wir bedienen uns sekundärer Beziehungen in der Hoffnung, die primäre zu verändern. Das würde in manchen Fällen bedeuten, Eulen nach Athen zu tragen.

Nach unserer Erfahrung gibt es bei den Kindern viel Inspiration zu holen, wenn sich die Erwachsenen offen, persönlich und verantwortlich verhalten:

»Hör mal, Thomas. Ich bin mit unserer Zusammenarbeit nicht zufrieden. Ich weiß nicht genau, warum oder was wir daran machen können, aber ich nehme an, dass du auch unzufrieden bist, und deshalb möchte ich wissen, ob du mir helfen kannst ... Es muss irgendetwas sein, das dir an mir nicht gefällt, und es wäre eine große Hilfe für mich, wenn du sagen würdest, wann ich einen Patzer mache.«

In der Regel manifestiert sich die erlernte Überlebensstrategie der Fachperson mehr oder weniger deutlich in den professionellen Beziehungen, die sie eingeht. Gleiches gilt für den Beitrag des Kindes zu dieser Beziehung. Was diesem Verhalten zugrunde liegt, ist weniger von unmittelbarem Interesse für die aktuelle Beziehung zwischen beiden. Das pädagogisch Interessante ist, dass eine sehr gute derzeitige Beziehung die negativen Folgen der früheren Beziehungen aufheben oder abschwächen kann. Das gilt auch für destruktive Phänomene in ihrer gemeinsamen Geschichte.

**Beispiel:**
Kirsten ist Kindergärtnerin. Auf Grund ihrer Persönlichkeit fällt es ihr schwer, ihre Wünsche und Bedürfnisse auszudrücken und sich so abzugrenzen, dass andere Menschen sie verstehen und respektieren. Gegenüber anderen Erwachsenen hat sie die Einstellung: »Das müssen die doch von selbst unterlassen!« und »Man muss einem erwachsenen Menschen doch nicht mehr sagen, dass man hinter sich aufräumen muss!« (Über die Kolleginnen, mit denen sie die Räume teilt.)

Sie kommt am besten mit den Kindern aus, die vieles von sich aus machen und ihre Ansprüche und Grenzen beim ersten Mal verstehen, wenn sie darüber spricht. Bei Kindern, die einen sehr eindeutigen Erwachsenen brauchen, fällt ihr das Zusammensein in einer sich entwickelnden Form schwer, und sie empfindet sofort weniger Sympathie für sie. Ihr fehlt die Einsicht, dass der Kern ihrer Beziehungskonflikte von grundlegend existenziellem Charakter ist. Stattdessen spricht sie von den Defiziten bei einem Teil der Eltern, von der schlechten Erziehung, von Wunschkindern oder den kleinen Prinzen und Prinzessinnen. Diese Fakten haben selbstverständlich eine bestimmte Bedeutung. Doch solange sie sich nur auf Fakten konzentriert, ohne sich selbst einzubeziehen, bleibt ihre Beziehung zu einem Teil der Kinder in dem Sinn negativ, als weder ihr Selbstwertgefühl noch das der Kinder eine Chance auf Entwicklung bekommt.

Ihr Kontakt ist tendenziell leichter resigniert: »Aaaaanton, jetzt musst du aber mal gehorchen! Ich habe dir das schon zehn Mal gesagt.« Oder belehrend: »Christian, du weißt doch, wenn du die ganze Zeit redest, dann bleibt keine Zeit mehr für die anderen. Die anderen möchten auch gern etwas sagen.«

Alle ihre Äußerungen vermitteln den Kindern sehr häufig das Gefühl, fehl am Platz zu sein. Geschieht das, treten auch die weniger zweckmäßigen Überlebensstrategien der Kinder in Kraft, und beide Seiten sind in einem destruktiven Kontakt gefangen.

Kirstens Situation entspricht der vieler ihrer Kolleginnen und ist in mancher Hinsicht mit den Misstönen zwischen einigen Generationen von Erwachsenen zeittypisch, die gelernt haben, sich selbst zurückzunehmen (und diese Lebensform zu idealisieren), und neuen Jahrgängen von Kindern und Jugendlichen, die gelernt haben, sich auszudrücken. Weder sie noch viele ihrer Leidensgenossinnen finden besonderes Vergnügen am Leiden oder an kollegialen Rückziehern und schieben die Schuld der ersten oder zweiten oder dritten Partei zu. Bekommt sie dagegen Hilfe und Unterstützung, um ihre berufliche Authentizität zu entwickeln, könnten sich Zusammensein und Zusammenarbeit mit den Kindern in beruflicher, sozialer und persönlicher Hinsicht fruchtbarer gestalten.

Im folgenden Beispiel ist die berufliche Ausbeute der Lehrerin am Konflikt indirekter – eine potenzielle Möglichkeit, die von ihrer persönlichen Geschichte, Selbsterkenntnis und Sensibilität abhängt. Vordergründig geht es um das Gleichgewicht zwischen dem *Produkt*orientierten und dem *Prozess*orientierten im Unterricht.

**Beispiel:**
Die 5. Klasse beschäftigt sich mit interdisziplinären Themen. Die Kinder arbeiten in Gruppen. Die Lehrerin hat die Gruppen so zusammengestellt, dass sie möglichst effektiv sind. Immer gibt es Kinder in der Klasse, denen die Arbeit in der Gruppe schwer fällt und/oder mit denen die anderen keine Lust haben zusammenzuarbeiten.

Ein solcher Fall ist Niklas. Er ist mit vier anderen in einer Gruppe, und die Arbeit hat angefangen. Niklas will den Bleistift anspitzen, etwas Wasser zu trinken haben, ein Radiergummi ausleihen oder auf die Toilette gehen, alles deutliche Signale, dass es ihm schwer fällt, in der Gruppe zu arbeiten. Die Interventionen der Lehrerin lauten z. B. wie folgt: »Niklas, fang endlich an. Hast du das Buch gefunden, mit dem du arbeiten sollst? Dann fang endlich mal an. Schau, hier auf Seite 37 steht es.« Und kurz darauf: »Niklas, du bekommst nichts fertig, wenn du immer wieder aufstehst, jetzt hör auf, die anderen ständig zu stören!«

Niklas wird immer unruhiger und will am Ende aus dem Klassenzimmer gehen. Die Lehrerin stellt sich vor ihn und sagt, er müsse bis zur Pause warten. Das bringt Niklas zur Verzweiflung, und er droht mit Schlägen. Die Lehrerin bekommt es mit der Angst zu tun und schickt ihn zu einem Gespräch ins Rektorzimmer. Hinterher ist sie erschüttert, dass Niklas überhaupt auf die Idee kommen konnte, ihr physische Gewalt anzudrohen.

Bei einer anschließenden Bearbeitung fällt der Lehrerin auf, dass Niklas mehr unter Druck gesetzt wurde, als er aushalten konnte. Ihm fällt es schwer, in der Gruppe zu arbeiten, und die anderen wollen ihn nicht mehr dabeihaben. Niklas ist nicht in der Lage, über seine Situation zu sprechen ohne direkte Unterstützung durch die Lehrerin, und da er sie nicht bekommt, lässt er seiner Unruhe und seinem Schmerz freien Lauf, indem er das Verhalten eskalieren lässt, das es den anderen so schwer macht, mit ihm zusammen zu sein.

In diesem Fall wissen wir nicht, was die Lehrerin davon abhielt, Niklas zu helfen. Vielleicht sieht sie nur das Ziel: Kinder sollen lernen, in Gruppen zu arbeiten, und Gruppen sollen schulische Leistungen zeigen. Vielleicht hat sie selbst immer gute Erfahrungen mit Gruppenarbeit gemacht, und deshalb hat sie Schwierigkeiten, sich vorzustellen, wie schwer es ein Junge wie Niklas damit hat. Vielleicht trifft das Gegenteil zu: Sie hat selbst die Ausgrenzung und die Einsamkeit erlebt und musste selbst den Schmerz so lange ignorieren, dass sie ihn verdrängt hat, und ist womöglich auch immun gegen den Schmerz anderer geworden. Berufliche Reflexion und Kommentare von guten Kollegen hätten das vielleicht zur Freude beider Seiten klären können.

Wir kennen auch nicht die ganze Geschichte, warum Niklas Schwierigkeiten mit Gruppenarbeit hat. Sein Verhalten scheint zu sagen:»Ich finde, es ist schwierig, hier zu sein. Ich hasse Gruppenarbeit, weil ich merke, dass die anderen nur mit mir zusammen sind, weil die Lehrerin es sagt. Ich kann es nicht aushalten und lasse mir alles Mögliche einfallen, um dem zu entkommen. Ich weiß nicht, was mit mir nicht stimmt, aber irgendetwas muss es doch sein. Ich kann nicht fragen, deshalb sage ich nur, Gruppenarbeit ist doof und langweilig!« Wir wissen nicht, warum er so wenig Selbstwertgefühl hat, aber das ist auch nicht wichtig. Wir wissen, dass er eine Lehrerin braucht, die weiß, dass Kinder gern zusammenarbeiten und dass ihnen ein Gespräch fehlt und vielleicht ein wenig Hilfe, wenn sie nicht dazu in der Lage sind.

Es spielt kaum eine Rolle, was sich in Niklas' Familie abspielt oder abgespielt hat oder welche Verletzungen er von früheren Erziehern und Lehrern erdulden musste. Es ist sowohl der Lehrerin als auch den anderen Kindern und Niklas am besten damit gedient, wenn sein Verhalten ernst genommen und nicht verurteilt oder kategorisiert wird.

Dem pädagogischen Jargon der Zeit entsprechend läuft Niklas Gefahr, beschrieben zu werden als eins der Kinder, denen soziale Kompetenz fehlt, kurz, die Fähigkeit zur Zusammenarbeit mit anderen Kindern in einer Gruppe. Schließt unser Verständnis von sozialer Kompetenz nicht auch den Willen ein, Kindern beizubringen, wie man die Menschen behandelt, die verletzt sind oder nur anders und Gemeinschaften aufbaut, wo sie einen sinnvollen Platz bekommen, dann ist der Begriff an sich ein sinnloser Euphemismus für »im Voraus gut funktionierend«. Kernpunkt ist doch, dass Niklas schon eine der wichtigsten Kompetenzen in jeder Gemeinschaft besitzt: sich ausdrücken zu können, wie man sich darin fühlt. Die Tatsache, dass sein

Ausdruck verzerrt ist und die Empathie des Umfelds erfordert, ist wohl die Ursache dafür, dass wir professionelle Erzieher einsetzen, um mit ihm zusammen zu sein. In dem Umfang, wie sich Niklas' Lehrerin nicht dieses Teils ihrer Rolle bewusst ist, hat Niklas den Mut, die Situation auf die Spitze zu treiben und ihr körperliche Gewalt anzudrohen als Zugabe für ihre berufliche Entwicklung.

Zweifellos fehlt Niklas mindestens eine wichtige Komponente in seiner sozialen Kompetenz, und seine Lehrerin ist an eine der Grenzen ihrer Beziehungskompetenz gestoßen. Alle Voraussetzungen für eine lehrreiche Gemeinschaft sind damit gegeben. Gleiches gilt für das nächste Beispiel, in dem es der Lehrerin weder an Empathie noch an gutem Willen fehlt, sie einzusetzen.

**Beispiel:**
Michael besucht die 6. Klasse. Er ist hinreichend begabt und hat keine Lernprobleme. Er ist das älteste von vier Kindern. Der Vater ist psychisch krank und zeitweise im Krankenhaus. Die Mutter verdient Geld als ungelernte Arbeiterin. Michael trägt zu Hause viel Verantwortung. Teils wird ihm als dem Ältesten große Verantwortung auferlegt, wenn er seine jüngeren Geschwister von der Schule abholt, auf sie aufpasst, einkauft, und teils bürdet er sich selbst wie alle Kinder in einer solchen Situation große Verantwortung auf: eine enorme Verantwortung und eine große Sorge um die Gesundheit seines Vaters, das Wohl seiner Mutter, die Finanzen der Familie und vieles andere.

Während Michael zu Hause ein Muster an (sozialer) Kompetenz ist, hat er große Probleme mit seinem Verhalten in der Schule und in der Freizeit außerhalb seines Elternhauses. In der Schule hat er oft Streit mit den Lehrern und den anderen Kindern – Streitigkeiten, bei denen er sehr hart wirkt. In der Freizeit ist er mit einer Gruppe anderer Kinder zusammen, die im Supermarkt klaut, Graffiti sprüht oder Alkohol trinkt.

Michaels Klassenlehrerin hat ihn sehr gern und nimmt sich viel Zeit für ihn. Ihm sind einige zusätzliche Förderstunden bewilligt worden, die auf die kreativen und die praktischen Fächer verteilt wurden. Die Klassenlehrerin hält dort den Unterricht ab. Sie ist die einzige Erwachsene an der Schule, der Michael sich auf seine Weise angeschlossen hat.

Er nimmt viel Platz in ihren Gedanken ein, und sie macht sich häufig Sorgen, ob sie selbst und die Schule genug tun, um ihm zu helfen. Darüber hinaus nimmt sie sich viel Zeit für Gespräche mit Kollegen, dem Psychologen und dem Gemeindereferenten. Häufig ist sie in einer Position, in der sie die Wahrnehmung hat, sie müsse Michaels provokantes Verhalten gegenüber ihren Kollegen verteidigen.

Michael gehört zu den Kindern, denen es schwer fällt, in einer guten und engen Beziehung zu leben, ohne sie zu zerstören. Eines Tages hat die Klasse Hauswirtschaftsunterricht, an dem die Klassenlehrerin zur Förderung von Michael teilnimmt. Die Stunden sind problemlos verlaufen, sie kochen Essen, und Michael spricht freundlich mit der Lehrerin und den anderen Kindern. Es ist einer der Tage, an denen die Klassenlehrerin eine kleine Verschnaufpause einlegen kann und denkt, jetzt mache er Fortschritte, und sie ist froh, dass sie sich dafür eingesetzt hat, dass er an der Schule bleibt.

Als sich die Unterrichtsstunde dem Ende zuneigt, kommt Michael zu ihr und schenkt ihr eine Zitronenspeise, die er zubereitet hat, mit den Worten: »Das ist für Sie.« Die Lehrerin freut sich und deutet Michaels Geste als ein Zeichen, dass auch er ein paar gute Stunden gehabt hat. Doch als sie die Speise probiert, ist sie ungenießbar, überwürzt und salzig, und sie fühlt sich erschöpft und ohnmächtig bei dem Gedanken, dass sie noch einmal alle Kräfte mobilisieren muss, um weiter mit ihm zu arbeiten.

Diese Lehrerin ist kontinuierlich über einen langen Zeitraum mit Michael zusammengekommen mit all den Qualitäten, die wir auch traditionell für positiv halten: Engagement, Verständnis, Empathie, Flexibilität, Ausdauer. Michael hat dennoch einen Platz ihn ihrem Herzen bekommen. Was kann man mehr verlangen und was kann sie im vorliegenden Fall lernen, wenn sie nicht nur verletzt, enttäuscht und ein bisschen zynisch dastehen will?

Ob sie nun Lehrerin an einer Regelschule oder einer Sonderschule, Erzieherin an einer sozialpädagogischen Institution oder Pflegemutter ist, sie braucht in dieser Zeit Unterstützung. Sie muss mit ihren Kolleginnen oder mit dem Schulpsychologen über *sich selbst* sprechen.

Im Gespräch kann sie ihre Reaktion schildern, die auf die Episode folgte, und der Gesprächspartner sollte erfahren genug sein, ihr mit Verständnis und Anerkennung zu begegnen. Sie muss die Möglichkeit haben, laut auszusprechen, was sie Michael gern mitteilen will, damit ihre Beziehung auf einer neuen Grundlage fortgesetzt werden kann.

Das wird einige Zeit dauern, weil sie eine Formulierung finden muss, die ihre eigene Person und Michael schützt. Für viele Fachleute ist es schwierig, zu begreifen, was ein solches Erlebnis eigentlich für sie bedeutet. Einige halten es wahrscheinlich für unprofessionell, sich vom Verhalten des Kindes emotional beeinflussen zu lassen. Ob es professionell oder unprofessionell ist, hängt nicht davon ab, *ob* sie davon beeinflusst wird, sondern *wie* sie seine Reaktion verarbeitet.

Im nächsten professionellen Schritt schaut sich die Lehrerin näher an, was sie selbst eventuell in ihrer beider Beziehung eingebracht hat, das Michael veranlasste, einen ansonsten wechselseitig positiven Kontakt zu ruinieren. Hat sie ihre eigenen Gefühle und Ansprüche vergessen und ist ein williges »Opfer« für Michaels Bedürfnis nach Betreuung und Aufmerksamkeit geworden? War sie so damit beschäftigt, *für* ihn zu kämpfen, dass sie vergaß, *mit* ihm zu kämpfen, und folglich ihren Kontakt depersonalisierte? Man muss ihr Zeit lassen, ihre *innere* Verantwortlichkeit zu konsultieren, um wieder Einblick in die Beziehung zu Michael zu nehmen. Dieser Prozess wird sowohl ihr Selbstwertgefühl als auch ihre persönliche Autorität stärken und ihrer reichen beruflichen Erfahrung wichtige Nuancen hinzufügen.

Wenn sie Michael mit dieser Klärung wieder gegenübertreten kann, beginnt ein genau paralleler Prozess für ihn. Wenn sie ihrer Trauer, ihrer Wut oder Ohnmacht Ausdruck verleihen kann, bekommt Michael ein Beispiel (im Unterschied zu einem Bericht oder einer Belehrung) dafür, wie er andere Menschen beeinflusst, was die Tür zu seiner inneren Verantwortlichkeit und den Gefühlen öffnet, die ihn zu dieser Handlungsweise trieben. Ein Kind wie Michael, auf dem eine solche soziale Verantwortung lastet, braucht mehr als alles andere einen Erwachsenen, der sich zutraut, den Weg zur inneren Verantwortlichkeit aufzuzeigen, und dadurch die Möglichkeit schafft, dass auch Michael für seine Gefühle und Bedürfnisse in seinem Leben einen Platz findet. Im Idealfall müsste der ganzen Familie kontinuierliche Familienberatung angeboten werden. Hier ist also nicht die Rede davon, dass die Lehrerin allein verantwortlich für seine Zukunft ist. Sie ist nur verantwortlich für die Beziehung, die sie beide haben, und sie muss das soziale System darauf aufmerksam machen, dass hier ein Mehrfachbedarf besteht.

**Beispiel:**

Ida ist vier Jahre alt. Vor drei Monaten ist ihre heiß geliebte Großmutter ganz plötzlich gestorben. Ihre Eltern versuchen sie zu trösten, so gut sie können. Doch ihre Mutter hat auf den Tod mit einer Depression reagiert und sich in sich selbst zurückgezogen, so dass dem Kind ein Vorbild fehlt, wie man Trauer und Verlust angemessen verarbeitet. Im Kindergarten verändert sich Idas Verhalten. Sie wird wehleidig und bricht bei der geringsten Frustration in Tränen aus. Einen Monat nach dem Tod der Großmutter bekommt der Kindergarten einen neuen Erzieher, und er wird gründlich über Idas Situation und ihr Verhalten informiert. Seine unmittelbare Reaktion ist Sympathie und Mitgefühl für Ida. Doch nach wenigen Tagen ist er zunehmend verärgert über ihre »unbegründeten und kindischen« Reaktionen.

Der Erzieher nutzt die Situation, um Idas Verhalten mit dem Supervisor des Kindergartens zu diskutieren, ausgehend von der Vorstellung, dass er etwas unternehmen muss, damit Ida wieder »gut funktioniert«. Zu seiner großen Überraschung entdeckt er, dass er viele eigene Gefühle beim Tod seines Vaters vor einigen Jahren verdrängt hat – weil er der Älteste ist und sich die Verantwortung auferlegte, der Mutter in der Zeit nach dem Tod des Vaters hilfreich zur Seite zu stehen. Idas offensichtliche Trauer hat die Verbindung zwischen ihm und diesen nicht verarbeiteten Gefühlen hergestellt, und wie Ida kann er sie nur als diffuses Unbehagen ausdrücken.

Mit dieser neuen Erkenntnis kann der Erzieher eine ganz neue Beziehung zu Ida aufbauen. Er spricht mit ihr über seine eigene Trauer und seine Einsamkeit nach dem Tod des Vaters. Der Kindergarten wird nach kurzer Zeit zu einem Ort, wo Ida spielen und »funktionieren« kann und einige kurze existenzielle Wechselwirkungen erlebt, durch die sie frei trauern kann. Ihr Verhalten war nur Ausdruck dafür, dass sie keinen Platz für Trauer in der Familie fand und nicht genug Vertrauen zu den Erziehern hatte, um im Kindergarten darauf aufmerksam zu machen.

»Ärgern« sich Erwachsene über Kinder, dann sehr oft deshalb, weil das Verhalten der Kinder unverarbeitetes Material (emotional und/oder einstellungsmäßig) im Leben des Erwachsenen selbst provoziert. Die Bereitschaft der Erwachsenen, über die Beziehung zu reflektieren, entscheidet darüber, ob beide Seiten reifer werden oder ob das Kind als problematisch eingestuft wird.

Zum Abschluss möchten wir unterstreichen, dass das primäre Ziel dieser Sicht auf die Erzieher/in-Kind-Beziehung keine effektive Problemlösung ist. Beiderseitiges Wachstum und Entwicklung sind für beide Partner wertvoll, aber die Gegenseitigkeit als Beziehungsqualität ist die entscheidende Wertvorstellung.

### Die Rolle der Eltern in der beruflichen Entwicklung

Die Zusammenarbeit mit den Eltern bietet entsprechende Möglichkeiten zur beruflichen Entwicklung. Doch da sie meistens nur sporadisch ist, fällt das Ergebnis selten so spektakulär wie in der Erwachsenen-Kind-Beziehung aus. Bei der Ausbildung von Familienberatern und Familientherapeuten auf der ganzen Welt verfügt man über solide Erfahrungen, dass in Ratgeber-Eltern-Beziehungen der Lerneffekt am größten ist, wenn der Ratgeber mit seinen Vorurteilen konfrontiert wird, seien diese kulturellen, religiösen oder sozialen Ursprungs, ganz gleich, ob sie dazu beitragen, dass die Beziehung im positiven oder negativen Sinn aus dem Gleichgewicht gerät.

Einige Fachleute haben Schwierigkeiten mit Eltern, die Pfarrer sind, und mit anderen Verkaufsstrategen im Habit. Einige werden sehr verständnisvoll und flexibel, wenn sie vor den Eltern sitzen, die selbst Lehrer und Erzieher sind – andere sind rigider. Manche reagieren reserviert in Gegenwart von allein erziehenden Müttern auf dem Sozialamt – einige werden sentimental und klammern. Einige werden belehrend gegenüber muslimischen Eltern – andere werden übermäßig zurückhaltend. Andere werden in Gegenwart von homosexuellen Paaren aggressiv, und andere wenden all ihre Energie auf, um zu demonstrieren, wie tolerant sie sind.

Unter gut ausgebildeten Profis gehört es nicht zum guten Ton, Vorurteile zu haben. Doch wir alle haben mehr oder weniger große Vorurteile. Sie hängen äußerst eng mit unserem eigenen kulturellen und pädagogischen Hintergrund und dem Grad unserer Ich-Differenzierung zusammen. Auch hier geht es mehr um die Form, wie wir auf unsere Vorurteile reagieren, als darum, dass wir sie tatsächlich haben. Je mehr wir versuchen, sie zu verbergen oder zu unterdrücken, desto destruktiver beeinflussen sie die professionelle Beziehung. In diesem Kontext gehen wir davon aus, dass einige Vorurteile besser sind als viele und dass der effektivste Weg, sie zu verarbeiten, ist, offen mit ihnen umzugehen in Gegenwart derer, gegenüber denen man diese Vorurteile hat.

»Ich habe Schwierigkeiten mit Eltern, die auch Erzieher sind, und gerate mit ihnen leicht in einen Machtkampf. Wenn mir das passiert, während wir hier zusammen sind, dann können Sie gern Bescheid sagen.«

»Ich weiß sehr wenig darüber, wie die Wirklichkeit aussieht, wenn man in der privaten Wirtschaft Chef ist, und ich bin leicht voreingenommen ...«

»Ich habe Angst, Sie könnten mich für einen Rassisten halten, so dass ich viel mehr Kraft auf mein eigenes Image verwende als auf die Sache, über die wir eigentlich reden wollen ...«

»Die wenigen Gespräche, die wir geführt haben, seit Maria in den Kindergarten geht, haben bei mir jedes Mal einen schlechten Nachgeschmack hinterlassen. Erst nachdem ich mit einer Kollegin darüber gesprochen habe, ist mir klar geworden, dass ich gegenüber Adoptiveltern Vorurteile habe. Es wäre mir eine große Hilfe, wenn wir uns kurz damit beschäftigen können, bevor wir weitermachen mit ...«

Oft reichen wenige Sätze aus, um dem professionellen Gespräch den Weg zu ebnen. Wenn einem die eigenen Vorurteile erst später im Gespräch auffallen, ist Humor und Selbstironie das effektivste Mittel, um den Schaden zu begrenzen und neue Perspektiven aufzuzeigen.

Es kommt vor, dass Fachleute sich von einem Vater und einer Mutter so stark provoziert fühlen, dass sie vollkommen den Überblick und die berufliche Distanz verlieren. Als Folge muss man tiefer in sich selbst schauen, als man unmittelbar Lust darauf hat. In diesem Fall ist dann das laufende Gespräch selten das geeignetste Forum, dies anzusprechen. Dazu braucht man ein kollegiales Sparring oder eine Supervision, und daraus wird sich ergeben, ob man einer Kollegin den Kontakt zu den Eltern übertragen will oder ob man mit einer neuen Perspektive und einem Bedauern über die Vorurteile zu ihnen zurückkehren kann.

Eine alte Binsenweisheit über interpersonale Beziehungen besagt, dass wir am meisten von uns selbst gemeinsam mit den Menschen lernen können, für die wir spontan die geringste Sympathie empfinden. Sie konfrontieren uns nicht bloß mit unseren Vorurteilen, sondern auch mit den unsympathischen Seiten in uns selbst, in denen wir uns ungern wiedererkennen. Im umgekehrten Fall fühlen wir uns am sichersten mit Menschen, für die wir sofort Sympathie empfinden, weil sie die Seiten in uns bestätigen, die wir selbst für die besten halten. Im Berufsleben haben wir nur selten die Wahl zwischen den verschiedenen Beziehungen. Deshalb gehört es zur beruflichen Entwicklung eines jeden einzelnen Menschen, die Sicherheit zu Gunsten der Qualität zu opfern.

Im 8. Kapitel schlagen wir z. B. einen neuen Ansatz vor – von einem modernen zu einem postmodernen Verständnis des Elterngesprächs –, in dem den Erfahrungen und Perspektiven der Eltern mehr Platz eingeräumt und größere Bedeutung beigemessen werden soll. Wenn das gelingt, haben Eltern häufig sehr wertvolle Erfahrungen beizusteuern, von denen Erzieherinnen und Lehrerinnen ganz direkt sehr viel profitieren und Inspiration erhalten können.

**Beispiel:**
Die Erzieher im Kindergarten haben oft langwierige Konflikte mit Mads, der hartnäckig gegen jeden Versuch ankämpft, über ihn zu bestimmen. Mads ist Einzelkind, und aus Sicht der Erzieherin hat er deshalb nicht gelernt, sich in eine große Gruppe einzuordnen, wo zwangsläufig andere Regeln als in einer Kleinfamilie herrschen.

Die Eltern nicken lächelnd und wissend bei den Berichten der Erzieherin und können bestätigen, dass Mads im Großen und Ganzen seit seiner Geburt so ist. Sie haben sich viel Zeit genommen, mit ihm zu diskutieren und ihm sorgfältige pädagogische Erklärungen zu liefern, warum er jetzt seine Gummistiefel anziehen, Zähne putzen oder essen soll. Alles ohne Erfolg. Erst als Mads ungefähr zwei Jahre alt war, haben sie gelernt, dass sie darauf achten müssen, eindeutig zu sein: »Ich will, dass du jetzt reinkommst und isst!«, sein Nein zu akzeptieren und ihn ein paar Minuten in Frieden zu lassen. Wenn das gelingt, taucht Mads nach kurzer Zeit am Tisch auf, als sei nichts gewesen.

Diese Form, mit Mads umzugehen, kann unmittelbar auf den Kindergarten übertragen werden, und das Verhältnis der Erzieherinnen zu Mads ist weniger von Konflikten und mehr von gegenseitigem Respekt geprägt.

Die Grundlage für die Beziehung der Fachleute zu den Eltern kann man wohl am besten anhand der folgenden Äußerung zusammenfassen: »Wir sind ein paar Erwachsene, die sich für das Leben und Wohl dieses Kindes engagieren und ihm alle denkbar besten Chancen wünschen. Im Augenblick gelingt es einigen von uns besser als anderen, also lasst uns sehen, was wir voneinander lernen können.«

Es gibt Eltern, die sich so in die Ecke gedrängt fühlen, dass sie nicht in der Lage sind, wohlwollend auf diese Aufforderung zu reagieren. Nach unserer Erfahrung nimmt die Zahl dieser Eltern merklich ab, wenn Fachleute eine solide Routine mit vielen Eltern erarbeitet haben, die sich mit dem größten Vergnügen zur Verfügung stellen.

# Vierter Teil

# Die Beziehungen

## 8. Kapitel: Zusammenarbeit mit Eltern

### Abgrenzung

In diesem Kontext haben wir beschlossen, nicht näher auf den offiziellen Teil der Elternzusammenarbeit einzugehen, d. h. auf die Verwaltungsarbeit in Tagesstätten und Schulen und was man traditionell Schule-Elternhaus-Kooperation nennt. Verwaltungsarbeit ist an sich eine politische Arbeit, bei der es letzten Endes um Macht und Einfluss geht und deshalb ganz andere Kompetenzen umfasst als die hier so bezeichnete Beziehungskompetenz. Bei der Schule-Elternhaus-Kooperation geht es mehr um Kommunikation als um Gespräche, und das würde deshalb auch den Rahmen dieses Buches sprengen.

Stattdessen wollen wir im Folgenden den Aspekt näher betrachten, den wir die *problemorientierte* Zusammenarbeit, die *regelmäßige* Zusammenarbeit und die *tägliche* Zusammenarbeit nennen. Aber zunächst einige übergeordnete Erwägungen und Vorschläge.

Offen gestanden sind wir der Ansicht, dass das übliche und nach wie vor herrschende Verständnis von einer Lehrer/Erzieher-Eltern-Beziehung als einem Kontakt zwischen einem Experten und einem Nicht-Experten einer gründlichen Revision bedarf. Gleiches dürfte nach unserer Meinung in mehreren anderen Zusammenhängen gelten, wenn Fachleute mit Eltern zusammentreffen.

Unsere Beweggründe beruhen mehr auf Erfahrung als auf Theorie. Wenn wir uns an die Wirklichkeit der pädagogischen Institutionen halten, müssen wir der Genauigkeit halber zwischen Institutionen für Kleinkinder und der Schule unterscheiden, weil die Rahmenbedingungen, die Geschichte und die Kulturen unterschiedlich sind.

Die Tagesstätten sind aus historischer Sicht die neuesten Einrichtungen, und der Ausbau im gesamten Bereich der Tagesstätten wurde in Skandinavien erst ernsthaft mit der Auseinandersetzung um antiautoritäre Erziehung, mit der Befreiung der Frau und dem Zusammenbruch der patriarchalen Familie in Angriff genommen. Sie sind so zu sagen demokratisch geboren worden. Obwohl die Gehorsamskultur sicher auch ein Teil der pädagogischen Wertgrundlage war, bildet sie einen weniger deutlichen und vielleicht auch weniger bewussten Bestandteil im Alltag. Die Tagesstätten sind sehr viel kleiner als die Schulen und somit für alle Parteien übersichtlicher. Die Möglichkeiten, inoffizielle und persönliche Kontakte zwischen Erziehern und Eltern aufzubauen, sind besser. Damit ist häufig schon ein vernünftiger Kontakt hergestellt, wenn bei akuteren und problematischeren Beziehungen zwischen Erzieher-Kind-Eltern Bedarf an engerer Zusammenarbeit besteht. Im Allgemeinen erinnern sich Eltern noch gut an ihren eigenen Aufenthalt in der Krippe und im Kindergarten und begegnen deshalb den Erzieherinnen mit größerer Offenheit als den Lehrerinnen.

Auf der Schule lasten ihrerseits die autoritäre Kultur und die Normen von Generationen. Der Personalbestand ist in der Regel bei weitem weniger übersichtlich für alle Beteiligten. Hinzu kommt die ganz übergeordnete Verpflichtung der Schule, eine bestimmte Anzahl von Stunden zu einem bestimmten Zeitpunkt zu unterrichten, was mit den Arbeitsbestimmungen der Lehrer die Möglichkeiten für kontinuierliche, informelle Kontakte zu den Eltern einschränkt.

Obwohl es also große Unterschiede in der Kultur und in den Arbeitsbedingungen zwischen den beiden Institutionen gibt, haben wir die Erfahrung gemacht, dass sich die Lehrer/Erzieher-Eltern-Beziehung nicht zufriedenstellend für beide Seiten zum gleichen Zeitpunkt gestaltet, wenn nämlich in der Lehrer-Schüler-Beziehung oder der Erzieherin-Kind-Beziehung Misstöne aufkommen und die Fachleute entweder nicht wissen, was sie tun sollen, um die Beziehung zu verbessern, oder keinen Erfolg damit haben. In diesem Kontext ist es weniger wichtig, ob die Ursache als psychosozial, familienbezüglich oder funktional (motorisch, Sprech- oder Lernstörungen) beschrieben wird. Einfach ausgedrückt: Im Allgemeinen geht es häufig schief, wenn es Ernst wird.

In diesem Punkt unterscheidet sich das Vorgehen in den pädagogischen Institutionen nicht von dem im sozialen Bereich und im Gesundheitssektor. Doch leider macht sich das gerade dort so deutlich bemerkbar, wo die Gesellschaft auf eine primär vorbeugende Maßnahme vertraut. Nach unserer Erfahrung scheitern ungefähr 75 Prozent dieser wichtigen und notwendigen Gespräche in dem Sinn, dass sie nicht für vermehrten Kontakt, intensivere Zusammenarbeit und stärkere Veränderung sorgen, sondern beide Seiten mit leeren Händen und/oder in Opposition zueinander zurücklassen. Es gibt noch keine Untersuchung, die diese Erfahrung in Zahlen ausdrücken kann. Selbst wenn sich herausstellen sollte, dass diese Zahl zwischen 50 oder 40 Prozent liegt, wäre sie höher, als sie sein müsste.

Es ist schwierig, etwas über diese gescheiterten Beziehungen in einer Sprache zu sagen und zu schreiben, die keine individuelle Schuld zuweisen würde und niemanden zum Sündenbock erklärte. Da es unserer Meinung nach nicht um individuelle Schuld auf irgendeiner Seite geht, haben wir uns einleitend für die Beschreibung eines neuen Verständnisrahmens mit theoretischeren Fachbegriffen entschieden, *nämlich als Übergang von einem modernen zu einem postmodernen Verständnis und einer postmodernen Praxis.* Wir stützen uns in diesem Punkt auf die amerikanische Familientherapeutin und Theoretikerin Harlene Anderson.[1] Ihr Vorschlag, die Sichtweise auf das therapeutische Gespräch von einer modernistischen in eine postmoderne zu verändern, entspricht in der Praxis dem Thema, mit dem wir uns seit 20 Jahren an unserem gemeinsamen Arbeitsplatz beschäftigen. Aber Frau Anderson bietet einen theoretischen Rahmen an, der über eine enge Fachdiskussion über unterschiedliche methodische Schulen hinausgeht.

Diese und die folgenden Empfehlungen für psychotherapeutische Gespräche sind nicht als Aufforderung zu verstehen, die Gespräche zu »therapeutisieren«, die Lehrer und Erzieher mit Eltern und Kindern führen, obwohl wichtige Parallelen zwischen Pädagogik, Unterricht und Psychotherapie bestehen, wenn diese als interpersonale Prozesse betrachtet werden. Sie sind wichtig, weil das therapeutische Gespräch die intensivste und professionellste Gesprächsform ist, die wir kennen. Ihr Ziel ist es, ein Verhalten aufzudecken und zu verändern, das als nicht zufriedenstellend empfunden wird. An diesen therapeutischen Gesprächen wurde auch innerhalb der letzten rund vier Jahre am meisten experimentiert und geforscht.[2]

### Sichtweisen auf das Gespräch

Im modernistischen Weltbild gibt es eine »Wahrheit« über die Dinge, eine Wahrheit, die mit Hilfe von Denken und Forschen gefunden werden kann. Die Leute, die in Besitz der Wahrheit sind, nennen wir Experten. Das Verhältnis zwischen dem Experten und dem Nicht-Experten ist asymmetrisch (mit dem Experten als dominierendem Part) allein aufgrund des größeren Wissens, über das der Experte verfügt. Nach postmodernem Verständnis von der Welt gibt es keine universelle, im Voraus feststehende Wahrheit, sondern »nur« punktuelle Wahrheiten, die von den Teilnehmenden verhandelt und formuliert werden.

Flemming Andersen, ehemaliger Direktor der Pädagogischen Hochschule Dänemarks, hat es wie folgt in der Zeitschrift *Vera*, Nr. 2, 1998, so formuliert:

»In der Pädagogik gibt es keine Wahrheit, nur lokal verhandelbare Begriffe und Texte, die Bestand haben, bis wir uns auf eine andere Auffassung geeinigt haben. Die Begriffe, mit deren Hilfe wir uns orientieren, sind nicht objektiv. Sie sind etwas, das wir erfunden haben, um Ordnung im Chaos zu schaffen.«

Flemming Andersen ist sich in diesem Punkt mit Johannes Sløk einig, obwohl sein Ausgangspunkt ein anderer ist. Da ergibt sich eine interessante »Dreieinigkeit« zwischen der systemisch orientierten Familientherapeutin und Forscherin Harlene Anderson, dem existentialen Theologen und Ideenhistoriker Johannes Sløk und dem pädagogischen Forscher Flemming Andersen.

U. a. beschreibt der amerikanische Bildungsforscher Donald A. Schön den Rollenwechsel als Unterschied zwischen dem Experten und dem reflektierenden Praktiker.[3]

| Experte: | Reflektierender Praktiker: |
|---|---|
| Bei mir wird Wissen vermutet, und ich muss es behaupten, ganz gleich, ob ich mir unsicher bin oder nicht. | Bei mir wird Wissen vermutet, aber ich bin nicht der Einzige in der Situation, der relevantes und wichtiges Wissen besitzt. Meine Unsicherheit kann für den Klienten wie für mich eine Quelle des Lernens sein. |
| Den Klienten auf Abstand halten und an der Expertenrolle festhalten. Dem Klienten das Gefühl von meiner Sachkenntnis vermitteln, aber ein Gefühl von Wärme und Sympathie ausstrahlen, die »weich macht«. | Suche Zugang zu Gedanken und Gefühlen des Patienten. Lasse zu, dass sein Respekt vor meinem Wissen aus seiner Entdeckung des Wissens in der jeweiligen Situation erwächst. |
| Achtung und Status in der Respons des Klienten auf meine professionelle Persönlichkeit überprüfen. | Überprüfe das Gefühl von Freiheit und wirklicher Verbindung zu dem Klienten als eine Konsequenz daraus, eine professionelle Fassade nicht mehr länger aufrecht erhalten zu müssen. |

In der Praxis hat sich die Beziehung zwischen Fachleuten und der Familie ungünstig entwickelt, seit vor knapp einer Generation die Bedeutung der Familie für deren einzelne Mitglieder akzeptiert und in die soziale und pädagogische Arbeit einbezogen wurde. Die Arbeit mit Familien entsprang in der Anfangsphase der Erkenntnis der Fachleute, dass man, um einem Kind oder einem Erwachsenen helfen zu können, von dessen nächsten Familienangehörigen Hilfe braucht. Man brauchte die Gedanken, Erfahrungen und Reflexionen der anderen Familienmitglieder. Dadurch lernte man, wie wertvoll es war, die Wechselwirkungen der Familie »live« zu sehen, um mögliche Ursachen etwa für das Problem des Kindes ausmachen und nicht zuletzt um das einzigartige heilende Potenzial der Familie nutzen zu können.

Ausgangspunkt war also, dass der Fachmann die Familie brauchte, um dem einzelnen Familienmitglied und später so gut wie möglich der ganzen Familie helfen zu können. Inzwischen ist man sozusagen Experte in der Sache geworden. Weit verbreitet ist unter Fachleuten jetzt die Meinung, dass das Gegenteil der Fall ist: Die Familie braucht den Experten. Eins der klarsten und destruktivsten Ergebnisse dabei ist zweifellos, dass z. B. Eltern selten ein Gespräch mit einem Fachmann mit dem Gefühl verlassen, von Wert (für ihr Kind *und* den Fachmann) zu sein, aber häufig mit dem Gefühl, schlechtere Eltern zu sein, als sie sich selbst vor dem Gespräch empfanden. Die Empfindung kann man nicht vermeiden, indem man die Eltern zu Experten ernennt oder indem man sie wegen ihres Einsatzes für ihr Kind lobt. Das Gefühl der Eltern, von Wert zu sein, nur weil sie Eltern sind, ganz gleich wie sehr sie sich sonst »blamieren«, entsteht nur, wenn der Fachmann die vollkommen verinnerlichte Erkenntnis hat, dass er die Eltern mehr braucht als sie ihn.

Wenn Eltern und Fachleute sich zu einem problemorientierten Gespräch treffen, dann ist niemand Experte für den Anlass, warum die Parteien zusammengekommen sind: das Leben des Kindes – von innen betrachtet.

Die Fachleute wissen viel über Pädagogik, das Unterrichten, das soziale und intellektuelle Leistungsniveau des Kindes in der Institution, außerdem einige allgemeine Dinge über die kindliche Entwicklung. Die Eltern wissen viel über die Entwicklung vor allem ihres Kindes und über seine Art, wie es in der Familie und in der Freizeit präsent ist. Das Kind selbst ist natürlich die Person, die am meisten weiß, kann sich aber häufig nicht in einer Sprache ausdrücken, die die Erwachsenen verstehen oder als eine gültige Repräsentation der inneren Wirklichkeit des Kindes akzeptieren.

Einige Jahre lang hat man Versuche unternommen, die Expertenrolle der Fachleute zu verändern, z. B. mit Äußerungen wie: »Eltern

sind Experten für ihr eigenes Kind«. Obwohl das zweifellos ein gut gemeinter Versuch ist, das Wissen der Eltern in größerem Umfang einzubeziehen und die professionelle Dominanz abzuschwächen, weist
die Äußerung zwei eindeutige Schwächen auf. Es ist ein Versuch, den
Begriff Experte zu demokratisieren, an dem man damit also festhält.
Hinzu kommt, dass die Äußerung in der Regel sinnlos ist. Eltern verfügen ganz gewiss über ein einzigartiges Wissen über ihre Kinder.
Fachleute sind gut beraten, dieses Wissen zu entfalten und Nutzen
daraus zu ziehen. Aber Eltern sind auch »auf dem einen Auge blind«,
wenn sie sich ihr Kind anschauen. Einige Eltern romantisieren die
Persönlichkeit ihres Kindes. Andere sind so sehr mit den Problemen
beschäftigt, dass sie die Qualitäten übersehen, die für manche offensichtlich sind. Genau das Gleiche gilt für Fachleute. Im Idealfall ist die
Erzieherin oder der Lehrer des Kindes auf dem *anderen* Auge blind,
und darin besteht die Möglichkeit, die »Wahrheit« der Erwachsenen
über das Kind zu konstruieren als Alternative, einen wichtigtueri-
schen Machtkampf über das Recht anzuzetteln, die »Wahrheit« zu
definieren.

**Beispiel:**
Jonas geht in die 7. Klasse. Sein Klassenlehrer hat die Eltern zu einem
Gespräch gebeten, weil Jonas seine Hausaufgaben konsequent nicht
erledigt. Diese Realität – dass Jonas seine Hausaufgaben nicht macht –
ist nicht der Grund des Treffens. Der wurde den Eltern schriftlich mit-
geteilt. Der Anlass des Gespräches ist, sofern möglich, die Wahrheit hinter der Tatsache zu entdecken, dass Jonas keine Hausaufgaben macht,
und nicht irgendeine Wahrheit, sondern eine Wahrheit, die für alle
Gesprächsteilnehmer Sinn ergibt und den Keim zur Veränderung in
sich trägt.
Nach einer kurzen Einleitung beginnt der Lehrer (L):
L: Ich freue mich, dass Sie alle drei heute Abend gekommen sind. Denn
ich möchte mit Ihnen über eine mir unbegreifliche Sache sprechen, zu
deren Klärung ich Ihre Hilfe brauche. Jonas macht seine Hausaufgaben nicht. Die hat er noch nie gemacht, und ich habe bisher nicht
herausgefunden, was da schief läuft.

Mutter (M): Aber das kann doch nicht sein. Er macht keine Hausaufgaben? … Stimmt das, Jonas?

Jonas (J): Neee – jedenfalls nicht sehr oft.

Vater (V): Aber Jonas, wir haben doch damals abgemacht … als wir im letzten Jahr einen Brief von Ihnen bekamen … dass du deine Hausaufgaben machst und wir dir gern helfen, falls nötig. Weißt du das nicht mehr?

J: Doch, aber ich kann mich nicht richtig überwinden … das interessiert mich nicht.

M: Ja, also wir haben nicht so viel Zeit, obwohl wir ihm natürlich gern helfen möchten … Wir haben doch die Tankstelle, wo immer jemand sein muss, und wir haben jeden Tag bis spät in den Abend geöffnet … Wir sind ein paar Mal ausgeraubt worden, deshalb wollen wir lieber persönlich vor Ort sein, als das jungen Leuten zuzumuten. Sagen Sie, kommt er in der Schule schlecht mit?

L: Jonas ist intelligent und begabt. Aber fest steht, dass er nicht annähernd so gut mitkommt, wie er könnte, wenn er Hausaufgaben machen würde. Wir sind wirklich schon fast soweit, dass wir überlegen, ob du auf dieser Schule bleiben kannst.

M: Aber das ist ja schrecklich. Wir sind vollkommen überrascht, dass es solche Probleme gibt. Davon hast du uns nie etwas gesagt, Jonas.

L: Tja, lassen Sie uns Nägel mit Köpfen machen. Wie gesagt, mir ist es unbegreiflich, warum ein intelligenter und begabter Junge wie du keine Hausaufgaben macht. Deshalb kann also alles Mögliche über Jonas' Leben, was Sie mir sagen können, eine Hilfe sein.

V: Ja, er hat eine Zeit lang ziemlich viel gefeiert und getrunken, aber was das angeht, haben wir das unter Kontrolle gekriegt. Stimmt's, Jonas? (Jonas nickt.)

M: Wir haben schon immer Probleme gehabt. Wir bekamen ihn, als wir mit dem Geschäft schon in vollem Gang waren und vom Anfang seiner Schulzeit an wollte er kein Kindermädchen haben. Er ist schon immer sehr selbstständig gewesen und hat sich mit sich selbst beschäftigt … vielleicht haben wir ihn zu oft allein gelassen?

V: Ach was, da bin ich mir nicht sicher. Meine Eltern sind auch selbstständig gewesen, und ich war wirklich immer froh, wenn ich sie mal los war. Es muss ja auch Essen auf den Tisch kommen, und bei der Entwicklung in unserer Branche – mit Kiosken und Supermärkten und all dem Zeug – deshalb muss man eben selbst vor Ort sein.

M: Ja, aber deshalb kann es doch gerade sein, dass Jonas findet … findest du, dass wir dich zu oft allein gelassen haben, Jonas?

J: Neee, weiß nicht … da ist nichts, was mir hilft. Ich spiele gern am Computer und bin mit meinen Freunden zusammen.

V: Aber du sollst doch verdammt noch mal deine Hausaufgaben machen. Das muss sein, wenn man in die Schule geht! Was soll man nur mit so einem Bengel machen? Sie müssen doch wissen, was andere Eltern in so einem Fall machen. Die Gören sind doch heutzutage so verdammt selbstständig, dass die sich nichts mehr sagen lassen!

L: Tja, ich weiß nicht … nicht immer kann man die Erfahrungen anderer Eltern zu Rate ziehen … Und ich bilde mir auch nicht ein, dass wir hier und heute eine Lösung finden. Ich weiß nicht, ob ich Ihnen schon erklärt habe, warum mir die Sache ein Rätsel ist, aber ich habe mir da ein paar Gedanken gemacht, die ich Ihnen gern mitteilen möchte, wenn Sie die Meinung eines Außenstehenden interessiert.

V: Ja, spucken Sie es aus – wir werden's schon überleben!

L: Wie ich höre, waren Sie immer gezwungen, viel zu arbeiten, damit alles läuft. Deshalb überlege ich, ob Sie in der Familie genug Zeit füreinander gehabt haben. Den meisten Dreizehnjährigen ist es doch ganz recht, wenn die Eltern nicht immer zu Hause sind, aber einem Sieben- oder Achtjährigen ist das gar nicht so recht. Das Problem ist, dass nur Jonas auf die Frage eine Antwort geben kann, und er ist, soweit ich es beurteilen kann, gegenüber seinen Eltern genauso loyal wie alle anderen Kinder. Die können ihre Eltern gut kritisieren und auf sie sauer sein, wenn es um Kleinigkeiten geht – das ist schwieriger, wenn es wirklich Ernst wird.

V: Wollen Sie etwa damit behaupten, wir hätten uns nicht genug um ihn gekümmert?

L: Nein, das würde mir im Traum nicht einfallen. Dazu kenne ich Sie einfach nicht gut genug. Ich sage nur, was für einen Eindruck ich habe, und ich schlage vor, dass Sie zu Hause weiterreden und wir uns in ein paar Wochen wieder treffen. Wir müssen bald eine Lösung finden.

Die Art des Lehrers, dieses Gespräch zu leiten und dazu beizutragen, hat zwei wesentliche Qualitäten. Er hält keine Vorlesung darüber, wie wichtig Hausaufgaben sind, und vermeidet so, Jonas zu demütigen. Man kann nicht von einem Kind behaupten, es sei intelligent und begabt, und es im gleichen Atemzug über selbstverständliche Dinge belehren, ohne dass es sich dumm und minderwertig vorkommt. Zugleich vermeidet er die übliche, wichtigtuerische Vorlesung über »Verantwortung« und lässt die Verantwortung da, wo sie hingehört: bei Jonas und seinen Eltern. Als Folge gehen sie mit dem Gefühl aus dem Gespräch, sich verantwortlich zu fühlen, statt mit der indirekten Schuld, nicht verantwortungsbewusst zu sein. Der Lehrer hat seine belehrenden Rolle abgelegt und die Rolle des Gesprächspartners angenommen.

Es ist nicht so wichtig, ob seine Hypothese die Ursache für Jonas' fehlendes Verantwortungsgefühl »wahr« ist. Die Hauptsache ist, er hat seine beruflichen Reflexionen kundgetan und somit die »Wahrheit« der Eltern über ihre Familie herausgefordert. An diesem Bild halten die meisten Familien fest, bis es aus unterschiedlichen Gründen Risse bekommt. So werden Eltern auch nicht erniedrigt oder kritisiert, sondern aufgefordert, neu über sich selbst nachzudenken. Es reicht nicht, dass seine Reflexionen und Hypothesen nur flüchtige Gedankensplitter sind. Sie müssen eine Qualität haben, die Erik Erikson, einer der Väter der modernen Psychotherapie, »disziplinierte Subjektivität«[4] genannt hat. Sie müssen sachlich begründet (hier in dem theoretischen und praktischen Einblick in die Psychologie der Familie) und so formuliert sein, dass sie in der Gedankenwelt der Eltern einen Sinn ergeben.

Sollte sich seine Hypothese als »wahr« in dem Sinn erweisen, dass sie Jonas' Gefühl, Kind in der Familie zu sein, widerspiegelt, dann hat er etwas für Jonas getan, was dieser nie hätte allein zustande bringen können. Er hat auf seine Einsamkeit aufmerksam gemacht. Dieses Gefühl, »gesehen« zu werden, kann Jonas sehr wohl die Energie liefern, die er braucht, um keinen schulischen Schiffbruch zu erleiden. Das würde ihm zu seiner existenziellen Einsamkeit auch noch soziale Isolation einbringen.

Die Vorstellung, die »Wahrheit« würde vielleicht nicht gefunden, ist häufig von Fachleuten schwer zu akzeptieren, weil wir die Gewohnheit haben, in Expertenrollen Sicherheit und Unterstützung zu suchen. Nach unserer Erfahrung wird diese Sicherheit realer, wenn die Sachkenntnis des Lehrers und des Erziehers in der Beziehungskompetenz liegt – hier verstanden als die Fähigkeit, ein fruchtbares Gespräch zu initiieren und zu leiten. Das hat eine Veränderung in der beruflichen Identität und des Selbstverständnisses der Fachleute zur Folge und kann in einer Übergangsphase eine gewisse Unsicherheit mit sich bringen. Man darf nicht vergessen, dass die Unsicherheit, die man vorher hinter der Expertenrolle zu verbergen versuchte, im Wesentlichen daher rührt, dass die pädagogischen Ausbildungsgänge den Studierenden nur in Ausnahmefällen Unterricht und Training auf diesem ganz entscheidenden interdisziplinären Wissensgebiet angeboten haben.

Ziel der meisten Institutionen ist es, dass die Zusammenarbeit mit Eltern und Kindern von gegenseitigem Respekt, Vertrauen, Offenheit, Sicherheit, Gleichberechtigung und Respekt vor der Unterschiedlichkeit geprägt sein soll. Es ist der einzelnen Institution überlassen, sich in Abständen in die Karten schauen zu lassen und zu entscheiden, ob diese wesentlichen Werte tatsächlich *Handlung*swerte oder bloß *Schau*werte sind.[5]

Wenn Lehrerinnen, Erzieherinnen und Eltern in Gesprächen nur Gutes über das Kind und sich selbst zu sagen haben, treten selten Probleme bei der Elternzusammenarbeit auf. Die Fachleute können es als schwierig empfinden, »jedes Jahr immer wieder das Gleiche zu sagen« oder »über nichts zu reden«. Wenn es keine Probleme oder Konflikte gibt, kann es angebracht sein, sich konkrete Handlungen im Alltag des Kindes anzuschauen – zu Hause, in der Freizeit oder in der Institution. Je mehr Informationen die Parteien austauschen, je mehr »Geschichten« beide kennen, desto besser ist der Kontakt dann, wenn man ihn vielleicht braucht.

### Die regelmäßige Zusammenarbeit

Ein Teil der Tagesstätten bietet den Eltern (und sich selbst!) ein jährliches Gespräch an. So haben die Parteien die Möglichkeit, Information und Standpunkte über das Leben des Kindes auszutauschen. Für diese

Gespräche gelten die gleichen Regeln wie für die Gastgeberrolle des Erziehers, die später detailliert beschrieben wird. Zusammengefasst bedeutet das, dass die Erzieher den Umgangston und das Niveau bestimmen. Wie in allen interpersonalen Beziehungen ist das leicht, solange beide Seiten fröhlich und zufrieden mit der Zusammenarbeit sind und frei von Sorgen auf das Leben des Kindes blicken.

In einem solchen Fall ist es ratsam, die Zeit zu nutzen, um Episoden auszutauschen, die jede Partei jeweils für typisch für das Kind hält und die somit beiden Seiten helfen, auf dem Laufenden zu bleiben, aber auch schlauer aus dem Sprachgebrauch, den Werten und Zukunftsvorstellungen des jeweils anderen zu werden.

Die Beziehung zu den Eltern ist in jeder Tagesstätte wieder anders. In einigen herrscht ein freundlicher, humorvoller und fast familiärer Umgangston, während er in anderen eher sachlich und distanziert ist. Eltern können mit beidem ihre Schwierigkeiten haben. In Institutionen mit familiärem Umgangston kann es große Überwindung kosten, etwas Ernsthaftes zu sagen und Missstimmung zu riskieren. Bei einem eher distanzierten Umgangston neigen Eltern dazu, persönlichere und verletzende Themen auszuklammern.

Es kann für beide Seiten angebracht sein, wenn die Institution ein paar Wochen vor dem jährlichen Treffen ein Schreiben mit einigen Stichpunkten verschickt, z. B.:

»Für unser Gespräch möchten wir Ihnen gern ein paar Stichworte geben, über die zu reden wir für wichtig halten, und Sie sind selbstverständlich eingeladen, das hinzuzufügen, was Sie für wichtig halten.

Wir möchten gern erzählen, wie es Kristoffer unserer Meinung nach im Kindergarten geht.

Uns interessiert, wie es Kristoffer Ihrer Meinung nach geht und wie er sich entwickelt – zu Hause wie im Kindergarten.

Wenn Sie Sorgen haben, möchten wir es gern wissen, und wir werden Ihnen Bescheid sagen, wenn wir welche haben. Das gilt auch, wenn es bei uns etwas gibt, das Sie kritisch sehen oder womit Sie unzufrieden sind.

Willkommen zum Gespräch …«

Eltern finden es oft schwierig, gegenüber einer Institution und einigen Mitarbeitern Kritik zu äußern, die sie in der Regel mögen und – vielleicht nicht zuletzt – von denen sie abhängig sind. Deshalb ist es der Mühe wert, ihnen in Form von einigen konkreten Aufforderungen behilflich zu sein: »Da wir uns jetzt darauf geeinigt haben, dass alles gut läuft, möchten wir gern wissen, ob es nach Ihrer Meinung das eine oder andere gibt, das wir besser machen könnten, irgendeine Sache, die uns mehr bewusst sein sollte.«

Dieses Gespräch bietet auch den Erzieherinnen die Möglichkeit, Dinge anzusprechen, die vielleicht nicht besonders schwerwiegend oder dringend sind. Diese Dinge kann man vielleicht nur schwer in den wenigen Augenblicken ansprechen, die man sich täglich sieht. Ein solches Gespräch liefert den Eltern wichtige Informationen und bietet den Erziehern die Möglichkeit, ihre Fähigkeit zu üben, schwierige Themen in einer anregenden Form anzusprechen: »Mir ist aufgefallen, dass Sie gleich nachdem Sie Johannes abgeholt haben, ihm die Frage stellen, ob er sein Pausenbrot aufgegessen hat. Ich würde gern wissen, ob es für Sie wirklich so wichtig ist oder ob es eine Routinefrage ist, über die Sie nicht weiter nachdenken.«

»Das weiß ich nicht ... vielleicht ist es auch albern ... aber es ist doch wichtig, dass er isst ... oder nicht?«

»Doch, natürlich, aber wenn Sie das jeden Tag fragen, bekommt er leicht das Gefühl, das ist das Einzige, wofür Sie sich interessieren, und das Einzige, was er tun soll, damit Sie glücklich sind.«

Schieben die Erzieherinnen ein ernsteres Problem auf das jährliche Gespräch auf, gehört es sich für eine gute Gastgeberin, die Eltern darauf vorzubereiten und ihnen Zeit zu lassen, sich einen Augenblick zu sammeln:

»Es ist so, dass wir etwas aus der Abteilung für ernste Fälle haben, das wir gern mit Ihnen besprechen möchten. Wir haben einige Zeit gebraucht, um herauszufinden, wie wir es Ihnen sagen sollen, aber jetzt wissen wir es. Wir hätten Sie darauf vorbereiten müssen, wollen aber eigentlich gern heute die Zeit nutzen, wenn Sie damit einverstanden sind ...?«

Hauptziel der regelmäßigen Gespräche ist selbstverständlich, eventuelle Probleme bei der Wurzel zu packen und den täglichen Kontakt zu festigen, so dass alle Seiten – nicht zuletzt das Kind – das Gefühl haben, die Welt ist in Ordnung und die wichtigsten Erwachsenen in seinem Leben reden miteinander. Sofern es möglich ist, diese Gespräche vor der Schlafenszeit der Kinder anzusetzen, plädieren wir dafür, dass die Kinder dabei sind und aufgefordert werden, ihr aktuelles Lebensgefühl auszudrücken. Kinder sagen häufig überraschende Dinge in Gegenwart von Erwachsenen, die echtes Interesse an ihrem Wohl und Wehe ausstrahlen.

Das dänische Schulgesetz sieht ein regelmäßiges so genanntes »Schule-Zuhause-Gespräch« vor. Als Hauptziel werden die Eltern über die schulische und soziale Situation informiert. Wir empfehlen die gleichen Richtlinien wie oben beschrieben. Der zeitliche Rahmen dieser Gespräche ist in der Regel begrenzt. Deshalb kann es angebracht sein, dass der Lehrer abschließend sagt:

»Ja, für heute ist die Zeit um. Aber ehe wir uns trennen, möchte ich gern wissen, ob Sie etwas auf dem Herzen haben, das wir vielleicht bei einem Treffen an einem anderen Tag besprechen sollen?«

Auch in diesen Gesprächen halten wir es für wichtig, dass der Teilnahme der Kinder hoher Rang eingeräumt wird und ihre Standpunkte als ein wesentlicher Bestandteil der Wahrheit über ihren Schulbesuch ernst genommen werden.

### Elternabende

Auch hier müssen wir die Unterschiede in der Atmosphäre zwischen Tagesstätten und Schulen betonen und die Tatsache, dass Eltern in der Regel feststellen, dass man weniger angespannt im Kindergarten erscheint als ein paar Jahre später in der Schule. Im Folgenden steht überwiegend die Wirklichkeit der Schule im Mittelpunkt. Doch die übergeordneten Prinzipien und das Bedürfnis der Parteien sind natürlich die gleichen.

Uns ist vor allem in den letzten Jahren die Unsicherheit und die Angst aufgefallen, die für viele Lehrer mit Elternabenden verbunden sind. Es kann verlockend sein, auf die unsoziale und selbstzufriedene Anspruchsmentalität einiger moderner Eltern als Ursache dafür hinzuweisen. Doch die Wirklichkeit ist komplexer. Das Unbefriedigende an den Beziehungen bei den Sprechtagen erinnert stark an die Unsicherheit und Frustration, die alle übrigen Beziehungen prägen, von denen in diesem Buch die Rede ist.

Für uns ist bei den Elternabenden wichtig, dass es die Sprechtage *der Lehrer* mit den Eltern sind, wozu die Lehrer die Eltern einladen, sich außerhalb *ihres* Arbeitsplatzes zu orientieren, zu diskutieren, zuzuhören, Ratschläge zu geben, zu korrigieren und zu planen. Der Elternabend ist kein demokratisches Forum, bei dem die Eltern durch einfache Mehrheit Entscheidungen über die berufliche Qualität der Lehrer und die Wahl der Methoden treffen, sondern hier werden die wichtigsten Erwachsenen im Leben der Kinder versuchen, die Verantwortung für deren Wohl, Entwicklung und Ausbildung zu verwalten. Darum sind die Ansprüche an die Qualität der Gastgeberrolle der Lehrer und der Erzieher die gleichen, wie sie für alle anderen Gespräche zwischen Fachleuten und Eltern/Kinder gelten.

Das Temperament, der Überblick und die Erfahrung eines einzelnen Lehrers entscheidet über das Bedürfnis nach einer detaillierten Tagesordnung, Gesprächsstruktur und Führung. Zu den Voraussetzungen, damit die Eltern wahrnehmen können, dass man sie ernst nimmt, gehört, dass immer Zeit für das Unvorhersehbare bleibt. Nach unserer Erfahrung ist es angebracht, die Kinder so früh wie möglich in die Planung und Durchführung der Elternabende einzubeziehen. Es kann wie eine Einladung sein, mit Themen zum Inhalt der Elternabende beizutragen, an einigen Gesprächen teilzunehmen und später einige Elternabende zu leiten. Die Anwesenheit der Kinder bei den Elternabenden ist nach unserer Ansicht eine Notwendigkeit, sobald das schulische und soziale Klima einer Klasse sich negativ zu entwickeln droht.

Man kann unzählige Beispiele für unbefriedigende Elternabende und für genauso viele Versuche von Schuldzuweisungen anführen. Nach unserer Erfahrung besteht wie gesagt kein Zweifel, dass die Verantwortung für den Umgangston, die Atmosphäre und die Substanz bei den Fachleuten liegt. Diese aber sind oft zwischen zwei widersprüchlichen Wertvorstellungen gefangen. Die eine ist ergebnisorientiert, beruht auf dem »Ratgeber für Gesprächsleitung« und strebt nach

Korrektheit und Effektivität. Die andere geht vom Prozess aus und strebt einen Synergie-Effekt an. Diese beiden Arten von Werten sind nicht unbedingt unvereinbar. Aber es ist wichtig, sich klar zu machen, wann man das eine und wann das andere versucht zu verwirklichen. Obwohl jeder Lehrer oder Erzieher seinen eigenen Stil hat, spielen zweifellos die Leitung und die allgemeine Kultur der Sprechtage in der Institution eine entscheidende Rolle für die Qualität der Elternabende.

**Beispiel:**
»Tja, ich sag mal Guten Tag und heiße Sie heute hier an der Schule willkommen. Mein Name ist Marianne Madsen, und ich werde die Klassenlehrerin Ihrer Kinder in der 1. Klasse sein. Sie sind mit mir bestimmt einer Meinung, dass es sehr wichtig ist, dass die Kinder hier einen guten Start haben, wenn sie dann richtig zur Schule gehen. In unserer Zeit sind Notendurchschnitt und lebenslange Ausbildung so wichtig, um sich in der Gesellschaft zurechtzufinden, aber es ist wahrscheinlich noch wichtiger, dass Kinder ihren Schulbesuch als etwas Bedeutsames im Alltag erleben.

Wie ich bestimmt schon gesagt habe, werde ich die Klassenlehrerin ihrer Kinder sein – jedenfalls hier in der 1. Klasse – und das ist ja immer eine Herausforderung, ihnen einen guten Start zu ermöglichen … Hier an der Schule legen wir sehr viel Wert auf gute Zusammenarbeit mit den Eltern der Kinder – wir dürfen übrigens nicht vergessen, dass wir heute zwei Elternvertreter wählen müssen, wenn also jemand von Ihnen Lust hat, dann melden Sie sich bitte, wenn es soweit ist. Wie schon gesagt, legen wir viel Wert auf eine positive Zusammenarbeit mit den Eltern, und deshalb hoffe ich, dass auch Sie der gleichen Meinung sind … Ja, und ich finde, wir sollten uns einmal den Stundenplan der Kinder anschauen …«

Diese Lehrerin tut ihr Bestes, um freundlich, informativ, entgegenkommend und korrekt aufzutreten, und hätte somit für die künftigen Elternabende einen angenehmen Umgangston etabliert. Das Problem ist, dass ihre »Begrüßung« bei näherer Betrachtung hauptsächlich aus leeren Phrasen und sozialen Klischees besteht. Es macht einen großen Unterschied, ob man von einem Menschen begrüßt wird, der tatsächlich »willkommen« sagt und auch so aussieht, als meine er es so, oder von jemandem, der sagt: »Ich sag mal Guten Tag«, es aber nie richtig ausspricht. Das Versprechen der Lehrerin, guten Kontakt und gute Zusammenarbeit herzustellen, ist unglaubwürdig, weil es an Substanz fehlt.

Ihr eigenes Gefühl wird eine gewisse Erleichterung sein, dass sie ihre Pflicht erfüllt und ihre Rolle gespielt hat, ohne sich offiziell blamiert zu haben oder allzu offensichtlich nervös gewesen zu sein. Das Gefühl der Eltern wird von Distanz und von einer Erinnerung geprägt sein, dass es am wichtigsten ist, seine Rolle korrekt zu spielen und keine irrelevanten und irrationalen Gefühle in die Welt der Schule einfließen zu lassen. Zwischen den Zeilen haben sie schon die dominierenden Wertvorstellungen herausgehört: Hier sprechen wir freundlich miteinander! Wir unterbrechen einander nicht, wenn wir reden! Wir sind uns alle der großen Verantwortung bewusst, die auf unseren Schultern ruht! Das ist korrekt, langweilig und vorhersehbar.

### Alternative:

»Guten Tag und willkommen! Ich heiße Marianne Madsen, und ich werde die Klassenlehrerin Ihrer Kinder sein. Ich werde mir Mühe geben, damit Sie sich beim ersten Elternabend willkommen fühlen. Doch bevor wir anfangen, möchte ich gern wissen, wie Sie heißen und wessen Eltern Sie sind und wer zu Ihrer Familie gehört …

Vielen Dank! Es ist immer eine Hilfe für mich, wenn alle etwas gesagt haben. Dann bin ich nicht mehr ganz so nervös. Und jetzt will ich versuchen, etwas über mich zu sagen, damit Sie einen Eindruck bekommen, wer ich bin und was ich mache. Wie gesagt, heiße ich Marianne Madsen, ich bin verheiratet, mein Mann heißt Claus und arbeitet in der technischen Verwaltung des Rathauses. Wir haben zwei Kinder, unsere Tochter ist zwanzig und wohnt nicht mehr zu Hause und unser Sohn Kristoffer ist dreizehn und geht in die 7. Klasse.

Ich dachte mir, ich erzähle Ihnen, wie der Lehrerberuf von meiner Seite aussieht, und das mache ich, indem ich etwas über meine beiden wichtigsten Funktionen erzähle. Die eine ist das Unterrichten von Kindern und ein Auge darauf zu haben, ob sie sich wohl fühlen und etwas lernen, und die andere Aufgabe ist die Zusammenarbeit mit Ihnen bei verschiedenen Dingen.

Um mit dem Letzten mal anzufangen: Wir haben hier eine ganz geregelte Schule-Elternhaus-Zusammenarbeit, das heißt, dass wir heute Abend zwei Elternvertreter wählen werden, die bereit sind, mir und den anderen Lehrern zu helfen, Elternabende und andere gemeinsame Aktivitäten zu organisieren. Ich gehe davon aus, dass jemand von Ihnen sehr interessiert und aktiv ist und dass die anderen erst einmal Zeit brauchen und miteinander warm werden müssen. Selbstverständlich ist es wichtig, dass wir jemanden wählen, der von Anfang an Mut für die Sache mitbringt.

Am schwersten ist für mich, mit den Eltern zusammenzuarbeiten, deren Kinder sich nicht wohl fühlen oder nicht genug lernen – oder beides. Aus Erfahrung weiß ich, dass ich mit einigen von Ihnen in den kommenden zehn Jahren diese Situation erleben werde, und deshalb will ich versuchen, Sie und mich darauf vorzubereiten. Wir hoffen wohl alle, dass es den Kindern gut geht und dass alle gut zurechtkommen. Deshalb gibt es eigentlich keinen Anlass, über den man sprechen müsste. Ich glaube nämlich, dass es uns Lehrern genauso wie den Eltern geht. Sie erziehen Ihre Kinder und sind mit ihnen zusammen, und Sie meinen, Sie können damit rechnen, dass Ihre Kinder sich wohl fühlen, sich entwickeln und gut in der Schule und im Leben zurechtkommen. Ich unterrichte sehr gern, die meiste Zeit jedenfalls, und ich versuche mein Bestes zu geben. Im Gegenzug rechne ich damit, dass die Kinder das lernen, was sie sollen, und dass sie mich ordentlich behandeln. Ich rechne damit, obwohl ich gut weiß, dass es nicht immer so kommen wird.

Es gibt fast immer Kinder in der Klasse, mit denen ich Schwierigkeiten habe und die ich aber genauso gut behandle, wie es sich gehört. Kinder sind ganz unterschiedlich, und ich bin keine Maschine! Genauso wie Eltern das Gefühl haben, sie hätte den schönsten Erfolg, wenn ihre Kinder fröhlich, wohlerzogen und hilfsbereit sind, kann ich auch unmittelbar am besten herausfinden, wie ich mit den Kindern zusammenzuarbeiten kann, wenn sie gern in die Schule gehen. Ebenso wenig wie es

Eltern gefällt, wenn man sie als schlechte Eltern bezeichnet, sind auch wir Lehrer bei Kritik ziemlich vor den Kopf geschlagen. Das sage ich nicht, damit Sie sich nicht mehr trauen, den Mund aufzumachen, sondern um Sie daran zu erinnern, dass auch wir Menschen mit Stärken und Schwächen sind. Auch wir machen Fehler und blamieren uns.

Wenn Sie erleben, dass Ihre Kinder oder Sie selbst schlecht oder ungerecht behandelt werden, dann können Sie sich wirklich gern mit mir oder dem betreffenden Lehrer in Verbindung setzen. Wir wissen viel darüber, wie man Kinder unterrichtet, aber Sie haben als Eltern für den Rest des ganzen Lebens den Finger am Puls. Deshalb haben wir vor allem in den ersten Jahren mehr Bedarf an Ihrem Wissen als Sie unmittelbar an unserem ...«

Hier begegnen die Eltern einer Lehrerin, der mehr daran gelegen ist, wie ein Mensch aus Fleisch und Blut aufzutreten, denn als »nett« und korrekt. Da sie beim ersten Sprechtag Gastgeberin und Vermittlerin der Regeln und Werte ist, auf der die Zusammenarbeit der nächsten zehn Jahre aufbauen soll, hat sie auch die Eltern aufgefordert, sich an der Zusammenarbeit zu beteiligen als die Menschen, die sie nun einmal sind. Die Eltern sind nicht mit der unrealistischen Erwartung belastet worden, ihre soziale Rolle als Eltern mit verstellter Perfektion zu spielen.

In diesem Beispiel haben wir beschlossen, einer reifen und erfahrenen Lehrerin die Worte in den Mund zu legen. Das Ganze würde sich natürlich bei einer jüngeren und weniger erfahrenen Kollegin anders anhören, die sich den Eltern vorstellt. Entscheidend für die Qualität des Kontakts ist, dass die Worte und der Umgangston so nuanciert und so ehrlich wie möglich die Rednerin repräsentieren.

Warum? Was ist dagegen einzuwenden, den anderen Teil der Wirklichkeit zu betonen: dass die Lehrerin auch anwesend ist durch ihre formalere Rolle als Beamtin und kommunale Aufsicht über Gesetze und Erlasse? Die Frage wird in unserer prinzipiellen Beschreibung der übergeordneten Verantwortung der Fachleute für die Qualität der Beziehung beantwortet. Doch schauen wir uns trotzdem die divergierenden Werte etwas genauer an, die man der eigenen Führung zu Grunde legen kann.

Die Verantwortung für die Qualität des Prozesses kann nur mit so viel Erfolg verwaltet werden, wie der Lehrer oder der Erzieher in der Lage ist, seine Führung in exemplarisches Verhalten umzusetzen – also, indem er ein gutes Beispiel abgibt. Wenn er nun versuchen wollte, die Führung zu übernehmen, indem er so korrekt wie möglich auftritt, wird unweigerlich Folgendes passieren:

Korrektheit und Freundlichkeit sind eine Fassade, die nur die Funktion hat, sie auf formaler Ebene unangreifbar zu machen. Für einige Menschen ist diese Form von Korrektheit ein Lebensstil, aber für die meisten Fachleute ist sie eine Art Schutzmechanismus, der vorzugsweise mangelndes Selbstwertgefühl, Unsicherheit und Verwundbarkeit kompensieren soll. Das Ergebnis ist eine doppelbödige Botschaft: Ich bin verwundbar und unangreifbar. Das wirkt immer provozierend auf das Umfeld. Einige Eltern werden auf die Verwundbarkeit Rücksicht nehmen und vorsichtig sein. Andere wird die fehlende Übereinstimmung (Kongruenz) provozieren und aggressiv machen.

Korrektheit und Freundlichkeit sind durchsichtige Schutzmechanismen. Das Umfeld wird die Persönlichkeit hinter der Fassade deutlich wahrnehmen. Doch da die Lehrerin oder die Erzieherin als prozessverantwortliche Leiterin den Ton angibt, werden sie versuchen, ein geebnetes Stück des Weges zusammenzuarbeiten: Sie werden auch so tun, als gäbe es sie als Person nicht, und versuchen, mit ihrer eigenen Person hinter dem Berg zu halten.

Dieses Rollenspiel kann nicht gelingen, ohne dass am Ende ein für beide Seiten frustrierendes Ergebnis dabei herauskommt, das genau aus dem Grund entstanden ist, der auch zutiefst persönlich ist. Die Eltern sind mit etwas so Irrationalem und Persönlichem wie ihrer Liebe zu den Kindern anwesend. Die Lehrerin ist mit ihrem Beruf anwesend, dessen innerste Substanz und vorrangigstes Wirkungsmittel ihre persönliche Qualität ist.

Wir haben die eindeutige Erfahrung gemacht, dass die Elternabende von allen Parteien in dem Maß als sinnvoll und bedeutungsvoll empfunden werden, wie die Fähigkeit der Fachleute zunimmt, beruflich im Kontakt anwesend zu sein, und wie sie den Willen haben, die Verantwortung für das Verhalten der Kinder mit den Eltern zu teilen – auch wenn es hart auf hart kommt. Scheitert das, steht oft der Lehrer am Ende als Sündenbock da.

### Die tägliche Zusammenarbeit

Die informelle, tägliche Zusammenarbeit gelingt in Krippen und Kindergärten oft leichter als in Schulen. Die Tendenz geht aber dahin, dass Eltern sich in der Regel »außerhalb der Besuchszeit« in der Schule nicht willkommen fühlen, wo man traditionell von der Tür seine Kinder abliefert und in Empfang nimmt. In den letzten Jahren wurde einige Kritik an Eltern laut, die ihre Schulkinder bis in den Klassenraum begleiten und auch andere Gewohnheiten aus dem Kindergarten beibehalten. Dass einige Eltern als Zugabe die Schultasche tragen und ihren Kindern aus der Jacke helfen, hat selbstverständlich zu einigen nicht ganz unberechtigten Beschwerden über Überbehüten und missverstandene Symbiose geführt.

Wir kennen aus einem Teil der Privatschulen einige organischere Muster in der täglichen Zusammenarbeit. Es ist wohl nur eine Frage der Zeit, wann sich die staatliche Schule einen anderen Stil zulegt und ihre Berührungsängste mit den Eltern mäßigen muss. Eltern von heute sind nicht nur zimperlich, sondern auch engagiert, anspruchsvoll, wählerisch und etwas weniger geneigt, die Schule als einen Teil eines Initiationsritus zu betrachten, wo nur die zum Priester Geweihten etwas zu sagen haben und nicht die Eltern, wie es noch vor einer Generation war. Bei der täglichen Zusammenarbeit geht es nicht um Demokratie, Mitsprache und Verbraucherrechte, sondern um den Aufbau von sinnvollen Beziehungen zum Vorteil aller Parteien.

In Institutionen für Kleinkinder gibt es von jeher die Tendenz zu mehr informellem Austausch. Viele Eltern wollen gern die Beratung annehmen, die die Erzieherinnen ihnen anbieten können. Da die Eltern täglich in die Institution kommen, haben die Erzieherinnen die Möglichkeit, sie im Umgang mit den Kindern zu beraten, wie sie ihn miterleben, so etwa bei Asgers Mutter, die sich gerade von ihrem Sohn verabschieden will. Das dauert seine Zeit, und Asger will ihr von drei verschiedenen Fenstern aus zum Abschied winken, nachdem beide gemeinsam endlich das Pausenbrot auf die richtige Art und Weise in den Kühlschrank gelegt haben, was drei Anläufe brauchte, weil Asger es selbst machen wollte. Seine Mutter wirkt immer gestresster, je mehr Zeit vergeht. Sie hat schon vieles versucht, um in aller Ruhe wieder hinauszukommen.

Episoden wie diese geben der Erzieherin die Möglichkeit, hilfreich einzugreifen. Sie kann z. B. sagen: »Ich sehe, dass Sie Probleme haben, sich so von ihm zu verabschieden, wie Sie es gern möchten. Ich glaube, es würde helfen, wenn wir beide gleich besprechen, was Sie und Asger gerade in diesem Moment brauchen. Ist Ihnen das Recht?«

Nur ein kurzes Gespräch ist nötig, bis die Mutter klarer sieht und sich auch gegenüber ihrem Sohn eindeutiger verhält, der sich dadurch entspannen und seine Mutter in die Welt hinausgehen lassen kann. Über die konkrete Hilfe für Asger und seine Mutter hinaus sorgt die Erzieherin für eine Stimmung in der Institution, in der Ratschläge nicht als Bloßstellung empfunden werden, sondern als eine willkommene Gelegenheit, noch mehr darüber zu lernen, was es heißt, Eltern zu sein.

Diese Form von konkreter Zusammenarbeit ist wertvoll für alle Parteien und vermittelt den Eltern eine Sicherheit und einen Respekt vor der beruflichen Qualifikation der Erzieherinnen, die Teil ihrer Erwartungen an Fachleute wird, die ihnen in der Zukunft begegnen, Erwartungen, die auch ein Geschenk an die Schule und ihre Mitarbeiter sind.

**Beispiel:**

Kathrine ist neun Monate alt und gerade in die Kinderkrippe aufgenommen worden. Ihre Mutter hat die letzten 14 Tage ihres Mutterschaftsurlaubs damit verbracht, den Übergang so fließend wie möglich zu gestalten. Sie ist sehr darauf bedacht, eine gute Mutter zu sein, und beobachtet Kathrines Reaktionen ununterbrochen.

Bevor Kathrine in die Kinderkrippe kam, verwendete ihre Mutter viel Energie darauf, die Qualität der Tagesstätten in ihrem Stadtteil zu prüfen, mit ihren Müttergruppen zu diskutieren, und sie erkämpfte bei den Behörden einen Platz in der Institution, die sie für ihre Tochter für gut genug hielt. Sie hat nicht den Platz bekommen, der als Nummer 1 auf ihrer Wunschliste stand, und achtet nun in dieser ersten Phase sehr darauf, ob die Institution auch ihre Ansprüche erfüllt, um sich darauf verlassen zu können, dass es ihre Tochter gut hat. Der wichtigste Anspruch der Mutter ist, dass die Tochter gesehen, verstanden und ernst genommen wird, so wie sie ist.

Für Kathrines Mutter ist das gleichbedeutend damit, dass die Wünsche und Bedürfnisse der Tochter sofort erfüllt werden, sobald sie erkennbar sind. Für die Erzieherinnen bedeutet das, dass Kathrine mit ihren Bedürfnissen ernst genommen wird, aber dass das nicht immer gleichbedeutend damit ist, dass die Bedürfnisse auf der Stelle befriedigt werden können oder sollen.

Obwohl die Institution wirklich sehr gut ist, wird die Mutter sich ihrer Entscheidung unsicher und macht sich Sorgen, ihre Tochter könnte übersehen und ihre Bedürfnisse nach Kontakt und Betreuung könnten nicht befriedigt werden. Mit dieser Verunsicherung kooperiert Kathrine und weint deshalb jedes Mal, wenn ihre Mutter sie abgibt – aber nicht wenn der Vater sie hinbringt. Wenn die Mutter Kathrine hinbringt, sagt sie z. B.: »Guck mal, Kathrine, jetzt gehst du zu Birthe und Mette – guck, die warten schon auf dich. Willst du Mama winken?« Zugleich würde sie das Kind am liebsten wieder mit nach Hause nehmen, und da es weint, glaubt sie, dass es nicht gern in den Kindergarten geht.

Das Verhalten zwischen Mutter und Tochter ist im Begriff, sich zu einem destruktiven Spiel zu entwickeln, bei dem Kathrines Bedürfnisse, Wünsche und Gelüste und die Möglichkeit der Mutter, diese zu erfüllen, die Beziehung definiert. Aber es ist die Art der Mutter, ihre Tochter zu lieben, und deshalb ist für alle Parteien entscheidend, dass die Erzieherinnen in der Lage sind, ihr genau an diesem Punkt zu begegnen, statt einen zermürbenden Machtkampf oder eine theoretische Diskussion über die Bedürfnisse des Kindes anzufangen. Das Fundament für diese Zusammenarbeit sollte in einem Gespräch mit der ganzen Familie gelegt werden. Aber die Dinge müssen konkret angesprochen werden, immer wenn die Erzieherinnen finden, sie haben etwas beizutragen, oder wenn die Eltern sie um Rat fragen.

## Die problemorientierte Zusammenarbeit

Das problemorientierte Gespräch zwischen Fachleuten, Eltern und Kindern ist ein zentraler Bestandteil der problemorientierten Zusammenarbeit. Damit wollen wir uns im Folgenden beschäftigen. Viele bezeichnen sie als »die *schwierigen* Gespräche«. Wir ziehen es vor, sie »die *notwendigen* Gespräche« zu nennen. Wir verstehen darunter die Gespräche, die notwendig werden, wenn eine der Parteien die Wahrnehmung hat, das tägliche Zusammenleben und die Zusammenarbeit funktioniere nicht angemessen oder zufriedenstellend, wenn also die Beziehung sinnlos und nicht harmonisch ist. Wenn diese Gespräche auch »schwierig« sind – wenn es für den Lehrer oder den Erzieher schwierig ist, über den Inhalt zu sprechen –, hängt das mehr mit den Erwartungen an ihren Beruf zusammen, je nach dem, ob man Konflikte und Probleme als einen natürlichen und notwendigen Bestandteil des Lebens akzeptiert oder eher romantisch eingestellt ist. Da, wo es sinnvoll ist, über schwierige Gespräche zu reden, ist der Lehrer oder die Erzieherin zu einem Rollenwechsel gezwungen: vom Gesprächspartner zum Machthaber. Das ist der Fall, wenn Verdachtsmomente oder Beweise für Versagen der Betreuung, sexuellen Missbrauch usw. vorliegen, die unter allen Umständen in dem System weitergeleitet werden müssen, wo auch die eigentlich klärenden und beratenden Gespräche stattfinden sollten.

Ausgangspunkt kann die Sorge der Fachleute um das allgemeine Wohl des Kindes sein (etwa in Verbindung mit der sozialen Situation der Eltern, mit ihrem Gesundheitszustand, ihrer Fähigkeit zur Betreuung). Es können Sorgen auf besonderen Gebieten der psychischen, sozialen, intellektuellen oder physischen Entwicklung sein (Verhaltensprobleme, Größenwachstum, Sprachstörungen, Tendenz zur Selbstisolation, schulische Passivität, Aggression gegen andere Kinder und Erwachsene). Ausgangspunkt kann auch die Sorge der Eltern über die Situation des Kindes allgemein in der Institution sein (Warum lernt sie nicht bald lesen? Wir sind dagegen, dass unsere Tochter am gemeinschaftlichen Schwimmunterricht teilnimmt.). Schließlich kann es auch auf die Initiative des Kindes zurückgehen, weil es sich von einem Lehrer ungerecht behandelt fühlt, von anderen Kindern gemobbt wird, überfordert oder schulisch leicht unterfordert ist.

Normalerweise versuchen die Fachleute mehr oder weniger bewusst, diese Gespräche aufzuschieben oder ganz und gar zu vermeiden. Gleiches trifft auch oft auf die Eltern zu. Deshalb finden die Gespräche häufig zu einem späteren Zeitpunkt in der Entwicklung des Problems statt, als für alle Parteien und für die eventuelle Lösung des Problems gut ist.

Im Folgenden wollen wir mehrere Qualitäten beschreiben, die problemorientierte Gespräche mit Eltern nach unserer Erfahrung haben müssen, um zufriedenstellend für alle zu sein. Wichtig ist hervorzuheben, dass es hier um Zusammenarbeitsgespräche geht und um nichts anderes. Diese können ein Bedürfnis nach Elternberatung, Familienberatung oder Familientherapie ersatzweise kollegiale Reflexion und Supervision abdecken, aber das würde in diesem Fall den Rahmen der Gespräche sprengen. Das bedeutet nicht, dass Erzieher und Lehrer nicht vollkommen kompetent sein können, wenn sie z. B. Familienberatung anbieten. Doch das verschiebt den Inhalt und das Ziel der Gespräche auf eine andere Ebene, über die sich die Parteien einig sein müssen. Gleiches gilt natürlich für eventuelle Verweise etwa auf den Schulpsychologen oder Zentren für Kinder- und Familienberatung.[6]

Im destruktivsten Verlauf werden diese notwendigen Gespräche auf gegenseitige Anklagen reduziert, wo die Schuld oder das Problem liegt: bei der Institution oder bei der Familie. Bei unserem heutigen Wissensstand über die kindliche Entwicklung und deren Abhängigkeit von den unterschiedlichen Erwachsenen-Kind-Beziehungen, ist diese Polarisierung nicht nur destruktiv, sondern auch unsachlich. Es herrscht kaum Zweifel, dass sich die grundlegenden Aspekte der persönlichen und psychosozialen Entwicklung bei Kindern in der Familie abspielen und dass die Eltern-Kind-Beziehung das größte konstruktive und destruktive Potential hat. Es besteht ebenso wenig Zweifel, dass die anderen Erwachsenenbeziehungen des Kindes großen Einfluss darauf haben, wie sich sein inneres und äußeres Verhalten weiter entwickelt.

Die Fähigkeit und der Wille der Kinder zur Kooperation führt dazu, dass sie in der Institution häufig ein anderes äußeres Verhalten zeigen als in der Familie. Einige Kinder bekunden ihren Schmerz im Rahmen der Familie und werden in der Institution als »gut funktionierend« empfunden. Bei anderen verhält es sich genau umgekehrt. Manche Kinder machen sich offensichtlich »schwierig« in der Institution, weil es ihnen tatsächlich dort gut geht und wo Vertrauen in die Erwachsenen anscheinend ihren Appell motiviert, gesehen und unterstützt zu werden. Andere tragen die Konflikte in die Institution, weil sie sich dort real im Konflikt mit den Erwachsenen fühlen.

Eltern und Fachleute sind nach unserer Auffassung gleichermaßen verantwortlich, Kindern so angemessen wie möglich zu behandeln. Gelingt das nicht, müssen beide Parteien die Verantwortung übernehmen, ihren Teil der Beziehung zu verändern. In den weitaus meisten Fällen verfügen Eltern über die besten Möglichkeiten, dem Kind Hilfe und Unterstützung anzubieten. Doch Lehrer und Erzieher sind sehr oft in der Position, in der ihr Einsatz entscheidet, ob die Anstrengungen der Eltern und des Kindes Früchte tragen. Die Erwachsenen brauchen einander tatsächlich, und für das Kind ist es ganz existenziell wichtig, dass sie es anerkennen und mit ihm kooperieren. Es ist fast genauso schmerzhaft und stigmatisierend für ein Kind, den Mangel an Kontakt oder einen negativen Kontakt zwischen den Eltern zu erleben. Die interne Solidarität der Lehrer und Erzieher ist oft genauso destruktiv für die Entwicklungsmöglichkeiten des Kindes, wie wenn die Eltern in missverstandener Solidarität mit dem Kind die Institution bekriegen. Dieses Verhalten bedeutet nicht, dass Eltern und Fachleute zur Einigkeit verpflichtet wären, aber es unterstreicht, wie wichtig es ist, dass sie für die Qualität ihrer wechselseitigen Beziehung sorgen.

Nach unserer Ansicht sollte der Gesprächsverlauf (der Prozess) an sich zu einer Veränderung in den Beziehungen führen, die die eine oder andere Partei als problematisch empfindet. Das bedeutet auch, dass traditionell geschätzte Werte wie etwa Korrektheit, Nüchternheit und sachliche Distanz durch Kontakt, Nähe und Authentizität ersetzt werden müssen. Diese Werte sind *Alternativen* zu den üblichen, nicht ihre Gegensätze.

## Verantwortung und Macht

In Gesprächen mit Eltern haben Fachleute die *prozessuale* Verantwortung, die Verantwortung für den Umgangston, die Atmosphäre und die Stimmung während des Gesprächs. Der Grund dafür ist, dass die Beziehung zum Lehrer oder zur Erzieherin als dem oder der Mächtigeren auch hier asymmetrisch ist. Dies entspricht bestimmt nicht immer der persönlichen Wahrnehmung der Fachleute in der Situation, in der ihnen die Eltern oft überaus machtvoll vorkommen. Die wenigsten Lehrer oder Erzieher denken jeden Tag an Macht als etwas bei ihrer Arbeit und in ihrer Position Verbotenes. Trotzdem zeugt es von einer ganz realen Macht, in einem öffentlichen System angestellt zu sein und als Repräsentant einer Institution dem einzelnen Bürger gegenüberzutreten, ganz gleich ob man sich dieser Macht bewusst ist oder sie einsetzt oder missbraucht. Eltern empfinden sich selbstverständlich in unterschiedlichem Maß als verwundbar und mit der Macht konfrontiert, wenn die Institution etwas an ihren Kindern auszusetzen hat.

In der Umgangssprache können wir die Rolle der Fachleute in diesen Gesprächen als eine Gastgeber- oder Gastgeberinnen-Rolle beschreiben, auch wenn das Gespräch auf Initiative der Eltern zu Stande gekommen ist und/oder bei ihnen zu Hause stattfindet. Für den letzten Fall sind die Eltern ganz gewiss die Gastgeber, aber nur auf formaler und sozialer Ebene. Die berufliche Substanz liegt in der Verantwortung der Fachleute.

Wichtig ist der Hinweis, dass sich auch diese Beziehungskompetenz kontinuierlich im Laufe eines langen Arbeitslebens entwickelt und die Gespräche an sich den optimalen Lernprozess darstellen, ergänzt durch kollegiale Reflexion, Supervision und Fortbildung. Man kann also nicht jedes Mal einen optimalen Prozess erzielen, und Perfektion ist *keine* konstruktive Qualität in interpersonalen Beziehungen.

Verläuft das Gespräch nicht optimal, kann man sicher sein, dass es beiden Seiten unangenehm ist: sich angegriffen, nicht gehört oder ernst genommen, in eine Verteidigungsposition gedrängt, kritisiert zu fühlen. Fällt dies dem Lehrer oder der Erzieherin auf, dann tritt der übergeordnete Wert *Offenheit* in Kraft:

- Ich merke, dass ich Ihre Tochter kritisiere, und Sie nehmen sie selbstverständlich in Schutz. Lassen Sie mich noch einmal von vorn anfangen …
- Ich habe mich darauf eingestellt, von Ihnen Kritik zu hören, wenn Sie meinen, ich hätte sie schlecht behandelt, aber ich bin nicht bereit, die Zielscheibe für alles Mögliche abzugeben, das nichts mit mir zu tun hat!
- Ich merke, dass Ihnen unangenehm ist, was ich sage. Ich würde gern hören, warum das für Sie so ist!
- Heute schneide ich wohl nicht besonders gut bei der Rolle des Gesprächsleiters ab. Können Sie mir helfen?
- Es fällt mir sehr schwer, mit Ihnen darüber zu reden, weil ich mir vorstellen kann, dass es Ihnen weh tun wird.
- Bei mir klingt es immer schrecklich nach Kritik, wenn ich den Eltern etwas Schwieriges sagen will. Ich hoffe, Sie haben ein bisschen Nachsicht mit mir, dann geht es immer etwas besser.

Das Besondere an problemorientierten Gesprächen ist, dass das Gesagte immer *auch* persönlich ist und immer die andere Partei persönlich berührt. Es kann außerordentlich schwierig für beide Seiten sein, die sich vielleicht zum ersten Mal treffen, und deshalb haben wir schon immer versucht, bei diesen Gesprächen einen respektvollen und höflichen Ton anzuschlagen. Darin liegen zwei Probleme begründet. Erstens nützt das so gut wie nie. Die Oberfläche bekommt zum Glück Risse, wenn wichtige Themen auf der Tagesordnung stehen. Zweitens führt es dazu, dass die wichtigen persönlichen Überlegungen und Botschaften, die eine Voraussetzung für sinnvollen Kontakt und Veränderung sind, entweder verborgen bleiben oder nur indirekt zum Ausdruck kommen. Deshalb ist es angebracht, dass der Lehrer oder die Erzieherin jede Gelegenheit nutzt, persönliche Äußerungen anzubringen und somit eine Stimmung im Gespräch zu schaffen, die akzeptiert wird und förderlich ist.

Sonst wird aus dem Treffen ein »Nicht-Treffen«, eine Zusammenkunft von zwei Ämtern – dem Elternamt und dem Lehreramt. Dabei kommt selten etwas Konstruktives heraus.

Ein fruchtbares Treffen erfordert, dass über Wichtiges gesprochen wird und dass es in einer Stimmung verläuft, die auch erlaubt, irrational oder spontan zu sein und dass man sich blamiert. Fachleute haben die übergeordnete Verantwortung und die Macht sicherzustellen, dass all diese Qualitäten im Raum anwesend sind.

## Vorbereitung

Es ist in hohem Maß eine Frage des Temperaments und der Erfahrung, wie sehr und wie gründlich man sich auf ein problemorientiertes Gespräch vorbereiten muss. Nach unserer Erfahrung ist es angebracht, die folgenden Punkte durchzugehen. Das kann man allein oder mit einer Kollegin machen. Man kann sich auf eine mentale Vorbereitung beschränken oder mehrere Punkte schriftlich festhalten:

1. Soll ich mit den Eltern allein reden oder noch jemanden hinzuziehen?
2. Sollte nach meiner Ansicht das Kind dabeisein?
3. Worüber möchte ich mit den Eltern reden?
4. Welche Hilfe brauche ich von den Eltern?
5. Wie geht es mir vor diesem Gespräch?

Ad 1.
Es kann mehrere Gründe geben, warum zwei Kollegen beim Gespräch anwesend sein sollten:

Es kann ein Gefühl der Sicherheit vermitteln, aber man sollte aufpassen, dass »Sicherheit« nicht zu einem Synonym für »gemeinsame Front« wird im Sinne von: »Wir sind mehrere, die meinen ...« Klärung und Abhilfe bei nicht zufriedenstellenden Beziehungen sind kein demokratischer Prozess, in dem die Mehrheit Recht hat, sondern ein kreativer Prozess, bei dem Empathie, Erfahrung, Fantasie und Sensibilität die wichtigsten Elemente sind.

Wenn ein Kollege ein Kind anders sieht und wahrnimmt als man selbst. Auf diese Art bekommt die Sache mehr Nuancen. Wenn alle in der Institution das Gleiche sehen und dieselbe Einstellung dazu haben, dann gibt es keinen Grund, sich mit mehreren Personen an dem Gespräch zu beteiligen.

Hat eine Kollegin einen besseren Kontakt zu den Eltern, kann sie sich berufen oder veranlasst fühlen, sich zwei Fachleuten gegenüber zu setzen – ganz abhängig von der Sicherheit und Fähigkeit des/der Betreffenden, sich gleichberechtigt in Gespräche mit Autoritäten einzubringen.

Wenn man das Gespräch auch als eine Etappe im eigenen Lernprozess nutzen will. In diesem Fall ist es angebracht, dass der andere die Rolle eines aktiven Beobachters übernimmt mit einer besonderen Verantwortung für die Qualität des Prozesses. In dieser Rolle achtet er darauf, dass die Parteien sagen können, was sie wollen, ob und wie sie das Gesagte aufnehmen. Insgesamt ist er beiden Parteien behilflich, das Beste aus dem Treffen zu machen.

Ad 2.

Die Frage nach der Teilnahme der Kinder an problemorientierten Gesprächen sollte bezüglich zweier Dimensionen erwogen werden: der demokratischen und der psychologischen Dimension.

Bei den demokratischen Werten geht es um die Rechte der Kinder: das Recht zu hören, was gesagt wird, das Recht, selbst seine Meinung zu äußern, und das Recht, Einfluss auf sein eigenes Leben zu nehmen.

Rein psychologisch kann die Teilnahme eines Kindes bedenklich sein, wenn der Lehrer oder die Erzieherin sich nicht sicher fühlt, ob er oder sie das Gespräch führen kann, ohne dass das Kind Opfer von massiver, negativer Kritik wird oder der Kontakt zwischen den Erwachsenen destruktive Formen annimmt.

Der Lehrer oder die Erzieherin kann den Wunsch äußern, dass das Kind am Gespräch teilnehmen soll. Aber es muss die souveräne Entscheidung der Eltern sein, ob es dazu kommt. Nimmt das Kind teil und meint die verantwortliche Fachperson, das Ganze gehe in eine destruktive Richtung, liegt es in ihrer Verantwortung, das Gespräch zu beenden und darauf aufmerksam zu machen: »Ich habe die Kontrolle über dieses Gespräch verloren und glaube wirklich nicht, dass dir damit gedient ist, anzuhören, was hier gesagt wird. Was meinst du dazu? Und was finden Sie?« Obwohl die Eltern die endgültige Entscheidung treffen müssen, kann der Lehrer oder die Erzieherin durch Argumente den eigenen Standpunkt gut verteidigen. Tatsächlich kann diese Argumentation von Nutzen für das Kind sein, weil es erlebt, wie ein Erwachsener seinem Unmut Ausdruck verleiht.

Nach unserer Meinung ist es angebracht, dass Kinder so häufig wie möglich dabei sind, dies mit Blick auf ihre Rechte, ihre Existenz und ihre soziale Entwicklung.

Das Recht des Kindes dabeizusein ist in diesem Kontext kein juristisches Recht, das in der Gesetzgebung verankert ist. Es ist vielmehr ein moralischer Standpunkt, der unserem allgemeinen Erfahrungswissen darüber entspringt, wie unangenehm es ist, dass andere über einen reden, wenn man nicht anwesend ist, und über den eigenen Kopf hinweg Entscheidungen treffen.

Rein emotional und existenziell betrachtet ist es einfach gut für das Kind, bei Prozessen anwesend zu sein und sie zu erleben, die Erwachsene durchlaufen, wenn sie frustriert oder traurig sind oder sich Sorgen machen. Kleine Kinder verstehen zwar die Worte nicht, aber sie verstehen den Ton und reagieren sehr deutlich auf das Wahrgenommene. Größere Kinder haben die Möglichkeit, ihre Kompetenz als aktive Teilnehmende zu nutzen und zu entwickeln.

**Beispiel:**
Holger geht in die 4. Klasse und hat nach den Sommerferien einen neuen Klassenlehrer bekommen. Von Anfang an war Holger traurig darüber. Wenn er von der Schule nach Hause kam, erzählte er seinen Eltern von seinem Gefühl, dass der neue Lehrer ihn auf dem Kieker hat, ihn ausschimpft und seine Mitarbeit kritisiert. Die Eltern haben seinen Bericht ernst genommen und mit ihm darüber gesprochen, wie gern er seinen bisherigen Lehrer mochte, dass er Zeit brauche, sich an die neue Situation zu gewöhnen, und dass er auch dem neuen Lehrer eine Chance geben müsse. Das half nicht viel.

Auf einer Elternversammlung versuchen die Eltern, in allgemeinen Worten zu vermitteln, dass Holger zurzeit leicht zu kränken ist. Aber die Botschaft ist zu indirekt, als dass sie etwas bewirken könnte. Die Eltern bitten um ein Gespräch mit dem Klassenlehrer, und Holger besteht darauf, mitzukommen. Die Eltern sind gut ausgebildet und verstehen sich auszudrücken, und das geplante Gespräch entgleist schnell in eine intellektuelle Diskussion über pädagogische Einstellungen und Prinzipien. Nachdem Holger den vergeblichen Versuch der Eltern verfolgt hat, ihn zu beschützen, nimmt er die Sache selbst in die Hand. Mit bebender Stimme und glasigen Augen sagt er zum Lehrer: »Mir reicht es nämlich, dass Sie mich fast jeden Tag kritisieren. Können Sie das nicht endlich lassen, damit mir die Schule wieder Spaß macht?«

Diese präzise, persönliche Botschaft zeigt Wirkung beim Lehrer, der verstummt und einen Augenblick nachdenkt, ehe er in gleicher Qualität antwortet: »Es tut mir Leid zu hören, dass es dir so geht. Ich habe nie darauf geachtet, dass ich dich kritisiere, aber ab jetzt werde ich darauf achten.«

Abgesehen davon, dass dieser kurze Dialog zu einem viel besseren Verhältnis zwischen Holger und seinem Lehrer führte, ist die konstruktive Bedeutung des Verlaufes für Holgers künftige Beziehungen zu anderen Menschen kaum zu überschätzen. Gleiches gilt natürlich für die destruktive Bedeutung, die die traditionelleren Lehrerbeziehungen mit sich bringen:

»Nein, Holger, ich glaube, da hast du jetzt etwas missverstanden…«

»Ja, Holger, aber hast du nicht auch ein bisschen Schuld daran!«

»Da kann ich dir nicht zustimmen, Holger. Du darfst nicht vergessen, dass ich auch die Verantwortung für all die anderen Kinder in der Klasse habe!«

Wenn die kindliche Wahrnehmung der Wirklichkeit und die persönlichen Äußerungen so disqualifiziert werden, haben die Kinder nicht das große Vergnügen, dass ihr Recht zur Teilnahme respektiert wird.

Auf sozialer Ebene werden diese Wahrnehmungen für Kinder zur Erfahrungsmatrix, die sie auf Gedeih und Verderb in Beziehungen zu anderen Erwachsenen und Kindern bei Konfliktlösung und Zusammenarbeit nachahmen und bei allem anderen, was wir unter sozialer Kompetenz verstehen.

Ad 3.

Als Gastgeber und Gesprächsleiter muss der Erzieher oder die Lehrerin sich überlegen, wie er oder sie ein Thema/Problem formulieren will, das er oder sie in der Beziehung zu dem Kind, in der Beziehung des Kindes zu anderen Kindern oder in der Beziehung des Kindes zu bestimmten Fächern oder Aktivitäten wahrnimmt.

Zugleich muss er oder sie sich klar machen, dass es *auch* möglich sein sollte, andere Themen anzusprechen, weil die beiden Parteien, die sich treffen, sich jeweils in ihrer eigenen Wirklichkeit befinden und weil die Eltern in der Regel weniger Zeit als er oder sie hatten, sich auf das Thema des Treffens vorzubereiten. Diese Offenheit ist bedeutend einfacher zu praktizieren, wenn er oder sie sich überlegt, was er oder sie auf die Tagesordnung setzen will.

Die Formulierung des Problems spielt eine wichtige Rolle. Fachleute fühlen und reagieren genauso spontan, voreingenommen und irrational wie alle anderen Menschen. Doch als für das Gespräch Verantwortliche müssen sie sich um eine Formulierung bemühen, die einen konstruktiven Ton anschlägt. Eine konstruktive Formulierung ist etwas anderes als eine diplomatische Formulierung.

**Beispiel:**

Trine verhält sich mit ihren vier Jahren sehr eigensinnig, aggressiv und dominant gegenüber den anderen Kindern im Kindergarten. Die Erzieherin kann das gegenüber den Eltern in vielen verschiedenen Formen ausdrücken:

»Ich muss Ihnen sagen, dass Trines Verhalten im Kindergarten sehr unangemessen ist. Sie hört nicht auf das, was wir ihr sagen. Und das beeinträchtigt auch die anderen Kinder. Die macht das traurig, weil Trine alles selbst bestimmen will, und sie kann auch schnell aggressiv und gewalttätig gegenüber anderen werden und dann bekommen sie Angst. In der vergangenen Woche haben wir z. B. beobachtet, wie Trine …«

Dieser Wortschwall mit negativen Bezeichnungen und Beschreibungen kann die meisten Eltern umhauen oder sie zu einem entsprechenden negativen Gegenangriff inspirieren. Der negative Unterton wird dadurch unterstrichen, dass die Erzieherin in keiner Form Mitverantwortung für die Situation übernimmt.

»Ich habe Sie hergebeten, weil ich im Augenblick nicht weiß, wie ich mir oder Trine helfen kann. Ich möchte Ihnen gern ein paar Beispiele aus unserem Alltag nennen, aber die werden etwas negativ ausfallen, weil ich mir so ratlos vorkomme. Können Sie es aushalten, wenn ich Ihnen ein paar Geschichten erzähle?«

In dieser Formulierung übernimmt die Erzieherin die Mitverantwortung für die Situation und gibt den Eltern die Möglichkeit, sich auf schlechte Nachrichten einzustellen. Damit hat sie einen Ton vorgegeben, der es auch für die Eltern einfacher macht, sich ihrer Verantwortung zu stellen und über ihre eventuelle Ratlosigkeit zu sprechen. Alle Eltern wissen, dass man sich als Erwachsener hilflos vorkommen kann und dass das, was man in der Situation unternimmt, nicht immer angemessen ist. Jetzt wissen sie, dass es auch gut ausgebildeten Erzieherinnen so gehen kann, die auch nicht immer auf alles eine Antwort wissen und eine Lösung parat haben. Das ist eine realistische und positive Grundlage für weitere Zusammenarbeit und beugt gegenseitigen Schuldzuweisungen wegen Inkompetenz vor.

Wenn bei den Eltern ein anderes Thema auf der Tagesordnung steht, ist es oft angebracht, dieses zuerst zu behandeln. Die Eltern befinden sich nicht in den eigenen vier Wänden und müssen sich vielleicht erst mit der Umgebung vertraut machen, ehe sie mit den Problemen konfrontiert werden können. Aber so muss es nicht sein. Die Erzieherin kann sich auch ganz persönlich äußern:

»Ich möchte mit Ihnen darüber auch gern reden. Aber ich muss zugeben, ich bin so sehr mit mir selbst beschäftigt, dass ich vielleicht nicht die beste Zuhörerin bin, ehe ich mit Ihnen darüber gesprochen habe. Können Sie damit leben?«

Vor allem in der Vorschule besteht eine lange Tradition, dass die Werte aus der täglichen Arbeit des Lehrers mit den Werten kollidieren, die an problemorientierte Gespräche gebunden sind. Beim Unterricht in der Schule ist es unumgänglich, dass die Vorbereitung des Lehrers auch eine Planung des gesamten Verlaufs, dessen einzelne Phasen und das gewünschte Ergebnis einschließt. Dieser professionelle Wert erhöht die Qualität des Unterrichts und den Nutzen für die Schüler. In diesen Gesprächen verhält es sich anders.

Wir haben oft Gespräche erlebt, in denen die Lehrer im Voraus sowohl das Problem als auch die Lösung definiert hatten. Die Rolle der Eltern war somit darauf beschränkt, zu beidem ja oder nein zu sagen. Das ist kein gleichberechtigtes Gespräch mehr, sondern Manipulation. Dieser Verlauf wird nicht weniger manipuliert davon, dass die Absicht des Lehrers nur darin besteht, den Anspruch von Verantwortung zu erfüllen, der zu seinem Beruf gehört. Wichtig ist die Unterscheidung, die Verantwortung zu haben, einen Inhalt zu vermitteln oder einen Gesprächsprozess zu leiten. Wird diese Unterscheidung nicht anerkannt und verwirklicht, sind Verlauf und Ergebnis für alle Beteiligten unbefriedigend.

## Ad 4.

In unserer von Spezialisten dominierten Zeit hat sich das öffentliche System an die Auffassung gewöhnt, dass ein Teil der Eltern in ihrer Paarbeziehung und/oder bei der Betreuung oder Erziehung der Kinder Hilfe von Spezialisten braucht. Das entspricht weitgehend den Tatsachen, wenn man Spezialisten und Statistiker fragt. Fragt man die Eltern, werden die meisten behaupten, dass sie ohne Hilfestellung gut zurecht kommen.

Daran anschließend ist eine Erinnerung an die besondere Natur und Funktion der Familie angebracht. Die Familie ist eine *systemische* Einheit, in der das Verhalten und das Wohl des oder der Einzelnen konstant die anderen im System und das Wesen dieser wechselseitigen Beziehungen beeinflusst und umgekehrt. Der weitaus größte Teil der Prozesse in der Familie, der das Wohl und die Entwicklung der Kinder beeinflusst, ist insofern verborgen, als die Eltern selbst sie nicht sehen können oder sich ihrer nicht bewusst sind. Die bewussten Einstellungen, Werte, Gefühle und Handlungen der Eltern machen nur einen kleinen Teil dessen aus, was die Persönlichkeit und das Selbstbild des Kindes prägt. Alle Eltern machen es buchstäblich so gut wie sie können und mit dem Ziel, durch die Bemühungen, gesunde, fröhliche und gut angepasste Kinder zu bekommen. Gelingt das nicht immer oder misslingt es streckenweise, liegt das meistens an den Phänomenen in den Beziehungen, die außerhalb des alltäglichen Bewusstseins der Eltern (und der Kinder) liegen und über die sie deshalb keine unmittelbare Kontrolle haben. (Versagen der Betreuung und aktive physische und psychische Verletzungen sind hin und wieder davon ausgenommen.)

Hinzu kommt, wie schon erwähnt, die entscheidende Rolle der Familie beim Entstehen und Lösen der Probleme. Das kreative Potential der Familie als »Problemlöser« ist auf den meisten Gebieten um ein Vielfaches größer als das der Lehrer, Erzieherinnen und Spezialisten. Das bedeutet nicht, dass Fachleute nicht über wertvolles Wissen, Erfahrung und Vorschläge verfügten. Aber die Eltern haben den Nährboden, auf dem die Kinder wachsen und gedeihen sollen.

Deshalb brauchen Eltern manchmal Hilfe von außen. Doch *immer* brauchen Personen, die einem einzelnen Familienmitglied zu helfen versuchen, die Hilfe der Eltern/der Familie. Ohne deren Bereitschaft, mit uns zu sprechen und ihr Leben auf Gedeih und Verderb bloßzustellen, wird unser Bild von den Lebensumständen eines Kindes dem Zufall überlassen bleiben und fragmentarisch sein, und unsere im Vorhinein begrenzten Möglichkeiten, konstruktiv einzugreifen, sind noch geringer. Man könnte vielleicht einwenden, dass wir es schließlich immer anders und mit einer anderen Einstellung gemacht haben, aber die Ergebnisse sahen auch dementsprechend aus.

Der Wille und die Fähigkeit der einzelnen Fachperson, diese Tatsache in die eigenen Einstellungen zu den Eltern einfließen zu lassen, die ihr begegnen, ist nicht nur entscheidend für eine konstruktive Klärung und Bearbeitung der einzelnen Probleme und Konflikte. Sie ist auch entscheidend für das Gefühl der Eltern von Gleichwertigkeit und Wert des Treffens mit der pädagogischen Welt. Viele Eltern hat man im Lauf der Zeit als »unmotiviert« oder »nicht bereit zur Zusammenarbeit« abgestempelt, weil ihr Verhalten in den Gesprächen davon geprägt war, dass ihnen die fundamentale Wahrnehmung fehlte, von Wert für das Kind und für die Fachleute zu sein, die ihre Kinder betreuten, behandelten oder unterrichteten.

Kann die Erzieherin, die im Kindergarten Trine betreut, keine konstruktive Beziehung zu ihr aufbauen, braucht sie die Hilfe der Eltern. Hat sie das Ziel, einige der Ursachen von Trines gewalttätigem Verhalten zu ergründen, dann braucht sie ein Elternpaar, das vertrauensvoll und gewillt ist zu beschreiben, wie sie mit Trine umgehen, wie sie ihr Verhalten und ihre Persönlichkeit einschätzen und wie sie Niederlagen erleiden oder Erfolge erzielen.

Eltern können sehr wenig tun, um am Verhalten ihrer Kinder in der Institution etwas zu ändern. Sie können mit den Kindern über ihr mehr oder weniger gutes Verhalten sprechen, sie ausschimpfen, sie locken, ihnen drohen, sie bestechen oder bestrafen. Doch das selbstzerstörerische Verhalten bei Kindern beruht nur äußerst selten darauf, dass sie es nicht besser wüssten oder sich über die Missbilligung der Erwachsenen nicht im Klaren wären. Eltern können in diesem Fall eine unvoreingenommene Untersuchung der Lebensbedingungen ihres Kindes in der Familie und in der Institution in Zusammenarbeit mit den Erzieherinnen und Lehrern oder Psychologen vornehmen. In dem Umfang, wie die Untersuchung zu neuen Erkenntnissen führt, können Eltern versuchen, die spezifischen oder allgemeinen Lebensbedingungen des Kindes zu verbessern. Das können Eltern tun, wenn sie mit Fachleuten zusammenarbeiten, die bescheiden und professionell genug sind, die Bedingungen für einen gleichwertigen Dialog zu schaffen.

Ad 5.

Vor einem wichtigen Gespräch ist es ratsam, ein wenig darüber zu meditieren, wie es einem damit geht, was geschehen soll, und über die Menschen, mit denen man zusammen sein wird. Sind es Gefühle, die einen fruchtbaren Kontakt blockieren können: Angst, Nervosität, Erwartungsdruck, Wut über das letzte Gespräch, Unlust, Verärgerung über das Kind oder viel Sympathie, so dass man im Voraus gegenüber den Eltern voreingenommen ist? Es ist menschlich, zu fühlen, und es ist professionell zu wissen, was man fühlt.

Es können auch ganz allgemeine Vorurteile sein, die den Kontakt bedrohen. Einige Lehrer und Erzieherinnen haben besondere Schwierigkeiten mit Eltern, die die gleiche Ausbildung und den gleichen Beruf haben. Manche haben Probleme mit schnell redenden Verkaufschefs in großen Autos, andere mit unsicheren, schüchternen, allein erziehenden Müttern. Außerdem haben wir alle noch unsere kleinen Idiosynkrasien – auch die Eltern. Es ist nicht moralisch verwerflich oder professionell falsch, aber es ist die Aufgabe der Fachleute, dafür zu sorgen, dass sie nicht dominant werden und diese wichtigen und notwendigen Gespräche stören.

Oft reicht es, wenn der oder die Verantwortliche vor dem Gespräch seine oder ihre Situation mit wenigen persönlichen Bemerkungen beschreibt: »Ich bin noch nicht so lange Lehrerin, deshalb bin ich mir nicht ganz sicher, ob ich dafür sorgen kann, dass dieses Gespräch für uns beide gelingt. Ich hoffe, Sie sagen Bescheid, wenn ich mich allzu sehr blamiere!«

»Der Gedanke, heute hier mit Ihnen zu reden, hat mich etwas nervös gemacht. Ich bin Ihnen auf einigen Elternabenden begegnet, aber Sie sind im Reden und Argumentieren so gut, dass ich bei dem Gedanken kaum noch Luft bekomme, ich sollte mich an Ihnen messen. Ich hoffe, ich kann Halt sagen, wenn es mir zu viel wird. Ich habe meine Kollegin gebeten, heute so etwas wie eine Beobachterin zu sein, weil ich mich unsicher fühle, wie gut ich den Teil meines Berufes bewältige.«

Die letzte Äußerung weist auf die Möglichkeit hin, kollegiale Hilfe zu bekommen, wenn es unmöglich ist, die Dinge allein oder gemeinsam mit den Eltern zu verarbeiten.

Nach unserer Erfahrung ist es eine bestimmte Einstellung oder ein bestimmtes Selbstbild, das immer den Kontakt zwischen Fachleuten und Eltern blockiert, nämlich wenn die Erzieherin oder der Lehrer sich selbst als jemanden sieht, der »auf der Seite des Kindes steht« oder als »Anwalt des Kindes auftritt«. In den Gesetzen der meisten Länder steht ganz ausdrücklich, dass Beschäftigte des öffentlichen Dienstes die Pflicht haben einzugreifen, wenn das Wohl und die Unversehrtheit des Kindes bedroht sind. Doch wir sprechen hier von der sentimentalen und selbszufriedenen Identität, mit der sich einige Fachleute schmücken. Das Problem ist, dass sie ihnen eine Ausstrahlung verleiht, die sofort von den Eltern wahrgenommen wird. Die unterschwellige Botschaft lautet: »Ich beschäftige mich mehr mit dem Wohl Ihres Kindes als Sie.« Damit ist eine Konkurrenzsituation entstanden, die eine fruchtbare Zusammenarbeit effektiv verhindert. Den größten Nutzen liefert man Kindern, wenn man sich ausreichend um ihre Eltern kümmert. Andernfalls kommen die Kinder in einen schmerzhaften Loyalitätskonflikt, der meistens dazu führt, dass sie sich gegen die Fachleute wenden.

Die Eltern erscheinen zu den problemorientierten Gesprächen auch mit Gefühlen und Einstellungen, die in unterschiedlichem Ausmaß einen fruchtbaren Kontakt verhindern. Einige Eltern platzen gleich mit ihren Gefühlen und Vorurteilen heraus. Doch die meisten versuchen, nett, höflich, korrekt und objektiv zu sein.

Aus diesem Grund ist es wichtig, dass der Lehrer oder die Erzieherin die Leitung übernimmt, um einen persönlicheren und aufrichtigen Ton anzuschlagen, und sich die nötige Zeit nimmt, den eher irrationalen Gefühlen und Gedanken der Eltern zu folgen. »Nett sein« hat noch nie zur Lösung wichtiger Probleme beigetragen. Die Alternative zu »nett« ist nicht »unfreundlich«, sondern so authentisch wie möglich zu sein.[7]

### Kontakt

Je authentischer (offen für ihre Gedanken, Einstellungen, Werte und Gefühle anderer) die Parteien sein können, desto besser wird der Kontakt. Wichtig ist zu unterscheiden, was wir hier einen »guten« Kontakt in problemorientierten Gesprächen nennen und was wir in der Regel unter einem guten sozialen Kontakt verstehen. Der gute soziale Kontakt braucht die persönliche Dimension nicht einzubeziehen. Er basiert auf Freundlichkeit, Entgegenkommen und Höflichkeit und nicht zuletzt auf der Tatsache, dass es beiden Seiten frei steht, die Distanz zueinander aufrechtzuerhalten, die nach ihrer Wahrnehmung am passendsten ist. Viele Menschen beschreiben den sozialen Kontakt als »oberflächlich« und meinen es eindeutig kritisch. Wir sehen das anders. Der soziale Kontakt hat seine eigene Funktion und seinen eigenen Wert. Das Wichtige an dieser Verbindung ist, sich der Grenzen des sozialen Kontaktes bewusst zu sein, die auch darin bestehen, dass er Konflikte und Probleme von persönlicher und interpersonaler Art nicht klären, verarbeiten und lösen kann.

Ist ein Kind mit seinem Leben nicht zufrieden, so dass sein schulisches und/oder soziales Verhalten davon geprägt wird, dann ist dies für das Kind natürlich von persönlicher Bedeutung. Erfahren Eltern, dass das Verhalten ihres Kindes andere Erwachsene frustriert, empfinden sie es als sehr persönlich. Gelingt es einem Lehrer oder einer Erzieherin nicht, eine befriedigende Beziehung zu einem Kind aufzubauen, ist das eine *berufliche* Tatsache. Alle Parteien sind persönlich berührt, und deshalb muss die persönliche Dimension ein herrschender Bestandteil der Gespräche zwischen den Parteien sein. In diesem Fall schwellen die persönlichen Bestandteile an und wirken sich zerstörerisch auf das aus, was in der rationalen und beruflichen Dimension geschieht, abgesprochen und beschlossen wird. Erst wenn wir die Möglichkeit hatten, in einer anerkennenden und akzeptierenden Atmosphäre zu formulieren, wer wir sind, ist die Möglichkeit für Entwicklung und persönliche Verantwortlichkeit gegeben.

Der authentische, persönliche Ausdruck macht uns auch verwundbar, weil wir unser Selbstbild und das Bild anderer von uns aufs Spiel setzen. Wenn das in einer asymmetrischen Beziehung vorkommt, bedeutet das, dass Eltern und Kind die Verwundbarsten sind. Deshalb erheben wir die entscheidende ethische Forderung, dass auch die Fachleute ein Risiko eingehen – oder die Chance nutzen. Beschränkt ein Pädagoge seinen Beitrag auf Soziales und Formales, wird der Kontakt *un*gleichwertig und somit unangenehm für Eltern und Kind und weniger effektiv bezüglich des Problems, zu dessen Lösungsversuch die Parteien zusammengekommen sind. Unser Beharren auf der persönlichen Dimension ist deshalb keine Forderung, die berufliche Kompetenz und den Professionalismus auszuschalten oder zurückzustellen, sondern sie auf einer Ebene mit dem übrigen professionellen Selbstverständnis einzubringen.

Der persönliche Kontakt verläuft nicht immer harmonisch. Wenn nach unserer Wahrnehmung auf dem Spiel steht, dass wir als Eltern, Kinder und Fachleute einen Wert haben, dann liegt es in der Natur des

Menschen, dass wir auch ärgerlich, frustriert und aggressiv werden.[8] Diese Gefühle widersprechen dem Wunsch der meisten, freundlich und zur Zusammenarbeit bereit zu sein. Doch Gefühle sind ein unvermeidlicher Bestandteil aller wichtigen Probleme in menschlichen Beziehungen und eigentlich nur ein Zeichen dafür, dass die Parteien sich ernsthaft engagieren und das Herz am rechten Fleck haben. Als Fachleute bekommen wir mit den Jahren immer mehr Übung, diese frustrierende und aggressive Energie möglichst konstruktiv zu nutzen. Für Eltern ist es dagegen jedes Mal wieder etwas Neues. Es gibt vermutlich nichts, was das Selbstwertgefühl und Selbstverständnis von Eltern mehr erschüttern kann als die Mitteilung, dass ihr Kind im Kindergarten oder in der Schule »nicht gut funktioniert«. Selbstvorwürfe und Schuldgefühle kommen sofort auf, und es dauert einige Zeit, bis wir vernünftig und rational reden, denken und handeln können. Für einige Eltern ist das eine Phase, in der sie in sich gekehrt und depressiv sind, wogegen andere hyperaktiv und aggressiv werden. Diese Gedanken und Gefühle sind ein Bestandteil eines guten Kontakts – kein schädlicher Fremdkörper.

Persönliche Äußerungen haben die wesentliche Qualität, dass sie Wirkung auf der anderen Seite haben. Wer oder was auf uns Wirkung hat, ist häufig der Anfang einer Veränderung. Es hat eine Wirkung, wenn man kritisiert, moralisch verurteilt und heruntergemacht wird. Doch als häufiges Ergebnis wird unser unangemessenes Verhalten zementiert oder verstärkt.

Traditionell haben die meisten problemorientierten Gespräche zwischen Fachleuten und Eltern in einer Atmosphäre stattgefunden, in der persönliche Äußerungen weniger willkommen oder geradezu unbeliebt waren. Das hat auch zu der Gewohnheit geführt, dass die Gespräche damit beendet wurden, dass Versprechen eingefordert oder Absprachen getroffen wurden – meistens von und mit den Eltern und/oder dem Kind –, was ganz mit den Wertvorstellungen übereinstimmt, die dieser Art von Gesprächen zugrunde liegen. Als Preis dafür werden sehr oft die Versprechen nicht eingelöst und die Absprachen nicht eingehalten oder führen nicht zum gewünschten Ergebnis. Dafür gibt es drei gute Gründe:

- Der Konflikt und die gewünschten Veränderungen haben immer *auch* eine persönliche Dimension: Sie setzen auch persönliche und interpersonale Veränderungen voraus, die dennoch sehr häufig eine ganz notwendige Voraussetzung dafür sind, dass Veränderungen im rollenbestimmten Funktionsniveau des Kindes oder der Eltern stattfinden können. Ein Gesprächsablauf, der die persönliche Dimension ausklammert, hat deshalb geringe Chancen, eine Veränderung herbeizuführen.
- Wird die persönliche Dimension ignoriert, dann werden die getroffenen Absprachen weder mit der Art des Problems noch mit den zur Abhilfe erforderlichen Maßnahmen übereinstimmen.
- Diese Form des Gesprächsabschlusses vermittelt eine indirekte Botschaft: Wir sind hier zusammengekommen, um eine Veränderung herbeizuführen, aber wir glauben nicht ganz daran, dass unser Gespräch irgendeine Wirkung hat; deshalb treffen wir zur Sicherheit eine Absprache.

(Selbstverständlich ist nichts dagegen einzuwenden, konkrete praktische Absprachen zu treffen, wer etwa die anderen Lehrer, den Schulpsychologen oder die Sozialverwaltung benachrichtigt.)

Nach unserer Erfahrung ist es klüger, wenn Erzieherinnen und Lehrerinnen sich auf ihr eigenes Gefühl verlassen, ob das Gespräch gut war oder nicht, und dann abwarten, was danach passiert. Passiert nichts, besteht immer die Möglichkeit, die Qualität im nächsten Gespräch zu verbessern mit dem Ziel, größere oder andere Wirkungen auszulösen. Man kann z. B. das nachfolgende Gespräch mit den Worten einleiten: »Ich hatte nach unserem ersten Gespräch eigentlich ein ganz gutes Gefühl, aber so wie ich es sehe, ist keine Veränderung eingetreten – auch nicht in meiner eigenen Art zu reagieren. Schauen wir doch mal, ob wir diesmal anders über die Dinge reden können.«

Als Lehrperson kann man die Begegnung mit Eltern nicht vermeiden, zu denen man keinen konstruktiven Kontakt aufbauen kann. Das können Eltern sein, deren Erscheinung und Verhalten zu einigen unserer »blinden Flecken« gehören, und/oder Eltern, deren allgemeine Einstellung zu Lehrern und Erzieherinnen so arrogant und negativ oder aggressiv ist, dass man sich nicht nur verletzt fühlt, sondern tatsächlich in seiner beruflichen Integrität und Würde verletzt wird. In einigen Fällen kann das Problem gelöst werden, indem man den Kontakt an eine Kollegin übergibt, die eine andere Ausstrahlung hat. In anderen Fällen muss man die Karten auf den Tisch legen: »Leider muss ich Ihnen sagen, dass ich mich jedes Mal schlecht behandelt fühle, wenn wir miteinander reden. Ich weiß nicht, ob Sie ganz allgemein Erzieherinnen nicht ausstehen können oder nur mich nicht. Aber ich weiß, dass ich mich nicht damit abfinden will, dass man sich über mich lustig macht und mich niedermacht, als sei ich eine Idiotin. Wenn Sie mit meiner Person Probleme haben, können wir darüber reden, sonst ist unsere Zusammenarbeit ab sofort beendet.«

Unabhängig davon, wie sehr man sich bemüht, verantwortlich zu sein, und wie erfahren man ist, wird man in Abständen immer wieder Eltern, Kindern und Kollegen begegnen, zu denen man einfach keine konstruktive Beziehung aufbauen kann. Dann ist es in Ordnung, wenn man sich zurückzieht, um zu verhindern, dass beide Seiten Schaden nehmen. Wir haben die Erfahrung gemacht, dass kollegiale Reflexion und Supervision einen Großteil dieser verfahrenen Beziehungen entzerren können. Doch in manchen Fällen bleibt einem nichts anderes übrig, als einfach aufzugeben.

### Wer hat die Verantwortung für was?

Eltern tragen die Verantwortung für das Wohl und die Entwicklung ihres Kindes, bis die Behörden unter Umständen anders entscheiden. Dazu gehört auch die Verantwortung, sich für oder gegen die pädagogischen Institutionen zu entscheiden, die das Kind besuchen soll, und die Verantwortung, Hilfe in Anspruch zu nehmen, wenn sich das Kind nicht wohl fühlt.

Die Fachleute tragen mit der örtlichen Leitung, den Politikern und den Beamten die Verantwortung dafür, dass die pädagogische, berufliche und Beziehungsqualität für Kinder und Eltern so hoch wie möglich ist, und im Fall eines Versagens für Abhilfe zu sorgen.

Die Kinder werden gezwungen, die pädagogischen Institutionen zu besuchen. Sie sind deshalb in der Regel weder für die Qualität noch für die Quantität ihres Aufenthalts dort verantwortlich. Da dieser Umstand nicht produktiv ist in Bezug auf die Ziele der Gesellschaft, tragen die Fachleute und die Eltern die Verantwortung, die richtigen Grundlagen dafür zu schaffen, dass das Kind spätestens in der 4. oder 5. Klasse eine eigene persönliche Entscheidung über die Schule und den Unterricht trifft und damit die persönliche Verantwortung für seine Anwesenheit übernimmt. Misslingt das, haben die Fachleute und die Eltern die Verantwortung, eine notwendige Veränderung in den Lebensbedingungen des Kindes in der Familie und in der Institution herbeizuführen und Hilfe zu suchen.

Der übergeordnete Gesetzestext, wenn wir einen formulieren sollten, müsste etwa wie folgt lauten: »… Hilfe suchen, wenn es nicht gelingt«, ganz gleich wie verantwortlich wir uns fühlen und wie beherzt wir unsere Aufgabe erfüllen. Als Lehrer, Erzieherin oder Eltern »blamieren« wir uns tagtäglich und machen dadurch den Kindern und Jugendlichen das Leben schwerer, als es im Idealfall sein müsste. Damit müssen sie sich abfinden, und dafür übernehmen wir die Verantwortung. Die traditionelle Alternative ist, den eigenen Einsatz in den Himmel zu heben, den Beitrag der anderen Partei in Frage zu stellen und wieder einmal das einzelne Kind den Preis zahlen zu lassen. Solange das typisch ist für die Mehrheit in der alltäglichen Praxis, haben wir ein ethisches Problem, das jeden erhobenen Zeigefinger gegen das gegenseitige Mobbing unter Kindern und die mangelnde soziale Kompetenz unglaubwürdig macht und darauf hinweist, dass man sein Schäfchen auf Kosten anderer ins Trockene bringt.

Die Gesellschaft setzt aus gutem Grund ihr Vertrauen in die pädagogischen Institutionen, wenn es in erster Linie um Vorbeugung mit Blick auf die Lebensqualität der Kinder und Jugendlichen geht. Das bedeutet in vielen Ländern, dass sich ein Ministerium (das Ministerium für Soziales) darauf verlassen muss, dass ein anderes Ministerium (das Ministerium für Bildung) seine Arbeit ordentlich macht. Diese Aufteilung, die häufig den Charakter einer regulären Aufspaltung hat, macht es bestimmt nicht einfacher für die Mitarbeiterinnen in den pädagogischen Institutionen, sich ihrem Verantwortungsbereich zu stellen. In Dänemark haben wir mehrere strukturelle Versuche erlebt, eine Brücke über diese Kluft zu schlagen. Doch bis auf weiteres ist kaum abzusehen, in welchem Umfang dies den Mitarbeiterinnen und Familien zu Gute kommt.

Die notwendigen Gespräche mit Kindern und Eltern in Tagesstätten und Schulen und die Qualität, zu der Lehrer und Erzieherinnen sie bringen, stellen im Großen und Ganzen das einzige reale Angebot der Gesellschaft an Kinder und Eltern dar, die ohnehin schon schwer belastet sind. Deshalb ist es unserer Meinung nach sinnvoll, ihnen in der Grundausbildung und Fortbildung mehr Platz einzuräumen und sie fest in den pädagogischen Berufen zu verankern. Niemandem ist damit gedient, wenn sie zwischen Pädagogik, Sozialarbeit und Psychologie im luftleeren Raum bleiben.

# 9. Kapitel: Das Gespräch

## *Einleitung*

Wie schon erwähnt, verwenden wir das Wort »Gespräch« als Synonym für »Dialog« in dem Sinn, dass Parteien »Wahrheiten« austauschen, um eine neue, erweiterte »Wahrheit« in der Gemeinschaft zu schaffen.

Johannes Sløks Definition von Gespräch beschäftigt sich mit dem Wahrheitsbegriff, den Möglichkeiten und Begrenzungen zweier Menschen im Verhältnis zu dieser »Wahrheit«. Ein anderer dänischer Theologe, K. E. Løgstrup, definierte Gespräch als eine »spontane Lebensäußerung«, die unserer Existenz als Mensch entspringt. Er beschrieb das besondere Verhältnis, dass Offenheit und Vertrauen eines Menschen eine entsprechende Lebensäußerung hervorruft, nämlich Offenheit und Vertrauen bei dem anderen Menschen.[1] In ihrem Buch »Saglig medmennskelighed«[2] fasst die Psychologin Jette Fog Løgstrups Gedanken wie folgt zusammen:

> »Offenheit, Vertrauen und Liebe entspringen unserer menschlichen Grundbedingung von gegenseitigem Ausgeliefertsein. Bloß Misstrauen, Hass und Verschlossenheit als spontanen Formen der Welt zu begegnen bedürfen der Begründung und der Erklärung, weil diese Formen abgeleitet sind. Wir können den souveränen Lebensäußerungen zuwider handeln, uns ihnen entziehen, aber dann machen wir es eben so – dies definiert uns negativ zu etwas, das schon immer vorhanden war: dem Ursprung der menschlichen Grundbedingungen. Logisch und psychologisch gesehen existierten das Misstrauen und die Lüge parasitär zu Vertrauen und Wahrheit[3] und in psychologischer Hinsicht sind das Misstrauen und die Lüge *einem Mangel* entsprungen. Die souveräne Lebensäußerung ist etwas, gegen das wir uns entscheiden können – die ›natürliche‹ Antwort auf Vertrauen ist ein entsprechendes Vertrauen und Offenherzigkeit.«

Daran anschließend schrieb K. E. Løgstrup speziell über die professionelle pädagogische Beziehung, dass *Offenheit des Kindergesprächs* beantwortet werden muss, indem der Lehrer *den Ton des Kindes aufnimmt* und feststellt, dass das Kind *sich in Vertrauen ausliefert* und dass darin die *ethische Herausforderung* des Lehrers liegt. In Gesprächen der Lehrer und Erzieher mit Kindern wird Johannes Sløks *Ebenbürtigkeit* abgelöst von dem Bestreben, Gleichberechtigung einzuführen. Der Gegenseitigkeit wird eine Machtdimension hinzugefügt, die die Verantwortung der Erwachsenen für den Charakter und die Qualität des Gesprächs unterstreicht. Diese Verantwortung entscheidet letzten Endes, ob es von Vertrauen oder Misstrauen, von Wahrheit oder Lüge, Entwicklung oder Verletzung geprägt ist.

Das Besondere am Gespräch der Fachleute mit Kindern ist außerdem, dass der Erwachsene fast immer eine *Absicht* und ein Ziel mit dem Gespräch verfolgt, die über das eigentliche Gespräch hinausgehen. Lehrer und Erzieherinnen sprechen häufig mit Kindern und Jugendlichen, um sie einem Ziel näherzubringen, das sie im Namen der Kinder definiert haben. Das bedeutet nicht unbedingt, dass diese Absicht oder dieses Ziel nicht *auch* im Interesse des Kindes sein kann, aber enthält einen ethischen Anspruch, teils zu untersuchen und zu verdeutlichen, ob diese Übereinstimmung tatsächlich besteht, und teils mit dem Kind den Weg zum Ziel zu beschreiben und zu definieren.

Seit ein paar Jahren wird einige Kritik an Eltern laut, weil sie nicht die Zeit zu haben glauben, mit ihren Kindern zu reden, und an Eltern und Erzieherinnen, weil sie darin schlecht seien. Ein Teil der Kritik ist – objektiv betrachtet – gut begründet, bekommt aber häufig eine Wendung, die andeutet, dass das Gespräch mit Kindern eine Sache ist, die nur Eltern können und Fachleute nur können sollten! Beides ist falsch. Die Liebe der Eltern zu ihren Kindern löst den Wunsch oder die Sehnsucht nach dem Gespräch aus. Da weder in der Grundausbildung der Lehrer und Erzieher diese Kompetenz im Vordergrund steht noch trainiert wird, haben beide Seiten als Grundlage nur ihre private Bereitschaft anzuführen. Diese Bereitschaft besteht aus den Erlebnissen des oder der Einzelnen mit Erwachsenen im Verlauf des eigenen

Heranwachsens und eventuell den dazu gehörigen Gegenvorstellungen. 25 Jahre Praxis als Familienberater/in und Supervisor/in haben uns mit großer Deutlichkeit vor Augen geführt, dass sich diese Bereitschaft häufig als ungenügend erweist.

Historisch gesehen haben wir nur dürftige Belege dafür, dass Erzieher und Eltern die Fähigkeit oder den Willen haben, *mit* Kindern zu sprechen ausgehend von einem Interesse daran, wer das Kind ist und wie das Kind sein Leben empfindet. Wir können dagegen unzählige Beispiele anführen, dass Erwachsene *zu* dem Kind gesprochen und es ausgefragt, verhört, interviewt, belehrt, aufgeklärt, getadelt, kritisiert und ihm Vorwürfe gemacht haben. Im Alltag haben sich die Erwachsenen darauf beschränkt, über ihre eigene Wahrnehmung der Wirklichkeit zu reden. Die meisten Ausnahmen davon finden wir vor allem in der Psychologie und der Kinderpsychiatrie, die unabhängig davon im Verlauf der letzten Generationen große Arbeit geleistet haben vor allem darin, *Gespräche* mit Kindern zu führen. Dabei geht man etwa von Zeichnungen oder Spielen aus, die den Kindern helfen, *sich selbst* auszudrücken und somit einen vertrauensvollen Kontakt aufzubauen. Auf privatem Gebiet haben sich viele Großeltern als hervorragende Gesprächspartner für ihre Enkel profiliert. Die naheliegende Erklärung ist, dass Großeltern mehr Zeit als die meisten Eltern haben oder sich nehmen. Doch die Wahrheit ist doch eher, dass viele moderne Großeltern die Erzieherrolle abgelegt haben. Sie nehmen sich die Freiheit, mit den Kindern zu sprechen, ohne eine andere Absicht, als die Beziehung auszubauen und zu festigen.

Nach unserer Erfahrung werden mehr sinnvolle Gespräche zwischen Kindern und Erwachsenen in den Familien und Institutionen geführt als vielleicht jemals zuvor. Erwachsene begegnen Kindern mit einer Ernsthaftigkeit und einem Interesse, das in vieler Hinsicht einzigartig ist, und Kinder und Jugendliche sprechen mit Erwachsenen über Gedanken, Gefühle und Erlebnisse, worüber zu reden noch vor einer Generation unmöglich war. Aus pädagogischer Sicht besteht das Hauptproblem darin, dass häufig das Verhalten des Kindes oder des Jugendlichen den Umgangston der Erwachsenen definiert. Die Offenheit, das Interesse und die Empathie der Fachleute scheint in dem Umfang abzunehmen, wie das Verhalten des Kindes als störend, problematisch oder falsch eingestuft wird.

Als Folge führte man mit Erwachsenen und Kindern, die ein paar gute Gespräche am nötigsten brauchen, eben diese nicht. Und viele Gespräche, die Erwachsene aufzubauen versuchen, schlagen fehl, weil sie in alte Muster zurückfallen. Häufig können beide Seiten lange Zeit damit leben. Erst wenn sie ernsthaft miteinander sprechen müssen, werden sie mit der Leere und der Unzulänglichkeit der alten Routine konfrontiert.

Nach unserer Erfahrung besteht sehr wenig Unterschied zwischen dem privaten und dem pädagogischen Raum, was die Qualitäten betrifft, die in Gesprächen mit Kindern vorhanden sein sollen. Zu den allerwichtigsten Qualitäten gehört paradoxerweise die Fähigkeit des Erwachsenen, seine Absicht zu »vergessen« oder zu abstrahieren, d. h. die Fähigkeit des Erwachsenen, die Qualität der Beziehung hier und jetzt höher einzustufen als die Absicht oder den Prozess höher als den Inhalt zu bewerten. Die künftige berufliche, persönliche und soziale Qualität der Beziehung steigt *jetzt* proportional zur Qualität des Gesprächs.

Johann Wolfgang von Goethe schrieb einmal: »So fühlt man Absicht, und man ist verstimmt.« Davon gibt es vielleicht zwei Ausnahmen in interpersonalen Beziehungen: die erotische Verführung und das therapeutische Gespräch, in denen der eigene Wunsch des Klienten nach Veränderung das *ganze* Motiv für das Gespräch ist.

Was wir die Fähigkeit der Erwachsenen zur Abstraktion von der Absicht des Gesprächs nennen, ist etwas ganz anderes, als eine verborgene oder heimliche Zielsetzung zu haben. Es ist vielmehr Ausdruck für eine realistische Erkenntnis, dass die Planung des Erwachsenen nur die Hälfte der »Wahrheit« ausmacht und somit die eine Hälfte, die sich im Charakter verändern muss, je nachdem wie das Gespräch vorankommt.

Die Absicht des Erwachsenen kann bei Gesprächsbeginn problemlos auf den Tisch gelegt werden oder zu jedem anderen Zeitpunkt in dessen Verlauf:

»Ich möchte gern mit dir sprechen, Thomas, weil ich nicht gut finde, dass du zu den anderen Kindern oft so gemein bist, und weil ich finde, du hörst am besten damit auf. Aber ich weiß ja nicht, wie es dir geht und was du dazu meinst, deshalb hoffe ich, dass wir darüber sprechen können.«

»Aber das ist doch nur, weil die anderen mich immer hänseln …«

»Aha, sie hänseln dich. Das ist mir fast nie aufgefallen, das musst du mir jetzt aber erzählen. Kannst du dich noch an einen Vorfall erinnern?«

In dieser kurzen Zeit ist es der Erzieherin schon gelungen, ihre »Wahrheit« und Absicht zu beschreiben, die »Wahrheit« des Jungen ins Gespräch einzubeziehen und ihre Bereitschaft zu demonstrieren, ihn ernst zu nehmen. Die übliche Alternative, die wir so häufig in den pädagogischen Institutionen beobachten, besteht darin, dass sich das Gespräch zu einer Konkurrenz zwischen den beiden »Wahrheiten« entwickelt und dass die des Kindes abgewertet oder disqualifiziert wird. Von unseren Werten ausgehend ist es selbstverständlich ungünstig, wenn ein solches Gespräch mit Blick auf seine Beziehungsqualitäten evaluiert wird. Die Ironie bei der Sache ist, dass es genauso ungünstig ist, wenn es an der klassischen pädagogischen Absicht gemessen wird, Thomas dazu zu bewegen, bei Konflikten mit anderen Kindern die Sprache, das Gespräch, die Verhandlung einzusetzen und nicht den Körper. Man versucht mit anderen Worten, ihn mit einem Gespräch zu »motivieren«, wenn das Aggressionsniveau auf der Höhe mit seinem eigenen ist, wenn auch in einer abgeschliffeneren Form und wo der Zweck die Mittel heiligt.

Kinder und Jugendliche von heute sind in der Regel gesprächiger und artikulierter als früher. Das bedeutet aber nicht, dass sie die persönliche Sprache besser meistern. Es gibt immer einen guten Grund, sich bewusst zu machen, dass die meisten Kinder und Jugendlichen in einem »Code« sprechen, wenn sie ernste Konflikte und Dilemmata ihres Lebens zum Ausdruck bringen. Es gibt keinen Generalschlüssel für diesen Code, vielleicht abgesehen davon, dass kleine Kinder und Jugendliche dazu neigen, den Schmerz und den Ernst zu untertreiben. Ihr Bedürfnis, »gesehen« zu werden, unterliegt häufig, wenn es mit ihrem Wunsch, »normal« zu sein und vor allem den Eltern keine

Sorgen oder sie unglücklich zu machen, in die Waagschale gelegt wird.

Die folgenden Abschnitte stellen Prinzipien und Begriffe dar, die mit genauso viel Glück in individuellen Gesprächen mit Kindern und Jugendlichen unter vier Augen oder in Dialogen in Gruppen oder Klassen verwendet werden können. Genauso adäquat sind sie für Dialoge mit einem einzelnen Erwachsenen und einer größeren oder kleineren Gruppe von Kindern und Jugendlichen. Wir haben uns entschieden, das Hauptaugenmerk auf eine gleichberechtigte Beziehung zu legen, weil es letzten Endes der professionelle Kontakt zu dem einzelnen Kind ist, der über den Kontakt zur ganzen Gruppe entscheidet.

### Die persönliche Sprache

Wir haben vergeblich nach Forscherinnen und Theoretikern gesucht, die sich mit dem beschäftigt haben, was wir die persönliche Sprache nennen. Im Folgenden versuchen wir deshalb, die Erfahrungen einzukreisen und zusammenzufassen, die wir im Verlauf langjähriger Arbeit mit privaten, pädagogischen, beratenden, supervidierenden und therapeutischen Beziehungen gemacht haben. In diesem Punkt interessiert uns die persönlichen Sprache als Medium in interpersonalen Kontakten, Konfliktbearbeitung und gegenseitiger Entwicklung. Doch zuerst wollen wir uns die persönliche Sprache im Verhältnis zu den anderen »Sprachen« anschauen, über die wir sprechen – jenseits einer eventuellen Fremdsprache.

#### Die soziale Sprache

Die soziale Sprache ist die Sprache, die sich in weniger persönlich verpflichtenden Bereichen am besten eignet, wenn wir Bekannte vor dem Kino, Fremde im Zug, Kollegen in der Kantine treffen, zum Frisör gehen oder nur neue Menschen kennen lernen. Sie zeichnet sich auch dadurch aus, dass der Sprecher immer den Grad der persönlichen Nähe im Kontakt regulieren kann – vom ganz Formalen zu Berichten über Privates und Persönliches. Es ist eine Sprache, die maximale Distanz zu halten oder langsam miteinander bekannt zu werden erlaubt, ohne sich verwundbar zu machen. Die soziale Sprache verwendeten unsere Eltern, als sie uns beibrachten, »nett zu sprechen«. Sie ist häufig von Verallgemeinerungen, zeittypischen Phrasen und Klischees geprägt und ganz und gar ungeeignet, persönliche und interpersonale Konflikte zu verarbeiten.

### Die akademische Sprache

Sie ist ungeheuer gut geeignet, fachliche Probleme zu analysieren, Hypothesen aufzustellen und Theorien zu entwerfen. Ihr Wert liegt darin, dass sie in hohem Maß Kommunikation und Erkenntnis innerhalb und zwischen unterschiedlichen auf Theorie basierenden Disziplinen standardisiert und fördert. Die akademische Sprache strebt nach Objektivität und kann Konflikte analysieren, von denen man selbst kein Teil ist, aber sie ist vollkommen ungeeignet, persönliche und interpersonale Konflikte zu verarbeiten.

### Die Fachsprache

Die Fachsprache – z. B. die pädagogische Fachsprache – ist innerhalb wie außerhalb notwendiger Bestandteil der Identität des Faches – und an der Schaffung einer gewissen Sicherheit beteiligt, dass Worte und Begriffe dieselbe Bedeutung für beide Seiten haben. Der Fachjargon ist eine ungenauere und mehr von Klischees geprägte Variante der Fachsprache und hat nur Wert als eine Art Stammessprache in einem Kreis von Eingeweihten. Die Fachsprache strebt nach Gleichheit mit der Objektivität der akademischen Sprache und ist ungeeignet, persönliche und interpersonale Konflikte zu untersuchen und zu verarbeiten, an denen man selbst beteiligt ist. Diese beiden Sprachen können wertvoll sein, Analysen der Beziehungen anderer zu formulieren (bei einer Supervision z. B.), eignet sich aber nicht als ein Bestandteil der interpersonalen Verarbeitung von Konflikten und Problemen. Sie ist vor allem für die Vermittlungskompetenz und nicht in der Beziehungskompetenz von Wert.

### Die pädagogische Sprache

Sie ist in ihrer heutigen Form vorzugsweise gekennzeichnet durch ihre wertende, hinweisende und beratende Form mit einer tonalen Spannweite von nüchterner Sachlichkeit über Manipulieren bis zum Belehren und zur Selbstzufriedenheit. In ihrer sachlichen Form ist sie für die Vermittlungskompetenz von Lehrern und Erzieherinnen unentbehrlich, wogegen sie die Tendenz hat, destruktiv auf die Beziehungskompetenz einzuwirken. Das kann in begrenztem Umfang den Weg aus Konflikten weisen, an denen der Erzieher selbst nicht beteiligt ist, aber sie ist unangemessen in professionellen Beziehungen zu Kindern und Eltern.

## Die persönliche Sprache

Beim Begriff *persönliche Sprache* verwenden wir »Sprache« im weitesten Sinne des Wortes. Sie vermittelt die persönlichen Gedanken, Werte und Gefühle des individuellen Menschen in einem gesammelten *Ausdruck*, der nach größtmöglicher Übereinstimmung zwischen dem inneren Empfinden und dem äußeren Ausdruck strebt, und ist zugleich ein Erkenntnisprozess für den Sprecher. Die persönliche Sprache ist somit der zu jeder Zeit authentischste Ausdruck der Integrität des Individuums.

In professionellen Beziehungen können wir die persönliche Sprache wie folgt definieren: eine Sprache, die die beruflichen Gedanken, Werte und Gefühle eines einzelnen Lehrers/Erziehers in einem gesammelten Ausdruck vermittelt, der maximale Übereinstimmung zwischen persönlicher Empfindung, der beruflichen Perspektive und dem äußeren Ausdruck anstrebt und zugleich ein Erkenntnisprozess für den Sprecher ist. Die persönliche Sprache ist somit der zu jeder Zeit authentischste Ausdruck für berufliche Integrität.

Die persönliche Sprache unterscheidet sich also von den anderen Sprachen dadurch, dass sie *Subjektivität* und *Individualität* im Gegensatz zu Objektivität und Verallgemeinerung – und *Ausdruck* vor Analyse und Beschreibung anstrebt. Sie hat eindeutig ihre Parallelen auf anderen Gebieten als ausgerechnet im sprachlichen Kontakt zwischen Menschen: Wir sprechen von Kunstmalern, die einen persönlichen Ausdruck gefunden haben, von dem Unterschied, wie man Noten und Musik spielt oder Repliken spricht und Theater spielt.

Als Komponente in der professionellen Beziehungskompetenz ist die persönliche Sprache am relevantesten, um Kontakt aufzubauen, Anerkennung auszudrücken und im Alltag, im Hier und Jetzt, um Konflikte zu bewältigen und Phasen der Problemlösung zu regulieren. Unter »Konflikt« verstehen wir jede Situation in einer interpersonalen Beziehung, in der die Teilnehmenden das Bedürfnis nach Veränderung haben oder diese wollen, und in Situationen, wenn der Einzelne in einem entsprechenden Konflikt mit sich ist. Unter »Problem« verstehen wir eine Häufung von verwandten Konflikten, die entweder nicht bewältigt wurden oder deren Bewältigung unzureichend war. Konflikte sind somit ein natürlicher und notwendiger Bestandteil im Leben eines jeden Einzelnen und in allen interpersonalen Beziehungen. Die Zahl der Probleme ist in unterschiedlichem Umfang Ausdruck für die Qualität der Beziehungskompetenz des Lehrers oder der Erzieherin.

In interpersonalen Beziehungen hat die persönliche Sprache folgende positive Qualität gemessen an den Wertvorstellungen dieses Buches:

- Die persönliche Sprache macht den Sprechenden im Kontakt *anwesend* und *deutlich*.
- Sie steigert das Selbstwertgefühl des Sprechenden.
- Sie inspiriert die andere Seite zur persönlichen Anerkennung und Reaktion und steigert somit deren Selbstwertgefühl.
- Sie verletzt nie die Gefühle des anderen oder wertet seine Wünsche und Bedürfnisse.

Die persönliche Sprache ist die erste Sprache, in der sich Kinder ausdrücken. In der Gehorsamskultur legte man großen Wert darauf, die Entwicklung des persönlichen Ausdrucks bei Kindern zu Gunsten der sozialen Sprache (»nett« zu sprechen) einzudämmen. Dagegen neigen wir jetzt dazu, beide Sprachen als nebengeordnet zu akzeptieren. In der Regel wird aber die Entwicklung der persönlichen Sprache etwa ab dem Schulalter vernachlässigt und befindet sich deshalb im einzelnen Menschen oft in einer Art Dämmerzustand. Die Fähigkeit zu diskutieren wird höher eingestuft als die Fähigkeit, seinem Innern Ausdruck zu verleihen.

Im allgemeinen Sprachgebrauch herrscht einige Verwirrung über die Verwendung von »persönlich« und »privat«. Dadurch äußerten einige zu Recht eine gewisse Skepsis bei der Zusammenstellung der Worte *persönlich* und *Pädagogik*. Andere haben das Spannungsfeld zwischen dem *Persönlichen* und dem *Professionellen* problematisiert.[4]

### Persönliches und Privates

Was ist persönlich und was ist privat? In ihrer ursprünglichen Bedeutung unterscheiden sich die beiden Begriffe grundsätzlich. Doch in der Praxis kann man sie meistens kaum auseinander halten. Man kann z. B. mit gutem Recht behaupten, dass jede persönliche Reaktion privat sei, weil sie u. a. ausgelöst wurde von einem *persönlichen* (= individuellen) Verhaltensmuster, das sich vorzugsweise in *privaten* Beziehungen bildet. Einiges spricht dafür, dass der Diskurs eigentlich von einer historischen Polarisierung zwischen dem Persönlichen und dem Professionellen abgeleitet ist; dieser Gegensatz kam stark zum Ausdruck, als die kleinkinderpädagogischen und sozialpädagogischen Ausbildungsgänge entstanden und sich gegenüber dem nichtausgebildeten Personal legitimieren mussten. Dieser Gegensatz ist noch immer aktuell, z. B. bei der Behandlung von Süchtigen, im Gegensatzverhältnis von privaten Pflegefamilien und sozialpädagogischen Institutionen und in der Verwendung des *Mentor*begriffs in der Sozialarbeit.

In dieser Debatte findet man verschiedene Versuche, das Persönliche und mehrere Synonyme dafür einzukreisen: das persönliche *Engagement, Menschlichkeit, Leidenschaft, Lebenserfahrung*, um nur einige zu nennen. Die Begriffe tendieren in Richtung Selbstdarstellung oder ins moralisch Wertebeladene und deuten häufig an, dass »die anderen« verhältnismäßig *un*engagiert, *un*menschlich, kalt und unwissend sind, und führt unvermeidlich zu einer unvernünftigen und unsachlichen Polarisierung von »Leidenschaft« und »Wissenschaft« oder »Berufung« und »Beruf«. Unsere Definition von beruflicher Entwicklung und der Verwendung des Wortes »Fachperson« ist ein Versuch, diese Polarisierung zu vermeiden und zu untersuchen, inwieweit die

Persönlichkeit des Lehrers und des Erziehers entwickelt und bewusst als Aktivposten in das eigene professionelle Verhalten integriert werden kann und soll.

Nach aller Erfahrung reicht es bei weitem nicht aus, in der pädagogischen Arbeit »nur man selbst zu sein«, aber dass es über die theoretische Einsicht hinaus für die Qualität der professionellen Beziehungen notwendig ist, dass die Profis oder die Autodidakten sich bewusst machen und den Einfluss qualifizieren, der ihre Persönlichkeit unter allen Umständen in den professionellen Beziehungen hat, die eingegangen werden. Die einzige Alternative dazu ist, sie zu ignorieren, zu unterdrücken oder zu verheimlichen. Das führt zum Verlust der Kontrolle und zur Verwässerung der Verantwortung.

Bei unserer Verwendung der Worte unterscheidet der private Bereich sich vom persönlichen Bereich in dem Sinn, dass der persönliche Bereich die berufliche Reaktion der Lehrer und Erzieher in der Beziehung zu einem Kind oder zu einer Gruppe von Kindern im Hier und Jetzt ausmacht. Der private Bereich umfasst die Erlebnisse, Gedanken und Gefühle, die man in allen Beziehungen inklusive Familie und Freunde gehabt hat.

Wir halten den persönlichen Bereich für einen notwendigen Bestandteil des professionellen Verhaltens, wogegen das Private in der Regel überflüssig und häufig destruktiv in dem Umfang ist, wie es als Substitut für das Persönliche auftritt. Letzteres tritt ein, weil das Private die Tendenz hat, eine Illusion über Kontakt und Nähe zu schaffen, die kein *persönlicher* Kontakt ist, sondern ein größeres oder kleineres Wissen über die Privatsphäre des anderen. Die soziale Basis für einen persönlichen Kontakt kann hervorragend gestärkt werden, indem z. B. ein Lehrer oder eine Erzieherin die eigenen Schüler zu sich nach Hause einlädt oder die eigene private Geschichte erzählt. Doch das ist weder ein haltbarer Ersatz noch eine notwendige Voraussetzung für den persönlichen Kontakt.

Wir kennen unzählige Beispiele, wie Kinder die spontanen privaten Äußerungen der Lehrer oder der Erzieher richtig bewerten. Ein Lehrer, dessen Kind schwer erkrankt war, brach plötzlich ohne äußeren

Anlass in Tränen aus und erklärte der Klasse seine private Situation. Die Reaktion der Kinder war: »Schön zu sehen, dass auch er ein Mensch ist.« Seine Tränen, d. h. sein persönlicher Ausdruck, freute die Kinder und veränderte das Verhältnis zu ihm mehr, als die private Geschichte über das kranke Kind ihr Mitgefühl weckte. Kinder äußern häufig die gleiche positive Überraschung gegenüber den markanten Gefühlsausbrüchen anderer, der ihnen einen kurzen Einblick in die Person hinter der Rolle gewährt. Das Verlangen der Kinder nach der Fach*person* ist kein Ausdruck für ein Bedürfnis, mit der *Privat*person zusammenzusein, sondern dafür, die persönliche Distanz des Profis als einen Teil seiner Rolle erkennen zu können.

### Das Verbale

Das unmittelbar Deutlichste in der persönlichen Sprache ist der Gebrauch des Personalpronomens »ich« (gefolgt von einen aktiven Verb) als Einleitung zu oder als Abgrenzung von der persönlichen Äußerung. Das unterscheidet sie auch am deutlichsten von den anderen Sprachen. Es mag unprofessionell scheinen (z. B. im Vergleich zur akademischen Sprache, weil sie subjektiv ist) oder anstößig wirken (z. B. im Vergleich zur sozialen Sprache, weil sie intim, selbstreferenziell oder selbstbespiegelnd wirken kann).

Den verbale Kern in der persönlichen Sprache machen die folgenden Äußerungen aus:

»Ich mag/ich mag nicht ...«
»Ich will ... haben/nicht haben«
»Ich will dabei sein/will nicht dabei sein ...«
»Ich glaube/denke/meine/finde/höre/erlebe/sehe ...«

Diese Kernaussagen können je nach Situation und Temperament verstärkt oder nuanciert werden in Richtung:

»Ich hätte gern ...«
»Ich möchte unter keinen Umständen dabeisein ...«
»Ich kann mir gut vorstellen ...«

Eine unpersönliche Äußerung wird nicht persönlich, wenn sie mit einem »ich« eingeleitet wird:

»Ich habe wirklich nicht das Gefühl, dass du überhaupt Interesse daran hast, Simon.«

Diese Äußerung ist weder ein maskiertes, unpersönliches Werturteil »Du hast kein Interesse« noch eine inhaltsleere, persönliche Äußerung »Ich finde, ich vergeude gerade meine Zeit mit dir, Simon, und ich möchte gern wissen, ob du dich dafür interessierst, was ich sage.«

Eine persönliche Äußerung braucht nicht mit einem »ich« eingeleitet zu werden, um persönlich zu sein:

»Wie schön zu sehen, dass ihr so gut zusammenarbeitet …«

was einen ganz anderen Unterton hat als:

»Ihr arbeitet heute aber tüchtig zusammen.«

Es ist also wichtig, dass die Verwendung des Wortes »ich« so zu sagen von innen kommt, wenn das Ganze nicht auf ein weiteres pädagogisches Klischee hinauslaufen soll. Der Anspruch, sprachliche Disziplin zu wahren, ist deshalb der geringste Anspruch, den man bei der Umstellung von der pädagogischen Sprache von hinweisender, wertender und beratender zur persönlichen Form stellen muss.

Der Anspruch auf Authentizität hat zur Folge, dass der Sprecher deutlich und somit verwundbarer wird als der Kollege, der eine unpersönlichere Sprache spricht. Die Frage, ob der Erste tatsächlich häufiger verletzt wird als der Zweite, bleibt offen.

### Das Nonverbale

Die nonverbale Aussage muss mit der verbalen übereinstimmen, um der verbalen Aussage Glaubwürdigkeit und Substanz zu geben. Wenn der Erwachsene wütend ist, muss die Wut zu sehen, zu hören und zu fühlen sein. Gleiches gilt, wenn der Erwachsene ausgeglichen, nervös, vergnügt, fröhlich, engagiert, müde, frustriert oder gerührt ist. Da die Körpersprache eine sehr wichtige Rolle bei unserer wechselseitigen Wahrnehmung spielt, schenkt man ihr große Aufmerksamkeit. Das führt dazu, dass man geneigt ist, Vorstellungen von einer »richtigen« körperlichen Aussage zu machen, dass Profis z. B. in Begegnungen mit Kindern oder Eltern eine offene und entgegenkommende Körpersprache haben *sollten*. In diesem Fall geht die persönliche

Körpersprache von der persönlichen in die soziale über. Die Körpersprache wird nicht zum authentischen Ausdruck, wer man tatsächlich ist, sondern zur Wirkung, die man auf der anderen Seite gern hervorrufen will, und liegt deshalb irgendwo zwischen Strategie und Klischee (wie beim Medientraining von Politikern und Wirtschaftsbossen). Für die berufliche Entwicklung ist es in der Regel klüger, sich über seine Körpersprache im Klaren zu sein als dem verlässlichsten Ausdruck dafür, wie es einem im Kontakt mit dem anderen Menschen geht, um anschließend den sprachlichen Ausdruck zu korrigieren. Man muss auch auf die sichtbare (Haltung, Mimik, Gestik) und die unsichtbare Körpersprache (Muskelanspannung, Energie, Schmerz) achten.

Außenstehende können im Grunde die Inkongruenz nur dann feststellen, wenn sie besonders auffällig ist, wenn die Wut z. B. hinter einem Lächeln versteckt oder Nervosität mit der verzerrten sarkastischen Mimik maskiert wird. Obwohl die kongruente Aussage auf die andere Person in der Beziehung eine ganz andere Wirkung als die inkongruente hat, ist die Kongruenz ein sehr persönliches Erlebnis. In der Regel folgt auf die kongruente Aussage ein Gefühl von Erleichterung, Ruhe, Ausgeglichenheit oder Freude und dementsprechend ein Gefühl von Unruhe oder Anspannung, wenn es nur teilweise gelingt, eine Übereinstimmung herzustellen. Die innere Verantwortlichkeit ist der einzige Richter, und die Reaktion der anderen Seite kann nur richtungweisend sein.

### Erkenntnis und Entwicklung

Die persönliche Sprache ist bei weitem nicht immer unmittelbar ein Vergnügen. Manchmal sind Gedanke und Wahrnehmung klar und deutlich, aber es fehlen einem die Worte. Bisweilen finden wir genau die richtigen Worte, um den Körper gleichziehen zu lassen. Erwachsene wie Kinder müssen nach Worten suchen und mit Worten experimentieren, bis die Wahrnehmung eines Kontexts entsteht. Damit erhält die persönliche Sprache auch eine Erkenntnisdimension, die das Selbstbild erweitert und verändert und somit das Selbstwertgefühl stärkt. Dieser Erkenntnisprozess wird in der Praxis von unterschiedlichen Phänomenen inspiriert. Das kann die Wahrnehmung des Sprechers sein, dass die eigenen Worte nicht deckungsgleich sind oder die Verwirrung der Gegenseite, und sehr häufig wird die Wahrnehmung, missverstanden oder überhört zu werden, der Auslöser dafür sein. In einer sachlichen Kommunikation müssen wir uns über das Verständnis dessen auf der anderen Seite im Klaren sein, was wir zu vermitteln versuchen, und können Erklärungen und Bilder heranziehen, die zum intellektuellen und kulturellen Empfangsapparat des anderen passen. Wir müssen *pädagogisch* sein. Im Gespräch müssen wir oft in uns selbst suchen und *authentisch* werden.

Zum Teil ist es das große Verdient der Psychologie und der Psychotherapie, dass menschliche Gefühle allmählich die rationale Vernunft als einen akzeptierten Bestandteil der interpersonalen Beziehungen auch in beruflichen Bereichen ergänzen. Beide Disziplinen tragen die Verantwortung dafür, dass wir in einer bestimmten sprachlichen Sackgasse gelandet sind, wo man zwischen Gedanken und Gefühlen trennt und *von* seinen Gefühlen nur spricht, statt sie auszudrücken. Das Ergebnis ist häufig eine Art *quasi*persönliche Sprache, die zu einem Monolog gerät und die Aufmerksamkeit reduziert oder Schuldgefühle auf der anderen Seite hervorruft.

Eine der wesentlichen Voraussetzungen, um sich in interpersonalen Beziehungen geborgen zu fühlen und sie als positiv zu empfinden, ist, dass die Parteien wissen, woran sie miteinander sind, und es ihnen frei steht, dies zu überprüfen, wenn sie im Zweifel sind. Wir können genauso gut wie die andere Seite mit professionellen Beziehungen von kurzer Dauer leben (z. B. zu Anwälten, Ärzten, Steuerberatern usw.), wo wir nur auf die professionelle Kompetenz treffen. Bei langjährigen Beziehungen, die wir uns nicht aussuchen können, sind die Motivation und der Austausch geringer. In der pädagogischen Welt gilt dies für die kollegialen wie für die Erwachsenen-Kind-Beziehungen. Beide Seiten kommen in Situationen, in denen sie entweder Farbe bekennen müssen, um die berufliche Dimension zum Funktionieren zu bringen, oder sie müssen aufgeben.

In professionellen Erwachsenen-Kind-Beziehungen liegt es in der Verantwortung des Erwachsenen, dem Kind zu helfen, seine authentische Reaktion auf das berufliche Angebot der Erwachsenen zu finden und auszudrücken. Obwohl Kinder in der Regel unbefangener in Beziehungen zu Erwachsenen geworden sind, haben sie bei weitem nicht immer den Mut und die Fähigkeit, sich persönlich auszudrücken. Sie müssen »gesehen« und aufgefordert werden, sich möglichst authentisch auszudrücken. Die Authentizität des Erwachsenen ist für die Kinder eine reiche Inspirationsquelle und ein wichtiges Vorbild. Doch in unterschiedlichem Umfang müssen die Erwachsenen ihnen so zu sagen eine persönliche Sprache »leihen«.

»Du siehst aus, als gefiele dir nicht, was ich gerade gesagt habe. Stimmt das?«

»Ich kann sehen, dass du wütend auf mich bist. Ich möchte gern wissen, worauf du so wütend bist.«

»Obwohl du zu meinem Vorschlag gerade Ja gesagt hast, wirkt es so, als hättest du am liebsten Nein gesagt. Mir wäre ein richtiges Nein lieber als ein halbes Ja, wenn das deine Meinung ist.«

»Du machst wirklich ein Gesicht, als würde dich das hier ärgern. Darüber möchte ich gern mehr wissen.«

Damit wird die persönliche Sprache zu einem wesentlichen Bestandteil der anerkennenden Kommunikation und eine konkrete Manifestation der Verantwortung der Erwachsenen für die Qualität der Beziehung. Lehrerinnen und Erzieher haben diese Verantwortung traditionell etwas weniger nuanciert interpretiert, nämlich als eine Verantwortung dafür, dass die Beziehung »positiv« war. Hier ist die Verantwortung für den Charakter der Beziehung gemeint, so wie sie ist. Zur Illustration können wir eine der oben angeführten Aufforderungen zum Dialog ausbauen:

**Gespräch 1:**
»Ich kann sehen, dass du auf mich wütend bist, Nikolai. Ich möchte gern wissen, worauf du wütend bist.«

»Ich finde das einfach ungerecht.«

»Was findest du ungerecht?«

»Wenn ich doch die Hausaufgaben nicht schaffen kann, warum muss ich dann so viele aufkriegen?«

»Ich finde einfach, du sollst genauso viel wie die anderen schaffen, deshalb habe ich das gesagt. Aber du denkst da anders, kann ich heraushören. Sag mir, was du denkst.«

»Ja, aber ich finde das einfach ungerecht.«

»Also gut, erzähl mir, was für dich gerecht ist.«

»Das weiß ich nicht.«

»Das macht nichts. Denk nach und sag mir, was du herausgefunden hast.«

»Warum denn?«

»Weil es mir wichtig ist, dass du dich richtig behandelt fühlst, und es nützt nicht viel, wenn ich zufrieden bin und du nicht.«

Die Lehrerin muss die Verantwortung übernehmen, im weiteren Verlauf des Tages oder der Woche wieder auf dieses Thema zurückzukommen. Doch das Wichtigste ist eigentlich nicht, eine klare und verwendbare Antwort von Nikolai zu bekommen. Der Prozess ist wichtiger als das inhaltliche Ergebnis, und voraussichtlich versöhnt er sich mit den Ungerechtigkeiten dieser Welt.

Ehe wir dieses kurze Gespräch mit Blick auf die Beziehungsqualitäten analysieren, kann es angebracht sein, die eine oder andere Version unter die Lupe zu nehmen:

**Gespräch 2:**

»Was ist mit dir, Nikolai? Worüber bist du jetzt plötzlich so sauer?«

»Ich finde es einfach ungerecht.«

»Was für ein Quatsch! Warum solltest du eine Extrawurst kriegen. Du hast nicht mehr und nicht weniger Hausaufgaben auf als die anderen.«

»Aber wenn ich sie doch nicht schaffen kann.«

»Ja, ich weiß nicht, womit du so viel beschäftigt bist, dass du deine Schularbeit nicht machst. Ist dir lieber, ich rede mit deinen Eltern?«

»Nein, aber …«

»Du musst einfach dafür sorgen, dass alles rechtzeitig fertig wird. Ich kann dich nicht anders behandeln als die anderen, nur weil du findest, alles andere sei wichtiger als die Schule. Ich wäre doch gegenüber den anderen ungerecht, die alles schaffen. Fang endlich an, damit wir hier nicht noch mehr Zeit vergeuden!«

(Die Lehrerin macht sich in Gedanken eine Notiz, dass Nikolais Fleiß in der Zukunft kontrolliert und beim nächsten Elternabend eventuell mit seinen Eltern besprochen werden muss.)

**Analyse von Gespräch 1:**
»Ich kann sehen, dass du auf mich wütend bist, Nikolai. Ich möchte gern wissen, worauf du wütend bist.«

Die Lehrerin stellt fest, dass Nikolai wütend aussieht, und da sie weiß, dass es Kindern in der Regel schwer fällt, gegenüber erwachsenen Autoritäten Wut offen zu zeigen, und dass die Wut ihre Beziehung verzerren kann, wenn ihr nicht Ausdruck verliehen wird, hilft sie ihm, teils, indem sie es in Worte fasst, und teils, indem sie ihr einen Wert an sich beimisst.

»Ich finde das einfach ungerecht.«
(Nikolai bestätigt, das er wütend ist.)

»Was findest du ungerecht?«
(Die Lehrerin akzeptiert Nikolais subjektive Wahrnehmung und übernimmt dafür die Mitverantwortung.)

»Wenn ich doch die Hausaufgaben nicht schaffen kann, warum muss ich dann so viele aufkriegen?«
(Nikolai entwickelt seinen Teil des Dialogs vom Allgemeinen zum Speziellen.)

»Ich finde einfach, du sollst genauso viel wie die anderen schaffen, deshalb habe ich das gesagt. Aber du denkst da anders, kann ich heraushören. Sag mir, was du denkst?«
(Die Lehrerin macht ihre Position und ihr Motiv klar, sieht aber ein, dass ihre positive Intention von Nikolai anders empfunden wird, und fordert ihn deshalb auf, seine Position zu vertiefen und somit klarzustellen, was sich zwischen ihnen abspielt.)

»Ja, aber ich finde es einfach ungerecht.«
(Nikolai fehlen die Worte für seine Wahrnehmung, hält aber an ihr fest.)

»Also gut, erzähl mir, was für dich gerecht ist.«

(Die Lehrerin versucht, Nikolai zu einem nuancierten und verständlicheren Ausdruck zu verhelfen.)

»Das weiß ich nicht.«

(Nikolai kann im Moment nicht weiter kommen.)

»Das macht nichts. Denk nach und sag mir, was du herausgefunden hast.«

(Die Lehrerin weiß, dass Kinder sich häufig dumm vorkommen, wenn sie sich nicht klar ausdrücken können, und erkennt das an, indem sie sagt, dass das für sie in Ordnung ist. Anschließend weist sie ihn auf seine innere Verantwortlichkeit hin und wiederholt ihr Interesse an ihrer beider ungelöste Frage.)

»Warum denn?«

(Nikolai findet entweder nicht, dass die Sache besonders wichtig ist, oder aber er will das Interesse der Lehrerin bestätigt wissen.)

»Weil es mir wichtig ist, dass du dich richtig behandelt fühlst, und es nützt nicht viel, wenn ich zufrieden bin und du nicht.«

(Die Lehrerin bestätigt ihr Interesse an ihrer beider gegenwärtigen Beziehung und begründet das in einer Form, die das Wichtige und Wertvolle in Nikolais Beziehung unterstreicht.)

Nikolais Lehrerin demonstriert in diesem Beispiel, dass sie ihn »sieht«, ihn ernst nimmt und seine Wahrnehmung ihrer Beziehung anerkennt. Sie übernimmt die Verantwortung für die Beziehung, leitet aber bei dieser Gelegenheit keine Verhandlung um die Substanz in Nikolais Wut – die Menge der Hausaufgaben – ein und stellt damit klar, wo sie im Verhältnis zum beruflichen Teil ihrer Beziehung steht. Den anderen Kindern in der Klasse wird zugleich die klare Botschaft vermittelt, dass man erwarten kann, dass man ernst genommen wird und an seiner Verantwortung festhält und dass die Lehrerin die gleichen Ansprüche an sich selbst stellt.

### Analyse von Gespräch 2:

»Was ist mit dir, Nikolai. Worüber bist du jetzt plötzlich so sauer?«

(Die Lehrerin fordert anscheinend Nikolai auf, eine Stellungnahme abzugeben, aber ihre Verwendung des Wortes »sauer« disqualifiziert seine Antwort im Voraus. Wut ist eines der ganz menschlichen Grundgefühle, wogegen »sauer« oft gebraucht wird, um die Reaktion eines anderen Menschen als kindisch zu beschreiben und mit »plötzlich« auch als unbegründet.)

»Ich finde das einfach ungerecht.«

(Nikolai lässt sich nicht sofort disqualifizieren und sagt, wie es ihm geht.)

»Was für ein Quatsch! Warum solltest du eine Extrawurst kriegen. Du hast nicht mehr und nicht weniger Hausaufgaben auf als die anderen.«

(Die Lehrerin disqualifiziert Nikolais Wahrnehmung jetzt offen und verrät danach, dass sie genau wusste, was ihn beschäftigte, und dass ihr Interesse an ihm mehr pädagogischer/taktischer als realer Art war.)

»Aber wenn ich sie doch nicht schaffen kann.«

(Nikolai hält an seiner Individualität fest.)

»Ja, ich weiß nicht, womit du so viel beschäftigt bist, dass du deine Schularbeit nicht machst? Ist dir lieber, ich rede mit deinen Eltern?«

(Die Lehrerin gibt eine rein rhetorische Antwort, die bedeutet: »Es gibt nichts, das wichtiger ist als Schularbeiten, und wenn du anderer Meinung bist, dann werde ich mich mit deinen Eltern verbünden.«)

»Nein, aber …«

(Nikolai wird langsam klar, dass sein Beitrag zum »Gespräch« nur dazu führt, bei der Lehrerin Aggressionen auszulösen.)

»Du musst einfach dafür sorgen, dass alles rechtzeitig fertig wird. Ich kann dich nicht anders behandeln als die anderen, nur weil du findest, alles andere sei wichtiger als die Schule. Ich wäre doch gegenüber den anderen ungerecht, die alles schaffen. Fang endlich an, damit wir hier nicht noch mehr Zeit vergeuden!«

(Die Lehrerin unterbricht Nikolai, sobald er das erste Wort gesagt hat, das mit ihrer Tagesordnung übereinstimmt, d.h.: »Alles, was du sagst, wird gegen dich verwendet«. Danach macht sie ihn zum Outsider (mir ist es nicht wichtig, dass du dich ungerecht behandelt fühlst, weil du nicht eins von den »guten« Kindern bist). Im gleichen Atemzug behauptet sie paradoxerweise, er sei wie alle anderen.)

Der Beitrag der Lehrerin zu diesem »Gespräch« ist reine Machtdemonstration, bei der sie gewinnt und Nikolai verliert. Die Wertvorstellung der Lehrerin ist klar: Ich bestimme, und du gehorchst! Die Botschaft an die Klasse ist genauso eindeutig: Wer nicht gehorcht, wird zum Sündenbock erklärt. Die Lehrerin hat sich unmittelbar ihr moralisches Alibi zurechtgelegt. Doch aus ethischer Sicht ist ihr Verhalten mehr als bedenklich. Die unterschwellige Botschaft an den Rest der Klasse ist klar: Wenn ihr meiner Moral nicht entsprecht, riskiert ihr persönliche Verletzung und soziale Isolation.

Die Wertvorstellungen der beiden Lehrerinnen sind nicht nur unterschiedlich, sondern auch unvereinbar. Obwohl beide offensichtlich große Verantwortung für Nikolais Schulbesuch empfinden, verhält sich die erste ihm gegenüber wie ein ganz gleichberechtigter Mensch in einem Entwicklungsprozess, während die andere ausschließlich auf seine Schülerrolle reagiert. Die erste Lehrerin verweist auf und erwartet Verantwortlichkeit. Die andere übt Macht aus und verlangt Gehorsam.

Dass die beiden Wertvorstellungen unvereinbar sind, liegt daran, dass die Forderung nach Gehorsam gesteigert, abgemildert, geschärft und demokratisiert werden kann – und das ist bei der Forderung nach Verantwortlichkeit und Integrität nicht möglich. Man kann gegenüber Autoritäten teils gehorsam oder teils ungehorsam sein, aber man kann nicht teilweise oder zeitweise verantwortlich für sich sein.

Die große Mehrheit der skandinavischen Lehrerinnen und Erzieherinnen distanziert sich vom Machtmissbrauch in Gespräch 2, neigt aber dazu, in den Werten der Gehorsamskultur Zuflucht zu suchen, wenn sie sich unter Druck gesetzt, ratlos oder hilflos fühlt. Entsprechendes gilt für viele Eltern. Die Konsequenz ist u. a., dass die Kinder mit zwei unvereinbaren Formen von Erwachsenenverhalten konfrontiert werden, das die meisten Kinder unter zwölf oder dreizehn Jahren nicht durchschauen und auf das sie nicht intellektuell reagieren können, obwohl sie die Inkonsistenz deutlich empfinden. Dieses Erlebnis ist destruktiv für die Selbstwahrnehmung des Kindes und die Wahrnehmung der Erwachsenen. Das Schlimmste jedoch sind Unsicherheit und Verwirrung gegenüber dem Begriff Verantwortlichkeit, die das

Verhalten der Erwachsenen hervorruft. Ein Erlebnis, das sagt: Wenn es für mich leicht ist, mit dir zusammenzusein, habe ich einen festgelegten Wert, und wenn es schwierig ist, habe ich einen anderen = du bestimmst, von welchem Wert ausgehend ich handele = mein Verhalten ist deine Verantwortung.

Damit wird auf das Kind die übergeordnete Verantwortung für die Art des Verhaltens des Erwachsenen übertragen, und das ist per Definition destruktiv für alle Parteien. Die naheliegendste Parallele ist ein Paarverhalten unter Erwachsenen, bei dem der eine Partner zwischen warm und kalt, Nähe und Distanz, zärtlich und unterkühlt pendelt, ohne dass der andere Partner den Grund dafür durchschauen kann. In Erwachsenen-Kind-Beziehungen kommt es häufig vor, dass Kinder das Vertrauen in die Werte der Erwachsenen und den Glauben an ihren eigenen Wert verlieren. Dieser Mangel an *Konsistenz* im Verhalten der Erwachsenen verleitet die gleichen Erwachsenen zu der Meinung, die Kinder müssten jetzt die *Konsequenzen* ihres Verhaltens zu spüren bekommen. Das Ergebnis gleicht bei oberflächlicher Betrachtung einem Kinder-Regiment, ist aber realistisch gesehen eine Abwesenheit von Integrität und Autorität der Erwachsenen, was für beide Seiten und ihre wechselseitige Beziehung genauso destruktiv ist.

Wenn Lehrer und Erzieherinnen selbst eine persönliche Sprache verwenden in Verbindung mit der Aufforderung an die Kinder, ihre eigene zu entwickeln, so ist das das effektivste Mittel zur Vorbeugung in der pädagogischen Erwachsenen-Kind-Beziehung. Der vorbeugende Wert ist bezüglich der existenziellen und sozialen Dimension genauso groß – und somit auch für die berufliche Dimension wichtig.

Zur Veranschaulichung fangen wir am besten »von hinten« an, nämlich bei Kindern und Erwachsenen, die zu einem bestimmten Zeitpunkt in ihrem Leben eine sozialpsychologische oder therapeutische Behandlung in Anspruch nehmen müssen. Nach ganz allgemeiner Erfahrung stehen die dauerhaften Ergebnisse der Behandlung in einem proportionalen Verhältnis zu der Fähigkeit des Klienten, seine Selbsterkenntnis, Selbstachtung (d. h. Selbstwertgefühl) zu steigern und sich in Beziehung zu anderen persönlich auszudrücken. Diese Fähigkeit ist genauso wichtig für unsere existenzielle und soziale

Lebensqualität wie die Fähigkeit, Meinungen zu diskutieren, und Einstellungen es für die Entwicklung der intellektuellen und demokratischen Prozesse sind.

Ein Teil der Fachleute betrachtet das mit gewisser Skepsis und ist u. a. beunruhigt, dass diese »Psychologisierung« der pädagogischen Disziplinen zu Ich-Bezogenheit und Egozentrik führen kann. Diese Skepsis ist nach unserer Erfahrung unbegründet. In Wirklichkeit steigt die Neigung der Menschen, ihre Lebensenergie für nach innen gerichtete, unsoziale Aktivitäten ersatzweise auch für nach außen gekehrte, asoziale Aktivitäten zu nutzen und darauf zu verzichten, dynamische interpersonale und soziale Beziehungen einzugehen, je weniger sie in der Lage sind, persönliche Konflikte und Dilemmata zu verarbeiten oder auszudrücken. Ihr Verhalten wird nicht von Integrität und innerer Verantwortlichkeit bestimmt, sondern von dem Chaos und dem Schmerz, der durch destruktive Erwachsenen-Kind-Beziehungen entsteht. Das Phänomen, das wir in der Umgangssprache *Ich*-Bezogenheit nennen, ist fast immer ein Produkt dessen, was die »wichtigen anderen« (engl. significant others) das »Ich« dieses Menschen nicht hinreichend betreut haben. Ich-Bezogenheit ist sinnvoll und gleichzeitig undynamisch – aus existenzieller wie sozialer Sicht.

Nach unserer Erfahrung besteht kein Grund zu der Annahme, Respekt vor dem einzelne Individuum schaffe den Nährboden für Individualismus, viel mehr ist eins der wichtigsten Anzeichen von Individualismus ein unausgesprochener Mangel an Respekt und Empathie gegenüber anderen.

### Abgrenzung und Respekt

Die professionelle Erwachsenen-Kind-Beziehung beruhte früher auf der Forderung, Kinder sollten lernen, die Erwachsenen zu respektieren. In Wirklichkeit sah es häufig so aus, dass Kinder stattdessen Erwachsene in einem emotionalen Spektrum von auf Erfahrung basierender, strategischer Furcht bis zur regelrechten Angst zu fürchten lernten. Diese Phänomene nehmen in den letzten Jahre ab. Somit ist Raum für einen realeren, *gegenseitigen* Respekt geschaffen, d. h. für den Respekt der Partner vor der persönlichen Integrität. In dieser Entwicklung ist die Verwendung der persönlichen Sprache durch den Erwachsenen ein Schlüsselfaktor, der das ersetzt und überflüssig macht, was wir im weitesten Sinn als Konsequenzen bezeichnen, die gerade nicht zu gegenseitigem Respekt führen.

Kindern geht es in dieser Hinsicht wie Erwachsenen: Sie wollen am liebsten mit Menschen zusammen sein, von denen sie respektiert werden und die sie respektieren können. Dafür gibt es zwei Voraussetzungen. Zum einen bringt der Erwachsene durch den Umgangston seinen Respekt vor dem Kind zum Ausdruck, und zum andern muss der Erwachsene glaubwürdig sein. In diesem Fall ist die Basis für eine respektvolle Beziehung geschaffen, und das Kind lernt, Respekt vor anderen Menschen zu haben und nicht in erster Linie vor der Macht, die sie repräsentieren.

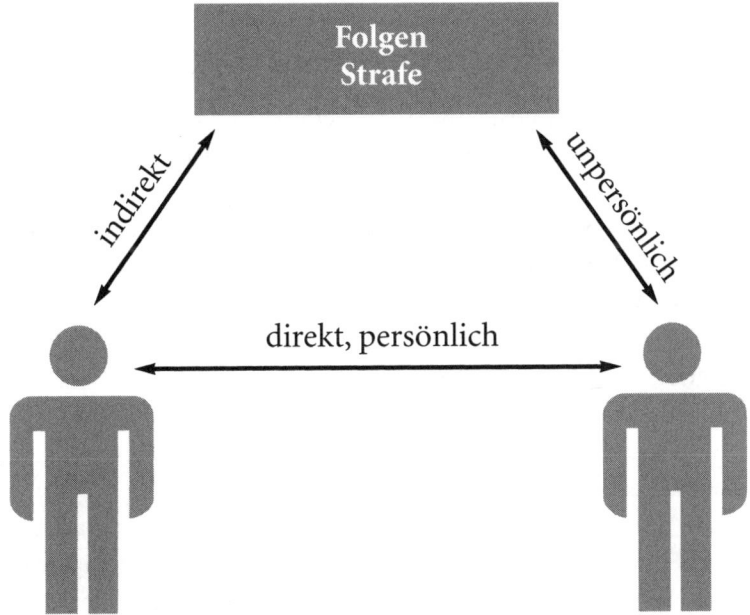

*Die direkte, persönliche Kommunikation wird von einer indirekten, unpersönlichen Kommunikation abgelöst.*

In dieser Abbildung fehlt der gegenseitige Respekt. Deshalb hat der Erwachsene der Beziehungen Konsequenzen und Strafe hinzugefügt in der Erwartung, dass das Kind diese respektiert. Die Botschaft lautet: »Ich gebe jetzt auf, von dir Respekt für mich zu verlangen, und setze stattdessen etwas zwischen uns in der Hoffnung, dass du es mehr respektierst.«

Diese Botschaft ist in ihren Folgen natürlich selbstzerstörerisch, weil sie bei dem Kind keinen Respekt hervorruft, sondern Unbehagen, Angst, strategisch kalkuliertes Verhalten oder Apathie.

Ein selbstverständlicher Bestandteil der Wertgrundlagen in der Gehorsamskultur besteht darin, dass Erwachsene den Kindern Grenzen setzen, also ihre Entfaltungsmöglichkeiten einschränken. Jetzt muss der oder die Erwachsene stattdessen lernen, sich abzugrenzen, wenn er oder sie selbst in Wechselwirkung mit Kindern und Jugendlichen intakt bleiben will.[5]

## Gleichberechtigung

Wir verwenden die Begriffe Gleichwertigkeit und Gleichberechtigung mit der Absicht, den fruchtbaren und ethischen Aspekt darin hervorzuheben, dass die beiden Seiten in einer Beziehung der gleiche menschliche Wert zugeschrieben und der gleiche Respekt entgegengebracht wird, obwohl sie sich in Status und Macht unterscheiden und also weder gleichgestellt noch ebenbürtig sind.

Dass eine Beziehung gleichwertig ist, bedeutet, dass die Ansichten, Gefühle, Wahrnehmungen und das Selbstverständnis beider Seiten den gleichen Wert für den Aufbau und die Entwicklung der Beziehung haben, dass etwas nicht disqualifiziert wird, weil die eine Seite es für kindisch, unrealistisch, erwachsen, reif, unreif, typisch weiblich, männlich oder dergleichen hält.

Die Umsetzung der Wertvorstellung Gleichberechtigung als einer Beziehungsqualität ist in einer symmetrischen nicht unbedingt leichter als in einer asymmetrischen Beziehung. Es kann in einer Beziehung zu einem besserwisserischen oder übermäßig bescheidenen Kollegen genauso schwierig sein wie in einer Beziehung zu einem fünf Jahre alten Kind. Einige werden dennoch zu der Meinung hinneigen, Letzteres sei einfacher.

Die historische Tradition von Hierarchie, sozialer Hackordnung und fehlender Gleichstellung macht sich in unserer Kultur sehr viel stärker bemerkbar als das Anstreben von Gleichberechtigung, für das dieses Buch plädiert. Auch da die asymmetrische Beziehung nicht die Tradition von Gleichberechtigung mit sich bringt, sprechen wir nicht von Gleichwertigkeit als einem moralischen Anspruch a priori, sondern vor allem als einer ethisch begründeten Qualität, die angestrebt werden kann, nicht als ein Ziel, sondern als ein Wert, den die professionelle Beziehung manchmal verwirklicht und an dem sie manchmal scheitert.

Die meisten Wörterbücher definieren Gleichwertigkeit als *soziale* Gleichwertigkeit. Unsere Verwendung des Wortes verweist auf die *persönliche* Gleichwertigkeit der Menschen – und ist deshalb so etwas wie ein Synonym für den Begriff persönliche Integrität –, weil Menschen häufig den Verlust ihres menschlichen *Wertes* und ihrer Gleichwertigkeit empfinden, wenn ihre Integrität verletzt wird.

Die gleichwertige Beziehung entsteht durch *Gegenseitigkeit*. Das bedeutet u. a., dass die eine Seite nicht im Voraus Regeln aufstellen kann, bei denen das Risiko besteht, sie könnten die Integrität der anderen Seite verletzen. Im Alltag ist das weitaus komplizierter, als es vielleicht unmittelbar den Anschein hat.

Betrachten wir z. B. das Sträuben der muslimischen Mädchen (und ihrer Eltern), als Ausdruck für ihre persönliche Integrität, nach dem Sportunterricht am gemeinsamen Duschen teilzunehmen. Vor allem werden sie selbst ihre religiöse und kulturelle Integrität als Argument anführen, aber ist diese Integrität nicht auch häufig persönlich? Das trifft wohl in dem Umfang zu, wie eine Religion etwas ist, das der Einzelne *lebt* und nicht etwas, das man nur »hat«.

In der Praxis bedeutet das, dass die Normen und Richtlinien einer Institution in diesem Bereich in einem fortlaufenden Dialog mit den betroffenen Kindern und Eltern definiert werden müssen. Das *kann* als würdelos empfunden werden, wenn man in einer klassischen muslimischen Gehorsamskultur lebt. Gleichwertige Beziehungen sind oft genauso energie- und zeitraubend wie Demokratie. Und bis auf weiteres ist es der einzelnen Institution überlassen zu beschließen, ob Gleichberechtigung zu einem der pädagogischen Werte gehören soll.

Gleichwertige Beziehungen spiegeln sich im Großen wie im Kleinen wider und wenn Inhalt und Prozess an erster Stelle auf der Tagesordnung stehen.

## Beispiele:

Eine Gruppe von Kindern im Alter zwischen drei und sechs Jahren sitzt vor der Garderobe des Kindergartens und zieht sich an. Ein Vater kommt vorbei und sagt:

»Ihr seid doch noch viel zu klein, um den Reißverschluss an euren Jacken zuzumachen. Das könnt ihr noch nicht, dafür seid ihr einfach noch zu klein!«

»Doch, und wir sind nicht deine Pupsclowns«, antwortet einer der Jungen. Das veranlasst den Vater zu einem kurzen Vortrag darüber, wie wichtig es ist, ordentlich mit anderen Menschen zu reden. Eine Erzieherin kommt dazu und sagt:

»Euch würde das doch auch nicht gefallen, wenn wir nicht ordentlich mit euch reden würden.«

Worauf ein Junge, dem das offensichtlich nicht gefiel, antwortet:

»Nein, dann kommt nämlich mein Vater!«

Und der Vater von vorhin sagt: »Den zerknüllen wir doch wie einen Sommerhut!«

»Nein!« widerspricht der Junge und schaut verwirrt und unglücklich drein.

Selbstbespiegelnde Ironie hat bei kleineren Kindern noch nie Wirkung gezeigt.

Die 8. Klasse hat Französisch. Frankreich hat soeben neue Atombombenversuche im Stillen Ozean durchgeführt. Als die Lehrerin ins Klassenzimmer gehen will, sitzen alle Jugendlichen im Flur davor auf dem Fußboden. Sie haben beschlossen, aus Protest gegen das Verhalten Frankreichs den Unterricht zu boykottieren.

Die Lehrerin nimmt ihre Entscheidung ernst, spricht mit ihnen über den Hintergrund und diskutiert, wie sie ihrem Protest bei den richtigen Zuständigen Gehör verschaffen können. Kurz darauf schreiben die Jugendlichen eine Protestnote – auf französisch – an die französische

Regierung und fertigen Plakate auf dänisch und französisch an, auf denen sie ihre Meinung kundtun. Eine perfekte Französisch-Stunde!

Die Lehrerin hätte den Protest der Jugendlichen persönlich nehmen und ihn als einen Versuch ansehen können, sich um den Französisch-Unterricht zu drücken. Unter großen Mühen hätte sie die Schüler ins Klassenzimmer locken können. Die Stunde hätte einen ganz anderen Charakter bekommen, weil der gleichwertige Dialog fehlte.

Thea geht in die 1. Klasse einer internationalen Schule. Nach zwei Monaten kommt sie nach Hause und ist offensichtlich über irgendetwas aufgebracht. Es gelingt den Eltern, sie dazu zu bewegen, den Grund zu erzählen, der sich als pädagogische Erfindung der Klassenlehrerin erweist. Sie hat im Klassenzimmer eine kleine Tafel mit allen Namen der Kinder aufgehängt. Jeden Tag heftet sie einen Magneten mit einem fröhlichen oder einem bösen Gesicht neben den Namen eines Kindes. Thea hat dieses Prozedere lange beobachtet und kann nicht begreifen, warum dreimal ein böses Gesicht neben ihrem Namen befestigt wurde: »Wenn ich doch gar nicht böse war!«

Die Eltern klären sie über den wahren Sachverhalt auf. »Das bedeutet nicht, dass die Lehrerin glaubt, du seist an dem Tag böse gewesen. Das bedeutet, dass du böse auf dich warst.«

Thea denkt kurz über die Sache nach und schlussfolgert fröhlich: »Aber warum sagt sie mir das denn nicht?« Thea weiß schon mehr über Gleichberechtigung als ihre fünfmal so alte Lehrerin.

## Anerkennung

Der althergebrachte Gebrauch des Wortes Anerkennung hat eine doppelte Bedeutung. Es steht nicht ganz zweifelsfrei fest, inwieweit es bei Anerkennung um eine Art »Lob« geht oder um Anerkennung z. B. in der Bedeutung wie sie Berit Baa und die norwegische Psychologin und Forscherin Anne-Lise Løvlie Schibbye darstellen.[6] Unsere Definition des Begriffs umfasst nicht die erstgenannte Bedeutung, sondern kommt dem Wort *Bestätigung* näher.

Anerkennung ist keine Kommunikationstechnik, sondern eine Gesprächsform, die auf der Fähigkeit und dem Willen des Erwachsenen beruht, offen und sensibel zu reagieren und die innere Wirklichkeit und das Selbstverständnis des Kindes einzubeziehen.

Die *Offenheit* des Erwachsenen bezeichnet in diesem Fall das Verständnis und die Akzeptanz des Lehrers oder der Erzieherin, dass die Wahrnehmung des Kindes von der Wirklichkeit den gleichen Stellenwert hat wie die des Erwachsenen und wesentliche Informationen für den Erwachsenen über Charakter und Qualität ihrer wechselseitigen Beziehung und über die Selbstwahrnehmung des Kindes beinhaltet. Der Erwachsene muss seine Kontrolle und Macht aufgeben, um die »Wirklichkeit« zu definieren und eine gleichberechtigte Beziehung aufzubauen.

*Offenheit* schließt zugleich die Offenheit des Erwachsenen gegenüber sich selbst, seinen eigenen Gedanken, Gefühlen und Perspektiven ein.

Die *Sensibilität* eines Erwachsenen umfasst die Fähigkeit und den Willen, neugierig, erstaunt, einfühlsam, empathisch und reflektierend auf das Selbstverständnis des Kindes zu reagieren. Sensibilität setzt kein Verständnis voraus, sondern kann den Weg für Verständnis ebnen.

Dass der Erwachsene das subjektive Wirklichkeitsverständnis und das Selbstverständnis des Kindes *einbezieht*, setzt zum Teil den Willen voraus, Wahrnehmung und Ausdruck des Kindes als einen gleichberechtigten Bestandteil ihrer Beziehung zu begreifen und die Fähigkeit, den sprachlichen Ausdruck helfend zu unterstützen, der am besten die Wahrnehmung des Kindes – von innen betrachtet – ausdrückt und somit das Selbstwertgefühl des Kindes steigert.

> »Anerkennung ist eine *Lebensart oder Einstellung* und keine *Kommunikationstechnik.* Anerkennung zu zeigen bedeutet, sein ganzes Ich zu nutzen, Gefühle ebenso wie Intellekt. Es geht nicht um äußere Handgriffe oder Techniken, sondern um etwas, das von innen kommt.«[7]

Die amerikanische Schriftstellerin Harper Lee liefert in ihrem berühmten Buch »Wer die Nachtigall stört …« ein sehr gutes Beispiel für Anerkennung zwischen Vater (Atticus) und Tochter und illustriert zugleich den ganz zentralen Unterschied von Anerkennung und traditioneller Erziehung:

»Tante Alexandra war, was Kleidung betraf, eine Fanatikerin. Ihr zufolge bestand für mich keine Hoffnung, eine Dame zu werden, solange ich Hosen trug. Auf meinen Einwand, in einem Kleid könne ich nichts unternehmen, antwortete sie, ich solle ja auch nichts unternehmen, wozu man Hosen brauche. Wäre es nach ihren Wünschen gegangen, so hätte ich artig mit Puppenöfchen und niedlichem Teegeschirr gespielt und das Perlenkettchen getragen, das sie mir bei der Geburt geschenkt hatte und das jedes Jahr um eine Perle verlängert wurde. Außerdem forderte sie, daß ich Sonne in meines Vaters einsames Leben brächte. Meiner Meinung nach ließ sich das genauso gut in Hosen bewerkstelligen, doch Tantchen sagte, man müsse sich auch wie ein Sonnenscheinchen benehmen. Ich sei zwar als gutes Kind auf die Welt gekommen, aber von Jahr zu Jahr schlechter geworden. So kränkte und reizte sie mich unablässig. Schließlich wandte ich mich an Atticus, und der sagte, wir hätten schon genug Sonnenschein in der Familie, und ich solle nur so bleiben, er habe nicht viel an mir auszusetzen.«[8]

Anerkennung ist eine Voraussetzung für die gegenseitige Entwicklung von Selbstwertgefühl, persönlicher Verantwortlichkeit und der Qualität der Führung durch die Erwachsenen. Doch in vielen Fällen steht die pädagogische Tradition der *wertenden Kommunikation* einer Entwicklung auf allen drei Gebieten im Weg.

### Anerkennende Kommunikation

Kinder haben ständig Erlebnisse, die bei ihnen Eindrücke hinterlassen, Eindrücke, die sie im Körper wahrnehmen können, für die ihnen aber Worte und Begrifflichkeiten fehlen und deshalb unartikuliert zum Ausdruck gebracht werden müssen – in den ersten Monaten mit Hilfe der Grobmotorik und Lauten und mit der Zeit auch durch die Feinmotorik in Form von Stimmbändern und der Sprache als Ergänzung der Körpersprache. Diese Äußerung von Eindrücken ist von sehr individuellem, persönlichem Charakter. Obwohl fast alle Kinder weinen, wenn sie sich prügeln, ist ihre Schmerzgrenze ganz individuell. Obwohl alle Frustration erleben, sind Ausdruck und Frustrationsgrenze individuell. Obwohl alle Kinder die Fähigkeit haben, sich zu freuen und sich zu begeistern, sind vollkommen verschiedene Dinge und Ereignisse Anlass dafür.

Am Anfang nehmen Kinder wahr, dass die Umwelt Eindrücke bei ihnen hinterlässt. Im Lauf der Zeit werden diese Eindrücke »kultiviert«, d. h. in Einklang mit der Kultur und der Familie geformt, in der sie aufwachsen. Das klassische Beispiel ist: »Jungen weinen nicht«, wogegen es Mädchen problemlos dürfen. In hohem Maß entscheidet also die Kultur, welche Eindrücke und wie sie zum Ausdruck kommen dürfen. Ebenso stufen die kulturellen Normen die Eindrücke als »richtig« oder als »falsch« ein. Da die wichtigsten Vermittler der Kultur im ersten Kontakt die Eltern und andere wichtige Erwachsene sind, haben sie zum einen die Verantwortung, welche Eindrücke die Kinder frei äußern können oder verdrängen und unterdrücken müssen, und zum anderen für das Gleichgewicht zwischen der Selbstwahrnehmung des Kindes und der Wahrnehmung gegenüber den Erwachsenen. Schließlich entscheidet der Sprachgebrauch dieser Erwachsenen darüber, was die »richtigen« Worte sind.

Die Diplompsychologin Agnete Diderichsen fasst das Phänomen in einer etwas anderen Terminologie als der unseren in ihrer Beschreibung der Qualität von Wechselwirkungen zusammen, die vorhanden sein müssen, damit sich das Selbst, das Selbstwertgefühl und der Selbstwert des Säuglings gesund entwickeln können:

»In der Wechselwirkung drückt das Kind einen inneren Impuls, Affekt oder eine innere Neigung aus, auf die die betreuende Person reagiert. Hiermit drückt das Kind einen Teil dessen von sich selbst aus, was Winnicott als die ›ursprüngliche Spontaneität‹ des Selbst bezeichnet (Winnicott, 1960). Durch die empathische Reaktion der betreuenden Person auf den Ausdruck des Kindes erhält das Kind eine Rückmeldung von sich selbst (seinen Gefühlen) als ein Referenzphänomen, das die Existenz des Säuglings bestätigt.

In der Interaktion mit der betreuenden Person macht das Kind zwei frühe Erfahrungen: 1. eine Erfahrung mit Blick auf die eigene Fähigkeit, die Umwelt zu beeinflussen, z. B. in dem es Aufmerksamkeit auf sich lenkt oder Kontakt herstellt; 2. eine Erfahrung in Bezug auf Formen anderer (der betreuenden Person), auf das Kind (sein Selbst) zu reagieren.

Diese beiden Erfahrungen sind wichtige Elemente in der Entwicklung des Selbst. Sie sind von Anfang an in einem gemeinsamen Keim miteinander verwoben. Sie bilden die genetische Wurzel für das Streben des Kindes zu und das Wahrnehmen von Kompetenz als ein Teil seines Selbstwertgefühls und Selbstwerts. Das Selbstwertgefühl entspricht der Wahrnehmung der eigenen Gefühle als real und zu seinem Selbst gehörend, während der Selbstwert einem Gefühl von Wert entspricht.«[9]

Genauer kann man den Zusammenhang zwischen Selbstwertgefühl, Motivation und Lernen kaum beschreiben.

Eltern und Erzieherinnen tragen also die Verantwortung dafür, wie sich das Selbstwertgefühl des Kindes sowohl quantitativ als auch qualitativ entwickelt. In unserer Kultur handhaben wir die Anerkennung von psychischen Werten relativ flexibel (z. B. Weinen ist gesund, wenn man verliert) zu Gunsten der moralischen Werte oder anderer Stereotypen etwa bezüglich des Geschlechts und des Alters. Doch es ist immer der einzelnen Familie und Institution überlassen, die Normen festzulegen und sich zu entscheiden, was psychisch gesund und kulturell akzeptabel ist.

Hat man ein weinendes Kind vor sich, besteht deshalb ein großer qualitativer Unterschied, wie der Sprachgebrauch des Erwachsenen wirkt.

»Warum *heulst* du denn?«

»Du bist bestimmt *übermüdet*.«

»*Stell* dich doch nicht schon wieder so *an*!«

»Ich merke, dass dich etwas traurig macht, aber ich weiß nicht, was …«

Die letzte Äußerung benennt die Gemütsverfassung des Kindes mit einem genauen Wort und sieht davon ab, es zu werten. Die ersten drei Äußerungen vermitteln dem Kind unterschiedliche, negativ besetzte Worte und sind indirekt verurteilend. Damit verzerren sie die quantitative Dimension im Selbstwertgefühl des Kindes durch eine falsche Bezeichnung, die den persönlichen Eindruck und zugleich die Qualität nicht verbessert und präzisiert, weil das Kind lernt, sich von seinem Gefühl zu distanzieren, wenn es über etwas traurig, unglücklich oder frustriert ist.

Die letzte Äußerung würdigt oder bestätigt die innere Wahrnehmung des Kindes. Das versetzt auf etwas längere Sicht auch das Kind in die Lage, den Erwachsenen zu korrigieren, wenn er sich irrt: »Nein, ich bin nicht traurig. Ich bin sauer auf Karoline, weil sie …«

**Beispiel:**

Mia, drei Jahre alt, deckt gerade mit der Erzieherin und drei anderen Kindern aus dem roten Zimmer den Tisch. Sie lernen Messer und Gabel richtig hinzulegen, die Teller so zu platzieren, dass sie genau vor den Stühlen stehen. Mia wird schnell müde und verliert das Interesse an der Aufgabe. Der Erzieherin fällt auf, dass sie nun entsprechend zweier Pläne reagieren muss: das pädagogische Geschicklichkeitstraining und der Plan, bei dem es um ihre persönliche Entwicklung geht. Sie richtet das Wort an Mia und sagt: »Ich merke, du bist müde, Mia, deshalb helfe ich dir beim Tischdecken.«

Sie hätte auch sagen können: »Ich merke, du bist müde, Mia, aber du sollst den Tisch zu Ende decken, bevor du weggehst.«

Beide Äußerungen werden in unterschiedlichem Tonfall gesprochen.

Häufig hört man traditionellere Alternativen, z.B.:

»Na, Mia, findest du, du bist schon fertig? Sollen wir vielleicht die Butter mit den Fingern aufs Brot streichen?«

»Das kann nicht sein, dass du schon müde bist. Komm schon – das letzte Messer muss auch auf den Tisch gelegt werden!«

Der Tonfall ist oft leicht verletzend und gibt dem Kind deutlich zu verstehen, das es falsch ist, so zu fühlen.

**Beispiel:**
Emil ist drei Jahre alt, und seine sprachlichen Fähigkeiten sind nicht besonders gut entwickelt. Er ist in einer Kindergruppe, wo die anderen Kinder die verbale Kommunikation bedeutend besser beherrschen. Emil hat in seinem kurzen Leben nie etwas anderes erlebt, als dass seine Signale an die Umwelt ignoriert, missverstanden oder falsch interpretiert wurden. Er sucht häufig Kontakt zu den anderen, indem er sie schubst, an den Haaren zieht, schlägt oder beißt. Die Erwachsenen reagieren meistens so oder ähnlich: »Hör jetzt auf, Emil! Du weißt doch ganz genau, dass man nicht haut, und du siehst ja selbst, dass die anderen nicht mit dir spielen mögen, wenn du sie schlägst. Du kannst sie doch einfach fragen, ob sie mit dir spielen.«

Die Absicht ist zwar gut. Die Erzieherin möchte ihm beibringen, anders mit den anderen in Kontakt zu treten, damit eine Chance besteht, dass er positive Rückmeldung bekommt, und sie möchte ihm auch einen allgemein guten Umgangston beibringen.

Aber Emil kann die Botschaft weder verstehen noch von ihr lernen. Das liegt daran, dass ihr Tonfall vorwurfsvoll und tadelnd ist. Somit gleicht ihre Form der Kontaktaufnahme des Jungen. Doch der Tonfall gibt ihm auch zu verstehen, dass er fehl am Platz ist. Das wird dadurch noch übertroffen, dass ihre Äußerung einfach zu viele Worte enthält, als dass er darauf reagieren könnte.

Wenn sie ihn erreichen will, kann sie z. B. freundlich beginnen mit: »Hallo, Emil, du siehst aus, als würdest du gern mit jemandem spielen, stimmt das?!«

Bejaht Emil die Frage, kann sie fortfahren: »Ist das für dich schwierig?«

Wird auch das bestätigt: »Ich möchte dir gern helfen, wenn du willst.«

Emil nimmt sich wahrscheinlich zum ersten Mal als gesehen und anerkannt wahr. Das wird ihn ganz automatisch dazu veranlassen, große Anstrengungen in seine Beziehung zur Erzieherin zu investieren. Erst danach können seine Beziehungen zu den anderen Kindern anfangen, sich konstruktiv zu entwickeln. Emil gleicht uns anderen darin, dass er wenigstens einen anerkennenden Zeugen seines Lebens braucht, bevor er sich verändern kann.

**Beispiel:**

Mads geht in die 1. Klasse und nimmt den Mund gegenüber seiner Klassenlehrerin etwas zu voll. Er schwatzt sehr viel, fordert viel Aufmerksamkeit. Die Lehrerin sieht in ihm einen Jungen, der sich nur wohl fühlt, wenn er im Mittelpunkt steht. Seine Lehrerin ist der Auffassung, Mads sei ein typisches Einzelkind: verwöhnt, ohne richtige Erziehung und ohne Gespür für die Grenzen und Bedürfnisse anderer Menschen, einer der »kleinen Egoisten« aus postmodernen Familien, wie man Kinder wie Mads gern nennt.

Sein familiärer Hintergrund ist auch typisch für Kinder mit diesem Verhalten. Seine Eltern sind Ende Dreißig, haben eine gute Ausbildung, Karriere gemacht und führen ein Leben nach ihrem Geschmack. Sie gehen sehr darin auf, gute Eltern zu sein, und wollen wie andere Eltern für ihr Kind nur das Beste. Sie legen viel Wert auf intellektuelle Begabung und sprachliche Kompetenz und wünschen sich das Gleiche für Mads. Zum Glück ist er auf diesem Gebieten gut und lernt schnell sprechen, argumentieren, Puzzles legen, seinen Namen schreiben und am PC arbeiten. Er ist es gewohnt, umgeben von vielen Erwachsenen im Mittelpunkt zu stehen.

Diese Eltern ähneln in vieler Hinsicht den Eltern, die wir im 2. Kapitel beschrieben haben. Sie wollen Mads ungern einschränken und sagen deshalb selten nein, aber oft halbherzig ja, wenn er will, dass ihn jemand unterhält, mit ihm spielt, ihm vorliest oder zuhört. Sie verbringen viel Zeit mit ihrer Arbeit und finden deshalb, dass ihre gemeinsame Zeit mit Mads möglichst frei von Konflikten sein soll. Sagen sie endlich einmal nein, sind sie häufig so erschöpft und frustriert, dass ihr Tonfall Mads zu verstehen gibt, dass er fehl am Platz und Grund für Verärgerung ist. Da sie gleichzeitig ständig versuchen, perfekte Eltern zu sein, sind sie im Kontakt mit ihm selten authentisch. Das erlebt er wie alle anderen Kinder, als sei ein Kontakt zu ihm nichts wert. Deshalb findet er sich mit dem Zweitbesten ab, das sie zu bieten haben. Er wird selten als der gesehen, der er eigentlich ist, häufig aber für die Fähigkeiten und Leistungen gelobt, die die Eltern sehr schätzen. Sein Selbstwertgefühl hat allgemein betrachtet wenig Entwicklungsmöglichkeiten gehabt. Er ist auf sozialen Gebieten unsicher und versteht es nicht besser, als das zu tun, wofür er zu Hause gelobt wird: zu reden und mit seinen intellektuellen und sprachlichen Fähigkeiten einzuspringen. Er will, dass man ihm zuhört und ihn die ganze Zeit sieht, in der Hoffnung, »gesehen« zu werden.

Seine Lehrer reagieren auf sein Verhalten ganz traditionell, d. h. sie stellen fest, was er *nicht* kann: still sitzen, den Mund halten, einer unter vielen sein, nur antworten, wenn er gefragt wird usw., und versuchen, es ihm beizubringen. Das wäre eine vernünftige pädagogische Strategie, wenn es hier darum ginge, ihm Mathematik oder Sport beizubringen. Doch wenn es um sein persönliches Verhalten geht, ist diese Methode kontraproduktiv. Sie vermehrt die Probleme, statt sie abzubauen.

Eine positive Entwicklung wird erst dann eintreten, wenn die Lehrer anfangen, ihm das zu gehen, was ihm fehlt: einen richtigen, warmherzigen, gut abgegrenzten authentischen und anerkennenden Kontakt, d. h., dass sie einen Teil ihrer Zeit für ihre Beziehung zu Mads aufwenden müssen (aber nicht mehr, als sie sonst immer verschwenden). Sie lernen z. B. Blickkontakt mit ihm aufzunehmen, sobald er die Klasse betritt und seine Gegenwart mit einem freundlichen Nicken anerkennen begleitet von einem »Hallo, Mads« (= Ich habe dich gesehen, ich bin auf dich aufmerksam geworden und werde dir helfen, so gut ich kann, dich in der Klasse zurechtzufinden). Da Mads es schwer fällt, sich selbst wahrzunehmen, ist es wichtig, dass die Lehrer ihr Einfühlungsvermögen aufwenden und ihm helfen, es in Worte zu fassen. Mads kann sich gut ausdrücken, aber ihm fehlt eine persönliche Sprache. Wichtig ist, dass es reflektiert geschieht und nicht moralisierend und belehrend. Stellen die Lehrer z. B. fest, dass es ihm schwer fällt, ruhig zu sitzen, wenn ein anderes Kind im Mittelpunkt steht, können sie sagen: »Ich merke, dass es schwer ist zu warten. Sag Bescheid, wenn es dir zu viel wird.«

Bei anderen Gelegenheiten müssen sie ihn mit ihrer klaren Autorität konfrontieren: »Mads, ich will, dass du jetzt den Mund hältst!«, »Nein, Mads, ich will jetzt nicht mit dir reden. Ich rede jetzt mit Sune!«

(Wie in so vielen anderen Fällen ist allen Parteien selbstverständlich am besten geholfen, wenn Mads' Eltern auch auffällt, dass sie ihr Verhalten ihm gegenüber verändern und den Willen, es zu tun, haben müssen.)

**Beispiel:**

Amalie, zwei Jahre alt, wendet sich an die Leiterin des Kindergartens, die an ihrem Schreibtisch arbeitet.

»Was machst du da?«, fragt Amalie.

»Ich schreibe. Und was machst du?«

»Ich bin Amalie … Was machst du?«

»Das habe ich dir doch gerade gesagt. Ich arbeite.«

Amalie drückt in diesem Beispiel das Bedürfnis aller Kinder aus, ihre Existenz durch Gegenwart, Kontakt und Anerkennung durch einen Erwachsenen bestätigen zu lassen. Fällt dem Erwachsenen das nicht auf, wird Amalie noch etwas weiter fragen und entweder den Versuch aufgeben oder etwas finden, das die Leiterin zwingt, sich auf sie zu konzentrieren.

In dieser Situation hat die Leiterin viel zu tun und will nicht gestört werden. Doch sie findet nicht, dass sie Amalie einfach »ablehnen« kann, und deshalb wird der Kontakt schwach und halbherzig. Amalie würde wahrscheinlich traurig werden, wenn man sie abwiese. Doch weder sie noch ihr wechselseitiges Verhältnis nähmen davon irgendeinen Schaden. Eine klare, anerkennende und persönliche Antwort ist alles, was Amalie braucht: »Ich merke, dass du Lust hast, dich zu unterhalten, Amalie, aber ich nicht, weil ich arbeite. Geh zu Bente und schau, ob sie Zeit hat.«

In dieser Antwort besteht der Kontakt, und Amalie muss nicht auf eine doppelbödige Botschaft eines Erwachsenen reagieren. Sie bekommt nicht, worauf sie gerade Lust hat, ihr bleibt aber erspart, sich fehl am Platz zu fühlen, und ihr wird zugleich demonstriert, wie man sich anderen Menschen gegenüber abgrenzt, ohne ihnen das Gefühl zu vermitteln, sie seien fehl am Platz.

Kinder, die nicht anerkannt werden, müssen häufig ein Leben lang mit einem inneren Kritiker leben, der ihrem Selbstwertgefühl schadet und große soziale Unsicherheit schafft. Aber das Bedürfnis nach Anerkennung gehört nicht nur in die Kindheit. Die meisten von uns brauchen in Abständen Anerkennung und müssen unsere Existenz in neuem, empathischen Licht sehen.

Die anerkennende Kommunikation ist eine wesentliche Teilvoraussetzung dafür, dass Kinder die so genannte »persönliche/emotionale Kompetenz«[10] entwickeln können, die nach unserer Erfahrung wiederum eine Voraussetzung für die Entwicklung von sozialer Kompetenz ist, weil die Wahrnehmung, wie sie von der Gemeinschaft behandelt werden, entscheidend dafür ist, wie Kinder sich auf Gemeinschaften einlassen und mit ihnen umgehen.

### Wertende Kommunikation

Im obigen Zitat über die *Definitionsmacht der Erwachsenen* nach Berit Baa geht es um die traditionelle Kategorisierung des Charakters des Kindes durch die Erwachsenen und die Intentionen vor dem Hintergrund seines unmittelbaren Verhaltens und dessen Interpretation durch die Erwachsenen. Das ist eine Parallele zum Verhalten der Eltern. Bezeichnend für diese Form von Kommunikation ist, dass die Bewertung von der Vorstellung der Erwachsenen ausgeht, wie das Kind ist oder sein sollte. Die Wahrnehmung des Kindes wird entweder von vornherein ausgeblendet oder stattdessen disqualifiziert:

»Nein, jetzt bist du nicht lieb!«

»Wie bist du heute lieb und still gewesen!«

»Geh nach draußen und spiel mit den anderen Kindern, das macht viel mehr Spaß, als hier drinnen zu hocken und Däumchen zu drehen!«

»Du ist aber faul heute!«

»Jetzt werd ja nicht frech!«

»Ja, ist ja gut, mein Kleiner, aber hier habe ich das Sagen!«

Die Tradition für wertende Kommunikation ist aus gutem Grund in der Welt der Schule dominanter als in der Welt der Tagesstätten. In der Schule ist die *Inhalts*dimension in Form von Lehrplänen und Fächern dominant gewesen und die Arbeit der Schüler ist als richtig oder falsch bewertet worden ausgehend von ziemlich präziser fachlicher Kritik in Form von lobendem Feedback und formalen Noten.

In der Welt der Schule hat dieses Phänomen mitsamt der Abwesenheit von prozessualem Denken zu einem primitiven oder reduktiven Menschenbild geführt, bei dem die Kinder (und weitgehend auch die Erwachsenen) auf ihr fachliches und soziales Verhalten reduziert werden. Damit hat man eine Kultur geschaffen, in der Menschen entweder richtig oder falsch sind. Generationenlang wurde dieses Urteil fast ausschließlich auf moralischer Grundlage getroffen, die in unserer Zeit durch psychologische und psychiatrische Diagnosen sublimiert oder ganz ersetzt wurden.

Das Problem besteht eigentlich nicht darin, ob das Verhalten des Kindes problematisch ist gegenüber dem geltenden Moral- und Verhaltenskodex oder ob Diagnosen wie DAMP, Asperger-Syndrom oder Tourette-Syndrom tatsächlich korrekt gestellt sind. Das Problem ist, dass diese Facetten im Verhalten eines Menschen, die nur einen Teil der Person ausmachen, plötzlich zu ihrer ganzen Identität werden. Damit tut man der Individualität Gewalt an und verhindert oft die menschliche Begegnung, die die Kernqualität der Beziehungskompetenz ausmacht. Dieser Tradition gemäß werden Kinder nicht nur auf ihr auffälligstes Problem reduziert, sondern auch die Erwachsenen-Kind-Beziehung wird auf eine pädagogische Strategie reduziert.

Nachdem sich herausgestellt hat, wie schwierig eine Veränderung in diesem Bereich der pädagogischen Kultur ist, lag das kaum am mangelnden Willen der Erwachsenen. Das Problem scheint teils in der beruflichen Identität und im Selbstverständnis der Lehrerinnen und Erzieher zu liegen, die sich in höherem Maß an die Ziele der Institutionen und weniger an die professionelle Beziehung im Hier und Jetzt gebunden fühlen, und teils an der persönlichen Unsicherheit und/oder dem intellektuellen Widerwillen, der verbunden sein kann damit, seine Vorstellungen von »richtig« und »falsch« aufzugeben, und dem Bewusstsein, auf der »richtigen« Seite zu stehen.

Bei den pädagogischen Zielen geht es darum zu helfen, zu führen, das Kind zu einem Stadium zu begleiten, das es *noch nicht* erreicht hat.

Diese Ziele sind vollkommen legitim ausgehend von den Wünschen und Bedürfnissen der Gesellschaft und dem Bedürfnis der Kinder, in ihrer sozialen, motorischen und intellektuellen Entwicklung inspiriert, stimuliert und gefordert zu werden. Das Problem entsteht, wenn die Verantwortlichkeit der Erwachsenen für das Ziel den Kontakt in einem Umfang dominiert, der das gesunde Selbstwertgefühl der Kinder daran hindert, sich optimal zu entwickeln und häufig das Bisschen Selbstwertgefühl zerstört, das schwache und bedrohte Kinder von der Familie mitbekommen. In beiden Fällen unterminiert der Charakter des pädagogischen Prozesses die pädagogischen Ziele.

Dafür gibt es zwei Hauptursachen. Der eine Grund ist die mangelnde Fähigkeit der Kinder, in ihrer Wahrnehmung zwischen dem Feedback zu unterscheiden, das sie für ihr Handeln und ihre Leistungen bekommen, und dem Feedback, das sie aufgrund ihrer Person erhalten. Wenn das Feedback, das sie aufgrund ihres Handelns und ihrer Leistungen bekommen, wertend oder moralisierend ist, geraten Kinder in Zweifel über ihren eigenen Wert als Menschen. Das Ergebnis ist ein aufgezwungenes Selbstbild und ein stagnierendes oder negatives Selbstwertgefühl.

Den zweiten Hauptgrund finden wir in dem allgemein menschlichen Wesenszug, dass wir uns nur qualitativ entwickeln, d. h. neue Einsichten, Erkenntnisse und Wissen in unser inneres und äußeres Verhalten *integrieren* können, wenn wir uns selbst akzeptieren, wie wir eben sind. Wir können uns nicht entwickeln oder verändern auf der Grundlage eines negativen Selbstbildes, ganz gleich, ob es von anderen um uns geteilt wird oder nur unser eigenes ist. Menschen sind weder »richtig« noch »falsch«, Menschen sind! Genauso ist die Beziehung im Hier und Jetzt kein Hindernis auf dem Weg zu den pädagogischen Zielen, sondern ein Mittel, um sie zu erreichen.

Der pädagogische Prozess mit einer Zukunft und einem Ziel als dominierendem Fokus ist nicht unbedingt gleichbleibend aktiv wertend und bestimmt nicht immer negativ wertend. Er sendet indessen die klare Botschaft an das Kind aus, dass wir mehr interessiert daran sind, was oder wer du werden willst, als daran, wer du jetzt bist. So sind Kinder mit einem gesunden und gut gefestigten Selbstwertgefühl leicht zufrieden zu stellen, aber die große Mehrheit hat es schwer. Einige kooperieren *richtig herum* und wenden ihre Kräfte für den Versuch auf, die Erwartungen zu erfüllen. Sie verlassen am Ende ihres Aufenthalts die pädagogische Welt meistens mit guten Charaktereigenschaften und niedrigem Selbstwertgefühl. Andere kooperieren *spiegelverkehrt* und halten krampfhaft an ihrem Recht fest, so zu sein, wie sie sind, und haben am Ende einen schlechten Charakter und ein geringes Selbstwertgefühl.

Bei dem intellektuellen Widerwillen gegen das Aufgeben der »Richtig-Falsch-Kultur« handelt es sich häufig um einen verständlichen Unwillen dagegen, von einem Extrem ins andere zu fallen, wo alles »gleich viel« oder »gleich gut« ist. Doch die Konsequenz muss nicht zwangsläufig Nihilismus sein. Wir reden hier nicht davon, dass Fachleute ihre Einstellungen oder ihr Wissen als Teil ihrer Identität aufgeben sollen, sondern von dem ethisch und sachlich angemessenen Aspekt, dass sie darauf verzichten, sie zu missbrauchen, um andere Menschen zu definieren. Damit böte man Kindern und Jugendlichen im Übrigen ein problematisches soziales Rollenverhalten an. Die Selbstwahrnehmung des Kindes zu untersuchen und einzubeziehen bedeutet nicht, dass der Erwachsene sich von seinen eigenen Wahrnehmungen, Zielen und Wertvorstellungen löst und die des Kindes übernimmt, sondern es bedeutet, einen gemeinsamen Raum zu schaffen, in dem sich beide bewegen können, so wie sie *jetzt* sind mit den Möglichkeiten, die beiden Seiten erlauben, ihr konstruktives Potential zu entwickeln oder ihr destruktives Verhalten abzulegen.

Fachleute sind aus gutem Grund auch damit beschäftigt, ihre eigenen Vorstellungen oder die der Gesellschaft zu vermitteln, was richtig und falsch für Kinder ist. Und wir streiten nicht ab, dass das eine wesentliche pädagogische Aufgabe ist und dass nicht immer alle moralischen Werte zur Diskussion stehen können.

So wie die Erwachsenen-Kind-Beziehung ihren Charakter verändert hat, können wir ohne weiteres feststellen, dass diese Vermittlung nicht in Form von Kritik und Belehrung gelingen kann. Gelungene Vermittlung und Integration von moralischen Werten findet nur in dem Umfang statt, wie die Erwachsenen sie *in der professionellen Be-*

*ziehung* erfüllen und in der Lage sind, einen respektvollen, persönlichen Kontakt zu dem einzelnen Kind aufzubauen.

Nach unserer Erfahrung besteht die einzige neue Entwicklung, die sich auf moralischer Ebene vollzogen hat, darin, dass Kinder, die sich der Definitionsmacht der Erwachsenen ausgeliefert fühlen, offen angefangen haben, die Erwachsenen zu charakterisieren. Je häufiger sie sich von einer Erzieherin oder einem Lehrer als negativ definiert wahrnehmen, um so mehr neigen sie dazu, die Erwachsenen als »Idiot«, »alter Knacker«, »Hexe« usw. zu definieren. Die sprachlichen Kategorien von Kindern sind nicht akademisch verklausuliert. Das macht sie moralisch ungleich abstoßender als der professionelle Sprachgebrauch, obwohl er genauso persönlich verletzend ist. Dadurch wird die Sache nicht »richtiger«, verweist aber als Ausgleich auf eine tragfähige Lösung des Problems.

Die notwendige Veränderung von wertender zur anerkennender Kommunikation wird am täglichen Verhalten der Lehrer und Erzieherinnen deutlich abzulesen sein:

| *Früher:* | *Heute:* |
|---|---|
| Machtausübung | Einbeziehung |
| Disziplinierung | Dialog/Gespräch |
| Fokus auf das Verhalten des Kindes | Fokus auf die Beziehung |
| korrigieren/belehren | Empathie/Betreuung |
| wertend | anerkennend/reflektierend |
| rollenbedingte Autorität | persönliche Autorität |

Man kann wie z. B. Helle Alrø in ihrem Kapitel »Disciplin eller dialog«[11] behaupten, dass Disziplinierung eine Notwendigkeit sei und nicht der Gegensatz eines dialogischen Prinzips. Das hängt ganz davon ab, was man unter Disziplinierung versteht, und nicht zuletzt, wie man den Einfluss des Lehrers auf die beziehungsmäßige Qualität einschätzt, wie es die Autorin im übrigen auf hervorragende Weise anhand des Mathematik-Unterrichts dokumentiert.

Einige Schulen haben großen Spaß daran gehabt, am norwegischen ICDP-Programm (International Child Development Program) teilzunehmen, das wie die Verfasser diese Buches großen Wert auf den persönlichen Ausdruck der Lehrer legt. Drei Lehrer aus der Gemeinde Vejle schlussfolgern u. a.:

»Durch diese ressourcen- und beziehungsorientierte Pädagogik, u. a. durch die acht Wechselwirkungsthemen haben wir uns dahingehend entwickelt, dass uns bewusst gemacht wurde, wie wir unser persönliches, auf Kommunikation basierendes Verhalten vorantreiben und das Menschliche in unserer Pädagogik sichtbar machen können. Es fördert das Lernen, wenn wir als Sonderpädagogen Interesse und Engagement für die Sache zeigen, beruflich wie persönlich und sozial.«

»Der Lehrerberuf ist viel leichter und viel spannender, wenn wir erkennen, dass die Dinge anders aussehen können. Wir sehen jetzt Herausforderungen in den Problemen statt Probleme in den Herausforderungen.«[12]

Diese und viele ähnliche Äußerungen bestätigen, dass das Programm ebensogut hätte heißen können: International Child and Teacher Development Program und wir können nur den Grund vermuten, warum das nicht der Fall ist.

### Kontakt

Kinder kooperieren! Nehmen sie sich im Kontakt mit einem Lehrer oder Erzieher nicht wahr, verhalten sie sich, als fehle der Kontakt oder als sei er schlecht. Uns sind im Lauf der Jahre einige Fachleute begegnet, die große Sympathie für Begriffe und Prinzipien hegen, die wir in diesem Buch darstellen. Sie haben aber häufig gesagt: »Wie soll man das denn vor einer Klasse mit 28 Schülern jedes Mal umsetzen?«

Die Antwort lautet, dass das nicht geht! Will man einen ordentlichen und dynamischen Kontakt zu 28 Kindern in einer Klasse haben, muss man zuerst zu jedem einzelnen den Kontakt aufbauen, d. h. mit einem Teil der Kinder einzeln. Einige Kinder erfassen den Tonfall und die berufliche Qualität eines Lehrer schnell und kommen zur Ruhe in dem Bewusstsein, dass sie sich in guter Gesellschaft befinden. Andere brauchen nicht nur einen, sondern mehrere Beweise, dass sie mit einer ordentlichen Behandlung rechnen können, einige aufgrund von natürlicher Skepsis, andere weil sie schlechte Erfahrungen gemacht haben.

Kinder kann man nur sehr kurze Zeit an der Nase herumführen, was die Qualität der Beziehung angeht. Ihre Aufmerksamkeit für die äußere Erscheinung des Lehrers oder Erziehers ist zwar groß, aber nur von kurzer Dauer. Es gibt viele Beispiele von älteren Lehrern, die sprachlich und äußerlich »hoffnungslos altmodisch« sind, aber die Kinder lieben sie schon nach zehn Minuten und für sie empfinden sie weiterhin große Liebe und Respekt. Genauso wenig hilft es, jugendlich gekleidet zu sein und sich des Kinder- und Jugendjargons der Zeit zu bedienen, wenn hinter der Fassade kein substanzieller Mensch steht, der sich traut, seinem Alter und Charakter gemäß aufzutreten.

Die Methoden zum Aufbau dieses einleitenden, individuellen Kontakts sind Legion und natürlich auch vom Alter der Kinder abhängig. Es gibt gut entwickelte und erprobte Methoden, und viele befinden sich noch in der Entwicklung. In die erste Kategorie gehört die Tradition in dem italienischen Dorf Pisoia. Hier werden die Kinder mit einem kleinen Koffer ausgestattet, wenn sie in den Kindergarten kommen. Der Koffer wird in Zusammenarbeit mit den Eltern und Erzieherinnen mit Dingen gefüllt, die dem Leben des Kindes Inhalt und Sinn geben: ein Puppe, ein Bild der Großmutter, Urlaubsfotos von der Familie, eine Porzellanfigur usw. Im Lauf der Jahre im Kindergarten nimmt sich dieselbe Erzieherin im Kindergarten ein paar Mal im Jahr eine halbe Stunde Zeit, um den Inhalt des Koffers durchzusehen, den Geschichten des Kindes zuzuhören und eventuell einige Dinge gegen andere auszutauschen, die neue Stadien oder Interessen repräsentieren. Beim Übergang vom Kindergarten in die Schule ziehen Eltern und Erzieherinnen angeführt vom Bürgermeister in einer Prozession durchs Dorf zur Schule. Die Lehrer verwenden einige der ersten Stunden darauf, den Koffer eines jeden einzelnen Kindes der Gruppe zu sichten. Diese Methode der Durchführung ergibt Sinn auf einer Ebene, die weit über die ersten Schultage hinaus reicht und ist eine praktische Ausgabe dessen, was das englische Verb »to relate« bedeutet. Der Stamm des Substantivs »relationship = Beziehung« bedeutet rein etymologisch nämlich *von sich berichten*.

Ein deutscher Lehrer hat über Jahre hinweg den ersten Kontakt zu neuen Schüler aufgebaut, indem er ihnen Fragen gestellt hat. Er begann mit der Frage: »Hör mal, Sinn der Sache ist, dass ich dir Sportunterricht gebe, dazu muss ich zwei Dinge wissen. Das erste ist, ob du Interesse hast, Sport zu lernen. Wenn ja, wie du es deiner Meinung nach am besten lernen kannst.« Anschließend bittet er die Kinder, die Antworten zu zeichnen und später die Bedeutung ihrer Zeichnungen zu erklären. Die Erklärungen, die die Kinder für ihre Zeichnungen geben, sind durchweg von unglaublich hoher Qualität und zeugen von großer Selbsterkenntnis und großem Willen, dem Lehrer entgegen zu kommen.

Diese beiden Beispiele dauern etwa eine Viertelstunde pro Kind. Das ist sehr rationell im Vergleich zu der Zeit, die man später für Konflikte und andere Schwierigkeiten aufwenden muss, die nur aufkommen, weil der Kontakt von Anfang an nicht in Ordnung war. Auf der anderen Seite leuchtet ein, dass diese beiden Methoden oder Hunderte von anderen, die diverse Lehrerinnen und Erzieherinnen praktizieren, funktionieren, wenn es zu keiner beruflichen Fusion zwischen der Methode und dem einzelnen Erwachsenen kommt und wenn den Erwachsenen nicht daran gelegen ist, den *Kontakt nur um des Kontaktes willen* aufzubauen.

Die täglichen Konflikte im ersten Monat werden entscheidend sein dafür, wie der Kontakt sich weiter entwickelt. Sollte er sich in eine negative Richtung entwickeln, besteht immer die Möglichkeit, sich eine »Auszeit« und ein paar Stunden zu nehmen oder weniger, wenn es im Kindergarten ist, um die Dinge zu besprechen und es noch einmal zu versuchen. Sollte auch das nicht zum gewünschten Erfolg führen, ist der Zeitpunkt gekommen, sich von einem Kollegen oder Supervisor Hilfe zu holen. Ein schlechter Kontakt zehrt viel zu sehr am Selbstvertrauen eines Lehrers oder Erziehers, als dass es zumutbar wäre, das allein durchzustehen.

In Abständen tauchen in den Medien immer wieder Geschichten über frisch ausgebildete Lehrer auf, die aufgegeben und den Beruf nach nur einem oder zwei Jahren gewechselt haben, häufig mit Verweis darauf, dass die Kinder von heute unerzogen sind und es deshalb unmöglich ist, eine vernünftige Beziehung zu ihnen aufzubauen. Sortieren wir die Beispiele danach, an welcher Stelle die Hauptperson bloß eine falsche Ausbildung absolviert hat, beweisen diese Beispiele mehr als alle anderen versagende und missverstandene Kollegialität und Führung. Genau die gleichen Geschichten finden wir in der Erwachsenenbildung wieder; sie haben aber nicht die gleiche Medienwirkung, weil es hier schwieriger ist, einen populären Sündenbock auszumachen.

Erfahren wir als Berater und Supervisor von misslungenen Kontakten, gibt es immer einen guten Grund, warum der Kontakt sich so und nicht anders entwickelt hat. Es handelt sich im Großen und Ganzen immer um fehlende Aufmerksamkeit oder mangelndes Training des Erwachsenen in den Eigenschaften und Qualitäten, die dieses Buch beschreibt.

Das soll nicht heißen, dass es nicht sehr schwer sein kann, zu vier Zwölfjährigen auf einer Ganztagsschule einen konstruktiven Kontakt aufzubauen, nicht zuletzt wegen ihres familiären Hintergrundes oder weil eine 7. Klasse mit Schülern unterschiedlicher Nationalitäten keine Zeit und Energie hatte, um aus sich auch nur annähernd so etwas wie eine Gruppe zu machen. Aber das gehört eben zum Job dazu.

Es stimmt in diesem Kontext nachdenklich, dass wir entsprechende Klagen nie von Fachleuten hören, die z. B. mit autistischen Kindern, psychotischen Kindern oder körperbehinderten Kindern arbeiten. In diesen Bereichen treffen wir bei den Erwachsenen auf Begeisterung, Engagement und tief empfundene Freude über die Gelegenheiten, wenn der Kontakt gelingt. Das sagt einiges darüber aus, welche Rolle unsere Erwartungen für unsere Wahrnehmung von anderen Menschen und unserem Kontakt zu ihnen spielen. Früher einmal konnte man Homogenität, Demut und Unterwerfung in den pädagogischen Institutionen erwarten. Doch damals musste man auch keinen Kontakt zu den Kindern haben. Man musste nur seine Macht über sie festigen.

Ohne sentimental werden zu wollen, meinen wir, dass das Vertrauen, die Offenheit und die Bereitschaft von Kindern und Jugendlichen, sich führen zu lassen, eines der größten Komplimente ist, das ein Erwachsener bekommen kann. Darauf haben weder Eltern noch Fachleute einen Anspruch.

## Das Schülergespräch

Die Lehrer können anscheinend völlig frei entscheiden, ob sie individuelle Gespräche führen wollen oder nicht. Nach unserer Meinung und Erfahrung ist es aber ratsam, ein jährliches Evaluierungsgespräch mit jedem Schüler unter vier Augen oder individuell in der Gruppe zu führen, für die entweder der Klassenlehrer allein oder jeder Fachlehrer für sich verantwortlich ist. Wir empfehlen ferner, die Schülern etwa von der 6. bis zur 7. Klasse die Rolle des Gastgebers übernehmen und sie diese Gespräche planen zu lassen. Es hat mehrere Vorteile, diese Evaluierungsgespräche zu führen:

- Zehn Jahre sind aus der Sicht eines Kindes ein unendlich langer Zeitraum, und obwohl der Schluss des Schuljahres und die Ferien die Zeit in relativ übersichtliche Abschnitte aufteilen, kann es angebracht sein, Zeit mit individuellen Zielen zu verbinden.
- Nach unserer Verwendung des Wortes bedeutet Evaluierung etwas anderes und mehr als das Vergeben von Noten. Evaluierung findet vor allem *gegenseitig* statt: Wie geht es uns miteinander, beruflich, sozial und persönlich, wie hätten wir es gern in einem Jahr, und welche Wünsche und Ansprüche haben wir in dieser Hinsicht aneinander? So fördern diese Gespräche die persönliche Verantwortlichkeit (beruflich wie sozial) des Schülers wie des Lehrers und halten den Kontakt aufrecht.
- Wie auch immer die Gespräche unter vier Augen oder in der Gruppe verlaufen mögen, so üben sich die Kinder darin, ihr Verhältnis zur Schule ernst und persönlich zu nehmen.

Wir empfehlen, die Gespräche kurz zu halten, höchstens eine halbe Stunde, und dass der Lehrer seine Meinungen und Beobachtungen offen auf den Tisch legt. Kinder und Jugendliche fühlen sich weitaus sicherer, wie auch immer sie einen Trumpf im Namen der Demokratie und der Höflichkeit ausspielen. Das kann wie schon erwähnt zu einem späteren Zeitpunkt passieren, wenn sie mit Inhalt und Ziel der Gespräche vertraut sind. Dass diese Gespräche vorbereitet werden müssen, leuchtet den Lehrern mehr ein als den Kindern. Deshalb ist es wichtig, den Kindern zu sagen, dass und worauf sie sich vorbereiten sollen. Erscheint ein Kind trotzdem unvorbereitet, ist es wichtig, dass der Lehrer sich auf keinen Kompromiss einlässt, sondern z. B. sagt: »Okay, Ole, du hast es vergessen. Das ist für mich ärgerlich, weil ich eine halbe Stunde meiner Zeit vergeudet habe, aber erzähl mir, wann du vorbereitet kommen kannst?«

Es hat immer größere Wirkung, wenn Erwachsene sich selbst ernst *nehmen*, als wenn sie die Kinder über den Ernst der Lage belehren. Ersteres stellt Ansprüche an sie, Letzteres vermittelt ihnen Schuldgefühle. Tut man beides gleichzeitig, gewinnt das Schuldgefühl. In den ersten zwei, drei Jahren ist es ratsam, die Eltern darüber aufzuklären und sie aufzufordern, dem Kind bei den Vorbereitungen behilflich zu sein, aber vor allem hinsichtlich des Inhalts.

Der Lehrer kann von dem Aspekt ausgehen, der ihm zurzeit am wichtigsten in der Beziehung zum Schüler erscheint.

**Beispiel:**

Mette geht in die 4. Klasse. Sie mag das Fach Mathematik nicht und glaubt nicht, dass sie damit zurechtkommt. Objektiv betrachtet liegen ihre Leistungen im Klassendurchschnitt, deshalb ist der Lehrer nicht ihrer Meinung. Einige Kinder in der Klasse kommen im Unterschied zu Mette tatsächlich nicht mit Mathe zurecht, und für sie muss der Lehrer deshalb einiges an Zeit investieren. Mette ist ein etwas unsicheres und vorsichtiges Mädchen, das nichts machen will, wofür es nicht im Voraus vom Lehrer den Segen bekommen hat. Deshalb bittet sie oft um Hilfe.

Das stört den Lehrer, der weiß, dass Mette gut zurecht kommt und findet, er solle seine Zeit anderen Kindern widmen. Deshalb reagiert er häufig unangemessen, wenn sie sich an ihn wendet:

»Was ist denn schon wieder, Mette? Setz dich jetzt hin und versuch es allein, du kannst es doch!«

»Aber ich komm doch damit nicht klar.«

»Unsinn! Schau mal, du machst es so ... schau, du kannst es doch.«

Der Lehrer ist sich über sein unangemessenes Verhalten im Klaren und leitet deshalb das Evaluierungsgespräch mit dem Thema ein:

»Hör mal, Mette, dir ist bestimmt schon aufgefallen, dass ich mich immer über dich ärgere, oder?«

»Ja.«

»Nicht, weil ich eigentlich finde, dass du störst, sondern weil ich nicht ganz verstehen kann, dass du der Meinung bist, du könntest Mathe nicht, obwohl ich doch jetzt weiß, dass du gut bist. Weißt du, warum du so denkst?«

»Nee, aber ich finde einfach, ich kann es nicht gut genug.«

»Ja, dann nützt es doch auch nicht viel, dass ich finde, dass du es kannst. Das kann ich problemlos sehen.«

(Pause, in der beide nachdenken. Pausen sind wichtig!!)

»Mette, ist das immer so bei dir, dass du unsicher wirst, ob du gut genug bist, wenn du Dinge nicht sofort kannst?«

»Ja … vielleicht … weiß nicht …«

»Nein, und ich weiß das natürlich auch nicht. Aber wir beide haben ein Problem, für das wir gemeinsam eine Lösung zu finden versuchen sollten. Du findest, du brauchst viel Hilfe, und ich finde, du brauchst viel weniger … Glaubst du, es wäre eine Hilfe, wenn ich, statt mich über dich zu ärgern, sagen würde: ›Gut genug, Mette, aber du bekommst erst Hilfe, wenn ich Zeit habe.‹ Glaubst du, dass du so allein weitermachen kannst, bis ich Zeit habe?«

»Jaha, vielleicht weil ich es nicht mag, wenn Sie mich ausschimpfen.«

»Okay. Ich will versuchen, es zu lassen. Soweit ich sehen kann, bist du unsicherer, als du in Mathe schlecht bist, und dann ist es auf keinen Fall eine Hilfe, wenn ich mich nur darüber ärgere. Danke für die Hilfe, Mette! Mal sehen, ob uns das weiter hilft. Sonst müssen wir noch einmal darüber sprechen.«

Oberflächlich betrachtet brachte dieses Gespräch vielleicht keine großen Ergebnisse, aber es führte zu zwei wichtigen Veränderungen. Die erste besteht darin, dass der Lehrer seine Frustration konstruktiver nutzen kann, indem er Mette sagt, was er will, statt sich über sie zu ärgern, dass er ihr etwas halbherzig hilft, obwohl er es nicht will. Als direkte Folge wird es für Mette vielleicht einfacher, ihre Energie auf das zu konzentrieren, was sie kann, statt auf das, was sie ihrer Meinung nach nicht kann. In diesem Fall ist die Zeitspanne bis zu Evaluierungsgespräch im nächsten Jahr zu lang. Doch der Lehrer kann nach kürzerer Zeit ein, zwei Minuten mit Mette darüber reden, wie es ihrer beider Meinung nach läuft oder eventuell nicht läuft.

Nach unserer Erfahrung ist es wichtig, dass diese Evaluierungsgespräche sich dynamisch zu den eventuellen Problemen verhalten, sich also mehr auf die Zukunft konzentrieren als auf die Vergangenheit. Häufig wird eine der Parteien nicht unmittelbar die richtige Lösung formulieren können, sie wird aber zu einem Zeitpunkt auftauchen, wenn das Gespräch ansonsten von Qualität war. Ist das nicht der Fall, ist es an der Zeit, mit den Eltern zu sprechen.

Im Kindergarten besteht kein Grund, regelmäßige, individuelle Gespräche mit den Kindern zu führen. Das heißt aber nicht, dass es nicht angebracht wäre, in Abständen zu evaluieren.

**Beispiel:**
Julie ist fast vier Jahre alt und kam vor drei Monaten in den Kindergarten. Sie ist etwas still und die Erzieherin ist sich nicht ganz sicher, ob ihr Verhalten zu anderen Kindern so ist, wie es sich Julie wünscht.

»Na, Julie, jetzt bist du schon drei Monate hier im Kindergarten, deshalb möchte ich mich gern mit dir unterhalten, wie es dir hier bei uns gefällt. Ich habe ein bisschen mit den anderen Erwachsenen gesprochen, und wir freuen uns, dass du hier bist. Was meinst du? Gefällt es dir hier?«

»Ja, hier ist es jedenfalls schöner als in der Kinderkrippe … man darf hier mehr.«

»Das freut mich zu hören … und ich bin auch etwas erstaunt. Ich habe nämlich überlegt, ob du findest, dass du all das tust, wozu du Lust hast … mit den anderen Kindern spielen und so etwas?«

Julie schaut aus dem Fenster und denkt lange nach …

»Ich spiele jedenfalls viel … mehr als früher … und ich habe bald Geburtstag. Weißt du das?«

»Ja, stimmt. Daran habe ich nicht gleich gedacht. Weißt du, wie wir hier im Kindergarten immer die Geburtstage feiern?«

»Klar! Glaubst du etwa, das weiß ich noch nicht? Rikke hat doch schon Geburtstag gehabt.«

»Ja, da hast du recht. Wie feiert ihr bei euch zu Hause Geburtstag?« Julie hat ihre ersten drei Monate evaluiert, und die Erzieherin hat ihr Gegenspiel bekommen. Julie ist bereit, ihren vierten Geburtstag zu feiern.

Evaluierungsgespräche beziehen Stellung zu Abläufen und Prozessen und sind selbst ein Teil des Prozesses. Darüber hinaus sind sie ein wichtiges Signal an Kinder und Jugendliche, dass sie nicht übersehen werden, sondern von Bedeutung sind. Kinder fangen früh an, in zwei Wirklichkeiten zu leben: der inneren, existenziellen Wirklichkeit und der äußeren, sozialen Wirklichkeit. Die Evaluierungsgespräche sind eine der wenigen Möglichkeiten der Erwachsenen, nicht ausschließlich über ihre soziale Oberfläche beurteilt zu werden. Der berufliche Inhalt der Gespräche kann strukturiert werden, die Parteien können Absprachen treffen und Pläne machen. Doch der Erwachsene muss einen Freiraum für den persönlichen und sozialen und manchmal auch für den privaten Stoff schaffen.

### Das existenzielle Gespräch
**Beispiel:**

Niels ist zwölf Jahre alt, sitzt allein mit der Sonderschullehrerin zusammen und bekommt Dänisch-Unterricht. Plötzlich sagt er: »Mein Vater ist vor zwei Monaten gestorben!«

Die Lehrerin ist schockiert. Sie weiß, dass Niels' Vater sehr krank war, ist aber überrumpelt, dass Niels, der sonst nicht viel über sich spricht, plötzlich damit anfängt. Viele Gedanken schießen ihr durch den Kopf: Was soll ich sagen, das ist ja schrecklich, was, wenn er jetzt zusammenbricht, woher er das wohl hat? Ob das wohl stimmt oder ob das nur seine Fantasie ist? Wenn ich jetzt mit ihm darüber rede, dann rühre ich vielleicht an etwas, das ich nicht mehr unter Kontrolle habe? Ob das der Klassenlehrer weiß? Was soll ich machen? Ich muss mit der Schulpsychologin darüber sprechen. Niels braucht in dieser Situation ein paar Gespräche bei ihr.

Was am Ende aus ihrem Mund kommt, ist: »Glaubst du?« Und Niels sagt: »Ja, ich weiß das, weil er nichts isst, und so kann man nur zwei Monate überleben!« Darauf antwortet die Lehrerin, dass es heutzutage viele Möglichkeiten zu helfen gibt, so dass man das nicht mit Sicherheit sagen kann.

Nach dem Gespräch macht sich die Lehrerin viele Gedanken und denkt an den folgenden Tagen weiter über Niels und seine Familie nach. Sie redet mit der Klassenlehrerin, die zu den Eltern geht und Gespräche beim Psychologen vorschlägt, wozu sie in diesem Moment keine Stellung nehmen können. Sie bitten die Klassenlehrerin abzuwarten, bis sie etwas mehr Energie haben.

Kurzfristig ist es vielleicht angebracht, dass Niels zusätzlich ein paar Gespräche mit der Psychologin führt, und bis sie eventuell stattfinden können, hat Niels seine Sonderschullehrerin zu der Person auserkoren, mit der er am liebsten sprechen möchte – und das nicht ohne Grund! Die Gedanken der Lehrerin über seine Lage sind sowohl präzise als auch nuanciert: dass er bestimmt Angst hat und wahrscheinlich zu Hause ein paar Gesprächsfetzen aufgeschnappt hat, auf die er sich selbst einen Reim gemacht hat. Dass er viel nachdenkt und es ihm jetzt schwer fällt, sich auf die Arbeit in der Schule zu konzentrieren. Dass er nachts vielleicht nicht schlafen kann. Dass er wütend und durcheinander ist über das, was in seiner Familie passiert usw.

Der Kern der Sache ist, dass Niels kein »Problem« hat. Sein Vater liegt im Sterben, und das überschattet in dieser Phase sein ganzes Leben und wird es noch lange tun, und so soll es auch sein. Der übrigen Familie fehlt die Energie, deshalb beschließt Niels loyal und kooperationsbereit, den Kontakt zu einer anderen Erwachsenen aufzunehmen, zu der er Vertrauen hat. Er verhält sich in seiner Situation äußerst kompetent und wählt eine kompetente Lehrerin aus, deren einziges Problem ist, dass sie nicht in der Lage ist, all ihre guten und relevanten Gedanken und Gefühle mit ihm zu teilen. Sie braucht dringender eine Supervision als Niels einen Psychologen. Eine Supervision könnte ihr den nötigen Mut geben, sich wieder an Niels zu wenden und z. B. zu sagen: »Ich habe viel über das nachgedacht, was du mir über deinen Vater erzählt hast. Ich konnte dir einfach nicht sagen, dass ich richtig traurig war, als ich gehört habe, dass dein Vater so krank ist. Ich kann mir gut vorstellen, dass du viel daran denkst, und ich will gern mit dir darüber sprechen, wenn du das möchtest.«

Wenn Kinder und Jugendliche traurigen Ereignissen ausgesetzt sind, die sie tief berühren und große Veränderungen in ihrem Leben mit sich bringen, brauchen sie einen Gesprächspartner, mit dem sie über ihr Leben und ihre Zukunft reden können. Das können die Eltern sein, ein Familienmitglied, eine Lehrerin oder ein Erzieher, die bzw. der zum engsten Umkreis des Kindes gehört. Es kann auch einer der entfernteren Spezialisten sein wie z. B. die Schulpsychologin oder der Sozialarbeiter.

Diese existenziellen Gespräche mit Kindern und Jugendlichen verlangen nach den gleichen Prinzipien, wie sie durchweg für alle Gespräche gelten, die dieses Buch behandelt. Sie sind aber auch anders in dem Sinn, dass sie uns häufiger tiefer berühren. Durch sie steigen unsere Verluste und Krisen wieder hoch und erinnern uns an Tod, Angst und Einsamkeit.

**Beispiel:**

Helle Jensen, Mitverfasserin dieses Buches, hatte als junge Psychologin folgendes Erlebnis:

»Mir wurde die Aufgabe übertragen, mit einem sechs Jahre alten Mädchen zu sprechen, das gerade seine vier Jahre alte Schwester durch einen Verkehrsunfall verloren hatte. Es machte, was Kinder in dieser Situation häufig tun und erzählte ohne lange Umschweife, wie die Schwester vor ein Auto lief, nachdem sie mit der Mutter aus dem Bus gestiegen war. Ich konnte mich leicht in ihre Lage versetzen, wurde aber von meiner eigenen Verlustangst so überwältigt, dass ich es ganz einfach nicht mehr aushielt, noch mehr zu hören. Deshalb beschloss ich, weil das so brutal war, dass wir von der kinderpsychiatrischen Abteilung Hilfe haben mussten!

Heute weiß ich, dass ich eine gründliche Supervision gebraucht hätte. Ich hätte mein eigenes Verhältnis zu Verlusten genauer anschauen müssen. Ich konnte mich in die Lage des Mädchens versetzen, war aber mit mir selbst so im Unreinen, dass ich nicht im Stande war, bei ihr und ihrem Schmerz zu sein.«

Oft konfrontieren uns die existenziellen Gepräche mit Kindern über Todesfälle, Scheidung und Übergriffe nicht nur mit unserer eigenen Existenz, sondern auch mit der Essenz des Gesprächs an sich: Wir können mit ihnen zusammen sein, wir können ihnen zuhören und uns so persönlich und authentisch wie möglich zur Verfügung stellen, und wir können die Gefühle und Gedanken des anderen anerkennen – doch wir können an ihrem Leben nichts ändern. Wir können sie nicht von der Einsamkeit befreien, aber wir können dafür sorgen, dass der oder die Betreffende für wenige kurze Augenblicke nicht ganz so allein ist, und darauf hoffen, dass es ihn oder sie anregt, den eigenen Weg nach vorn zu finden. Kinder und Jugendliche sind sich oft sehr viel mehr im Klaren über diese Grundbedingungen als viele Erwachsene und neigen deshalb dazu, sich in sich selbst zurückzuziehen oder Kontakt abzulehnen, wenn Erwachsene entweder zu viel Hilfsbereitschaft oder Trost anbieten oder ihren eigenen Schmerz und ihre eigene Einsamkeit nicht zurückhalten können.

**Beispiel:**
So ist es wahrscheinlich bei Peter gewesen. Er geht in die 8. Klasse und hat die ganze Schulzeit immer Schwierigkeiten mit den theoretischen Fächern gehabt. Er soll jetzt mit seinem Schuljugendberater den Verlauf seiner weiteren Ausbildung erkunden. Er wirkt mutlos und resigniert, hat selbst keine Idee und glaubt nicht, dass es einen Weg gibt, der ihm gefällt. Er antwortet mit »Weiß nicht« und resigniertem Achselzucken, wenn der Schuljugendberater ihn nach seinen Vorstellungen fragt.

Das kann Unterschiedliches bedeuten. Vielleicht hat er die Wahrnehmung dafür verloren, was er selbst will. Vielleicht hat er den Glauben verloren, dass es hilft, mit einem Erwachsenen über sich selbst zu sprechen. Vielleicht beides, vielleicht etwas ganz anderes? Ganz gleich, wie die richtige Antwort lauten mag, seine Isolation und seine Einsamkeit sind so markant, dass der Schuljugendberater sich anbieten muss. Das macht er am besten, indem er seine Reflexionen ausdrückt, z. B.: »Mir ist aufgefallen, Peter, das es dir schwer fällt, darüber zu sprechen, was du selbst gern möchtest. Ich stelle mir vor, dass du während deiner Schulzeit mit vielen Erwachsenen gesprochen hast, die versucht haben, dir zu helfen, ohne dass es etwas gebracht hätte. Ich weiß nicht, ob ich dir irgendwie helfen kann, aber mir gefällt es nicht, dass du so allein mit allem bist, deshalb möchte ich es gern versuchen.«

Er kann der Versuchung erliegen, einen jungen Mann wie Peter über den Ernst des Lebens in der Gesellschaft und auf dem Arbeitsmarkt zu belehren. Doch das wäre fehl am Platz, solange der Ernst im persönlichen Leben des Jungen offensichtlich größer ist, als er allein tragen kann.

Im Kindergarten sind lange Gespräche nur selten nötig, und doch sind in hohem Maß die Aufmerksamkeit und die Nähe der Erwachsenen angebracht.

### Beispiel:
Marianne ist vier Jahre alt, und ihre beste Freundin ist gerade gestorben. Marianne brauchte zwei Wochen nicht in den Kindergarten zu gehen und ist jetzt wieder da. Die ersten paar Stunden spielt sie wie immer, setzt sich aber dann auf die Bank zu einer Erzieherin und hat ein Auge auf den Spielplatz und sagt: »Ist mal eine beste Freundin von dir gestorben?«

»Ja, sie ist leider vor vielen Jahren gestorben … aber ich vermisse sie immer noch. Mit ihr konnte man gut reden.«

»Ich vermisse meine beste Freundin auch«, sagt Marianne mit großen glasigen Augen. Die Erzieherin nimmt sie auf den Schoß und streicht ihr übers Haar, während Marianne laut schluchzend in Tränen ausbricht und sie zusammen schweigen.

Nach ein paar Minuten kommt eines der anderen Mädchen vorbei, fasst Marianne lachend bei der Hand und sagt: »Komm, wir spielen mit den Rädern!« Marianne hüpft bereitwillig vom Schoß der Erzieherin, und einen Augenblick später ist sie ganz und gar ins Spielen vertieft.

Das kommt bei kleinen Kindern häufiger vor. Sie tauchen in bisweilen überraschenden Taktwechseln in Trauer ein und aus ihr wieder auf. Die Erzieherinnen in Mariannes Kindergarten können als einzige Möglichkeit für sie da sein, wenn sie selbst sich an sie wendet. Andere Kinder sind nicht so unbefangen und brauchen von den Erwachsenen eine aktive Aufforderung.

Oft ist es notwendig, die existenziellen Themen in die Kindergruppe oder das Klassenzimmer zu tragen. Das ist immer relevant, wenn ein Kind oder ein Mitarbeiter an einer Krankheit, bei einem Verkehrsunfall stirbt oder ermordet wird. Der Verlust beeinflusst uns alle, und alle müssen darüber reden. Die Rolle der Lehrer und Erzieherinnen ist von ganz entscheidender Bedeutung, und zu diesem Thema gibt es zahlreiche gute Ratgeber.[13]

Vor allem ist es aus vielen Gründen wichtig, dass die Institution in diesen Situationen die Verantwortung übernimmt.

- Der Tod ist ein wichtiger Teil des Lebens, über den zu sprechen und darauf zu reagieren notwendig ist, wenn ein Todesfall eingetreten ist.
- Trifft der Tod eine Gemeinschaft, dann ist es wichtig, dass die Gemeinschaft handelt und alle einander helfen, mit den unterschiedlichen Gefühlen und Gedanken, die er hervorruft, fertig zu werden. Das gilt für Gedanken wie für Gefühle, die mit dem Verstorbenen, unserem eigenen Tod und dem unserer nächsten Angehörigen verbunden sind.
- Sich mit dem Tod auseinander zu setzen macht die Gemeinschaft und die Kultur der ganzen Institution zu einem Ort, an dem der ganze Mensch willkommen ist.
- Es ist auch eine gute Möglichkeit, mit Kindern über das Leben und das zu sprechen, was ihnen und uns im Leben etwas bedeutet.
- Es ist eine große Hilfe für viele Kinder, wenn Eltern sich ratlos fühlen oder außerstande sind, mit ihnen darüber zu sprechen.

Darüber hinaus ist der Tod eine schwerwiegende Zäsur in einem ansonsten zielgerichteten und handlungsorientierten Alltag, die den

Erwachsenen ermöglicht, einen einzigartigen Einblick in die Reflexionsfähigkeit der Kinder und ihre Antworten auf die großen Fragen des Lebens zu gewinnen. Ein solcher Einblick hilft, den Sinn für die Proportionen zu wahren.

### Gespräch und Konfliktlösung

Auf dem Markt gibt es inzwischen hervorragende Literatur und Ratgeber zu dem Thema, das nach der amerikanischen Bezeichnung Class Room Management genannt wird, d. h. eine Reihe von vernünftigen Vorschlägen für gemeinsame Spielregeln, die nötig sind, damit eine große Gruppe von Kindern als Arbeitsplatz zum Lernen funktionieren kann. Der Erfolg, mit dem der einzelne Lehrer oder die einzelne Schule diese Spielregeln umsetzen kann, hängt von der Beziehungskompetenz und der beruflichen Ausstrahlung des einzelnen Lehrers ab. Gleiches gilt im Kindergarten. Besucht man Schulklassen und Institutionen für Kleinkinder, wird deutlich, dass es keine bestimmten Regeln gibt, die besser als andere funktionieren, sondern dass ein begrenztes Regelwerk und eine Arbeitskultur notwendig sind, hinter denen Lehrer und Erzieher stehen können.

Einer der entscheidenden Unterschiede ist ganz klar die Entstehung der Regeln. Deutlich ist, dass Regeln, die zur Lösung bereits bestehender Probleme eingeführt werden, am schlechtesten funktionieren. Das liegt daran, dass sie die Tendenz haben, eher restriktiv als fördernd zu wirken und von Erwachsenen in der Defensive »verhandelt« oder eingeführt werden. Gleiches scheint dort zu gelten, wo die Erwachsenen schon existierende Regeln entweder autoritär und wie Polizisten handhaben oder dasselbe versteckt hinter einer einschmeichelnden, zuckersüßen Maske versuchen. Kurz gesagt: Der negative Charakter der Kind-Erwachsenen-Beziehung wird die Haltung des Kindes überschatten oder zerstören, sich an Regeln zu orientieren.

Konflikte in interpersonalen Beziehungen sind am besten im Dialog zu verarbeiten oder zu lösen. Dominieren die destruktiven Konflikte, dann verhindern Regeln, dass Beziehungen sich entwickeln. Dieser Abschnitt handelt aus diesem Grund davon, wie man in Konflikte der Gruppe intervenieren kann. Die Qualität der Konfliktlösung beruht in sehr hohem Maß darauf, wie der Standard für die Wahrnehmung der Kinder der Kompetenz der Erzieher und Lehrer gesetzt wird und für die Art, wie Kinder ihre wechselseitigen Konflikte meistern. Die Wirkung als Vorbild wird nicht immer so schnell sichtbar, wie es sich die Erwachsenen wünschen. Doch das kommt bei jeder Art von Erziehung vor: Häufig sind es andere Menschen und nicht die Erziehenden, die in den Genuss ihres Einsatzes kommen.

**Beispiel:**

In der 2. Klasse nennen sich die Kinder sehr häufig bei ihren Spitznamen. Das führt zu Konflikten, Tränen und Schlägereien. Die Lehrer müssen immer viel Zeit darauf verwenden, um mit den Kindern in der Pause zu sprechen.

Lehrerin: Was ist los, Anders?

Anders: Die sagen Struppi zu mir, nur weil ich beim Frisör war.

Lehrerin: Wer nennt dich bei diesem Spitznamen?

Anders: Martin!

Martin: Du hast mich doch gestern auch »Speedy« genannt. Das ist doch auch ein Spitzname.

Lehrerin: Ihr seid also beide schuld. Wollen wir uns nicht darauf einigen, dass wir uns alle gemeinsam an die Regel halten, die ihr selbst mit aufgestellt habt, dass wir in der 2. Klasse keine Spitznamen verwenden!

**Beispiel:**

Die 2. Klasse hat Dänisch. Sie studieren ein Theaterstück ein und sind bei den Proben. Einige Kinder sitzen auf den Zuschauerplätzen, andere stehen auf und manche hinter der Bühne. Die Lehrerin befindet sich vor der Bühne, gibt Anweisungen und hat gleichzeitig ein Auge auf den Rest der Gruppe. Simon und Mikkel stehen gemeinsam auf einem kleinen Hocker und sehen sich das Theaterstück an.

Mikkel: Simon hänselt mich – hör auf!

Lehrerin: Simon, hör damit auf – geh da runter!

Simon: Wieso denn verdammt noch mal?

Lehrerin: Du sollst verdammt noch mal herkommen, was ist los mit dir?

Hör auf zu fluchen.

(Simon bewegt sich nicht vom Fleck.)

Pause mit anderen Beschäftigungen.

Mikkel: Er hört einfach nicht auf!

Lehrerin (steht auf und geht zu den beiden Jungen): Wer hat zuerst auf dem Hocker gestanden?

Mikkel: Ich.

Lehrerin: Meint ihr nicht, ihr findet trotzdem eine Lösung, wie ihr euch einigen könnt?

Die beiden Abläufe ähneln sich insofern, als sie der Lehrerin klar machen, dass die Konflikte einfach nicht hätten entstehen müssen, und deshalb ist ihr Engagement etwas halbherzig. Im ersten Konflikt zwischen Anders und Martin hat die Lehrerin mehrere Alternativen, abhängig von ihrem eigenen Temperament und ihren beruflichen Grundsätzen, dem allgemeinen Verhältnis zwischen den beiden Jungen, ihrer Rolle in der Klasse, wie sie selbst die Regel befolgt, auf die sie Bezug nimmt usw.

An dem einen Ende der Interventionsskala kann sie die Entscheidung treffen, dem Unterricht des Tages den Vorrang zu geben und sagen: »Ich merke, dass du darüber traurig bist, Anders, aber ihr müsst selbst dafür sorgen, dass das nach der Schule geklärt wird. Ich habe jetzt keine Zeit, euch zu helfen.«

Der Konflikt ist nicht ernst in dem Sinn, dass einer der Jungen an Körper und Seele Schaden nähme. Kinder haben einander schon immer mit Spitznamen gehänselt und werden es auch weiterhin tun, ganz gleich, wie häufig Lehrer und Erzieher sie ermahnen, Absprachen zu treffen. Auch aus dem letzten Satz der Lehrerin geht hervor, dass sie eigentlich findet, die Jungen hätten gegen die Absprache verstoßen. Die Lehrerin steht mit einem Bein in der Rechtswissenschaft, mit einem halben in der Psychologie und dem anderen halben im Unterricht, den sie geplant hat, und so steht sie natürlich nicht gut. Ihre Intervention ist im besten Fall für alle Beteiligten Zeitverschwendung oder im schlimmsten Fall ist das Vertrauen der Kinder zu ihr als Schiedsrichterin in ihren wechselseitigen Konflikten beschädigt.

Am anderen Ende der Skala hätte sie beschließen können, den Unterricht für zehn Minuten zu unterbrechen zu Gunsten ihrer Pflicht, an der »allseitigen Entwicklung der Schüler« mitzuwirken. Sie hätte sich mit den beiden Jungen zusammensetzen und ihnen helfen können, die Episode zu verarbeiten:

Lehrerin: Anders, jetzt möchte ich, dass du Martin erzählst, wie es dir dabei ging, als er dich Struppi genannt hat.
Anders: Das geht mir auf den Keks …
Lehrerin: Ja … und …?
Anders: Aber mich macht das auch traurig, wenn er …
Lehrerin: Du musst Martin anschauen und es ihm direkt sagen.
Martin: Du gehst mir auf den Keks und mich macht das auch traurig … das wolltest du doch auch …
Lehrerin: Okay, stopp, Anders. Zuerst wollen wir hören, was Martin zu sagen hat. Martin …?
Martin: Aber das war doch nur Spaß!
Lehrerin: Gut zu wissen, aber wie findest du das, dass Anders das traurig macht?
Martin: Das war nicht so gemeint, das war nur weil …
Lehrerin: Es ist gut, was du sagst, Martin, du musst es nur Anders sagen und nicht mir …
Martin: Das war doch nur Spaß, Anders. Ich wollte nicht, dass du traurig wirst …
Lehrerin: Anders, kannst du nicht mal überlegen und Martin dann sagen, wie du das findest, was er jetzt sagt?
Anders: Aber das weiß ich nicht …
Lehrerin: Geht es dir jetzt besser oder bist du immer noch traurig oder vielleicht noch trauriger?
Anders: Mir geht es besser.
Lehrerin: Gut genug, dass ihr wieder Freunde sein könnt oder wolltest du noch etwas sagen?
Anders: Nee…
Lehrerin: Schau ihn an, dann kannst du es besser merken.
Anders: Du sollst nicht mehr Struppi zu mir sagen …

Martin: Dann darfst du aber auch nicht mehr Speedy zu mir sagen!

Lehrerin: Darüber werden wir vielleicht auch noch reden, aber jetzt hätte ich gern, dass du Anders antwortest.

Martin: Aber ich habe doch gerade gesagt, dass ich damit aufhöre.

Lehrerin: Alles klar, ihr beiden?

Beide: Alles klar.

Wenn Zeit ist, kann die Lehrerin die anderen Kinder auffordern, ihre Kommentare zu dem abzugeben, was sie gerade beobachtet haben, ansonsten gibt es nichts mehr zu sagen. Jeder Versuch von Seiten der Lehrerin, die Gelegenheit zu nutzen, über das Thema zu moralisieren, wird den Prozess unterminieren, der jetzt angelaufen ist. Keiner der Beteiligten wurde als fehl am Platz dargestellt, und sie haben das erste Grundlagentraining darin erhalten, wie man interpersonale Konflikte verarbeitet.

Eine Regel wie diese aufzustellen, dass man sich keine Spitznamen geben darf, ist ein klassisches Beispiel für die Versuche von Erwachsenen, Kindern Unannehmlichkeiten zu ersparen, die zum Kindsein dazugehören – und das läuft nie nach Plan. Nennen Kinder andere bei ihrem Spitznamen, um sie zu hänseln, mit ihnen zu flirten oder sie zu verletzen, ist das eine Schlussfolgerung, zu der sie nur kommen können, nachdem sie es ausprobiert haben und sie dem ausgesetzt waren. Im Leben kann man keine Vorbeugungsmaßnahmen treffen, sondern wir lernen im Lauf unseres Lebens, wie wir am besten damit klarkommen u.a. durch relevante Führung durch Erwachsene. Nur in seltenen Fällen ist es hilfreich, ganz allgemein über die Art von Phänomenen zu sprechen. Dagegen verfehlt es nie seine Wirkung, spezifisch und persönlich auf sie zu reagieren.

Im zweiten Beispiel, dem Konflikt zwischen Martin und Simon, muss die Lehrerin zwei Entscheidungen treffen. Die erste ist, ob sie ihre Zeit und Aufmerksamkeit für einen banalen territorialen Konflikt verwenden will oder für die Anweisungen an die Spieler auf der Bühne. Bei der zweiten, übergeordneteren Entscheidung geht es um ihren Glauben an den Nutzwert, dass sie den Kindern vorgefertigte Kompromisse anbietet, wenn sie miteinander einen Konflikt austra-

gen. Nach unserer Erfahrung ist Letzteres Zeit- und Energie-
verschwendung. Wenn sie in den Konflikt Zeit investieren will, kann
sie z. B. sagen: »Ihr wollt beide auf dem gleichen Hocker stehen, aber
ihr wollt nicht zusammen drauf stehen. Findet eine Lösung und sagt
mir dann Bescheid, wenn ihr sie gefunden habt.« In den allermeisten
Fällen werden sie eine Lösung finden und vergessen, sie zu berichten,
weil der Konflikt von Anfang an gleichgültig war.

Für beide Konflikte gilt, dass einer der Aspekte, die in die Überlegungen der Lehrerin einfließen müssen, der Charakter von zwei
Mal zwei allgemeinen Beziehungen der Jungen ist. Nimmt das Kon-
fliktpotential zum Schaden der Jungen, der Stimmung in der Klasse
und des Unterrichts zu, bringt es wenig Nutzen, in einen kurzfristigen Konflikt einzugreifen. Stattdessen sollte sich die Lehrerin
Zeit nehmen, den beiden Hilfe zu beschaffen, damit sie sich ihr
wechselseitiges Verhältnis anschauen und klären können, was sich
zwischen ihnen abspielt. Genauso muss es gemacht werden, wenn
Vergleichbares zwischen zwei erwachsenen Kollegen zu Lasten der
Atmosphäre in der Institution und zwischen den beiden Betroffenen
vorkommt.

Erfahrungsgemäß besteht eine der besten Methoden zur Senkung
des Konfliktpotentials darin, die Konflikte zu begrüßen statt negativ
auf sie zu reagieren. Konflikte sind eine vollkommen notwendige
Komponente interpersonaler Beziehungen. Durch sie lernen wir die
wertvollsten Dinge über uns selbst und über andere. Die pädagogischen Institutionen müssen sich nur daran gewöhnen, dass es gut und
gern eine Kindheit dauert, sich das notwendige Rüstzeug anzueignen.

Gelingt es, eine solche Kultur zu schaffen, wird es auch für die Erwachsenen möglich, mehr Einfluss darauf zu nehmen, wann und wie
die Konflikte verarbeitet werden sollen. Kinder und Jugendliche können ohne weiteres damit leben, dass die Erwachsenen den Dingen eine
Struktur geben:

- »Sofie und Lene, hört mal. Ich merke, dass euer Konflikt mehr als
  nur eine Kleinigkeit ist. Ich werde euch dabei helfen, aber ihr müsst
  bis nachher warten.«

- »Ich kann nicht herausfinden, wie wichtig das hier für euch ist, aber lasst jetzt ein bisschen Gras über die Sache wachsen und danach komme ich wieder auf euch zurück.«
- »Wie ich euch kenne, könnt ihr das ganz gut allein regeln. Wollt ihr zehn Minuten nach draußen gehen oder hat es Zeit bis nach der Schule?«
- »Ich habe keine Zeit, euch jetzt zu helfen, und wenn ihr anderen gleich auf den Spielplatz geht, dann bleiben Sören und Rikke hier, dann können wir darüber sprechen, wenn ich damit fertig bin, den anderen beizubringen, wie man Weihnachtssterne bastelt.«

Ein anderer Vorteil, wenn man Konflikte positiv aufnimmt, ist, dass es zu einer besseren Grundstimmung in einer Kindergruppe beiträgt. So entstehen auch weniger sinnlose Konflikte zwischen Erwachsenen und Kindern. Der Respekt der Erwachsenen vor dem Leben und seinen vielen irrationalen Erscheinungsformen fördert den Respekt der Kinder vor Erwachsenen. Aber der Respekt muss praktiziert, nicht gepredigt werden.

## 10. Kapitel: Herausfordernde Kinder

### *Einleitung*

Der im vergangenen Jahrzehnt sehr verbreitete Begriff »hyperaktives Kind« bezeichnet eine sehr differenzierte Gruppe von Kindern mit ernsten existenziellen Problemen: Kinder mit einer sogenannten Aufmerksamkeitsstörung (ADHD, Attention Deficit/Hyperactivity Disorder) bis hin zu Kindern, die bloß energisch, wissbegierig und gewohnt sind, als aktive, gleichwertige und wertvolle Teilnehmer in die Familie eingebunden zu werden.

Die flexiblere Struktur in den Kleinkindinstitutionen macht es in der Regel einfacher, diese Kinder zu behandeln und unterzubringen, obwohl zweifellos die pädagogische Einstellung und die Anzahl der Kinder pro Quadratmeter auch großen Einfluss haben. Es ist bedrückend, dass die räumlichen Rahmenbedingungen in den pädagogischen Institutionen nach wie vor an letzter Stelle stehen und das nicht nur zum Schaden der intellektuellen, psychosozialen, motorischen und kreativen Entwicklung der Kinder, sondern auch zu Lasten der Qualität in den interpersonalen Beziehungen.

In der Schule, wo »ruhige Kinder« immer mit »guten Kindern« gleichgesetzt wurden, hat man es natürlich schwerer, sinnvolle soziale und berufliche Beziehungen zu den »hyperaktiven Kindern« aufzubauen. Hinzu kommt, dass ein Teil des Schulpersonals keine Erfahrung hat, zwischen den vielen verschiedenen Ursachen für die »Hyperaktivität« zu unterscheiden. Das gibt Raum für Mythenbildung über moderne Kinder und ihre Eltern. Ein Teil der Lehrerinnen und Erzieher tendiert ständig dazu, das Verhalten von Kindern ausschließlich aufgrund des Einflusses zu beurteilen, den es auf ihre Arbeitsbedingungen hat, und nicht aufgrund der Konflikte und Dilemmata, die das einzelne Kind in sich birgt.

Die landesweite Untersuchung des Unterrichtsministeriums von

1996[1], die 20 Prozent der dänischen Grundschulkinder erfasste, ergab, dass rund 10 Prozent dieser Schüler sich und andere mehr oder weniger konstant im Unterricht ablenken. Etwas weniger als 2 Prozent stören fast ständig, und knapp 1 Prozent (ca. 5000) werden als ein so großer Störfaktor empfunden, dass die Lehrer wünschten, sie würden nicht in ihre Schule gehen. Vergleichbare Untersuchungen in Norwegen kommen im Großen und Ganzen zu dem gleichen Ergebnis.[2]

Die Überschrift dieses Kapitels hätte auch »anstrengende Kinder«, »unartige Kinder«, »unerzogene Kinder«, »Kinder mit psychosozialen Problemen«, »andere Kinder«, »Kinder mit Lern- und Verhaltensproblemen« usw. heißen können. Wir haben uns für den Ausdruck »herausfordernd« entschieden, weil er ein beziehungsmäßiges Phänomen beschreibt statt Kinder ausschließlich zu kategorisieren. Folglich wird diese pädagogische Beziehung als eine Beziehung charakterisiert, wo die Rahmenbedingungen und Regeln der Institution, die Beziehungskompetenz der Lehrer und Erzieher, die berufliche Entwicklung, die Erwartungen und Vorurteile mit der gleichen Intensität herausgefordert/frustriert werden, wie diese Phänomene die Kinder herausfordern.

Die Geschichte ist voll von sachlichen und volkstümlichen Versuchen, Menschen zu definieren und zu kategorisieren, wenn inneres und äußeres Verhalten von der Norm abweicht und es deshalb herausfordert und herausgefordert wird durch die Grenzen, Erwartungen und Vorurteile der Lehrer und Erzieher und den Normen und Regeln der Institution. Ein zunehmender Teil dieser Kinder wird aussortiert und bekommt zusätzliche Hilfestellung angeboten, wenn dieses Angebot in der Situation des Kindes für wichtig gehalten wird und wogegen es wichtiger wäre, die Beziehungskompetenz der Erwachsenen zu unterstützen und zu ergänzen. Kindern und Jugendlichen wird ständig in beträchtlichem Umfang die Rolle des Sündenbocks zugewiesen.

Im Rahmen dieses Buches wollen wir weder näher auf eine Reihe von hinreichend etablierten Diagnosen noch auf die neueren, diagnoseähnlichen Kategorien (z. B. ADHD) eingehen.[3] Ein Teil dieser Diagnosen ist zweifellos für alle Parteien zutreffend, relevant und hilfreich. Es gibt unzählige Zeugnisse von Kindern und Jugendlichen, die bestätigen, welche Erleichterung es ist, eine Diagnose als Alternative dafür zu bekommen, sich bloß anders und fehl am Platz zu fühlen. Genauso ist es ein gegenseitiges, konstruktives Erlebnis, wenn das pädagogische Angebot an das Potential und die Einschränkungen angepasst ist, die die Diagnose eines jeden Einzelnen mit sich bringt.

Mit diesen Pluspunkten im Hinterkopf ist es nach unserer Erfahrung wichtig, sich über vier Umstände im Klaren zu sein:

- Erstens sind bestimmte Diagnosen relativ unspezifisch und lassen so Raum für einen großen Toleranzbereich. Eine falsche Diagnose ist womöglich genauso belastend, wie eine korrekte Diagnose förderlich sein kann.
- Zweitens haben Diagnosen die Angewohnheit in Wellenbewegungen aufzutreten, die auf neuen Erkenntnissen und geschärfter Aufmerksamkeit der Fachleute beruhen können, aber auch hin und wieder den Charakter von Modeerscheinungen mit regelrechten Angriffen auf und Verletzungen von Kindern und Jugendlichen als Folge haben.
- Drittens sollte man nach unserer Meinung äußerst vorsichtig sein, wenn man die traditionelle Tendenz akzeptiert, Kinder auf ihre Diagnose zu reduzieren, und somit das Kind vom Subjekt auf ein Objekt in der pädagogischen Beziehung reduziert.
- Viertens und vielleicht am wichtigsten ist, dass die Fachleute, die die Diagnosen stellen, nicht immer hinreichend ausgebildet sind, um die Qualität der engeren, täglichen Beziehungen des Kindes zu Erwachsenen festzustellen.

Ein ganz normaler Mensch kann für einen kurzen Krankenhausaufenthalt damit leben, dass man von ihm als »dem Appendix« oder »dem Struma« spricht, obwohl das eine Menge Humor und Nachsicht erfordert. Kinder wie Erwachsene leiden sehr darunter, wenn wichtige Beziehungen über einen längeren Zeitraum diesen Charakter annehmen, ganz gleich, ob das in professionellen Beziehungen geschieht oder innerhalb der Familie. Da spielt es keine Rolle, wie gut gemeint die Absichten sein mögen.

Richtet sich alle Aufmerksamkeit auf das *funktionale* Potenzial des Kindes, wird das vom Kind genauso wahrgenommen wie Mobbing von Gleichaltrigen, aber mit dem wesentlichen Unterschied, dass das »Mobbing« der verantwortlichen und engagierten Erwachsenen von einem positiven Unterton und einer allgemeinen moralischen Akzeptanz begleitet wird. Das führt in der Wahrnehmung des Kindes von sich selbst in der Welt zu Chaos und schwächt sein Selbstwertgefühl. Das ist der Fall, ganz gleich, ob es um die intellektuelle, physische oder soziale Funktion des Kindes geht.

Kinder mit der gleichen Diagnose unterscheiden sich genauso voneinander wie Kinder ohne Diagnose.

Je größer die *funktionalen* Schwierigkeiten des Kindes sind, desto mehr Aufmerksamkeit und Zuwendung brauchen seine individuelle Existenz und sein Leben. Nicht nur als eine Ergänzung der pädagogischen Strategien und ihrer Ziele, sondern als eine notwendige Voraussetzung für deren Erfolg. Obwohl Eltern und andere Menschen im privaten Netzwerk des Kindes eine wesentliche Rolle dabei spielen, ist Kindern nicht damit gedient, wenn man eine Arbeitsteilung zwischen Eltern und Profis vornimmt, so dass sie Sorge für ihre jeweils eigene Dimension tragen. Die Integrität und das Selbstwertgefühl des Kindes – und somit sein gesamtes Entwicklungspotential – stehen und fallen mit der Fähigkeit und dem Willen der Erwachsenen, das *ganze* Kind in die Beziehung zu integrieren. Der Förderunterricht an den Schulen und das Angebot der Sonderschulen an die Kinder mit spezifischen Diagnosen liefern viele gute Beispiele dafür, was dabei herauskommt, wenn das nicht gelingt.

Traditionell teilen sich auch die Profis die Aufgaben untereinander auf, so dass eine Person sich um den allgemeinen Unterricht kümmert, eine andere um den Förderunterricht, eine dritte um die emotionale Situation des Kindes, eine vierte um die Beziehungen in der Familie usw. Diese Spezialisierung, die nach dem Zweiten Weltkrieg ernsthaft an Geschwindigkeit zunahm, hat zu sehr großen beruflichen Vorteilen in Form von mehr Erkenntnis, Verständnis und Sachverstand geführt.

Dagegen führt diese Spezialisierung zur Tendenz, die professionellen Beziehungen zu Kindern und Erwachsenen zu verschlechtern, die häufig mit ihrem Gefühl allein gelassen werden, zum Objekt oder zu so etwas wie Statisten in einem mehrteiligen Drama gemacht worden zu sein.

Wir haben die durchgängige Erfahrung gemacht, dass herausfordernde Kinder behandelt werden können und ihnen über eine sehr lange Wegstrecke von ihren Lehrern und Erzieher geholfen werden kann – bzw. von ihren Sonderschullehrern oder Sonderpädagogen, sofern diese die interdisziplinäre Sachkenntnis aus anderen Quellen im System beziehen. Dieses Kapitel handelt von dem Ansatz und der Kompetenz, von denen Kinder bei einer Behandlung profitieren und die somit auch die destruktiven Elemente in der pädagogischen Beziehung verändern können. Das Hauptaugenmerk wird auf der psychosozialen Dimension liegen und auf Kindern, die wir traditionell als Kinder mit psychosozialen Problemen, Verhaltensproblemen, Anpassungsproblemen usw. beschreiben, seien es Kinder in Kindergärten, Schulen oder Sonderinstitutionen. Sinn ist nicht, neue Methoden zu beschreiben, sondern einen neuen Ansatz als Basis für die Entwicklung von alternativen Methoden.

### Ein neuer Ansatz

Am Anfang stehen in diesem Buch drei Begriffspaare:

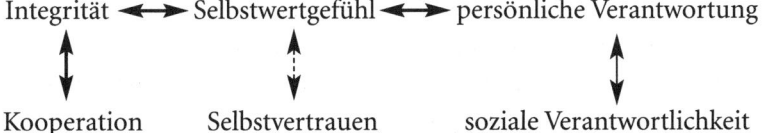

Wir haben oben festgestellt, dass eine Korrelation zwischen der persönlichen Integrität, dem Selbstwertgefühl und der persönlichen Verantwortlichkeit eines Menschen besteht, die nicht unbedingt zwischen Kooperation, Selbstvertrauen und sozialer Verantwortlichkeit existiert. Es besteht eine klare Korrelation zwischen Integrität und Kooperation, eine sehr begrenzte zwischen Selbstwertgefühl und Selbstvertrauen und eine variierende Korrelation zwischen persönlicher und sozialer Verantwortlichkeit. Außerdem haben wir dargelegt, wie die Summe von Integrität, Selbstwertgefühl und persönlicher Verantwortlichkeit die zentralen Teileelemente in der persönlichen Integrität eines Menschen bildet.

Auf Kinder und Jugendliche, die wir uns in diesem Kapitel erlaubt haben, als »herausfordernd« zu bezeichnen, haben wir in der Pädagogik traditionell ausgehend von den Qualitäten und Eigenschaften reagiert, die ihnen anscheinend oder tatsächlich fehlen: die Fähigkeit zur Kooperation, zu Selbstvertrauen, sozialer Kompetenz und Verantwortlichkeit. Wir haben mit anderen Worten festgestellt, dass sie nicht zur Kooperation bereit, unsicher und unsozial sind, und haben die pädagogischen Ziele in Übereinstimmung damit definiert: sie willens zur Kooperation zu *machen*, ihnen Selbstvertrauen zu *geben* und sie sozial zu *machen*.

Wie wir schon in den Kindergärten und Schulen gesehen haben, sind vor allem im Verlauf der letzten Generation zahlreiche sozialpädagogische Institutionen und Projekte entstanden, die sich an neuen Methoden versucht haben, wie man Kinder und Jugendliche behandeln und ihnen helfen kann. Einige davon haben sich als brauchbar erwiesen und haben Jugendliche hervorgebracht, die in der Lage waren, außerhalb des pädagogischen Milieus besser zurecht zu kommen als viele der aus traditionelleren Angeboten stammenden. Bei anderen neuen Methoden bestand eine langfristige Abhängigkeit von einzelnen pädagogischen Feuergeistern, die nicht in der Lage waren, ihr Engagement und Talent so in eine pädagogische Praxis umzusetzen, dass auch weniger passionierte Kollegen sie praktizieren können. Das allgemeine pädagogische Denken ist häufig für die Ideen und Methoden dieser alternativen Schwärmer offen gewesen. Das hat jedoch nur in Ausnahmefällen zu einer Revision der grundlegenden Werte der Gehorsamskultur geführt, den Werten, die nach unserer Meinung und Erfahrung in direktem Gegensatz zu allem stehen, was wir heute über die Existenz und Entwicklung von Kindern wissen.

Wir schlagen deshalb vor, dass man, statt auf eine Modifizierung des Verhaltens der Kinder auf Symptomebene zu setzen, d. h. auf ihren

Willen zur Kooperation, ihr Selbstvertrauen und ihre soziale Verantwortlichkeit, eine Pädagogik schafft, die auf ihren eigentlichen Kern von Integrität, Selbstwertgefühl und persönliche Verantwortlichkeit setzt, und das mit dem gleichen Ziel: auf ihre persönliche und soziale Entwicklung in eine Richtung einzuwirken, mit der sie sich wohler fühlen und die die Gesellschaft akzeptieren kann.

Betrachten wir den allgemeinen Verlauf im Leben eines unangepassten und unglücklichen Kindes, beruht sein kooperationsunwilliges Verhalten in allererster Linie darauf, dass es entweder mit dem Verhalten der Eltern in einem Maß kooperiert (kopiert, sich angepasst) hat, das selbstzerstörerisch wurde, oder dass es von den Eltern oder anderen Erwachsenen so ernsthaft und/oder kontinuierlich verletzt wurde, dass seine persönliche Integrität Gefahr läuft, sich aufzulösen. Die Verletzungen können schwerwiegend gewesen sein – physische und psychische Gewalt, sexueller Missbrauch – oder haben in einer Form stattgefunden, die Daniel Stern »Mikrogeschehen« nennt. Diese aktiv verletzenden oder passiv versagenden Mikrogeschehen treten häufig als ein sanktionierter Teil der Erziehung und Pädagogik in Familien auf, die autoritäre Erziehung praktizieren oder versuchen, sie zu praktizieren, und in Institutionen, die sich für moderner halten.

Wir wissen, dass viele der Kinder und Jugendlichen, die eine anspruchsvolle Behandlung brauchen, aus Familien stammen, die auf die altmodische Weise versuchen, »Grenzen zu setzen«, d. h. aus Familien, die versuchen, an der Gehorsamskultur festzuhalten. Hinzu kommt eine große Gruppe von Kindern und Jugendlichen, die am Anfang nicht behandlungsintensiv sind, sondern Opfer dessen werden, was wir »öffentliches Versagen der Betreuung« nennen. Der Ausdruck umfasst die gefährdeten Kinder und Jugendlichen, denen gegenüber sich das soziale System passiv verhält, und Kinder und Jugendliche, die regelrechten Übergriffen seitens des Systems ausgesetzt sind. Viel spricht dafür, dass die Zahl dieser Kinder und Jugendlichen in dem Maß steigt, wie das Gleichgewicht zwischen den professionellen und den bürokratischen Werten in den öffentlichen Systemen zu Gunsten der bürokratischen Werte verschoben wird.

Ganz gleich, was wir als die primären Ursachen für das problematische Verhalten eines Kindes beschreiben können, so ist sein Bedürfnis und seine Botschaft an die Umwelt also nicht: »Bring mir bei, wie ich kooperiere und mich anpasse!«

Sondern sie lautet: »Kümmere dich um meine Integrität und bring mir bei, wie ich selbst mit mir vertraut werden und andere Menschen es aushalten können, mit mir zusammenzusein.«

Erst wenn das Kind pädagogische Beziehungen erlebt, in denen die Erwachsenen interessiert, offen und sensibel sind für seine persönliche Integrität und von seinem unmittelbaren Verhalten abstrahieren können, hat sein Selbstwertgefühl die Möglichkeit, sich in einem kontinuierlichen, dialektischen Prozess zwischen der Sehnsucht des Kindes nach Integrität und dem pädagogischen Interesse gleichzeitig zu entwickeln. In dem Maß, wie die Integrität des Kindes wieder gefunden, ausgedrückt, anerkannt und stimuliert wird, bildet sich sein gesundes Selbstwertgefühl heraus, das das notwendige Fundament für intellektuelle und soziale Entwicklung (aber nicht für intellektuellen und sozialen Gehorsam) ist.

Derselbe Entwicklungs- und Erkenntnisprozess macht es dem Kind möglich, mehr und mehr die persönliche Verantwortung zu übernehmen und somit seine soziale Verantwortlichkeit zu steigern. Das setzt eine pädagogische Beziehungskompetenz voraus, die mehr als sensibel und anerkennend gegenüber den Seiten der Existenz des Kindes ist, die mit Trauer, Schmerz, blinder Wut und tiefem Misstrauen verbunden sind, auch den Erwachsenen inspirieren kann, im Tempo des Kindes als erfahrener Sparringspartner* und Inspirator aufzutreten.

Soziale Kompetenz und Verantwortlichkeit sind ein Produkt dieser Qualitäten – keine Voraussetzung für sie. Rahmen und Regeln sind deshalb – aus dieser Sicht – nicht pädagogisch. Sie sind Rahmen und Regeln. Die Erwachsenen entscheiden, welche Rahmen und Regeln angebracht und vernünftig sind hinsichtlich der Kultur der Institution

---

* Der Begriff stammt aus dem Boxsport und steht für einen Trainingspartner, der maximalen Widerstand leistet und minimalen Schaden anrichtet.

und des Zusammenseins von Kindern und Erwachsenen. Eine Anpassung an diese Rahmen und Regeln können weder als ein Ziel noch als Erfolg definiert werden. Der pädagogische Erfolg liegt in der Qualität, mit der die Erzieherinnen den Kindern und Jugendlichen begegnen, die die Regeln und Rahmen nicht befolgen. Die Erzieherinnen stehen somit der gleichen Aufgabe gegenüber, an der die Eltern gescheitert sind: den Ungehorsamen zu begleiten, damit er den Weg zu sich selbst findet. Es reicht ganz einfach nicht, dass das Verhalten der Erzieherinnen vernünftiger ist als das der Eltern, dass ihr Engagement stabiler und glaubwürdiger ist und dass ihre Regeln mit großer Konsequenz gehandhabt werden.

Die tragfähigen pädagogischen Werte und Prinzipien unterscheiden sich also nicht von denen, die für alle anderen Kinder gelten. Die herausfordernden Kinder brauchen nur *mehr von allem*, ganz ungeachtet der Art ihres Verhaltens oder ihrer etwaigen Diagnose.

In der Praxis verwirrt erfahrene Erzieher am meisten, dass man sich bei diesen Kindern und Jugendlichen in vielen Fällen gezwungen fühlt, von hinten anzufangen: mit der persönlichen Verantwortlichkeit. Die Verwirrung beruht nicht nur darauf, dass viele intuitiv in der persönlichen Verantwortlichkeit den diametralen Gegensatz zur sozialen Verantwortlichkeit sehen, sondern auch auf dem Paradox, dass die Möglichkeit, persönliche Verantwortung zu übernehmen, letztendlich mit Integrität und Selbstwertgefühl zusammenhängt. Man muss seine realen Bedürfnisse und Grenzen spüren und über sie nachdenken können, ehe man Verantwortung für sie übernehmen kann. Paradox hin oder her, mit etwas größeren Kindern, die entweder pausenlos selbstzerstörerische Entscheidungen treffen oder passiv und apathisch sind, ist man häufig gezwungen, genau dort anzufangen. Man muss ihre Entscheidungen als sinnvoll (aus ihrer Sicht betrachtet) anerkennen und ein empathisches Gegenspiel anbieten, d. h. ein Gegenspiel und einige Gegenvorstellungen, die *nicht* die Wünsche des Erwachsenen beschreiben, sondern auf der Existenz des Kindes basieren, wie sie im gegenwärtigen Augenblick eben ist. Sofern der oder die Erziehende echte »erwachsene« Alternativen von persönlicherer Art hat, können sie bedenkenlos angeboten werden, jedoch am Ende des

Dialogs und auf eine Aufforderung von Seiten des Kindes hin. Am schwierigsten ist natürlich, beim Trial-and-Error-Prozess und dem Tempo des Kindes zuzuschauen. Doch neue Wahlmöglichkeiten und Ansätze müssen häufig auf neuen Erlebnissen basieren. Gleiches gilt übrigens für Veränderungen von pädagogischen Entscheidungen und Ansätzen.

Es gibt Kinder und Jugendliche, denen genauso schlecht damit gedient ist, wenn sie in allgemeine Kindergärten und Schulen gehen, die an die Institutionen angegliedert sind. Doch das bedeutet nicht, dass die Wertgrundlagen der Sonderinstitutionen und pädagogische Prinzipien anders werden sollen. Die Autoren dieses Buches haben wie andere Fachleute auch viele Jahre klinische Erfahrung damit, dass herausfordernde Kinder, die mit diesen beziehungsmäßigen Qualitäten behandelt werden, relativ schnell ihr Signal- oder Symptomverhalten ablegen oder reduzieren und somit besser in die allgemeinen Institutionen passen. Gleichzeitig erhalten sie einen lebenswichtigen Zuschuss durch einige wertvolle Qualitäten, die auf etwas längere Sicht von entscheidender Bedeutung für ihr Leben sein können. Gleiches gilt für hyperaktive Kinder, deren Verhalten organisch bedingt ist. Noch immer fehlen uns zusammenhängende Langzeitstudien und -forschungen, die diese Erfahrungen bündeln und evaluieren können.

Obwohl die herausfordernden Kinder nur einen sehr geringen Teil des Ganzen ausmachen, nehmen sie einen sehr großen Teil im Bewusstsein des Lehrers und der Erzieherin in Anspruch. Die folgenden Beispiele bieten eine kleine Auswahl der Erwachsenen-Kind-Beziehungen, die wir als Supervisoren und Berater aus unmittelbarer Nähe verfolgen konnten. Das Engagement der Fachleute für die Kinder ist immer groß gewesen, aber ausgehend vom gesamten Gefühlsregister von Mitgefühl über Verärgerung bis zur Machtlosigkeit. Es ist bezeichnend, dass die involvierten Erwachsenen ursprünglich nach »Lösungen« gesucht haben und gezwungen waren, die Qualitäten der Beziehung zu verändern.

## Beispiele und Analysen
### Beispiel 1:
Allan ist fünfzehn Jahre alt und geht in die 9. Klasse. Seit Schulbeginn war er ein stiller, etwas unscheinbarer Junge, dem die Lehrer meistens nicht viel Beachtung schenkten. Allan war ruhig, freundlich, kam gut mit und tat, was man von ihm verlangte. Als er in die 4. Klasse kam, fiel dem Klassenlehrer auf, dass er sehr traurig und unglücklich wirkte und aufgrund eines Gespräches mit ihm wurde die Sozialbehörde verständigt.

Es stellte sich heraus, dass Allan von klein auf mit einer phasenweise stark alkoholisierten Mutter und mit drei kleineren Geschwistern in einer Familie lebte, wobei der Aufenthaltsort des Vaters unbekannt war. Allan zog mit Zustimmung seiner Mutter zu einer Pflegefamilie, wo er seither wohnt. Die Pflegeeltern haben ihn unglaublich gern und er sie. Sie waren von Anfang an sehr überrascht, wie schnell sich Allan in ihrer Familie und in der Schule vor Ort einlebte und wie hilfsbereit und rücksichtsvoll er war. Das einzige Problem, das sie in der Beziehung zu Allan hatten, bestand darin, dass es immer vier bis fünf Tage dauerte, bis er wieder gute Laune hatte, wenn er vom monatlichen Wochenendbesuch bei seiner Mutter und seinen Geschwistern zurückgekehrt war.

In der 9. Klasse wurde Allan wie seine Freunde mit der Zukunft nach der Schule konfrontiert. Sollte er auf das Gymnasium, in die Lehre, auf die technische Schule gehen oder …? Verantwortliche und engagierte Erwachsene, seine Pflegeeltern gaben sich viel Mühe, mit ihm darüber zu reden, und nahmen ihn auch zu einigen Beratungsgesprächen beim Schuljugendberater mit. Die Pflegeeltern waren offen und vorurteilslos und sehr darauf bedacht, dass Allan sich *selbst* für die Zukunft entschied, die ihm am meisten zusagte.

Nach einigen Monaten veränderte sich Allans Verhalten. Er fing an, immer wieder die Schule zu schwänzen, kam nicht zur vereinbarten Zeit nach Hause und blieb manchmal die ganze Nacht weg. Er wurde langsam auch verschlossen und in sich gekehrt und wollte am liebsten allein sein. Obwohl die Pflegeeltern sich Sorgen machten, nahmen sie es relativ gelassen hin und trösteten sich damit, dass er weder kriminell noch süchtig war. Auf Anregung der Schule setzten die Sozialbehörden indessen die Pflegeeltern und Allan ständig mehr unter Druck mit der Forderung, der solle zur Schule gehen, Entscheidungen über seine Zukunft treffen usw. In dem Maß, wie der Druck stieg, eskalierte Allans problematisches Verhalten.

### Analyse:

*Allan ist in tiefer Einsamkeit aufgewachsen. Suchtkranke verlieren sehr schnell die Fähigkeit, die Bedürfnisse von Kindern wahrzunehmen, sie zu überblicken und zu erfüllen. Er ist auch mit einer enormen Bürde an sozialer Verantwortung aufgewachsen. Sind die Eltern entweder physisch oder psychisch abwesend – und bei Allan war beides der Fall –, springt das älteste (oder einzige) Kind immer ein und versucht, die Abwesenheit der/des Erwachsenen zu kompensieren. Allan war die erste Betreuungsperson in seiner Familie und ein Muster an sozialer Kompetenz schon als er in den Kindergarten kam. Er wusste alles darüber, wie man kooperiert und sich anpasst.*

*Sein Verhalten passte folglich genau zu den Ansprüchen und Erwartungen der Schule und der Pflegefamilie an ihn. Er hatte früh im Leben seine persönliche Integrität ohne Gegenwehr aufgegeben, und das Lob der Erwachsenen bestätigte ihn täglich darin, dass er das Richtige getan hatte. Nur bei den monatlichen Besuchen bei der Mutter kam der Schmerz hoch, aber selbst den erlebte Allan meistens als Sorge um seine kleineren Geschwister.*

*Nach 15-jähriger Anstrengung, den Ansprüchen und Erwartungen der Umgebung gerecht zu werden, wurde er plötzlich mit der ersten und größten persönlichen Entscheidung konfrontiert, die zu treffen er jemals gezwungen war:»Was willst du selbst mit dem Rest deines Lebens anfangen?«*

*Niemand kam auf die Idee, dass Allan nur auf Leere stieß, als er Verbindung zu sich selbst aufnahm, dass er sein Selbst aufgegeben hatte für die Ansprüche, die das Leben an ihn gestellt hatte. Er hört sich bereitwillig die vielen Ideen und Vorschläge der Pflegeeltern, des Schuljugendberaters und Sachbearbeiters an. Da jedoch nichts davon in ihm »selbst« Widerhall findet, kann er natürlich keine verantwortliche Entscheidung treffen.*

*Stattdessen entscheidet er sich für Isolation und Einsamkeit. Das tut er teils, weil es für ihn vertraute Räume sind und teils weil schließlich dort sein*

»Selbst« zu finden sein muss in Ermangelung eines inspirierenden Umfelds. Er macht somit das gleiche, was Tausende von Erwachsenen in entsprechenden Lebens- und Identitätskrisen jeden Tag tun – und wird dafür bestraft. Die Erwachsenen um ihn hätten ihn einfach freundlich anzuschauen und zu sagen brauchen: »Wir merken, dass du dich zurückziehst, um eine wichtige Entscheidung zu treffen, und dass es die schwerste Aufgabe ist, die du je lösen musstest. Wir haben verstanden, dass du Zeit für dich brauchst, um es herauszufinden, und das ist in Ordnung. Wir werden keine Vorschläge für deine Ausbildung oder Angebote von Lehrstellen mehr machen, aber wir würden sehr gern mit dir darüber reden, wer du selbst bist. Du musst dir keine Sorgen machen um all die Ermahnungen, die du in der Schule und von den anderen Behörden zu hören bekommst. Sie versuchen nur, die Gesetze einzuhalten. Aber die Gesetze sind für Durchschnittskinder gemacht, und du bist kein Durchschnittskind, nimm dir also die Zeit, die du brauchst.«

Er hätte sich auch mit weniger psychologischer Fachkenntnis und einem Minimum an beziehungsmäßiger Verantwortlichkeit seitens der Schulleitung oder des Sachbearbeiters zufrieden gegeben: »Allan, wir wissen nicht, wie wir dir helfen können. Wir haben das Bestes von dem versucht, was wir gelernt haben. Das einzige, was wir dir anbieten können, ist mehr davon, aber darüber freut sich keiner von uns. Ich hoffe, du selbst kannst einen Weg aus dieser Situation finden, und ich werde versuchen, dich nicht mehr in Verlegenheit zu bringen.«

**Beispiel 2:**
Marie geht in die 3. Klasse. Sie ist immer gut mit ihren Freunden, den fachlichen Ansprüchen und Herausforderungen in der Schule zurechtgekommen. Um die Weihnachtszeit ändert sie plötzlich ihr Verhalten in der Schule. Als sie am Morgen in die Schule kommt, will sie ihre Jacke nicht ausziehen, sondern sitzt mit hochgeschlagenem Kragen da und versteckt sich. In der Schule bekommt sie fachliche Probleme. Ihre Leistungen werden schlechter, und sie weint häufig, knüllt das Papier zusammen und schimpft über die »schwachsinnige Mathematik«. Wenn die Mitschüler an ihrem Tisch vorbei gehen und sie vielleicht sogar streifen, meint sie, sie würden sie schubsen, und bricht in Tränen aus.

Ein Gespräch zwischen Klassenlehrer und Eltern klärt weder noch löst es das Problem. Die Eltern kennen Marie nur als artiges, liebes und stets kooperationsbereites Kind und meinen, ihr verändertes Verhalten in der Schule sei das Problem des Lehrers. Der Lehrer versucht mit Marie zu reden: »Was ist mit dir, Marie? Du kommst doch sonst immer gut zurecht. Hat dich jemand gehänselt?« Ganz gleich, wie viele hilfreiche Vorschläge der Lehrer macht, Marie antwortet mit Schniefen, Schulterzucken oder Leugnen. Der Lehrer kommt nicht weiter und konzentriert sich auf das Fachliche. Marie kommt auch nicht weiter und läuft Gefahr, in der Rolle des schwierigen Kindes festzufrieren.

## Analyse:

*Zu Hause bei Marie ist die Situation so: Ihre Mutter hat sich in einen Kollegen verliebt und ist im Zweifel, ob sie sich scheiden lassen will oder nicht. Sie ist verliebt mit allem, was dazugehört, und zugleich zutiefst unglücklich darüber, was das für Folgen für ihre Familie haben würde. Ihr Mann ist wütend, unglücklich und genauso durcheinander wie seine Frau. Keiner von beiden sagt ein Wort zu den Kindern. Sie vereinbaren aber, dass sie darüber reden müssen, wenn die Kinder nicht da sind. Sie sind sich einig, es erst den Kindern zu sagen, wenn sie selbst etwas genauer wissen, wie die Zukunft aussieht. Die Eltern versuchen so zu tun, als sei nichts geschehen, und sich den Kindern gegenüber so zu verhalten wie immer. Marie merkt trotzdem, dass die Stimmung anders ist. Beide Elternteile sind mental und emotional abwesend, und Marie nimmt das so wahr, als würden ihre Eltern einfach nicht mehr merken, dass es sie gibt.*

*Auf einer existenziellen, aber unbewussten Ebene empfand sich Marie als weniger wertvoll für ihre Eltern als sonst. Sie reagiert wie andere Kinder mit dem Versuch, etwas zu tun, damit sie ihren eigenen Wert wieder wahrnehmen kann – sie kooperiert.*

*Marie nimmt die Veränderung in der Familie viele Monate lang wahr. Ihr Vater ist wütender und aufbrausend. Obwohl die Eltern versuchen, sich am Esstisch zu unterhalten, wird ein Unterschied deutlich. Marie nimmt die Schuld auf sich und tut, was in ihrer Macht steht, um an der angespannten und schlechten Stimmung etwas zu verändern. Sie versucht, etwas Lustiges zu sagen, um die Stimmung aufzulockern, und versucht sich an alles zu erinnern, worauf nach ihrem Wissen die Eltern Wert legen. Sie stellt ihren Teller in den Geschirrspüler, Schultasche und Jacke werden an den Platz gehängt, die Schuhe werden an die Wand gestellt usw. Aber das ist einerlei. Marie unternimmt alles, was sie kann und bemüht sich bis weit über ihre Grenzen hinaus, aber sie hat keinen Einfluss auf die Situation der Eltern. Je weniger wertvoll sie sich in der Beziehung zu den Eltern empfindet, um so mehr Frustration baut sie innerlich auf. Wie so viele andere Kinder verhält sie sich in der Situation ihren Eltern gegenüber loyal und ist daher gezwungen, ihrer Frustration in der Schule Ausdruck zu verleihen.*

*Fragt man die Eltern, können sie Maries Verhalten nicht wiedererkennen. In ihrer Wirklichkeit ist Marie genauso artig, lieb und kooperationsbereit wie immer. Da sie in der Illusion leben, ihre Ehekrise verheimlichen zu können, bis sie selbst beschließen, darüber zu sprechen, kommt ihnen nicht in den Sinn, den Lehrer zu informieren oder einen Zusammenhang zu sehen zwischen der Situation in der Familie und Maries unerwarteten fachlichen und sozialen Problemen.*

*Oft wissen die Lehrer nichts Konkretes über den Hintergrund im Verhalten der Kinder. Maries Lehrer ist handlungsunfähig und findet, er müsse konkret wissen, wie er Marie helfen kann. Geht es Kindern so wie Marie, ist es fast nie eine Hilfe, sie auszufragen. Marie braucht die Empathie und anerkennende Nähe des Lehrers, z. B.: »Ich merke, dass du es zur Zeit schwer hast, Marie. Ich weiß nicht, warum du traurig bist oder dir Sorgen machst, aber ich weiß, dass es nicht schön ist, wenn es einem so geht und man sich so allein fühlt.« Der Lehrer kann sich eine Weile mit Marie zusammensetzen, bloß da sein und ihr zeigen, dass er gesehen hat, wie es Marie geht, und ihr gern beistehen möchte.*

*Viele Lehrer und Erzieher empfinden das als sehr schwierig. Sie wollen lieber das Problem gelöst haben oder dass es vorübergeht. Marie aber braucht eben nicht die Lösung ihrer Probleme von außen. Dies ist die erste von vielen Krisen in ihrem Leben, und die empathische Nähe des Lehrers schafft den idealen Raum, wo Marie die Möglichkeit geboten wird, die Aufmerksamkeit nach innen zu richten und ihre Existenz in Worte zu fassen, was eine notwendige Voraussetzung ist, damit sie die Verantwortung für ihre Situation übernehmen und zwischen ihren Bedürfnissen und denen der Umgebung unterscheiden kann. Auch wenn Maries Eltern zur Vernunft kommen sollten und ihre Kinder und deren Lehrer in die Situation der Familie einweihen würden, ganz gleich, ob am Ende die Scheidung steht, wird Maries inneres und äußeres Verhalten in den mindestens ein bis zwei nächsten Jahren Veränderungen durchlaufen. Die Schule kann entscheiden, ob sie eine weitere Belastung oder eine »Ruhezone« in ihrem Leben sein will, wo sie aus eigener Kraft das Gleichgewicht in ihrem Leben herstellen kann. Ihr Klassenlehrer steht genauso vor zwei Möglichkeiten: sich frustriert fühlen und als Lehrer gescheitert vorkommen oder als wertvoller Teil von Maries Umfeld.*

**Beispiel 3:**

Thomas ist vier Jahre alt und für die Erzieherinnen ein Problem gewesen, seit er in den Kindergarten gekommen ist. Er besteht auf der Aufmerksamkeit der Erwachsenen, mischt sich in die Spiele anderer Kinder ein und verschwindet wieder, wie es ihm gefällt, und ist offensichtlich ganz und gar nicht in der Lage, die allgemeinen Spielregeln der Institution in sein Bewusstsein zu integrieren. Bekommt er nicht, was er will, ist er entweder zutiefst unglücklich oder wütend. Er wirft sich auf den Fußboden, klammert sich an die Erwachsenen oder schlägt die anderen Kinder. Er kann sich offensichtlich nicht länger als ein paar Minuten auf eine Aktivität konzentrieren, ehe er rastlos wird und neue Anregungen fordert. Die anderen Kinder haben angefangen, zu ihm auf Distanz zu gehen. Er besucht auch nur äußerst selten eines der Kinder zu Hause oder bringt auch kaum eins mit zu sich nach Hause.

Die Erzieherinnen mussten viel Mühe darauf verwenden, Thomas zu erklären, dass er andere Kinder nicht schlagen darf, dass er nicht immer die Aufmerksamkeit der Erwachsenen bekommen kann, und sie haben zwei längere Gespräche mit seinen Eltern über die Probleme geführt. Die Eltern erkannten Thomas in der Beschreibungen durch seine Reaktionen zu Hause in der Familie wieder, neigen aber teils dazu, das mit seinem Temperament zu erklären und teils mit der Tatsache, dass seine Mutter die ersten drei Jahre allein mit ihm zu Hause war und dass er deshalb nicht gewöhnt sei, mit vielen Kindern zusammen zu sein. Die Eltern sind engagiert, liebevoll und freundlich. Doch für die Erzieherinnen ist es schwer, eine sinnvolle Zusammenarbeit mit ihnen herzustellen. Der Kindergarten hat eine psychologische Beobachtung von Thomas vorgeschlagen, der die Eltern nicht zugestimmt haben mit der Begründung, dass es sich um »Anlaufschwierigkeiten« handele, die vorübergingen, wenn die Erzieherinnen Thomas erst einmal richtig kennen gelernt hätten. Die Erzieherinnen schlagen ihrerseits vor, dass die Eltern besser daran täten, Thomas Grenzen zu setzen. Nach einem Jahr im Kindergarten ist Thomas weitestgehend isoliert und weder unter den Kindern noch den Erwachsenen gibt es jemanden, der richtig auf ihn eingeht. Alle begegnen ihm mit Ablehnung und Kritik.

### Analyse:

*Thomas gehört zu den modernen »Wunschkindern«, die bei den meisten Menschen Vorurteile über die Tendenz von gut ausgebildeten Eltern auf den Plan rufen können, ihr Kind mit der falschen Form von Aufmerksamkeit zu verwöhnen. In Wirklichkeit sind seine Eltern zwei von vielen, die sich von den Wünschen des Kindes haben leiten lassen und dem Missverständnis zum Opfer gefallen sind, dass Kinder, die bekommen, worauf sie Lust haben, auch bekommen, was sie brauchen. Thomas' Eltern haben sich nicht aus Trägheit oder mangelndem Interesse an seinem Wohl für diese Politik entschieden. Sie sind im Gegenteil Eltern, die die Verantwortung für Thomas sehr ernst nehmen und sich selbst als das Gegenstück zu anderen Eltern sehen, die für ihre Kinder viel zu wenig Zeit haben und das Familienleben der Karriere opfern. Sie können gut verstehen, was die Erzieherinnen sagen, fühlen sich aber provoziert von der eindeutigen Verärgerung im Tonfall und reagieren ganz natürlich, in dem sie ihren Sohn verteidigen. Je mehr negative Reaktionen draußen in der Welt auf Thomas zukommen, destso positiver versuchen sie zu sein, wenn sie mit ihm zu Hause sind.*

*Thomas ist immer der absolute Mittelpunkt in der Aufmerksamkeit der Eltern gewesen. Wenn man das ist, wird man einsam. Seine Eltern haben ihre Rolle in seinem Leben missverstanden und sich selbst auf Serviceorgane reduziert mit der Folge, dass Thomas keine Erfahrung darin hat, dass das Leben in einer Gemeinschaft Rücksichtnahme und Ausbalancieren der Bedürfnisse und Grenzen mehrerer Seiten mit sich bringt. Alle Eltern bieten ihre Liebe in der besten Form an, die sie herausfinden können,* und alle Kinder richten sich in dieser Form ein. Thomas hat gelernt, dass es Liebe ist, wenn seinen unmittelbaren Wünschen nachgegeben wird. Doch da diese Form der Liebe nie sein eigentliches Bedürfnis nach Liebe und Zusammengehörigkeit zufrieden stellt, weiß er es nicht besser als immer fordernder zu werden. Die genuine Liebe der Eltern zu ihm geht verloren, und Thomas steht wieder allein und isoliert da und ohne die Fähigkeit, soziale Kontakte zu knüpfen.

Die Erzieherinnen stehen zwei Herausforderungen gegenüber. Die erste besteht darin, auf Thomas' Eltern einzuwirken und ihnen kompetente Familienberatung anzubieten oder vorzuschlagen. Die zweite ist, sich im pädagogischen Alltag gegenüber Thomas relevant zu verhalten. Thomas braucht keine Belehrungen, Vorwürfe oder Kritik – ganz gleich, in welchem Tonfall. Er muss Erwachsenen begegnen, die persönliche Autorität haben, sich abgrenzen können und die Energie und den Willen haben, die notwendigen persönlichen Konfrontationen mit ihm aufzunehmen. In diesem Fall sind das die Qualitäten, die die Eltern ihrer Beziehung zu ihm nicht geben.

Die zwei Herausforderungen sind eng miteinander verbunden. Die Erzieherinnen können nur dann einen fruchtbaren Kontakt zu den Eltern bekommen, wenn sie Thomas wie beschrieben behandeln. Sonst sind sie einfach nicht glaubwürdig genug, wenn sie die Eltern bewegen wollen, ihre Art, wie sie Thomas lieben, aufzugeben.

Gelingt das nicht, sieht Thomas' Zukunft finster aus. Die Schule ist gegenüber Kindern wie Thomas bedeutend unflexibler als der Kindergarten und er wiederum wird in seinem Inneren eine gigantische Wut aufbauen, deren gelegentlichen Ausbruch die allermeisten verurteilen werden.

Seine Wut ist gut begründet, weil er Opfer zweifachen Betruges in seinen primären Beziehungen gewesen ist. Die Eltern haben ihre Liebe und Betreuung in einer Form ausgedrückt, die nicht als liebevoll und betreuend empfunden wird, und die Erzieherinnen haben auf seine Symptome reagiert statt auf seine Existenz zu reagieren. Dass beide Parteien ihre guten Gründe gehabt haben, so zu handeln, wie sie es taten, nützt Thomas nichts.

Obwohl der Kontakt der Erzieherinnen zu den Eltern scheitert, gibt es immer wichtige Gründe, sich im pädagogischen Alltag gegenüber Thomas anders zu verhalten. Es würde zweifellos große Wirkung auf ihn haben und *ihm wichtige soziale Erfahrungen vermitteln. Es würde den Erzieherinnen eine pädagogische Niederlage ersparen, die unweigerlich einen schlechten Nachgeschmack hinterlässt. Es wird viel für die soziale Kultur der Institution bedeuten und an die anderen Kinder wichtige Signale über Engagement, Respekt und Konfliktlösung aussenden. Alles hängt davon ab, ob der Kindergarten Thomas als ein pädagogisches Problem definiert oder als eine beziehungsmäßige Herausforderung.*

**Beispiel 4:**

Charlotte ist in der 4. Klasse. Sie ist charmant, begabt und wissbegierig, aber vollkommen undiszipliniert. Seit der 1. Klasse haben die Lehrer versucht, sie dazu zu bringen, still zu sitzen, die Hand zu heben, bevor sie etwas sagen will, nicht ungefragt auf die Toilette zu gehen usw. Aber das half alles nichts. Man hat sie an der langen Leine laufen lassen, weil sie fachlich gut ist und einen eigenen Sinn für Humor hat, und die Lehrer haben sie geduldig ermahnt und zurechtgewiesen. Sie genießt unter den anderen Kindern hohes Ansehen – besonders unter den Mädchen –, hat aber auch angefangen, immer mehr aggressiv als charmant zu werden. Sie beantwortet Zurechtweisungen mit:»Ich mache, was ich will!«,»Darüber haben Sie nicht zu bestimmen«. Als sie eines Tages ihrem Klassenlehrer antwortet:»Warum machen Sie nicht einfach Ihren Unterricht?«, ist das Maß voll und die Eltern werden zu einem Gespräch gebeten.

Die Eltern – vor allem der Vater – verstehen die Frustration des Lehrers sehr gut. Charlotte hat einen älteren Bruder, der immer problemlos und kooperationsbereit gewesen ist. Den Eltern geht oft die Puste aus bei dem Versuch, mit der Tochter zu debattieren. Eigentlich unterstützen sie die Schule und die Lehrer in den Ansprüchen, die sie an Charlotte stellen. Doch sie wissen genauso wenig wie der Lehrer, wie man sie dazu bringt, sich an die allgemeinen Spielregeln zu halten. Die Schlussfolgerung ist, dass die Eltern ein ernstes Gespräch mit Charlotte führen und noch einmal versuchen, sie zu überzeugen, dass sie sich arrangieren und so verhalten muss wie die anderen. Charlotte hört ihnen geduldig zu und antwortet mit großem Ernst:»Aber wenn ich nicht so *bin* wie die anderen?«

Die Situation in der Schule ändert sich in den folgenden Wochen nicht und der Lehrer bitten um eine Supervision. Hier wird dem Lehrer klar, dass er eigentlich nie davon ausgegangen war, dass Charlotte genauso *ist*, wie sie sich gibt, dass er sie in positive und negative Seiten aufgeteilt und seine pädagogische Energie darauf verwendet hat, die Seiten an Charlottes Persönlichkeit zu verändern oder abzumildern, die er für negativ hält. Das Ergebnis ist nach vier Jahren, dass die »negativen« Seiten verstärkt wurden und drohen, die »positiven« zu überschatten. Das Signal an Charlotte ist klar gewesen (und parallel zu dem der Eltern): *Du kommst nur voran, wenn du eine Hälfte von dir aufgibst.* Beide Elternteile und die Lehrer haben in der Beziehung zu Charlotte einen klassischen »Fehler« begangen: Sie sehen an ihr ein Verhalten, das ihnen nicht gefällt, und beschließen, daran etwas zu machen. Wenn das, was sie machen, nicht das gewünschte Ergebnis bringt, reagieren sie, indem sie ihre Maßnahmen verstärken, statt über das Fiasko zu reflektieren.

Der Klassenlehrer beschließt, mit Charlotte ein Gespräch zu führen, wo er mit den Worten herausrückt: »Mir ist klar geworden, dass es mir schwer fällt, mit dir zusammenzusein, weil ich dich nie ganz so akzeptiert habe, wie du bist. Ich habe wirklich von Anfang an gegen dich gearbeitet und jetzt hast du angefangen auch gegen mich zu arbeiten. Deshalb habe ich jetzt beschlossen, stattdessen mit dir zusammenzuarbeiten. Ich finde noch immer, dass du die Regeln respektieren sollst, aber ich merke genau, dass ich derjenige bin, der den Anfang machen muss, wenn wir besser miteinander auskommen wollen.«

Schon nach der halben Äußerung des Lehrers fangen bei Charlotte die Tränen an zu kullern, und sie sagt: »Ich bin einfach wie ich bin. Ich kann mich nicht anders machen, auch wenn ich das manchmal will.«

Sehr schnell nach diesem kurzen Gespräch verändert Charlotte sich tatsächlich dahingehend, dass sie ihre unbändige Energie konstruktiver einsetzt. Sie macht ständig, was sie will, aber mit weniger Bravour und Aggression, und die Befürchtung des Lehrers, alle anderen Kinder könnten ihr nacheifern, erweist sich als unbegründet.

**Analyse:**

*Charlotte gehört zu den Kindern, von denen wir immer mehr entdecken. Sie ist fast mit einer Aura von souveräner Autonomie umgeben auf die Welt gekommen, die provozierend auf die meisten Erwachsenen wirkt. Ihre persönlichen Qualitäten passen gut zu jenen, die wir einer Achtzehnjährigen wünschen, die aber bei einer Vier- oder Neunjährigen vollkommen fehl am Platz und fremd wirken. Viele dieser Kinder wachsen in Familien und Institutionen auf, wo die Erwachsenen immer zwischen Entzücken und Verärgerung hin und her schwanken, was bei den Kindern ein emotionales Chaos auslöst. Dennoch beschließen sie meistens, für ihre Integrität zu kämpfen. Der Preis ist oft große Einsamkeit.*

*Obwohl diese Kinder einen so souveränen und selbstbewussten Eindruck machen, darf man nicht vergessen, dass sie genau die gleichen Bedürfnisse haben, gesehen, anerkannt, einbezogen und ernst genommen zu werden wie alle anderen Kinder. Charlottes Lehrer tut deshalb genau das Richtige, wenn er die Verantwortung für ihrer beider frustrierende Beziehung übernimmt und Charlottes Recht anerkennt, so zu sein wie sie ist, ohne ihre eigenen Werte aufzugeben.*

*In diesem Fall nahm der Lehrer Supervision in Anspruch. Er wäre aber zum gleichen Schluss gekommen, wenn er reflektierend auf das Phänomen reagiert hätte, dass Charlotte so großen Wert auf das Recht legt, sie selbst zu sein, so dass sie bereit ist, große Mengen an Kritik und unvernünftige Vergleiche mit dem große Bruder auszuhalten. Verhalten sich Kinder (und Erwachsene) so, dann, weil das Recht, sie selbst zu sein, eben gerade keine Selbstverständlichkeit in ihren engen Beziehungen ist. Will man konstruktiv mit ihnen zusammenarbeiten, muss man zuerst dieses Recht anerkennen.*

**Beispiel 5:**

Line ist fünf Jahre alt und die kleine Polizistin im Kindergarten. Sie hat die ganze Zeit ein Auge auf Erwachsene und Kinder und ist vollauf damit beschäftigt, dafür zu sorgen, dass alle machen, was sie sollen. Die Erzieherinnen werden schnell wütend auf sie und fangen an, ihr zu erklären, was am Petzen falsch ist. Sie ermahnen sie, sich um ihre eigenen Angelegenheiten und weniger um die anderen zu kümmern usw.

Line reagiert abwechselnd damit, an der Rechtfertigung festzuhalten und unglücklich und verwirrt zu werden. Ihr Verhalten ändert sich nicht.

### Analyse:

*Line ist die Älteste von drei Geschwistern in ihrer Familie. Die Atmosphäre zwischen den Eltern ist meistens gespannt. Sie haben so viel Mühe mit ihrem eigenen Leben, dass sie keine Energie haben, Line und ihre Bedürfnisse zu sehen. Line kommt zum gleichen Schluss wie alle anderen Kinder in der Situation: Sie glaubt, an ihr sei etwas falsch, und kooperiert, indem sie so »richtig« ist, wie sie irgend kann, in der Hoffnung, gesehen und anerkannt zu werden. Ihre Botschaft lautet: »Seht mich! Beachtet mich, ich strampele mich wirklich ab dafür, dass meine ganz elementaren Bedürfnisse erfüllt werden, gesehen und akzeptiert zu werden als die, die ich bin. Ich merke sehr wohl, dass das nicht gelingt, aber mir fällt nichts anderes ein, so dass ihr mir von hier, wo ich stehe, weg helfen müsst. Ich kann mich nicht von selbst bewegen.«*

*Ungefähr die Hälfte aller Kinder in Lines Situation kooperieren auf diese Art mit ihren existenziellen Bedingungen. Die andere Hälfte kooperiert »spiegelverkehrt«, in dem sie sich ein Verhalten zulegt, das genauso »fehl am Platz« ist, wie sie sich fühlen.*

*Da die Erzieherinnen nur in der Lage waren, sich gegenüber Line moralisierend zu verhalten und ihr zusätzlich noch das Gefühl vermitteln, das sie ohnehin schon hat, nämlich fehl am Platz zu sein, kann sie natürlich ihr Verhalten nicht ändern. Das Wissen um die Verhältnisse in Lines Familie ist nützlich, aber nicht notwendig. Sachliche Reflexion hätte den Erzieherinnen verraten, dass Kinder, die sich bemühen, richtig zu sein und Lob dafür zu bekommen, Kinder sind, die sich fehl am Platz fühlen und denen Anerkennung fehlt.*

Ungünstig wirkt sich die Tendenz aus, dass man den Spielraum für die pädagogische Sachkenntnis zu Gunsten z. B. der psychologischen Sachkenntnis einschränkt. Das hat teils zur Folge, dass viele Lehrer und Erzieher ihre eigenen Erfahrungen und Talente nicht nutzen und herausfordernde Kinder und Jugendliche stattdessen zu Spezialisten schicken. Somit schafft man häufig zwei unüberwindliche Hindernisse dafür, dass das Leben des Kindes eine konstruktive Entwicklung nimmt.

Das erste Hindernis besteht darin, dass man die Bedeutung des persönlichen Kontakts zu Gunsten der Grundausbildung anderer Fachleute unterschätzt. Alle existierenden wissenschaftlichen Untersuchungen über den Einfluss von z. B. Psychotherapie beweisen, dass die Wahrnehmung der Klienten, dass ihnen geholfen wurde, eng verknüpft ist mit ihrer Wahrnehmung, einen sinnvollen, persönlichen Kontakt zum Therapeuten gehabt zu haben. Ob es sich um einen Therapeuten, Psychologen, Arzt, Psychiater oder jemand ganz anderes handelte, war von geringer oder gar keiner Bedeutung. Das galt auch für die Ausrichtung des Therapeuten an einer bestimmten Methode oder Schule. Es besteht aller Grund zu der Annahme, dass Gleiches für die Gefühle von Kindern und Jugendlichen in Beziehung zu Fachleuten gilt. Schickt man deshalb ein Kind zu einem ganz unbekannten Erwachsenen, geschieht das mit dem Risiko, dass das Kind den neuen Kontakt nicht als sinnvoll empfindet und deshalb nicht von den ansonsten hervorragenden Qualitäten des Spezialisten profitieren kann.

Das zweite Hindernis besteht darin, dass die meisten Fachgruppen, die zum System »über« den pädagogischen Institutionen gehören, sich selbst als Behandelnde sehen. Ein sehr großer Teil der Kinder und Jugendlichen, die überwiesen werden, sind real gesehen nicht anspruchsvoll in der Behandlung und kommen deshalb oft an einen toten Punkt, wenn jemand versucht, sie zu behandeln. Was sie brauchen, das sind einige verbesserte Beziehungen in der Familie und der Institution.

In diesem Punkt ist man natürlich geteilter Meinung in einer Gesellschaft, die sich immer mehr auf Experten fixiert und von ihnen immer abhängiger wird. Trotz allem steigt nach unserer Erfahrung das »Bedürfnis« nach Experten proportional mit der Anzahl der Experten. Wir haben nichts gegen Sachkenntnis einzuwenden. Doch wir würden uns gern daran beteiligen, das Fußvolk auszurüsten und das gern mit Unterstützung eines Experten!

**Beispiel 6:**

René geht in die 9. Klasse. Eines Tages kommt er ins Büro der Schulschwester und möchte einen Hörtest machen lassen. Der Test deutet auf keine Probleme hin und die Schulschwester fragt ihn, aus welchem Grund er glaube, er hätte Hörprobleme.

»Manchmal sehe ich Leute reden, aber ich kann sie irgendwie nicht hören.«

Die Schulschwester, die eine erfahrene Frau ist, geht etwas näher darauf ein und sagt:»Weißt du, René, dass manchmal unser Sehvermögen und Gehör beeinträchtigt werden, wenn wir Probleme haben oder über etwas nachgrübeln?«

René reagiert darauf nachdenklich und schaut der Schulschwester kurz in die freundlichen, klaren Augen, als wolle er sich versichern, dass er Vertrauen zu ihr haben könne. Anschließend erzählt er, er sei das älteste von zwei Kindern – die kleine Schwester ist erst zwei Jahre alt – und dass der Vater nach wirtschaftlichem Konkurs vor einigen Jahren psychisch erkrankt sei. Der Vater liegt zeitweise im Krankenhaus und steht unter starken Medikamenten. Die Mutter kämpft sehr darum, dass die Familie der öffentlichen Hand nicht zur Last fällt, und legt großen Wert darauf, dass die Probleme in der Familie bleiben und nicht nach außen dringen. Er erzählt auch, dass er gern zur Schule geht und gut mitkommt.

Die Schulschwester ist auch ein Produkt ihres bürokratischen Systems und statt sich auf ihre eigene Intuition und Erfahrung und nicht zuletzt auf Renés Vertrauen zu verlassen, fühlt sie sich verpflichtet, ihn zum Schulpsychologen zu schicken, ungeachtet der drei Monate langen Wartezeit. Sie fragt deshalb:»René, gibt es da etwas, worüber du gern mit jemandem sprechen möchtest?«

René schaut aus gutem Grund etwas verständnislos drein – er spricht doch! –, antwortet aber:»Jaaah …«

»Gut. Dann will ich versuchen, für dich einen Termin beim Schulpsychologen zu vereinbaren, aber inzwischen musst du deine Mutter bitten, dir einen Zettel mit ihrer Zustimmung mitzugeben. Eltern müssen nämlich ihre Zustimmung geben, wenn ihre Kinder zum Psychologen sollen.«

René willigt ein und geht. Die Schulschwester studiert ein wenig ihre Schulunterlagen und entdeckt, dass es in den letzten Jahren drei »Vorfälle« gegeben hatte, wo René gewalttätig gewesen war, und dass er einmal seinen Lehrer angegriffen hatte.

Am nächsten Tag ruft die Mutter sichtlich aufgeregt an und verlangt eine Erklärung, warum ihr Sohn einen Psychologen aufsuchen soll. Ob er psychisch krank sei, möchte sie wissen. Die Schulschwester kann sie beruhigen und bekommt auch ihre Zustimmung. Als sie am nächsten Nachmittag von einer Besprechung kommt, wartet René vor ihrer Bürotür in der Schule. Er berichtet, dass seine Mutter über die Sache mit dem Psychologen so wütend geworden sei, dass sie ihm verboten habe, an dem Abend zum Geburtstag seines besten Freundes zu gehen und dass er »von zu Hause abgehauen ist«, um trotzdem dabeizusein. Die Schulschwester nimmt ganz deutlich seine Ratlosigkeit und sein Bedürfnis wahr, mit jemandem zu reden, bringt aber nur eine schwache Aufforderung heraus, er solle sich nach seiner Mutter richten oder sie wenigstens anrufen und ihr Bescheid sagen, wo er ist. Das verspricht er und beruhigt die Schulschwester damit, dass seine Mutter bestimmt »wieder lieb« ist, wenn er am nächsten Tag nach Hause kommt, denn dann hat er selbst Geburtstag.

Als die Schulschwester dem Schulpsychologen von dem Fall berichtet, verspricht er, René zu ein paar Gesprächen einzubestellen, und fordert sie darüber hinaus auf, einen Bericht über die Familie an die Sozialbehörden zu schreiben – mit Rücksicht auf das jüngste Kind.

### Analyse:

*René ist ein gesunder und hinreichend begabter Junge, der mit einem psychisch kranken Vater belastet ist, für den er mal mehr, mal weniger die Stellvertreterrolle übernehmen muss. Er kooperiert mit dem Wunsch seiner Mutter, dass die Familie allein zurechtkommt, und spricht deshalb mit niemandem darüber, wie schwer er es hat, wie sehr er sich um die Krankheit seines Vaters und das Wohl seiner Mutter Sorgen macht oder über seine eigene Angst, auch psychisch krank zu werden.*

*In drei Jahren baut René einen emotionalen Überdruck auf, weil er seine eigene Integrität opfert (d. h. sein Bedürfnis, seinen Gedanken und Ge-*

fühlen Luft zu machen) zu Gunsten der Kooperation mit der Mutter (man ist stark und kommt allein zurecht). Dieser Überdruck äußert sich in drei Vorfällen, wo Mitschüler und Lehrer ihn ganz ohne eigenes Verschulden provozieren. Niemand interessiert sich dafür, was einen ansonsten vernünftigen und ausgeglichenen Jungen dazu treibt zu explodieren.

Am Ende – als er buchstäblich nichts mehr hören kann, sucht er Hilfe und trifft zum Glück auf eine kluge und sensible Schulschwester, zu der er so viel Vertrauen fasst, dass er beschließt, »ungehorsam« zu sein und seine Probleme mit ihr zu teilen. Er braucht keine professionelle Hilfe oder Behandlung, sondern einen anderen Menschen, der ihm zuhört, seine schwierige Lebenssituation anerkennt und bei einem der wenigen Male für ihn da ist, wenn er die Einsamkeit nicht mehr aushält. Das kann die Mutter sein, ein Familienmitglied, ein Lehrer, ein Freund oder wie hier – die Schulschwester.

Die Entscheidung der Schulschwester, ihre eigene Intuition und Erfahrung zu ignorieren und stattdessen ihrem System zu gehorchen, hat fatale Folgen:

- Die Überweisung an den Psychologen macht ihn zum Klienten und verstärkt seine Furcht, selbst psychisch zu erkranken.
- Im günstigsten Fall fasst er das gleiche Vertrauen zum Psychologen wie zur Schulschwester, doch da sein neuer Klientenstatus von der Mutter als eine Niederlage empfunden wird, ist die Chance nicht groß.
- Sein gesunder Ungehorsam führt jetzt dazu, dass die ganze Familie ins Scheinwerferlicht der Behörden gerät. Dadurch wird der Mutter der Stolz genommen, allein zurechtzukommen, der ihr die notwendige Energie gab, sich um Mann und Kinder kümmern zu können. Seine Schlussfolgerung kann beinahe nicht anders lauten als dass es klüger gewesen wäre, den Mund zu halten. Damit ist seine mentale Gesundheit ernsthaft gefährdet.
- Mit den Werten, mit denen er im Hinterkopf aufgewachsen ist, wird er sich nicht »gesehen« fühlen, sondern verraten und »fehl am Platz«.
- Er hat sich für den gesündesten Weg entschieden, sich von seinem Schmerz zu befreien, aber mit noch mehr Schmerz und Chaos als unmittelbarem Ergebnis. Der Weg ist nun offen für all die anderen Mittel,

*emotionalen Schmerz zu lindern: Zynismus, Aggression, Gewalt, Alkohol, Rauschgift usw.*

*Renés Beziehungsstatus als 15-Jähriger ist, dass er häufig dem Versagen von Erwachsenen ausgeliefert war (mit Blick auf die Wahrung seiner persönlichen Integrität): zuerst die Mutter, die es nicht besser wusste; danach die Erwachsenenpsychartrie, die nur auf (die kranken) Individuen reagiert; hinzu kommen die Lehrer, die die Signale verurteilten, statt sie ernst zu nehmen, und schließlich die Schulschwester, die darauf verzichtete zu helfen, als sie es konnte. Er kam mit dem Leben in der Familie zurecht, funktionierte in der Schule fachlich und sozial gut und hätte sich mit einem Minimum an Unterstützung zu einem gesunden, empathischen, verantwortlichen, gut funktionierenden und klugen Erwachsenen entwickeln können. Seine Zukunft wird nach Lage der Dinge aus einer langen Reihe von Konflikten mit professionellen Erwachsenen bestehen, die versuchen werden, ihm genau die Qualitäten zuzuführen, die er schon im Überfluss hat, weil ihre Fähigkeiten, den ganzen Menschen zu sehen, proportional mit dem sozialen Ernst seiner Symptome abnimmt.*

### Psychologie und Pädagogik

Es darf kein Zweifel aufkommen, dass die Psychologie unserer Auffassung nach allzu wenig Raum in den pädagogischen Ausbildungen hat und sich das geringe Vorhandene zu wenig an der Praxis orientiert. Wir haben aber auch die Erfahrung gemacht, dass eine Verschmelzung von Psychologie und Pädagogik auf einer anderen als unserer traditionellen Ebene vonnöten ist. Pädagogische Beziehungskompetenz scheint uns eine gute Überschrift für eine solche Fusion zu sein, wo sich die pädagogischen Disziplinen und Aktivitäten zu den eigenen Prämissen Wissen und Nährstoff in der Psychologie suchen können. Wir haben uns in diesem Buch vorzugsweise mit Beiträgen und Inspiration aus der modernen Entwicklungs- und Beziehungspsychologie beschäftigt. Doch der neueste Forschungsstand in der kognitiven Psychologie[4] dürfte inspirierend für die mehr von Inhalten bestimmte Pädagogik und den Unterricht sein. Beiden Forschungsgebieten ist gemeinsam, dass sie ein neues Paradigma verwendet haben. Statt in dem Kind eine unfertige Ausgabe des reifen, erwachsenen Menschen zu sehen und beide zu vergleichen, hat man versucht, das Kind zu seinen eigenen Prämissen und in seinen wesentlichen, interpersonalen Beziehungen mit den Augen eines Kindes zu betrachten. Obwohl alle Versuche, sich in die Gedanken und Gefühle von Kleinkindern zu versetzen, immer weitestgehend Spekulation bleiben, hat es die moderne Technologie z. B. durch Videoaufzeichnungen ermöglicht, einen immer höheren Grad an Sicherheit zu erreichen. Erweisen sich diese Beobachtungen und Schlussfolgerungen außerdem in der klinischen psychologischen und pädagogischen Praxis in einem bisher ungeahnten Ausmaß als brauchbar und konstruktiv, besteht Grund zu der Hoffnung auf große qualitative Verbesserung in den professionellen Erwachsenen-Kind-Beziehungen.

Der Schlüssel zu einer solchen Verbesserung liegt nach unserer Erfahrung weder in der zunehmenden Selbsterkenntnis der Erwachsenen noch in einem größeren psychologischen Verständnis für Kinder, sondern in einer gesteigerten Aufmerksamkeit für die Beziehungsqualitäten, die für gesunde und konstruktive Beziehungen zwischen Fachleuten und Kindern und Jugendlichen sorgen. Für Lehrer und Erzieherinnen kann es von Vorteil sein, etwas über die Psychologie in der Familie, die Entwicklungspsychologie oder die persönliche Entwicklung zu wissen. Doch das wichtigste Forum für berufliche Entwicklung und steigende Beziehungskompetenz ist der Spielplatz, das Klassenzimmer oder das Sprechzimmer zusammen mit Kindern, Eltern und Kollegen.

Wir sahen es sehr gern, dass die den Schulen und Tagesstätten angegliederten Psychologen in weitaus höherem Maß Abstand nahmen, den in den pädagogischen Beziehungen zu Schaden gekommenen individuellen Kindern und Erwachsenen zu helfen und denselben Raum wie Kinder, Erwachsene und Fachleute betraten in der Rolle als Analytiker, Prozessberater und als Sicherheitsnetz für die aktiven, lebendigen Beziehungen anstatt nur intellektuell auf das unvollständige und parteiische Referat über sie von der einen oder anderen Seite zu reagieren – oder noch schlimmer: ihre Macht zu missbrauchen, um sich über Kinder, Jugendliche und ihre Eltern zu äußern, denen sie nie persönlich begegnet sind, sondern die sie ausschließlich aus schriftlichen Teilbeiträgen kennen.

Nach unserem Verständnis der pädagogischen Wirklichkeit ist das für die Lehrer und Erzieherinnen die einzige sachliche Alternative zu der traditionellen Rolle als Problemlöser – eine Rolle, über die sich die Psychologinnen immer als eine Art ansteckendes, professionelles Martyrium im Stillen beklagt haben. Die Klage und die Frustration sind verständlich, weil man in dieser Rolle daran gehindert wird, zur Kompetenzentwicklung der Lehrer und Erzieher beizutragen, und gleichzeitig gezwungen ist, Kinder und Jugendliche zum Sündenbock zu erklären.

Die andere Alternative ist, dem Trend der Zeit zu folgen und Kinder im Übermaß zu kategorisieren, zu diagnostizieren und ständig neue Kategorien zu erfinden, die die Frustration der pädagogischen Fachgruppen erklären kann. Dieser Trend steigert im besten Fall die Kompetenz des Lehrers und Erziehers als Fehlerfinder (im Namen der Vorbeugung) und hält an den Kindern und Jugendlichen als den Sündenböcken fest. Letzteres führt natürlich dazu, dass dieselben Sündenböcke und ihre Eltern Vergeltung üben, indem sie die Profis zu Sündenböcken erklären. Das ist ein primitives Spiel, dem eine sachliche Basis fehlt und Verlierer auf beiden Seiten produziert.

Die pädagogischen Fachgruppen stehen vor einer unverändert großen und komplizierten Arbeitsaufgabe, die trotz politisch korrekter Absichtserklärungen stets niedrigen Stellenwert von entscheidender politischer Seite genießt. Die Tatsache, dass wir in den nordischen Ländern verhältnismäßig viel Geld für pädagogische Institutionen ausgeben, widerspricht dem nicht. Es bestätigt nur, dass wir uns über Generationen daran gewöhnt haben, dass wir zu wenig für das Geld bekommen, das wir ausgeben, und dass wir Quantität mit Qualität verwechseln.

Mit der wachsenden Bedeutung, die die professionellen Erwachsenen-Kind-Beziehungen für die Qualität des Lebens von Kindern und Jugendlichen haben, haben wir längst den Punkt überschritten, wo wir die pädagogischen Institutionen nur als Lieferanten von qualifizierten Studierenden für höhere Lehranstalten und von Arbeitskräften für den Arbeitsmarkt betrachten können. In unserer heutigen Situation ist in nur wenigen Jahren die Qualität dieser Beziehungen für die sozialen Bereiche und die soziale Ethik in der Gesellschaft von entscheidender Bedeutung. Kinder und Jugendliche sind nicht mehr gehorsam, und sie werden nur dann zu verantwortungsbewussten Menschen, wenn sie mit verantwortungsbewussten Erwachsenen Umgang haben, die ihre innere Verantwortlichkeit nicht verletzen oder sich verletzen lassen.

# Anmerkungen

**1. Kapitel: Die pädagogische Landschaft**
1. D. Riesman: Die einsame Masse, Rowohlt, Reinbek 1986
2. http://www.un.org

**2. Kapitel: Die Familie**
1. J. Juul: Familien – nye roller, nye funktioner, in: Den sociale dimension i pædagogikken, P. Schultz Jørgensen (Hg.), Kroghs Forlag, Vejle 2002
   J. Juul: Fra opdragelse til inddragelse, in: Aschehoughs store babybog, Aschehoughs Forlag , København 2001
2. E. Christensen, M. H. Ottosen: Børn og familieliv. Resultater og perspektiver fra Socialforskningsinstituttets forskning om børn og familier, 2002
3. K. Kallén: Barndommen varer i generationer, Hans Reitzels Forlag, København 2001
   L. Dencik & P. Schultz Jørgensen (Hg.): Børn og familien i det postmoderne samfund, Hans Reitzels Forlag, København 1999

**3. Kapitel: Integrität**
1. R. E. Helfer, C. H. Kempe: Das geschlagene Kind, Suhrkamp, Frankfurt 1998
2. C. Collodi: Pinocchio, Thienemann, Stuttgart 2003
3. Brüder Grimm: Kinder- und Hausmärchen, Bd. 2, Büchergilde Gutenberg, Frankfurt/M. 1984, S. 104
4. D. N. Stern: Mutterschaftskonstellation, Klett-Cotta, Stuttgart 1998
5. »Hvis jeg fik bestemme ...« (»Wenn ich bestimmen dürfte ...«), Videofilm, Pedagogisk Forum, Oslo
6. J. Juul: Selvtillid og selvfølelse, den indre familie, in: Tidskriftet FAMILIEN, Nr. 14 u. 15 (siehe: www.kempler.dk)
   J. Juul: Das kompetente Kind. Auf dem Weg zu einer neuen Wertgrundlage für die ganze Familie, Rowohlt, Reinbek 1997

**4. Kapitel: Die persönliche Verantwortung**
1. A. Phillips: Eltern müssen NEIN sagen. Richtig Grenzen setzen, vgs, Köln 2001
2. J. Juul: Grenzen, Nähe, Respekt. Wie Eltern und Kinder sich finden, Rowohlt, Reinbek 1998
3. P. Schultz Jørgensen: Hvad er kompetence?, in: Uddannelse 1999/9

**5. Kapitel: Interpersonale Beziehungen**

1. W. Kempler: Erlebnisaktivierende Familientherapie, Junfermann, Paderborn 1989

   J. B. Burnham: Systematische Familienberatung, Beltz, Weinheim 1995

   T. Marner: Familieterapi – Milanometoden, Hans Reitzels Forlag, København 1992

   T. Andersen: Das reflektierende Team. Dialoge und Dialoge über Dialoge, Verlag Modernes Leben, Dortmund 1996
2. I. D. Yalom: Theorie und Praxis der Gruppentherapie. Ein Lehrbuch, Klett-Cotta, Stuttgart 2003
3. J. Juul: Et æble til læraren – om skolens overste dimension, Schønberg 1993
4. B. Lenneer-Axelson & I. Thylefors: Arbejdsgruppers psykologi, Hans Reitzels Forlag, København 1993

   M. Thorning: Lær at løse konflikter, Forlaget Frydenlund, København 2001
5. D. Bohm: Der Dialog. Das offene Gespräch am Ende der Diskussion, Klett-Cotta, Stuttgart 1998

**6. Kapitel: Beziehungskompetenz**

1. D. N. Stern: Die Lebenserfahrung des Säuglings, Klett-Cotta, Stuttgart 2003

   D. N. Stern: Die Mutterschaftskonstellation, Klett-Cotta, Stuttgart 1998

   D. N. Stern: Tagebuch eines Babys, Piper, München 1993

   K. G. Hansen: Kometencebarnet og den professionelle pædagog – et nyt syn på børns udvikling, Forlaget Børn & Unge, København 2000
2. M. Berg Brodén: Psykoterapeutiska interventioner under spädbarnsperioden: det empiriska underlaget för boken »Mor och barn i ingenmans land«, Swedala, Trelleborg 1992
3. D. Sommer: Barndommens psykologi, Hans Reitzels Forlag, København 1996
4. J. Juul: Das kompetente Kind, Rowohlt, Reinbek 1997
5. O. R. Jørgensen: Tænk fremtiden, Borgens Forlag, Valby 2000
6. S. Bayer: Relationer – en pædagogisk kompetence, in: Pædagogens kompetencer, D. Cecchin & E. Sander (Hg.), BUPL 1996

**7. Kapitel: Berufliche Entwicklung**

1. E. Spinelli: Terapi, magt og mystifikation, en afdækkende analyse, Hans Reitzels Forlag 1998
2. K. Kildedal: En mennskelig opvækst? Om voksnes oplevelser af at være anbragt i familiepleje og/eller på institution i barndommen: en kvalitativ undersøgelse, Ålborg Univeristets Center 1995
3. B. Jacobsen: Eksistens psykologi. En introduktion, Hans Reitzels Forlag, København 1998

4. M. E. Kerr & M. Bowen: The Family Center, Georgetown University Hospital, Family Evaluation, An Approach Based on Bowen Theory, W. W. Norton & Company, New York 1988

5. H. Dreyfus, St. E. Dreyfus: Künstliche Intelligenz. Von Grenzen der Denkmaschine und dem Wert der Intuition, Rowohlt, Reinbek 1987

6. S. Bang & K. Heap: Skjulte ressourcer. Supervisionsgruppen og dens arbejdsmåder, Munksgaard 1999

7. Siehe z. B.: P. Westermark: Realtionsarbejde i institution og skole – metodeovervejelser, in: Skolen i morgen, 1999/4

8. M. A. Lund: Konsulentarbjede og supervision i skole- social- og sundhedssektoren, Schønberg 2000


**8. Kapitel: Zusammenarbeit mit den Eltern**

1. H. Anderson: Das therapeutische Gespräch, Klett-Cotta, Stuttgart 1999

2. J. Fog: Saglig medmenneskelighed, Hanz Reitzels Forlag, København 2000
   E. Spinelli: Terapi, magt og mystifikation, en afdækkende analyse, Hans Reitzels Forlag, København 1998

3. D. A. Schön: Den reflekterende praktiker. Hvordan professionelle tænker, når de arbejder, Forlaget Klim, Århus 2001

4. E. Erikson: The nature of clinical evidence, in: D. Lerner (Hg.): Evidence and Inference, Free Press, New York 1958

5. E. H. Schein: Organisationskultur, EHP, Köln 2003

6. J. Juul: Familierådgivning. Perspektiv og metode 3. Auflage, Schønberg 1996

7. Ebenda, S. 106

8. Ebenda, S. 35


**9. Kapitel: Das Gespräch**

1. K. E. Løgstrup: Solidaritet og kærlighed och andre essays, Gyldendal 1993

2. J. Fog: Saglig medmennskelighed, Hans Reitzels Forlag, København 2000

3. K. E. Løgstrup: Ophav og omgivelse, Metafysik III, 1984, S. 175

4. Siehe z. B.: Social Kritik, S. 78–107, Nr. 57/58 Okt. 1998

5. J. Juul: Grenzen, Nähe, Respekt, Rowohlt, Reinbek 2000
   J. Juul: Nytt perspektiv på grensesetting, in: A. Dyregrov (Hg.): Et liv for barn, Fagbokforlaget, Bergen 2001
   A. L. L. Schibbye: Fra begrennsning til avgrennsning: Synpunkter på grensesetting og barns utvikling av selvreflekjon, in: J. C. Jacobsen (Hg.): Refleksive læreprocesser, Politisk Revy 1997

6. B. Baa & J. E. Waastad: Erkjennelse og annerkennelse, Universitetsforlaget, Oslo 1997

7. B. Baa in: Norsk Pedagogisk Tidskrift 4/88

8. H. Lee: Wer die Nachtigall stört …, Rowohlt, Reinbek 2002, S. 122–123

9. A. Diderichsen: Den professionelle omsorg og børns udvikling, in: Social Forskning, temanummer März 1997
10. B. Ravn & T. Holst Mortensen: Empirisk forskning i bløde kompetencer: www.f2000.dk
11. H. Alrø: Disciplin eller dialog?, in Organisationsudvikling gennem dialog, in: H. Alrø (Hg.): AUC 1996
12. Uddannesle, Nr. 7, 1999
13. M. Lauritzen & St. M. Nørregaard (Hg.): Når det almindelige bliver ualmindeligt vigitgt – en bog om børn med traumer, in: Special-pædagogisk Forlag, Virum 2002
   A. Dyregrov: Sorg hos børn. En håndbog for voksne, Dansk psykologisk forlag 1992
   A. Dyregrov & M. Raundalen: Sorg og omsorg i skolen, Hans Reitzels Forlag, København 1996
   P. Bøge: Om sorg. Når bånd brister, et undervisningsmateriale til 3.-5. klasse, herausgegeben von Kræftens bekæmpelse 1997
   P. Bøge: Om sorg. Når bånd brister, et undervisningsmateriale til 6.-7. klasse, herausgegeben von Kræftens bekæmpelse 1996

## 10. Kapitel: Herausfordernde Kinder

1. N. Englund & K. Foss Hansen: Urolige elever i folkeskolens almindelige klasser, Undervisningsministeriet, København 1997
2. T. Nordahl & M. Sørlie: Skole og samspillsvansker. En studie av 4. Og 7. Klassingers adferd, kompetense og læringsbetingelser i skolen, in: NOVA, Oslo 1997
3. Siehe z. B.: E. S. Valenstein: Hjernen som syndebuk, Hans Reitzels Forlag, København 2002, S. 172 ff.
4. A. Gopnik et al.: Forschergeist in Windeln, Piper, München 2003

**Karl Gebauer /
Gerald Hüther
Kinder brauchen
Vertrauen**
Erfolgreiches Lernen
durch starke
Beziehungen

220 Seiten
ISBN 3-530-40163-3

Welche Bedingungen müssen gegeben sein, damit Erziehung
und Bildung gelingen? Angesichts der deutschen
Bildungsmisere eine der zentralen Fragen schlechthin.
»Wer Bildung will, muss Vertrauen schaffen, wer Bildung
will, muss Beziehungen kompetent gestalten«, so Karl
Gebauer und Gerald Hüther. Nur wenn es gelingt, Vertrau-
en und Beziehungsfähigkeit mit Kindern und Jugendlichen
aufzubauen, kann erfolgreich gelehrt und gelernt werden.
Eindrucksvoll zeigt dieser Band, warum gerade die Fähigkeit
zu Mitgefühl, zur kompetenten Gestaltung von Beziehungen,
zur konstruktiven Lösung von Konflikten – kurz die so
genannte psychosoziale Kompetenz – der Schlüssel für
Erziehung und Bildung ist.

**W**a**l**ter
**Patmos Verlagshaus**
**www.patmos.de**

# Erziehen zum Sein

Rebeca Wild

Lebensqualität für Kinder und andere Menschen

PÄDAGOGIK

Erziehung und der Respekt für das innere Wachstum von Kindern und Jugendlichen

**BELTZ**
Taschenbuch

**Wenn wir Kindern und Jugendlichen ermöglichen, aus eigenem Antrieb ihre Aktivitäten zu entfalten und ihnen eine Umgebung bieten, in der sie sich frei bewegen und aus einer Fülle von Material wählen können, lernen sie ungezwungen, intensiv und sicher mit mehr Freude.**

Dann geht es nicht mehr nur um Wissen, sondern darum, selbst die Initiative zu ergreifen, Entscheidungen zu treffen, auch wenn sie zu Fehlern führen, also Schwierigkeiten auf sich zu nehmen und sich selbst dabei zu vertrauen.

Wie eine solche Erziehung und Bildung gelingen kann, erzählt Rebeca Wild anschaulich an vielen Beispielen aus dem »Pesta«, einem in der Welt wohl einzigartigen Kindergarten- und Schulprojekt, das sie 1977 mit ihrem Mann in Ecuador ins Leben rief, und das inzwischen weltweit großes Interesse hervorrief.

*»Selbst wer ansonsten keinerlei Literatur über Erziehung liest, sollte bei den Büchern von Rebeca Wild eine Ausnahme machen. Durch eine enorme Bereitschaft zu beobachten und zu lernen und mit praktischem Geist ist ein Schulprojekt entstanden, das in seiner Grundhaltung Vorbild für das Leben und Lernen mit Kindern sein kann.«*

Österreichischer Rundfunk

Rebeca Wild
*Lebensqualität für Kinder und andere Menschen*
Erziehung und der Respekt für das innere
Wachstum von Kindern und Jugendlichen
Beltz Taschenbuch 92
312 Seiten
ISBN 3 407 22092 8

**BELTZ**
Taschenbuch